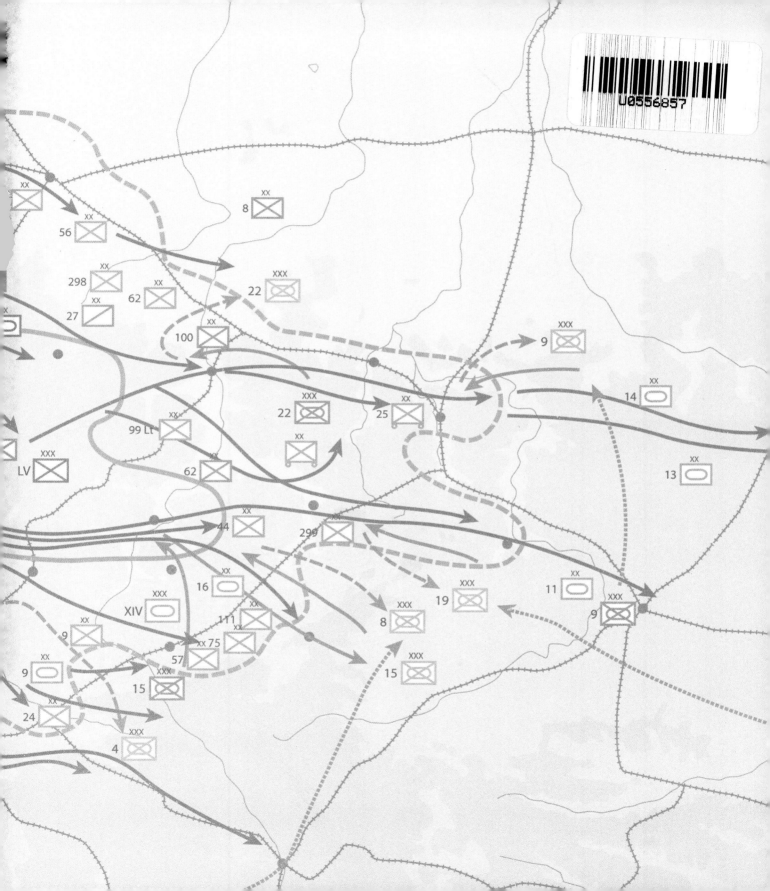

地图上的第二次世界大战
之
东 线 战 场

ATLAS OF THE EASTERN FRONT

［英］罗伯特·吉尔楚贝尔（Robert Kirchubel） 著

徐玉辉 穆 强 译 董旻杰 审校

上海三联书店

目 录
Contents

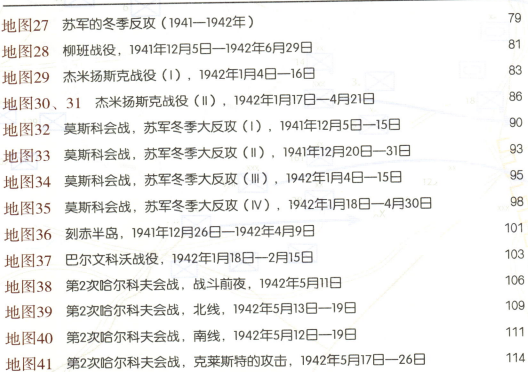

2

苏军的冬季反攻（1941—1942年）   **75**

"蓝色"行动（1942年）

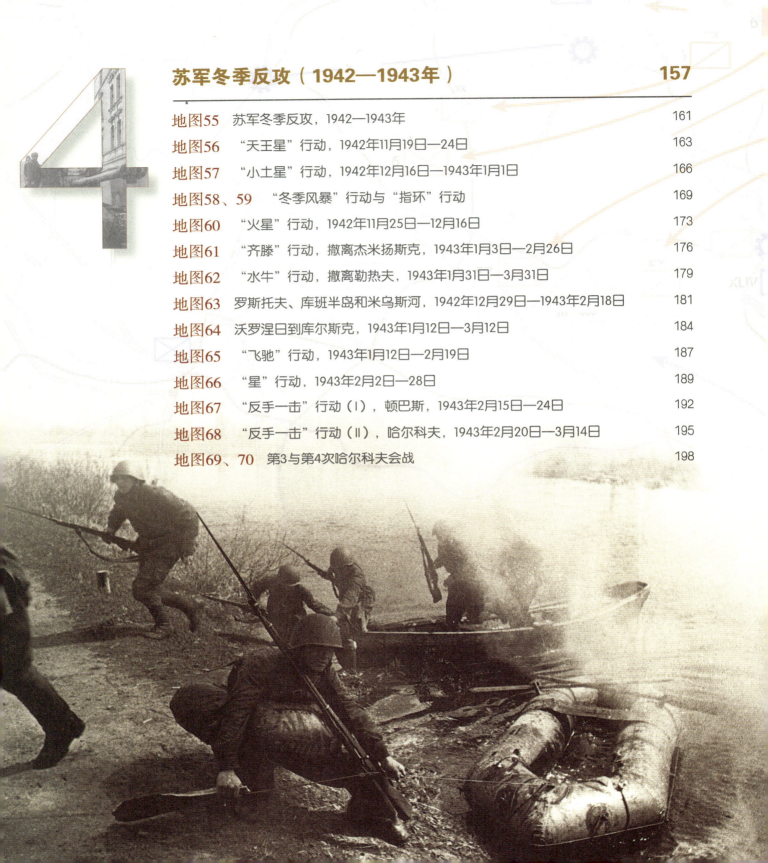

苏军冬季反攻（1942—1943年）　　　　　　157

5

夏与秋（1943年）　　　　　　　　　　　　　　　　　　　　　**203**

苏军攻势（1944年）   **245**

7

中欧与德国（1945年） **311**

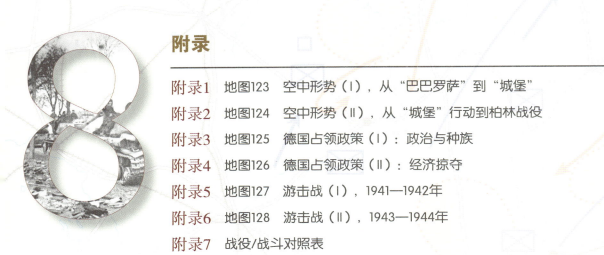

附录 357

地图说明

进攻（德国）

撤退（苏军）

动向（德军）

掩护（德军）/ 掩护（苏军）

包围圈（苏军）

防线（德军）

战略要点（德军）

机场

国界

铁路

沼泽

公路

河流

XXXXX 集团军群分界线（德国）

XXXX 军分界线（苏联）

XXX 集团军分界线（德国）

XX 师分界线（苏联）

XXXXX 德军集团军群 /
苏军方面军

XXXX 集团军

XXX 军

XX 师

X 旅

III 团

II 营

I 连

步兵

坦克兵 / 装甲兵

骑兵

山地步兵

海军

突击集团军

摩托化

工兵

炮兵

摩托车兵

空降兵

防空兵

伞兵

散兵 / 残兵 / 前哨

各国部队按照下述颜色区分。深色用于指示初始位置，浅色用于指示移动后位置。某位置的日期一般在各张地图内标示。

☐ ☐ 德军	☐ ☐ 意大利
☐ ☐ 苏军	☐ ☐ 芬兰
☐ ☐ 罗马尼亚	☐ ☐ 匈牙利
☐ ☐ 西班牙	☐ ☐ 捷克斯洛伐克
☐ ☐ 波兰	

以上线条在图中均表示前方战线情况，非国界线

本书地图缩写词：

KG：战斗群

Lt：轻型师

LW：纳粹空军

MT（SS）：党卫军"玛利亚·特蕾莎"师

N（SS）：党卫军"北方"师

Ne（SS）：党卫军"尼德兰"师

No（SS）：党卫军"诺德兰"师

P（SS）：党卫军"警察"师

Sec：保安师

T（SS）：党卫军"骷髅"师

V：国民掷弹兵

W（SS）：党卫军"维京"师

意大利

C：快速部队

Co：第5"科塞里亚"步兵师

Cu：第4"库嫩塞"山地师

J：第3"朱莉娅"山地师

P：第9"帕苏比奥"摩托化步兵师

T：第52"都灵"摩托化步兵师

Tr：第2"特里丹迪纳"山地师

S：第2"斯福雷斯卡"步兵师

R：第3"拉韦纳"步兵师

V：第156"温琴扎"步兵师

致第二次世界大战题材的读者

作为作者我要感谢很多人，尤其是琳达（Linda）、加里（Gary）和乔（Joe）。在准备这本地图集的写作时，我曾多次在需要时提出要求，尤其是特别仰仗加里进行基础研究。他如同英雄一样救我于水火之中，所以我欣然并感激地与他分享本书的成绩。此外，我要感谢普渡大学（Purdue University）图书馆馆际借阅处的谢莉尔（Cheryl），我提出的含糊不清的要求中，有99%都被她解决。相比于我之前在鱼鹰出版社（Osprey）出版的著作，这本地图集更加复杂，所以我非常感激马库斯（Marcus）的耐心和理解。拉塞尔（Russell）像个魔术师一样，用他的技能镇定自若地完成了本书中很多复杂的部分。

当然，我知道德国与苏联之间除了"巴巴罗萨"行动（Operation Barbarossa）之外还有很多作战行动，这本书给了我一个研究、撰写其他作战行动的机会，并且重点描述了"巴巴罗萨"行动、"蓝色"行动（Blau）、"城堡"行动（Zitadelle）中的各次战斗，而且从德军、苏联红军双方的视角进行了描述。

本书中超过半数的地图都是新的、独一无二的。其余地图也都做了细微的调整和修正。本书还收录使用了此前鱼鹰出版社出版的图书地图和鸟瞰地图，包括我的《"巴巴罗萨"》以及后来的战役系列图书，如《"巴格拉季昂"1944》《柏林1945》《杰米扬斯克1942—1943》《哈尔科夫1942》《库尔斯克1943》《列宁格勒1941—1944》《莫斯科1941》《塞瓦斯托波尔1942》《斯大林格勒1942》《华沙1944》。我还用了鱼鹰出版社几本精装书中的地图，如《普鲁士战场》《巨头与铁幕诞生之间》。

　　回想20世纪70年代中期我坐在加州的家里，听着KZAP电台的摇滚乐，读着保罗·卡雷尔（Paul Carell）所著的某本军事史著作。在背景音乐声中，我第一次听到"斯摩棱斯克和维亚济马很快陷落"的歌声，便支起了耳朵。随后的歌词"古德里安将军站在山头"让我更加集中了注意力。这首歌结束后，我便打电话到电台询问歌名，得知这是阿尔·史都华的《莫斯科之路》。过了几年，到了1977年，我在加州大学的一场音乐会上见到了阿尔·史都华，当时我还是一名学生。他演唱《莫斯科之路》的时候还播放了苏德战争的幻灯片。表演很棒，是当晚的高潮。至今我仍然认为它是关于"巴巴罗萨"行动到欧洲胜利日这场战争的最流行歌曲。

关于研究历史，尤其是苏德战争史，经常听到一个警告：任何两个史料来源都会有冲突，而戴维·格兰茨（David Glantz）[1]的著作仅从胜利者的视角书写。有人记录了历史上指挥员的命令和部队接收到的命令，发现所有的军队都会根据实际情况对上级下达命令的执行方式作出调整，不过第二次世界大战中的德军更经常自作主张。除此之外，一支军队在某次行动开始时可能隶属于某一上级单位，但1周后可能就被转隶给另一个单位，1个月后又会再次更换，这就导致我无法在地图上或用简短文字描述这些变更。此外，德军还在战争期间经常更换番号和军队架构，比如我就注意到"装甲集群"有时会改为"装甲集团军"，"摩托化步兵团"会改为"装甲掷弹兵团"，"轻步兵团"（light infantry）会改为"猎兵团"（Jäger）。不过，我将1942年中期以前的"装甲军"全部用"摩托化军"［army corps（motorized）］代替，此后的则称为"装甲军"。对于德国国防军的番号我则使用了约定俗成的称呼方式：师和军都用阿拉伯数字表示，军则用罗马数字表示。除了固定的近卫军之外，苏联红军的番号一概使用阿拉伯数字。"步兵"（Infantry）和"装甲"在书中指的是德军，而"步兵"（Rifle）和"坦克"指的都是红军的兵种。

---

[1] 原美国陆军外国军事（苏军部分）研究办公室主任，曾深入研究第二次世界大战时期东线战场的众多原始档案，并出版了大量关于东线战史的权威著作，在西方军事界享有盛誉。

ATLAS

THE EA

FRONT

1941

概　述

OVERVIEW

OF STERN

1945

　　苏德战争，又称"东线"，是第二次世界大战的主战场之一。这是纳粹德国元首阿道夫·希特勒（Adolf Hitler）和苏联领袖约瑟夫·斯大林（Josef Stalin）之间的较量。不夸张地说，历史上很难再见到有两个国家能用数百万战士，以及数以万计的重炮、装甲车辆、飞机沿着一条战线进行对垒的"盛况"了。第二次世界大战中的其他战争可能在某些方面超越苏德战争，比如大西洋之战持续时间更长，太平洋战场范围更大，中国的抗日战争蒙受了更多的战争灾难。不过苏德战争也持续了将近4年时间，横跨各种地域，中间少有停歇。从欧洲最高峰到荒凉的干燥草原，从北极圈到黑海（Black Sea），战斗在城市、孤立据点、无名定居点、沼泽、森林间打响，无所谓伤患，无所谓平民，各种各样的作战与非战斗人员都卷入了这场浩劫。报纸头条连篇累牍地报道机械化部队、步兵大规模集群、后方的非正规部队之间的互相残杀。3位德军王牌飞行员击落了接近1000架敌机，这个数量仅次于目前全球最大的现代化空军的飞机数（2015年数据）。

　　早在1923年，希特勒在写作《我的奋斗》（Mein Kampf）的时候，就把控制"东方"看作德国的天赋权利。他的野心膨胀之后，又认识到苏联的人力资源和自然资源十分丰富，正好有助于他对抗英美的海上霸权，进而占领全世界。在签署了互利互惠的临时协议《苏德互不侵犯条约》后的两年间，希特勒巩固了权力，举起了第三帝国的大旗，要吞并法国和英国。同一时间段内，斯大林清洗了军官队伍，扩大了军队规模，并入侵了邻国。不过在1942年10月前，红军的表现可谓不尽如人意。

　　如果不讨论希特勒的种族灭绝政策，任何负责任的历史学家都无法把德国在第二次世界大战，尤其是东线中的混乱情况理清。希特勒的反犹、反斯拉夫的种族仇恨政策在第二次世界大战前就已经持续了20年。总之，"巴巴罗萨"行动是纳粹两条轨迹的交集：侵略战争与种族灭绝。没有证据表明希特勒曾命令下属屠杀犹太人、中欧人、东欧人，不过他也不必亲自下令，他的爪牙们只需得到他的授意即可。在德军的强大支持下，很多纳粹组织制订了"东方总计划"（Generalplan Ost），在向东推进的过程中一面大肆掠夺一面进行惨无人道的大屠杀。不了解历史的人经常会问："为什么希特勒在野蛮攻占东方的时候没有利用民众潜在的反苏联情绪？"或者"为什么希特勒浪费那么多资源——人力、运力等——来屠杀犹太人和其他族群呢？"答案很简单：对于他而言，种族屠杀并不是临时起意的行为，也不是军队征服过程中的副产品，而是他的主要目标。侵占别国、屠杀犹太人这两个目标和建立第三帝国的对外政策是平起平坐的，我希望读者在阅读本书时不要忘记这一点。

1943年12月战线（非国界）　　**1943年6月战线（非国界）**　　**1941年11月战线（非国界）**

赫尔辛基

列宁格勒

1942年11月战线（非国界）

雅罗斯拉夫尔　　伏尔加河　　高尔基

塔林

旧鲁萨

爱沙尼亚

普斯科夫

勒热夫　　加里宁

拉脱维亚

陶格夫匹尔斯

维亚济马　　莫斯科

立陶宛

柯尼斯堡

考纳斯

维尔纽斯

维捷布斯克

第聂伯河

叶利尼亚　　梁赞

但泽

东普鲁士

斯摩棱斯克

明斯克

布良斯克

华沙

布列斯特

戈梅利

奥廖尔

沃罗涅日

波　兰

普里皮亚季沼泽

库尔斯克

罗索希

克拉科夫

日托米尔

基辅

哈尔科夫　　米列罗沃

捷克斯洛伐克

普热梅希尔

利沃夫

切尔卡瑟

波尔塔瓦

顿涅茨河

斯大林诺　　伏罗希洛夫格勒　　斯大林格勒

1944年12月战线（非国界）

匈牙利

布达佩斯

乌曼

第聂伯河

第聂伯罗彼得罗夫斯克

克里沃伊罗格　　扎波罗热

苏　联

顿河

罗斯托夫　　萨利斯克

科捷利尼科沃

克卢日

罗马尼亚

基什尼奥夫

敖德萨

赫尔松

埃利斯塔

布加勒斯特

塞瓦斯托波尔

新罗西斯克

克拉斯诺达尔

迈科普

南斯拉夫

保加利亚

索非亚

图阿普谢

皮亚季戈尔斯克

格罗兹尼

黑　海

地图1　1941—1944年的战线

图例：
- 1941年6月战前分界线
- 1941年11月战线
- 1942年11月战线
- 1943年6月战线
- 1943年12月战线
- 1944年6月战线
- 1944年12月战线

0　　200英里
0　　200千米

北

　　1941年6月22日，希特勒发动了"巴巴罗萨"行动，大多数人都认为苏联毫无取胜的机会，除了美国总统富兰克林·罗斯福（Franklin D. Roosevelt），甚至斯大林也用了几周时间才走出震惊的情绪（见第1章）。与几个世纪以来的理论发展相一致的是，德国人在攻击苏联时承担了巨大的风险，并实现了战略、作战和战术上的奇袭。出乎苏联预料的是，德国竟然平均分配兵力同时进攻北部、中部和南部。以斯大林的个性和死死抱住此前东欧已有胜利果实的目标而言，红军的前线防御部队与德军展开了生死鏖战。德军的装甲部队开道，国防军随后突破了苏军防线，包围了数以万计、十万计的苏军。就像一年前入侵法国一样，德军的闪电战①迅速摧毁了苏联的防御体系。但德军领导层的勾心斗角、相对较小的军队规模、从战争一开始就过于乐观的后勤补给计划，把他们的优势降到了最低。距离、天气以及苏军锲而不舍的反击，对德军造成了沉重打击，但当时很少有人能看清这个事实并明白其中的风险。到了8月末，希特勒不满德军将领的进展，严令国防军必须摧毁红军，一时间似乎起了点作用。

　　1941年9月和10月，德军在基辅（Kiev）和维亚济马-布良斯克（Viazma - Bryansk）包围战中分别俘虏了六七十万战俘。莫斯科似乎已经门户大开，国防军的高层认为闪电战即将成功。但莫斯科的大门并不好进，这一场战斗超乎以往，德国将军们一直进退失据。同时斯大林则决心死守首都，红军寸土不让，德军则尝到了补给线过长的恶果。按照既定策略②作战5个月后，德军的所有军事机械都已经无法运转。强弩之末的国防军同时进攻列宁格勒（Leningrad）、莫斯科和罗斯托夫（Rostov），而苏军则耐心地组织着预备队。

　　11月底和12月初，苏联向各个方面军补充了急需的有生力量，东部战线的德国国防军被迫吐出了煮熟的鸭子（见第2章）。就在这时，狂妄无知的希特勒固执地对美国宣战。他终于如愿以偿地打了一场"世界"大战。这时候轮到希特勒在高层中间进行大清洗了，到1942年1月，他更换了陆军总司令、所有3个集团军群的统帅以及大量将领。斯大林的冬季反攻解除了莫斯科的危险，突破了列宁格勒的包围圈，并击退斯维里河（Svir River）一线的德—芬联军。这些关键任务完成之后，苏联在仲春之际进军乌克兰东部。但在进攻哈尔科夫（Kharkov）与克里米亚（Crimea）时，苏军遭遇德军优势兵力的防守反击，大败而归。这批德军本来是准备在1942年夏季发起攻势的。苏军指挥部因为1942年冬季不自量力的草率部署遭到了广泛抨击。

　　1942年的"蓝色"行动（Operation Blau）中，纳粹德国面积小、资源少的缺陷暴露出来，他们只能将进攻重点放在南线（见第3章）。希特勒一直关注石油储备（很正确），计划在6月占领巴库—迈科普（Baku-Maikop）地区。斯大林故技重施，命令军队在面对敌军优势机械化国防军时"不可后退一步"。总之，还是和以前一样，几个星期之后，德军的3个问题开始显现：目标不够明确、低估敌人实力、后勤补给不足。很快，斯大林格勒成了双方争夺的焦点，似乎仅仅是因为这个名字的影响力。夏季尚未结

---

① 　"闪电战"是一个有争议的说法。白德甫（Omer Bartov）将其形容为"英勇、快速、危险、兴奋、荣耀、美观"的战法，以区别于第一次世界大战中的堑壕战。我在著作《德军装甲集团军在东线》（Hitler's Panzer Armies on the Eastern Front）中则将其定义为德军1934—1941年间使用的"灵活的指挥架构、多兵种协同战术，使用了内燃机、电台、飞机"的作战方法。各国对此均有不同的名称。——作者注

② 　此处的"策略"为美军军语，同时包含有作战行动与部队调动两方面。

束，这个城市就吸引并随之消耗了双方的多个师级和军级部队。仍然和1年前一样，德军筋疲力尽、孤立无援、补给不足，而红军开始准备反攻。与1941年不同的是：（1）德军此前在体系和单位要素上的优势都逐渐被苏军追上或赶超；（2）德军暴露的侧翼由战斗力可疑的罗马尼亚、匈牙利和意大利军队进行协防；（3）苏军对战役目标作出合理规划，只打有把握的战斗。

当年11月的"天王星"行动（Operation Uranus）中，德国国防军被围困在斯大林格勒，侧翼保护的轴心国军队被消灭，战争由此进入了第2阶段（见第4章）。德国既无法解救被围困的部队，也无法提供补给，因为其他的部队正在巴库—迈科普遭遇苦战，并在随后的"小土星"行动（Operation Little Saturn）中几乎全军覆没。包围圈中的德国国防军拼死抵抗，导致苏联无法按期完成作战计划，不过这并不影响战争的结局。到了仲冬时节，在"飞驰"行动（Operations Gallup又称"风速""加洛普"）和"星"行动（Operations Star）中，红军越过了顿河（Don River），重回乌克兰东部。苏联军队推进至第聂伯河（Dnepr River）时，德军开始重整旗鼓。3月，德军在第4次哈尔科夫之战中取得了一定的成果。季节因素，以及苏联急于求成造成的军队疲劳，迫使双方暂时偃旗息鼓。积雪融化后，此前的战士尸骨露了出来，双方在库尔斯克（Kursk）附近形成了对峙局势。苏联持续进行了几个月的作战，使得德国无法形成有效的防线，只能疲于应对。

1943年夏季的攻势让德国在全世界面前显露了疲态（见第5章）。德国集结的兵力只能对库尔斯克突出部的南翼展开攻势。"城堡"行动的"成功"只把红军牵制了几天时间、击退了几十英里。随后苏联以哈尔科夫的决战为起点，发起了毁灭性的反攻，德军的攻势土崩瓦解，东线的国防军溃不成军。同时，希特勒的注意力被意大利的战事和盟军在法国西北部登陆的可能性分散了。苏联红军主力以斯摩棱斯克（Smolensk）为中心，顺时针攻入了乌克兰，同时稳住了北方的战线。总之，不到2个月，"鲁缅采夫"行动（Operation Rumiantsev）就已经夺回了第聂伯河左岸的大部分区域，并在很多地方越过大河，进入了基辅这座苏联第3大城市。在第聂伯河和喀尔巴阡山脉（Carpathian Mountains）之间，德军既无连贯的防御计划，也没有可以凭借的天险，只能放弃大片土地。

1943—1944年冬，标志着二战第3阶段也是最后1个阶段的开始（见第6章）。作为过渡期的第2阶段见证了苏联军力的强势崛起，包括军事思想、军队物资和作战能力的提升。希特勒在斯大林格勒丧失了战略主动权后，他便再也无法翻身了。此后德军的胜仗都是暂时的小胜，通常把"全军覆没"变成"只是一场败仗"就要庆幸了。德国的防御以及天气都无法再阻挡苏军的攻势。到1944年4月，孤立无援的克里米亚差点被夺走，南部战场的德军大部队都已成瓮中之鳖。南方的苏联红军兵临匈牙利、罗马尼亚、波兰（德占区）边境，北方的红军解放了被围困900天的列宁格勒，进军到波罗的海诸国。只有在斯摩棱斯克和明斯克之间的中部阵线，德军勉强守住了一片东方的突出部区域。

在基辅和维亚济马—布良斯克方向，苏军在6月份发动了"巴格拉季昂"行动（Operation Bagration），时间恰好赶上西方盟国的诺曼底登陆与"巴巴罗萨"行动3周年。数周之内，德国的1个集团军群灰飞烟灭。新一代的红军将领顺势将战线从中部转到北部、南部，到了9月，苏联已经收复了全境，把德军全部赶了出去。苏联军队逼近华沙（Warsaw）大门的时候，德国国防军已经无法在前线组织起有效的抵抗。尽

管此时德国的军工厂生产的装甲车辆数量达到了顶峰，但这些车辆从未像预期的那样大规模使用。罗马尼亚倒戈，匈牙利犹豫不决。到1944年10月，复仇心切的红军部队进入了第三帝国在东普鲁士的领土（East Prussia）。4个月的连续作战后，苏军已经筋疲力尽，再加上维斯瓦河（Vistula River）和喀尔巴阡山脉的阻隔，德国暂时有了喘息之机。就像斯大林格勒战役中的那些黑暗时光一样，这一次德军的防御战成果也非常有限。

1945年1月间，红军计划并准备发动针对纳粹德国的最终攻势（见第7章）。尽管"守望莱茵"行动（Operation Wacht am Rhein）以失败告终，尽管西方盟国已经进入德国西部，纳粹德国还是将精锐部队派到了东方战线。不过，然而，面对占据压倒性优势的苏联红军，这些部队犹如螳臂当车，难有作为。东普鲁士、波美拉尼亚（Pomerania）和西里西亚（Silesia）相继陷落，随后贝尔格莱德（Belgrade）和布达佩斯（Budapest）也被攻占。到4月中旬，进攻柏林（Berlin）的最终方案已经完成。德国守军——狂热的党卫军、听天由命的士兵、老人、孩子，以及武装起来的工人（他们的工厂早就被炸毁或者没有了原料）——都在等待着即将来临的必然结局。筋疲力尽、损失惨重的红军同样期盼着战争的结束。随着希特勒自杀、德国首都被炸成一片废墟，苏德战争迎来了最终的结局。

就像那个笑话里说的，苏联取胜是因为他们有一个更优秀的领导者，不过或许说苏联有着更好的盟友更准确。事后诸葛亮地说，像德国这样一个中等大小的国家，其军队能够打到斯大林格勒、对抗全球最大的军队和国家，本身看似就是一件不可能完成的任务。1941年，希特勒的将军们几乎毫无怨言地跟随元首一路向东，但当A计划失败后，他们始终无法设计出行之有效的B计划。从另一个方向上来看，红军几乎没能挺过战争前16个月中的诸多失误，但苏联始终坚定不移。苏军在"巴巴罗萨"行动中投入了无数刚刚集结的大部队；拼凑也好，集合残兵也好，苏军在后方大量组建新生力军；在游击战中让德军寸步难行；吸取教训提高自身，以及最重要的就是绝不停止战斗。苏联曾多次命悬一线，但只要挺过了最初的打击，斯大林开始信任不断成长的红军与崛起的新一代将领，并最终由他们取得胜利。由于人力资源也逐渐趋于枯竭，苏联完善了红军版本的运动战法，它基于高效灵活的指挥体系、诸兵种协同战术、机械化和近距离空中支援（CAS）[1]。1945年夏季，德国已经成为废墟，随后胜利者们只用了几个月就在勃兰登堡门（Brandenburg Gate）和德国国会大厦（Reichstag）的废墟旁建立起纪念碑。他们理应获得这种褒奖。

---

[1]　纯粹主义者愤怒地声称这种战法只是闪电战的变体。

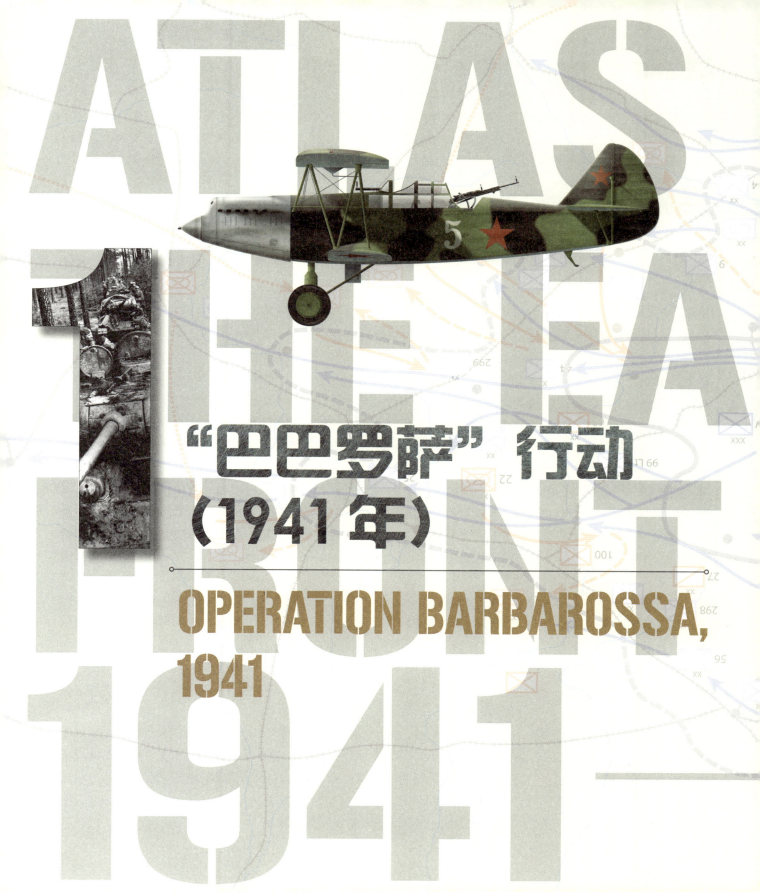

ATLAS THE EA FRONT 1941

1

"巴巴罗萨" 行动 (1941 年)

OPERATION BARBAROSSA, 1941

　　1940年7月的最后一天，希特勒召集军队高层来到贝希特斯加登（Berchtesgaden）的山间度假地，正式下达了入侵"犹太—布尔什维克"的苏联的命令。他对正在进行的不列颠之战没什么热情，同样对空战、海战、破交战兴趣不大。最初对进攻苏联提出反对的将领都被希特勒赶到了一边，几周后，陆军总司令部（OKH）和国防军最高统帅部（OKW）便争相出台了两种进攻方案。两种方案都要摧毁红军在西部布置的德维纳河—第聂伯河（Dvina - Dnepr）防线，重点进攻莫斯科。此外，两种方案都认为能够在大约2个月内轻松取得胜利。凭借攻占法国的成功经验，大规模装甲部队开道，步兵紧随其后就能大功告成。在1940年的整个秋季，作战部幕僚调整并改进了计划，但严重忽视了后勤问题。按照希特勒关注的重点，两个方案主要的调整是加强对莫斯科侧翼的包抄力度，同时德军还将占领主要位于苏联南部的资源富集区。与此同时，斯大林和他的参谋也制订了自己的计划。斯大林指挥下的军队体系也很混乱，红军指挥员连此时采用进攻还是防守战略、战役轴线到底向南还是向北、推进还是退守、军队建设以骡马化还是机械化为主这些关键的问题都拿不定主意。法国的快速陷落也加快了苏军整军备战的步伐，但让苏联高层意识到了事态紧急。他们一边寄希望于战争不会在1942年前爆发，一边开始动员扩充，雄心勃勃地改编原有部队。同样重要的是，在1941年初，斯大林任命朱可夫（G. K. Zhukov）将军——希特勒的命中克星——担任红军总参谋长，并进入最高统帅部。

　　经过战争考验的德军被分成了3个集团军群（北方集团军群、中央集团军群、南方集团军群），下辖7个野战集团军（第4、第6、第9、第11、第16、第17、第18集团军）和4个装甲集群（第1、第2、第3、第4集群），此外还有罗马尼亚第3集团军和第4集团军，以及后来加入的意大利、匈牙利、捷克斯洛伐克、西班牙和其他国家的仆从军。由挪威德意志人组成的挪威军团和芬兰的"卡累利阿"集团军也参加到北线与极地方向的作战上。到当时为止，轴心国的多数部队仍是徒步步兵，另外由骡马化的炮兵和后勤部队提供支援。希特勒动员了超过300万士兵、大约7000门火炮、3000辆坦克装甲车和约3000架飞机。

　　无战斗经验的红军主要由4个方面军（西北、西方、西南、南方方面军）组成，下辖13个野战集团军（第3、第4、第5、第6、第8、第9、第10、第11、第12、第13、第18、第26和第27集团军），此外包括18个机械化军、3个坦克军和4个空降军。芬兰边境的北方方面军另有3个集团军（第7集团军、第14和第23集团军），此外还有1个机械化军受其指挥。防御的红军人数超过300万，间瞄火炮超过30000门，坦克和自行火炮11000辆，飞机7000架。德军在开战之初并未打算将第2集团军派上战场，但在6月22日，也就是"巴巴罗萨"行动开始没几天，它就上了战场，因此很难算作预备队。另一方面，苏联则雪藏了6个招之能战的集团军（第16、第19、第20、第21、第22和第24），而且在未来数月内还能组建更多队伍。

装备精良的中央集团军群在费多尔·冯·博克（Fedor von Bock）的率领下执行"巴巴罗萨"行动的重点突破战术。对面则是巴甫洛夫（D. G. Pavlov）大将的西方方面军守卫毫无掩护的比亚韦斯托克（Bialystok）突出部。由于实力差距太大，巴甫洛夫的部队从第一天开始就开始不断后退。两个德军装甲集群轻而易举地每天推进30—40英里。仅用了4天时间，第一次"会战"（cauldron）就宣告结束，又过了一天，便完成了对明斯克（Minsk）的合围。装甲部队没有等后续的步兵师赶来增援、扎紧包围圈，就迅速进军斯摩棱斯克。收紧包围圈、打扫战场的任务大都交给了步兵部队。多数红军士兵或死或降，其余部队也在忙着突围，或者化装成平民逃到乡间，然后又被联共（布）的干部组织成游击队。7月15日，两个装甲集群对斯摩棱斯克进行了第二次大规模的会战，俘虏了30多万人。除了包围圈附近发生的激烈战斗外，苏军最高统帅部大本营还命令铁木辛哥（S. K. Timoshenko）元帅对中央集团军群的前线全线发动了多次反攻。这些从战略上看无关紧要的战斗，其实标志着斯大林守卫每一寸苏联领土的决心。

"巴巴罗萨"行动的侧翼战斗与众不同。威廉·冯·莱布（Wilhelm von Leeb）元帅的北方集团军群是3支军群中最小的一支，但开局打得最好。仅用了4天，他的部队就攻占了德维纳河的桥头堡，这个位置是德国国防军和苏联红军计划中的关键地点。不过，由于莱布的谨慎和不利的地形，德军停止了攻势。苏联军队则由于过于分散而没能把握住这次战机。很快，德军装甲集群再次猛攻，于7月14日攻占了卢加河上的桥梁。这样一来，列宁格勒的最后一道天然屏障就没有了，德军距离这座大城市仅有数十英里。对于苏联而言，幸运的是莱布再一次犹豫不决，当然红军部队也展现出了战斗力。在前线的另一端，斯大林手下最优秀的战役指挥员基尔波诺斯（M. P. Kirponos）上将，及其精锐的西南方面军，在乌克兰西部与格特·冯·伦德施泰特（Gerd von Rundstedt）元帅率领的南部集团军群展开恶战。过了几周之后，当苏军的人数和位置都非常不利时，德军才开始发起猛攻和围歼战。装甲集群于7月10日攻到基辅城下，罗马尼亚集团军一周前在黑海开辟了一条新战线，但这些行动都没能击垮基尔波诺斯。伦德施泰特用了将近1个月的时间才取得绝对优势，并最终于8月3日在乌曼（Uman）进行了第一次围歼战。

7月末和8月初，德军最高指挥层内部发生了一系列问题。在"巴巴罗萨"行动的最初计划阶段，希特勒并没有重视莫斯科的意义，并经常对将军们如此宣扬。很多将军不同意这种看法，其中就包括陆军总参谋长弗朗茨·哈尔德（Franz Halder）①大将，他认为苏联的首都应是入侵的首要目标。他公开或秘密地向这座城市的方向增兵。希特勒和哈尔德都认为争论已经结束而结论支持自己的意见，但事实上这个问题并未达成共识。7月和8月，希特勒的指挥部发布了一系列命令（以及补给物资），但并未澄清方针。在这种权力真空的环境中，德国的将领们要么选边站，但更通常的做法是哪种命令和之前的指示一致，那就执

---

① 哈尔德是希特勒的宿敌——独裁者死去后，他还继续抗议了几十年——他于1938年成为总参谋长，但一直领导着反纳粹的抵抗运动。他在军队中还有过一次类似的反叛行为，是在希特勒准备进攻捷克斯洛伐克（Czechoslovakia）时做出了西方盟国想要的举动。哈尔德坐在桌前的时候满怀恐惧，焦急地等待着英国和法国宣战的电话，但结果墨索里尼（Mussolini）邀请张伯伦（Chamberlain）和德拉迪尔（Deladier）到慕尼黑会见了希特勒。

1941年12月5日战线（非国界）

北

爱沙尼亚
塔林
列宁格勒
涅瓦河
普斯科夫
18 · 沃尔霍夫方面军
卢加河
旧鲁萨
西北方面军
拉脱维亚
里加
16
北方集团军群
中央集团军群
加里宁方面军
加里宁
伏尔加河
苏 联
立陶宛
8
勒热夫 9
考纳斯
北方面军
中央方面军
3
中央集团军群
4
18
维尔纽斯 西北方面军
11
西方方面军
维捷布斯克
西方方面军
4 莫斯科
16
3
第聂伯河
斯摩棱斯克
4
9
涅曼河
明斯克
2 布良斯克方面军
10
华沙
波 兰
布列斯特
布良斯克
奥廖尔
2
4
戈梅利
别列津纳河
杰斯纳河
2
2
中央集团军群
南方集团军群
西方方面军
西南方面军
普里皮亚季河
库尔斯克
6
5
普里皮亚季沼泽
沃罗涅日
布格河
1
西南方面军
利沃夫
17
日托米尔
基辅
哈尔科夫
罗索希
26
第聂伯河
波尔塔瓦
捷克斯洛伐克
12
切尔卡瑟
南布格河
乌曼
西南方面军
南方方面军
德涅斯特河
南方方面军
第聂伯罗彼得罗夫斯克
扎波罗热
斯大林诺
17 伏罗希洛夫格勒
11
9
克里沃伊罗格
1
3
基什尼奥夫
罗斯托夫
4
敖德萨
外高加索方面军

1941年6月22日战线（非国界）

1941年12月5日战线（非国界）

图例	
——	6月22日战线
----	12月5日战线
(红虚线)	苏军被包围位置
(黑框)	6月12日军队位置
(灰框)	12月5日军队位置

0 —————— 200 英里
0 —————— 200 千米

地图2 "巴巴罗萨"行动

行哪种命令。哈尔德这次小小的"抗争"只是德军抵制希特勒个人命令的无数次尝试之一。只有在8月22日，希特勒坚持了自己的想法，调整了"巴巴罗萨"的行动方案，把军队从莫斯科调到了基辅东侧，去歼灭那里的红军主力。

不凑巧的是，德国的指挥危机正好赶上了一线部队期盼已久的"后勤休整"，这是为了让后方的勤务部队和补给物资能够抵达前线。不过，这个乌龙只是德国一系列参谋失误之一。斯大林可没有心情放任自己的死敌通过"休整"来扼住自己的喉咙（此外，防御战的消耗和进攻一样大，只是消耗的物资不同）。随着战争再一次陷入僵持，德国国防军在两个侧翼开辟了多个战场。莱布已经开始尝试越过防御列宁格勒的卢加河防线。凭借中央集团军群和第8航空军的帮助，莱布的人马突破了河流的防御阵线，把苏军赶到了希特勒所谓的"布尔什维克的诞生地"。9月8日，德国的装甲部队占领了拉多加（Ladoga）湖畔的什利谢利堡（Shlisselburg），有效地切断这座城市的陆地联络长达900天。11日，德军对列宁格勒的防线发动最后一击，但过了十几天还是未能进入这座城市的中心。出于国家利益的考虑，芬兰的卡累利阿集团军在1940年前的边境线上停止了进攻，离列宁格勒还有很远的距离。第2年，德军还会再次尝试攻占这座城市，但仍然无法再进一步。

在乌曼，基尔波诺斯在乌克兰的运气用光了。8月底到9月初，伦德施泰特的军队逼近了基辅和第聂伯河下游沿线。希特勒发布的新命令中包括暂停对莫斯科的进军，将中央集团军群一部分调往北方进攻列宁格勒，另一部分调往南方进攻基辅，导致对莫斯科的攻势暂停了下来。因此，博克（Bock）的步兵部队负责在叶利尼亚（Yelnia）守住敌人的进攻，这个任务可是非常险恶。装甲部队向南越过罗基特诺沼泽，同时南方集团军群的摩托化军越过第聂伯河，到北方与装甲部队会合。所有这些计划都需要红军死守，然后德军装甲部队才能收紧包围圈。而斯大林的确下达了死守的命令，9月14日，德国装甲部队在洛赫维察（Lokhvitsa）会合。在这场史上最大规模的包围战中，红军损失了六七十万的兵力，且防线出现了巨大缺口。不对莫斯科发起直接进攻，而采用腓特烈大帝时期的军事战术，这种战略在德军内部引发了前所未有的争论。一种典型的颠倒因果的说法认为，攻打基辅导致德国没有赢得战争，而攻打莫斯科则可能有此效果。基辅行动的批评者认为，莫斯科是苏联的行政、工业、运输中心，是真正意义上的"王国之匙"。同样，他们把基辅包围战形容为丢了西瓜捡芝麻的愚蠢行为。但实际上，尽管德国不可能赢得苏德战争，但进攻基辅是一个正确的决定。

伦德施泰特的目的是瓦解苏联防御，但他还是遇到了老问题：战线和补给线过长，而且他的很多机械化作战装备都给了博克，这同样限制了他的胜利。他的军队在进攻克里米亚（Crimea）和罗斯托夫时取得了显著的胜利，但我们将会发现，他无法守住胜果。莱布在列宁格勒东部试图和抵达斯维里河的芬兰军队携手合作，但同样未能成功。国防军那年秋天的重点突破行动是"台风"行动（Typhoon），目标直指莫斯科。博克的进攻部队包括3个集团军和差不多数量的装甲集群（装甲集群后来更名为装甲集团军），苏联则有13个集团军增援列宁格勒方向，主要由朱可夫指挥。9月30日至10月2日，德军在维亚济马和布良斯克附近取得两场大胜。同时，苏军有多达60余万人的部队被歼灭，战线上有一个巨大的缺口，德军距离莫斯科只有50英里了。不过，苏军的顽强抵抗和德军脆弱的补给线从一开始就限制了"台风"行动的进展，而

1周之后，大雨降临。

大多数方向上德军的攻势一直停滞到11月初，而那时候冬天来了。朱可夫利用这段时间加固了莫斯科的防御，同时苏联向前线派遣了大量新兵和部队。在主战线最远的两端，北端在拉多加湖以南的季赫温（Tikhvin）和沃尔霍夫，南端在罗斯托夫，德军都遭到了苏军反击，被迫后撤，这是他们自叶利尼亚以来首次遭到挫败。博克对莫斯科发动最终攻势的时候，斯大林和朱可夫已经成竹在胸。对于德国的每一处劣势，苏联似乎都有相应的优势。11月15日到12月3日，德军从西北方向进攻莫斯科，发动了第一次也是最成功的一次进攻。莫斯科南部的策应攻势于11月18日开始，持续到月底。最后一次进攻本应是最后的总攻，但京特·冯·克卢格（Günther von Kluge）元帅指挥不当，12月1日才对莫斯科中部方向发动进攻，2天之后就已经无以为继。总结起来，这3次进攻苏联首都的行动都以大败告终。已经损兵折将，筋疲力尽的德军残兵，在风雪中艰难挣扎，而已经从6月22日的突然打击中回过神来的对手所集结的大军正在密林后虎视眈眈；在坚如磐石的莫斯科城防前磕得头破血流之后，德军踉踉跄跄地迈出了后退的脚步。

地图3

作战计划

1940年6月初，希特勒看着德军在法国节节胜利，开始暗示军队高层：下一个目标是苏联。法国投降后不到一个月，陆军元帅瓦尔特·冯·布劳希奇（Walther von Brauchitsch）和参谋长哈尔德指示下属制订作战计划。最初任务交到了第18集团军司令部的埃里希·马克斯（Erich Marcks）[1]少将手上。他的原始计划是要德国重点攻击乌克兰，但哈尔德把目标修改成了莫斯科——接下来的一年中他仍将继续公开或秘密地推行此计划。7月31日，希特勒做出了入侵苏联的最终决定，马克斯的修改后计划，或称为"东方"作战草案（Operational Draft East）的计划在一周后成型。在伯格霍夫会议开始几天前，希特勒指示炮兵上将阿尔弗雷德·约德尔（Alfred Jodl）和国防军最高统帅部（OKW）指挥参谋部开始起草自己的计划。这份工作落到了伯恩哈德·冯·洛斯贝格（Bernhard von Lossberg）[2]中校头上，到9月中，他完成了最初的"东

---

① 埃里希·马克斯是同名著名历史学家的儿子。在魏玛共和国，他主要担任政治职务，大约相当于今天的新闻秘书。在此期间，他是科特·冯·施莱歇尔（Kurt von Schleicher）的亲密盟友。在"巴巴罗萨"行动开始4天前，他在指挥一个师作战时失去了左腿，3年后在诺曼底指挥84集团军时阵亡。

② 洛斯贝格出身于政治世家。他的父亲是一位将军，曾在1918—1919年发动过反共和的叛乱。

第聂伯河—德维纳河战线（非国界）

爱沙尼亚

塔林
列宁格勒
普斯科夫
旧鲁萨
沃尔摩夫河

拉脱维亚

陶格夫匹尔斯
德维纳河

加里宁
伏尔加河
雅罗斯拉夫尔
伏尔加河
第四阶段目标（9—17周）

立陶宛

维尔纽斯
维捷布斯克
斯摩棱斯克
勒热夫
莫斯科

涅曼河

明斯克
第聂伯河

苏 联

波兰

别列津纳河
戈梅利
布良斯克
奥廖尔

中央集团军群
XXXXX
南方集团军群

普里皮亚季河
普里皮亚季沼泽
杰斯纳河
库尔斯克
沃罗涅日

乌克兰
哈尔科夫
罗索希
顿河

日托米尔
基辅
切尔卡瑟
波尔塔瓦
顿涅茨河
伏罗希洛夫格勒

南布格河
乌曼
第聂伯河
斯大林格勒

第聂伯罗彼得罗夫斯克
斯大林诺

克里沃伊罗格
扎波罗热

第聂伯河—德维纳河战线（非国界）

马克斯计划（OKH）
第一阶段
第二阶段
第三阶段

冯·洛斯贝格计划（OKW）
第一阶段
第二阶段
第三阶段

预期包围圈（100 德国师）
第聂伯河—德维纳河战线

0   100 英里
0   100 千米

地图3 作战计划

方"计划架构方案（Build-up East）以及随后的"东方"计划作战研究方案（Operational Study East）。对于"巴巴罗萨"行动而言，致命的是这两项计划都使用了不够准确的苏联和红军的军事情报评估作为其薄弱的基础，这些情报都是由东线外军处（FHO）提供的，而由盖世太保提供的国家战略情报同样有严重错误。

弗里德里希·保卢斯（Friedrich Paulus）中将是新任的陆军总司令部军需总监兼总参谋部作战局长，在他的率领下，总参谋部作战局在2周内完成了对陆军总司令部和国防军最高统帅部计划的对照分析，1个月后完成了详细的调查研究。计划还有一个明显的缺陷，保卢斯在战后承认他"仅从纯军事的角度审视了""巴巴罗萨"行动，而忽略了对苏联这个集权国家的分析：斯大林统帅的力量被忽略了。11月末和12月初，保卢斯完成了"巴巴罗萨"行动的图上推演，但这些模拟仅仅是重复了国防军的已有观念，比如关注莫斯科。布劳希奇和哈尔德向希特勒作了汇报，元首对这次军事演习的评价是莫斯科"不那么重要"。希特勒和哈尔德在此问题上的冲突一直持续到次年8月底。到12月中旬，德国空军和后勤部门也已完成配套计划，12月18日，希特勒批准了洛斯贝格授权起草的21号元首令，阐述了他的战略观点。陆军总司令部的行动方针——"东方"计划部署指导令（Deployment Directive East））在1941年1月底出台，其中的关键在于把占领莫斯科放在了摧毁苏联的战场抵抗之后。

同时，斯大林也没闲着。事实上，斯大林没能预料到"巴巴罗萨"行动，但苏联间谍告诉他希特勒将在几天后召开伯格霍夫会议，因此红军也开始针对德国国防军进行部署。1940年10月中，苏联出台了"1941年动员计划"（MP 41），主要的调整是防御资源丰富的乌克兰并向德国占领的波兰发动反攻。12月1日在克里姆林宫召开的规划会议和军事演习达到了3个效果：第一，他们开始讨论苏联反攻的可能性；第二，明确了朱可夫在红军领导层的地位；第三，开始实施"1941年防御方案"（DP 41），这份方案继承了"1941年动员计划"的多数弱点，比如前线防御部署相隔太远、不切实际的进攻德国计划。由于朱可夫的据理力争，在"巴巴罗萨"行动开始前1个月，斯大林动员了50万预备役人员。

地图3显示了马克斯（蓝色）和洛斯贝格（绿色）的计划。两份计划都承认普里皮亚季沼泽会把战役分为两个不均等的部分，需要重点进攻北方战场。在第1阶段，两份计划几乎平行地指向列宁格勒和斯摩棱斯克，同时要消灭德维纳河—第聂伯河沿线的红军力量。在南方，马克斯的计划主攻基辅，洛斯贝格则要进军第聂伯河湾。两份计划在第2阶段和第3阶段产生分歧。两人都认为应该在中部和乌克兰轴线上重视沼泽东部的红军——也就是后来的历史性的基辅包围战。马克斯认为应直捣莫斯科，但洛斯贝格则要分兵攻打列宁格勒和顿巴斯（Donbas）。在洛斯贝格的计划中，这些分散的军队最终会从北方和南方合围莫斯科，这也就是历史上的"台风"行动的方案。因此可以说，希特勒和历史都更青睐洛斯贝格的最高统帅部方案。

地图4

北线，1941年6月22日—30日

　　由于陆军总司令部自己也承认其目光短浅地只考虑了"纯军事"问题，因此政治/战略问题就都交给了希特勒。在3个集团军群中，莱布的作战目标包含着最多的政治因素。除了在战场上消灭红军外，他们还要：（1）攻占列宁格勒；（2）占领或摧毁苏联海军基地，进而封锁波罗的海舰队的出海口；（3）与芬兰军队连成一体。拥有第16集团军、第18集团军、第4装甲集群和一支相对规模较小的空军航空队的北方集团军群沿着陶格夫匹尔斯（德语杜纳堡）—奥波奇卡—列宁格勒（Dünaburg-Opochka-Leningrad）的轴线前进，博克则在其右翼策应。在"巴巴罗萨"行动以及整个苏德战争期间，国防军的北线一直都处于资源不足的境地，失败的结局几乎已经注定。不过苏联迟迟无法在北部部署有效防御。战前的波罗的海特别军区[①]（战争开始后改编为西北方面军）计划边打边退，最终退到德维纳河。一旦德军突破德维纳河防线，红军就准备借着丛林沼泽的地形撤退到列宁格勒的"门前"。苏联第11、第18和第26集团军无法胜任这项任务，司令员库兹涅佐夫（F. I. Kuznetsov）上将同样不堪大用。

　　北方集团军群在战场上形成了"巴巴罗萨"行动计划中的漏斗形前线，只是规模小了一点。莱布的军队几乎挤满了梅默尔兰（Memelland）和东普鲁士北部的出发地。他们按照"巴巴罗萨"计划在凌晨5点发动进攻时，天已经亮了好大一会儿。库兹涅佐夫的部队通常以一个团在前，两个团在后的方式进行防御，但很快就被德军击溃，当天德军步兵师以10英里为单位向前推进。埃里希·赫普纳（Erich Hoepner）大将的装甲部队则猛冲猛打，取得了更惊人的进展。第8装甲师攻占了杜比萨河（Dubysa River）的阿廖加拉桥（Ariogala Bridge），这是通往陶格夫匹尔斯的关键地点。

　　战争爆发的第2天，苏军第8集团军的索边尼科夫（Sobeninkov）少将指挥2个机械化军对德军装甲部队的先头部队发起了反攻。格奥尔格-汉斯·莱因哈特（Georg-Hans Reinhardt）装甲兵上将指挥的第41摩托化军十分分散，第1和第6装甲师之间甚至无法提供支援。苏军机械化第3军和机械化第12军分别在拉塞尼艾（Raseiniai）和蒂图韦奈（Tytuvenai）对孤立的德军先头部队发起猛攻。苏联新锐的KV-1/2和T-34坦克面对性能居于弱势的德国装甲部队和无法击穿其装甲的反坦克火力时几乎形成碾压，推进速度极快。不得不采取权宜之计的德国人花了3天多的时间才控制住了局势。最后，到6月25日时，苏军的2个机械化军已经被德军合围，建制内的坦克师各损失了数百辆坦克，也就是说其编制内的装备损失了90%以上。

---

① 3个前线军区中的"特别"是指他们可以在没有增援的情况下完成任务，当然这种想法很不现实。

地图4 北线，1941年6月22日—30日

第 202 摩托化步兵师和
第 9 反坦克营位置

部队初始位置

部队移动后的位置

0   30 英里

0   30 千米

  由于莱因哈特吸引了守军的大部分注意力，所以埃里希·冯·曼施泰因（Erich von Manstein）步兵上将的第56摩托化军在赫普纳的右翼几乎如入无人之境。从阿廖加拉桥开始，他沿着一条路况良好的道路直奔陶格夫匹尔斯，和苏军第27集团军及增援的机械化第21军展开时间竞赛。6月26日清晨，他的人马和"勃兰登堡"（Brandenburger）突击队、特种工兵分队一起（有的人开着缴获的苏联车辆）赢得了"赛跑"，拿下了宽阔的德维纳河上的两座桥梁。接下来的3天，第56摩托化军艰难地对抗敌军的地面和空中进攻，终于等来了急行军赶来的德军步兵部队。纳粹空军近距支援部队从空中提供了专业支持，帮助莱因哈特撤退到了下游的叶卡布皮尔斯（Jekabpils），并等来了增援的第16集团军。同时，莱布的2个步兵集团军在赫普纳的两翼保持缓慢但稳定的进军速度。在左翼，第18集团军横扫波罗的海沿岸，于6月的最后1天占领了里加（Riga）。在右翼，第16集团军穿过了立陶宛东部。由于库兹涅佐夫的指挥能力很差，所以第16集团军的任务变得容易了。同时，库兹涅佐夫的第11集团军遭到第3装甲集群的猛烈打击（见地图9），向东撤退，因而无法和西北方面军的其余部队一起向北撤退，从而与邻近的西方方面军形成了一个巨大的缺口。

  北部前线的双方高层指挥都很差劲。在"巴巴罗萨"行动开始一周后，斯大林撤掉了库兹涅佐夫，让索边尼科夫取而代之。由于赫普纳的犹豫，导致莱布的军队占据陶格夫匹尔斯后却浪费了宝贵的6天时间。即便是希特勒严令第4装甲集群进攻列宁格勒，但这个过分谨慎的巴伐利亚人还是不愿冒进哪怕一步。

❶ 21	❻ 列姆	⓫ 43	⓰ 86
❷ 13	❼ 90	⓬ 291	⓱ 内务部队 1
❸ 11	❽ 70	⓭ 256	
❹ 189	❾ 56	⓮ 4	
❺ 1	❿ 28	⓯ 168	

图例

———	7月23日战线
— — —	8月19日战线
••••••	9月3日战线
☐	7月23日部队位置
☐	9月10日部队位置

0　　　　　20 英里
0　　　　　20 千米

芬 兰 湾

楚德湖

纳尔瓦河

塔尔图

地图5

卢加河战役与进军列宁格勒，1941年7月9日—9月18日

　　"巴巴罗萨"行动中，纳粹国防军的两个组成部分——快速机动的机械化部队和其他仍需徒步推进的步兵的表现差别不小，且在北方集团军中尤为明显。造成这种情况的原因有很多：最明显的是他们不是战役中最重要的部队，不知道该如何攻克列宁格勒这样的大城市，莱布缺乏闪电战的经验，还有不利的气候和地形因素。在不到1个月的时间里，第41摩托化军突进650英里，抵达卢加河，等着莱布率领其余部队抵达并制订一个进攻苏联第二大城市的计划——此时德军已经距离列宁格勒只有90英里了。同时，斯大林和红军将领已经制定了守卫布尔什维克诞生地的方案：守住波罗的海红旗舰队基地，不让德军和芬兰军队会合。指挥防御的库兹涅佐夫和伏罗希洛夫（K. E.Voroshilov）元帅能力欠佳，防御250英里长的河流阵线的任务就落到了皮亚德舍夫（K. P. Piadyshev）中将的肩上，由他指挥卢加战役集群〔Operational Group（LOG）〕。

　　皮亚德舍夫在7月9日刚刚履职，但他的指挥持续时间很短，2周后就因玩忽职守被捕。因此，红军最高统帅部大本营（Stavka）把卢加战役集群分成了3部分：金吉谢普（Kingisepp）、卢加（城镇）和东部战区。金吉谢普战区负责遏制德军第41摩托化军的桥头堡（得到第8装甲师和第36摩托化步兵师赶来增援），8月的第2周，双方发生了激战。8月10日，曼施泰因加入战团，对卢加河

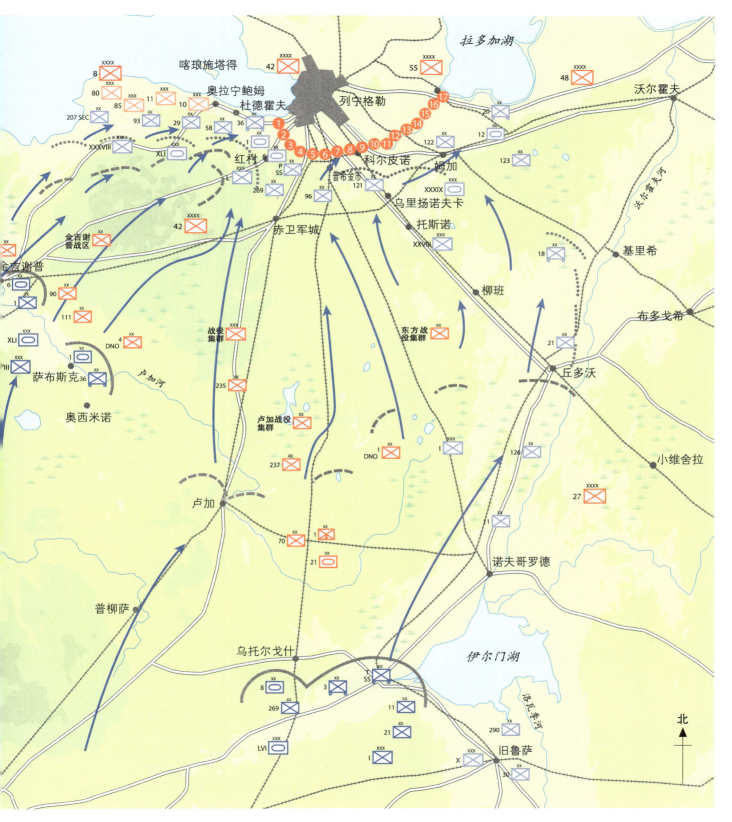

地图5 卢加河战役与进军列宁格勒，1941年7月9日—9月18日

防线发起进攻。在第16集团军和空军近距支援部队的协助下，到8月12日—13日，莱因哈特迫使红军撤出了他们匆忙构筑的阵地。德军的计划是由第41摩托化军进军列宁格勒，而第8装甲师则转向右侧，和从卢加赶来的第50军会合；到8月末在赤卫军城（Krasnogvardeisk）附近俘虏2万苏联官兵。但事实上，德军北部阵线遭遇了两次内伤：拉斯滕堡的决策犹豫不决，对伊尔门湖（Il'men）南部的战略威胁反应过度。对于旧鲁萨（Staraya Russa）攻势的过度反应"只是"毁掉了北方集团军群攻克列宁格勒的第三次机会而已（见地图6），而希特勒指挥部的危机则毁掉了整个"巴巴罗萨"行动。

　　8月21日，德军解决了这两个问题，9月4日，希特勒、布劳希奇、威廉·凯特尔（Wilhelm Keitel）元帅抵达莱布的指挥部，商讨对列宁格勒发动总攻的计划，而具有象征意义的是，其中不再包括攻占这座城市。北方集团军群的双重目标包括紧紧包围列宁格勒、什利谢利堡和斯维里河，而这需要继续调用包括第8航空军在内的强火力增援部队11天之久。同时，在8月下半月和9月初，莱布的人马一直在向列宁格勒推进，对手则是波波夫（M. M. Popov）中将指挥的45.2万守军，其中从东到西分别是：拉扎列夫（I. G. Lazarev）少将的第55集团军、谢尔巴科夫（V. I.Shcherbakov）少将的第42集团军和普申尼科夫（P.S.Pshennikov）中将的第8集团军。9月8日，德军北方集团军群向列宁格勒发起了最后的进攻。从赫尔曼·霍特（Hermann Hoth）大将那里借来的第39摩托化军在鲁道夫·施密特（Rudolf Schmidt）装甲兵上将的指挥下冲击东部战区的丘多沃（Chudovo），同时还要提防红军从右翼杀出。9月8日，这个战区的战斗达到顶峰，什利谢利堡被德军攻占，导致列宁格勒的陆路联系被中断了900天。

　　对于列宁格勒而言，更直接的威胁是西南方的莱因哈特。在沃尔弗拉姆·冯·里希特霍芬（Wolfram von Richthofen）航空兵上将的"斯图卡"（Stukas）轰炸机的掩护下，第1装甲师和第36摩托化步兵师于9月11日攻占了杜德霍夫高地（Duderhof Heights），1天后，第6装甲师和第1装甲师的主力攻占了红村（Krasnoye Selo）。13日，莱因哈特集合4个师的兵力，在第8装甲师的配合下，对乌里茨克（Uritsk）发起重点进攻。9月18日，北方集团军群攻占了普希金（Pushkin）和斯卢茨克（Slutsk），已经能够看到列宁格勒的轮廓。对于德军来说，不幸的是朱可夫已经于9天前取代了伏罗希洛夫进行指挥，这位斯大林手下最优秀的指挥员让莱布的部队无法再靠近这座城市。

地图6

反攻旧鲁萨，1941年8月12日—23日

军事行动中，两个指挥部之间的接合部通常是麻烦的区域，北方集团军群指挥部和中央集团军群指挥部就证明了这一点。其中一路军队向东北方向的列宁格勒进军，而另一路则正东偏北的莫斯科行进，随着进军的持续，两路军队之间的缺口越来越大。尽管还有其他任务，但3支德国国防军部队——莱布的第16集团军、博克的第9集团军和第3装甲集群——的精锐还要负责保护这片区域的交通。不过，相比于列宁格勒和莫斯科这种地位显著的军事目标，侧翼安全不是最优先考虑的事项。

由于西北方面军的司令员位置仍然空着，利用德军弱点发起进攻的任务便落到了参谋长瓦图京（N. F. Vatutin）中将身上，他于7月初到任，接到的命令是不惜一切代价稳定局面。他在接下来的1个月里武装突击部队，并完善作战计划。在此期间，莱布的集团军群逐渐靠近了卢加防线，同时其右翼的缺口更加暴露，与中央集团军群的联系更加脆弱。瓦图京集结起自6月22日就投入战斗的第11和第27集团军的余部，刚刚抵达的第34和第48集团军（第48集团军位于伊尔门湖北侧）在最高统帅部命令下也开始接受瓦图京的指挥。他最初的计划是在伊尔门湖的南北两侧同时进攻，但最高统帅部大本营只同意在湖南侧进攻，这样的"有限任务"更加合理。卡恰诺夫（K. M. Kachanov）少将率领的第34集团军（12个师）是开路先锋，而第11集团军则负责牵制分化恩斯特·布施（Ernst Busch）大将的第10和第2军（这样的阵型有问题，40英里的缺口之间只有少量部队防御）。新到的第48集团军可以负责北部的主攻，而第27集团军则负责南方的缺口。出于多种原因，原定8月3日—4日开始的进攻推迟到了8月12日。

苏军的反击出其不意，第34集团军击退了第10军的3个师。两天后，苏军突破德军防御薄弱的战线，突入纵深达24英里，并在8月14日切断了重要的德诺—旧鲁萨（Dno - Staraya Russa）铁路线，随后由于指挥混乱和糟糕的地形、天气而使得进军速度减缓。为了巩固战果，瓦图京增派了4个师。8月14日，莱布命令党卫军"骷髅"师前往受到威胁的地区，1天后又抽调卢加河战斗中的第56摩托化军（军部和第3摩托化步兵师）前往德诺。此外，他还将重要的空军力量从卢加河战区调到了缺口处。8月16日，苏军步兵第21军的3个师把德军的第30步兵师赶出了旧鲁萨。同一天，苏军步兵第245师和摩托化步兵第163师抵达高尔基市（Gorki），瓦图京的攻势达到了最高潮。不过，16日"骷髅"师也向苏军的左翼发起了进攻。

曼施泰因在夜间悄悄行军150英里，已经准备好突袭。8月19日，他和第3摩托化步兵师（右翼）、骷髅师（左翼）一起向第34集团军的先头部队发起进攻。8月20日，卡恰诺夫发现2个德国师在韦利科耶（Velikoye）会合时大吃一惊，苏军步兵第202、245、262师，和摩托化步兵第163师、骑兵第25师——

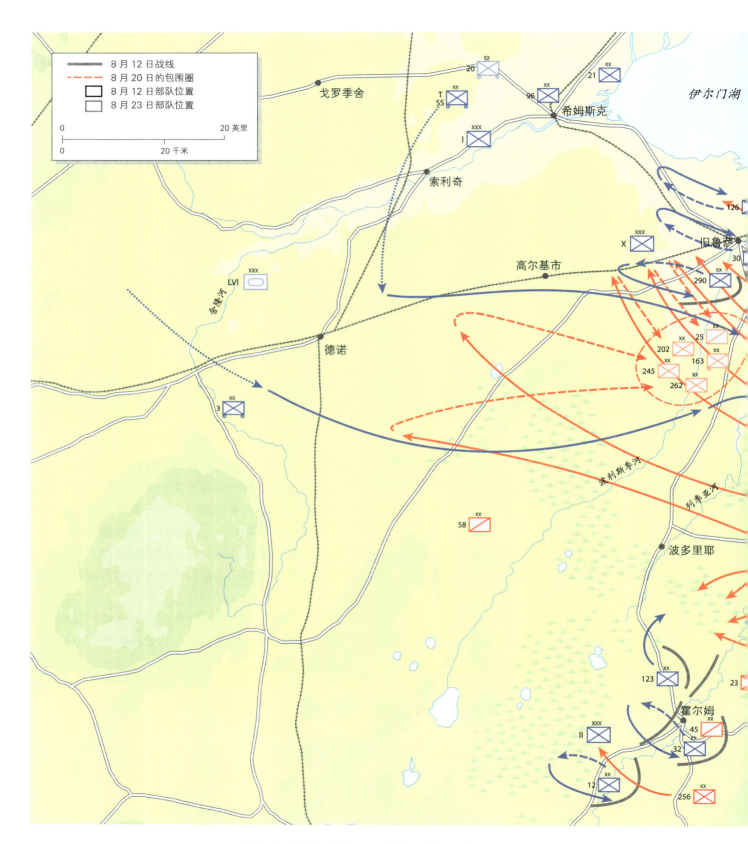

地图6　反攻旧鲁萨，1941年8月12日—23日

共有18000人——被包围了①。同时，在南方的霍尔姆（Kholm），德军第2军由守转攻，击退了苏军第27集团军强弩之末的进攻。到8月23日，第30步兵师已经重新占据了伊尔门湖东南侧的洛瓦季河（Lovat River），莱布认为局势已经稳定了。

但对于"巴巴罗萨"行动整体而言呢？由于在旧鲁萨遭遇苏军的反击导致德军进攻列宁格勒的攻势减弱，且未能与芬兰军队取得联系，希特勒和莱布受到了批评。等到56摩托化军反攻时，瓦图京的策略——哈尔德称之为"无关紧要的刺痛"——险些就要成功。北方集团军群对于卢加河防线的进攻既没能发挥出机动作战的优势，也未能充分运用纳粹空军的制空权。德军自缚双臂的错误行为还包括将霍特的第57摩托化军投入进攻大卢基—霍尔姆—杰米扬斯克—瓦尔代高地（Velikie Luki–Kholm–Demyansk–Valdai Hills）一线，而非调往斯维里河（甚至调到了列宁格勒以南地图之外的地带），这种行为在军事上毫无意义。对于苏军而言，瓦图京的进攻再一次证明了他们寸土必争的决心。

---

① 卡恰诺夫在9月27日接受了军事法庭的审判，两天后被枪决。

地图7

"贝奥武夫"行动和"齐格弗里德"行动，
1941年9月14日—10月22日

　　除了1940年入侵挪威外，德国国防军平时并不擅长陆海空协同作战。但为了此次作战的需要，在"巴巴罗萨"行动开始2个月前，北方集团军群的将领们策划了"贝奥武夫"计划（Operation Beowulf），目标是进攻里加湾（Gulf of Riga）入口处的爱沙尼亚岛屿。约有1000平方英里的萨雷马岛（Saaremaa）是其中最大的岛屿，它和穆胡岛（Muhu）之间有一条2.25英里长的堤道相连，而希乌马岛（Hiiumaa）约有500平方英里。叶利谢耶夫（A. B. Eliseyev）少将指挥着24000名红军官兵——主要是萨雷马岛的独立步兵第3旅和穆胡岛的步兵第79团的两个营，另外有10个海岸炮兵连和16个野战炮兵连为他们提供间瞄火力支援，但叶利谢耶夫还是轻视了即将到来的进攻，未能做好充分准备。

　　德军的计划是：1941年9月14日，让西格弗里德·黑尼克（Siegfried Haenicke）指挥的第61步兵师从爱沙尼亚本土发起两栖进攻，由"勃兰登堡"突击队和海空军部队提供协助。在"南风"行动（Operation Südwind）前一天，纳粹海军的"莱比锡"号（Leipzig）、"科隆"号（Köln）和"埃姆登"号（Emden）轻型巡洋舰实施了对岸炮击，另有支援舰船对萨雷马岛西海岸实施攻击；"北风"行动（Operation Nordwind）中，芬兰军队两艘配备10英寸重炮的浅水重炮船和数支小股部队对希乌马岛北岸进行进攻。这些进攻是想迷惑守军，让他们以为进攻会从海上发起［和1917年的"阿尔比恩"行动（Operation Albion）类似］。在芬军损失了旗舰——"伊尔马里宁"号（Ilmarinen）炮舰后，策略达到了预想的效果，叶利谢耶夫把军队调到了西侧。

　　真正的进攻从第2天早上4点打响。黑尼克的先头部队搭乘270艘内河突击艇从大陆横渡6英里宽的海峡抵达穆胡岛，"勃兰登堡"部队的贝尼施（Benesch）特遣队凭借滑翔机降落在库巴萨雷半岛，以便摧毁半岛上的海岸炮。在开阔水域进行糟糕的弃船登陆和解决众多麻烦后，第151步兵团和第161侦察营以及一个轻型山炮营成功建立了4英里纵深的滩头阵地，第2天第151步兵团成功地突破了堤道，而叶利谢耶夫的部队仍在东返途中。此时，在萨雷马岛这个大岛上，黑尼克兵分两路，第151和第162步兵团向南，第176步兵团和侦察营向北。到9月17日，红军已经重整旗鼓，建立了横跨岛屿的防线，但在接下来的几天里又被打得节节后退。到9月21日，苏军放弃了首府库雷萨雷（Kuresaare），除了1.25英里宽的索维半岛（Sorve Peninsula）外，他们已经放弃了萨雷马岛。在这片狭长地带上，黑尼克的两个在岛南部的步兵团进行了2周

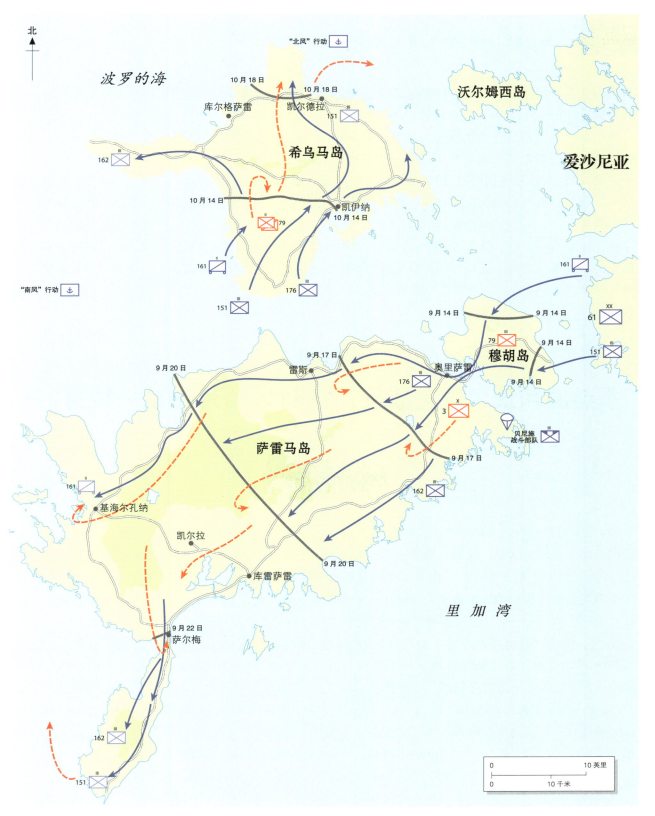

波罗的海

北

"北风" 行动

希乌马岛

库尔格萨雷

凯尔德拉 10月18日

151

10月18日

162

10月14日

爱沙尼亚

沃尔姆西岛

凯伊纳
10月14日

79

161

176

"南风" 行动

151

穆胡岛

79

161

61

9月14日

9月14日

9月14日

151

9月14日

9月20日

雷斯 9月17日

奥里萨雷

176

萨雷马岛

3

贝尼施
战斗部队

基海尔孔纳

凯尔拉

9月17日

162

161

库雷萨雷

9月20日

里 加 湾

9月22日
萨尔梅

162

151

0				10 英里

0				10 千米

地图7 "贝奥武夫" 行动和 "齐格弗里德" 行动，1941年9月14日—10月22日

的艰苦奋战，才清除了半岛上的15000名守军。相应地，第151和第162步兵团在空军近距支援部队的帮助下向南挺进。10月5日，苏军停止抵抗，5000人被俘，另有1500人逃到了希乌马岛。

随后，黑尼克将军开始把注意力放到了针对希乌马岛的"齐格弗里德"行动（Operation Siegfried）上，同样让海军对岛屿北侧进行了佯攻。10月12日5时，第176步兵团出其不意地在岛屿东岸登陆，这天下午，第161侦察营和第151步兵团（从索维半岛调来）加入了岛屿西侧的战斗。最终第217步兵师也投入了战斗，牵制了大约4000名红军守军。经过1周的激烈战斗，苏军被钉死在希乌马岛的北侧尖端。10月21日—22日夜间，570人趁着夜色乘船逃往大陆。为了占领波罗的海诸岛，第61步兵师损失了2850人，但清除了通往里加湾的阻碍，俘虏了15000名苏军和200多门火炮。第二次世界大战期间，除了最初日本仓促进攻威克岛（Wake Island）失败外，其余所有两栖登陆战都成功了。"贝奥武夫"行动和"齐格弗里德"行动为德军提供了一个三军联合作战的战术模板。

地图8

季赫温和沃尔霍夫战役，1941年10月16日—12月7日

到9月的最后1周时，莱布对列宁格勒的总攻陷入了停滞，原因包括苏军的拼死抵抗、德军的虚弱、糟糕的计划、欠缺的后勤以及希特勒的命令。由于德国国防军控制着什利谢利堡的纤细屏障，所以围城之中的300万居民和士兵凶多吉少。由于空军的轰炸行动依然存在危险，所以德军调来了重炮，但列宁格勒1000平方英里的面积使得炮击效果大打折扣。即便无法一举攻克，希特勒也能用饥饿让守军投降，但斯大林却并不这么认为——他一边向前哨部队提供物资，一边努力让红军解围。

此时"台风"行动尚未开始，而且直到9月底时德国国防军（以及世界上大多数军事专家）都认为苏联撑不到1942年。为了确保胜利、补上战线上的漏洞，德军有3个理由向东北的什利谢利堡—基里希（Kirishi）—丘多沃—诺夫哥罗德一线推进：（1）进一步孤立列宁格勒。（2）和斯维里河的芬兰军队会合。（3）占领季赫温（Tikhvin）的铝土矿。在北方，第18集团军第1军准备进攻沃尔霍夫，而第16集团军的第39摩托化军准备进攻季赫温。由于英美向芬兰施压，使得其对越过斯维里河有所顾忌，苏联便只让独立第7集团军防守该区域。在沃尔霍夫和季赫温，红军最高统帅部大本营则部署了第54、第4、第52集团军的63000人和475门火炮。加上交战双方最近获得的援军，红军占有绝对优势，兵力对比约为9∶2。

汉斯-于尔根·冯·阿尼姆（Hans—Jügren Von Arnim）中将于10月16日发起进攻，抢在库利克（G. I.

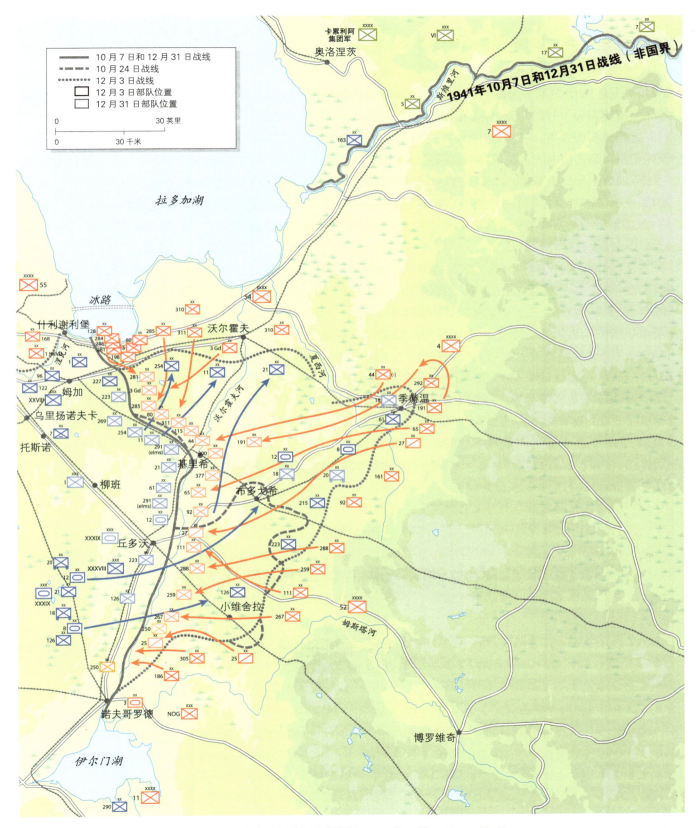

地图8　季赫温和沃尔霍夫战役，1941年10月16日—12月7日

图例：

▬▬▬	10月7日和12月31日战线
▬ ▬ ▬	10月24日战线
∙∙∙∙∙∙	12月3日战线
▢	12月3日部队位置
▢	12月31日部队位置

0 ————— 30 英里
0 ————— 30 千米

卡累利阿集团军

奥洛涅茨

沃尔霍夫河

1941年10月7日和12月31日战线（非国界）

拉多加湖

冰路

什利谢利堡

姆加

乌里扬诺夫卡

托斯诺

柳班

丘多沃

小维舍拉

诺夫哥罗德

伊尔门湖

季赫温

布多戈希

沃尔霍夫

基里希

姆斯塔河

博罗维奇

沃尔霍夫河

Kulik）元帅之前先下手为强。第39摩托化军利用苏军第4和第52集团军之间的空隙，快速越过小维舍拉（Malaya Vishera）并向北突进。地形对守军有利，而天气则在寒冷泥泞和冰冻刺骨之间徘徊。德军虽然节节胜利，但也损失惨重。一周后，第12装甲师攻下了布多戈希（Budogoshch），距离季赫温只剩半程。在第18摩托化步兵师的协助下，装甲师继续缓慢前进，而季赫温的苏军第4集团军已经严阵以待。不过第4集团军无法守住城市，分兵撤退后，苏军于11月8日撤出了该城。苏军有20000人被俘，损失了179门火炮。同时，德军第1军击退了沃尔霍夫守军——费久宁斯基（I. I. Fedyuninsky）少将的第54集团军，距离该市不到4英里。独立第7集团军司令员梅列茨科夫（K.A. Meretskov）大将取代倒霉的库利克元帅后，稳住了局势，并试图重开通往列宁格勒的铁路。①

　　斯大林要的是胜利，因为苏军与德军的兵力比为3∶1，而且梅列茨科夫很快就取得了战果。苏军第52集团军在克雷科夫（N. K. Klykov）中将的指挥下，于11月12日对莱布的突出部南部边缘发起进攻。但除了消耗稀缺的预备队外，这次进攻并没有取得什么战果。1周后，梅列茨科夫亲自指挥第4集团军攻击季赫温两侧的突出部顶端。不到3天，市内的德国国防军就被与大部队分割了，德军预备队只剩第61步兵师。阿尼姆的人马继续坚持了2周，但到12月初时也支撑不住了。希特勒和莱布进行了多次电话磋商，这将成为苏德战争接下来的标志行为，莱布请求元首同意撤退，但这位独裁者断然拒绝了前线指挥官的请求。12月7日，莱布下令放弃季赫温，该命令在第2天早上得到了希特勒的追溯认可。在沃尔霍夫附近，距离斯维里河边的芬兰人只有50英里的地方，苏联第54集团军开始向德军第1军发起进攻，并迫使其撤退。12月中，前线稳定在了沃尔霍夫河沿线。德国的北方集团军群打了"巴巴罗萨"行动中最艰苦的战斗，预定的4个目标无一实现：形成合围、与芬兰军队会合、摧毁喀琅施塔得港以及占领列宁格勒。

地图9

边境战斗的中线战场，1941年6月22日—30日

　　在当时和后来的所有人看来，德军在中线方向的攻势都只有一个目标——拿下莫斯科。博克的人马沿着拿破仑大军走过的高原前进，此处也是上一个冰河时代北极冰盖的边缘，也是德维纳河和第聂伯河的源头。在这条战役轴线上，国防军的参谋人员认为包围明斯克和斯摩棱斯克是重要的战役节点，德军的战役

---

① 由于11月的刻赤半岛（Kerch Peninsula）防御战指挥不力，库利克被斯大林召回莫斯科，送上了军事法庭。此后，他被剥夺了元帅军衔，降为少将，1950年被枪决，1957年平反。

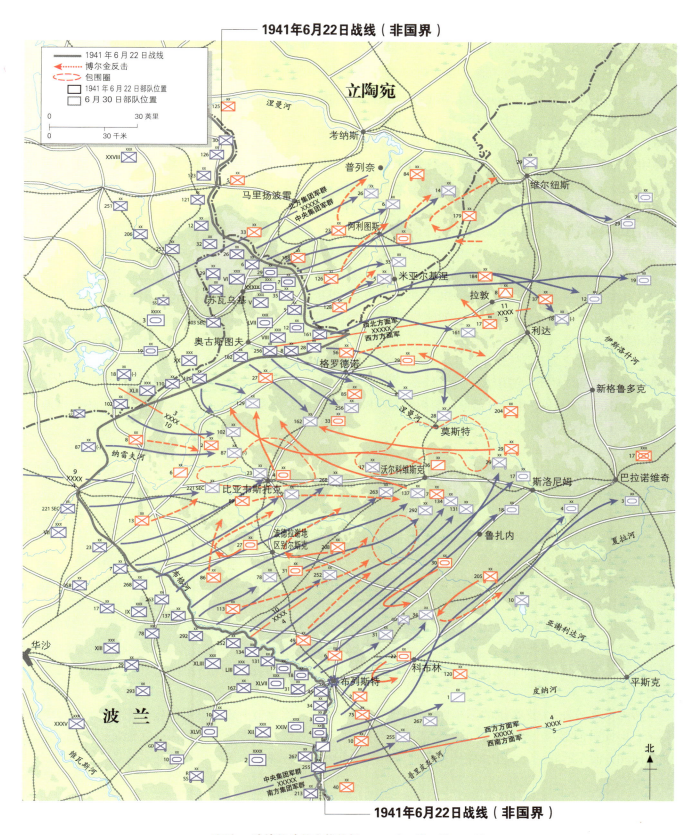

1941年6月22日战线（非国界）

立陶宛

华沙

波兰

西方方面军
XXXXX
西南方面军

中央集团军群
XXXXX
南方集团军群

北

1941年6月22日战线（非国界）

地图9　边境战斗的中线战场，1941年6月22日—30日

目标则是消灭这两个城市内的红军。博克负责指挥第9和第4集团军，外加第3和第2装甲集群，并由精锐的第8航空军提供空中支援。1941年3月，希特勒将东线唯一的战略预备队——第2集团军调到了中央集团军群的后方。这支被认为是为具有战略意义的任务而准备的部队——比如说为类似进攻莫斯科这样的关键任务提供兵源——却在战役初期就被过早地被投入战斗当中，到7月时已经和其他野战集团军一样作战了。如前所述，巴甫洛夫的西部特别军区——后来更名为西方方面军（由第3、第10和第14集团军组成，包括6个机械化军）——处于危急存亡之地，其三面都已被博克包围。在"1941年防御方案"的纲领下，他没能稳住主要防御态势，并因此陷入物资匮乏的境地。

巴甫洛夫本来可以在德军入侵的5分钟前向部队发出预警，但斯大林奇怪地担心红军不应激怒准备进攻的德军，因此他的手脚被束缚住了。无论是该战区北方的涅曼河，还是南方的布格河，他都没有对一线部队发出任何预警。苏瓦乌基（Suwalki）的德国第3装甲集群占据了有利位置，布列斯特附近的第2装甲集群也充分利用了地缘优势。在"巴巴罗萨"首日行动的最后阶段，双方都有很多机会——但由于巴甫洛夫没有利用起来，德军一直处于优势。1天后，西方方面军失去了和北面友军的联系，使得北方的霍特第3装甲集群在缺少燃料的情况下仍然迅速抵达了维尔纽斯东北部的维捷布斯克（Vitebsk）和波洛茨克（Polotsk，后两处在本地图范围之外）。海因茨·古德里安（Heinz Guderian）大将指挥的第2装甲集群同样迅速越过了巴拉诺维奇（Baranovichi），准备开赴博布鲁伊斯克（Bobruisk）和罗加乔夫（Rogachev，两座城市都位于地图之外的东部）。这两支军队的突入使得"巴巴罗萨"行动中的第一次包围战在比亚韦斯托克（Bialystok）附近打响了，这让拉斯滕堡的希特勒很受鼓舞。元首想要迅速收紧口袋，而布劳希奇、哈尔德和博克都想继续东进。最终他们让了一步，决定同时实施：第29摩托化步兵师在战争爆发三天后封闭了包围圈，同时装甲部队继续向明斯克突进。

但巴甫洛夫的部队没打算束手就擒。他组织了超过1300辆坦克，由他的副手博尔金（I. V. Boldin）中将指挥，试图切断霍特突入格罗德诺（Grodno）的部队。霍特的部队早已转向东方，因而博尔金的人马和德军第9集团军的步兵相撞了。6月24日，争夺进入白热化，德军凭借空军的支援，步兵稳住了阵地。由于指挥不力、战术素养不足、后勤保障不够，红军的反攻陷入停滞，不但损失惨重，而且丝毫没能阻止霍特的进军步伐。在比亚韦斯托克突出部的南部边缘，布列斯特要塞顶住了德军的猛攻。这块难啃的骨头落到了第45步兵师头上，他们在铁道炮和空军飞机的猛烈掩护下，对这座旧式砖砌堡垒（实际上该堡垒异常坚固）发起了进攻，德国空军飞机甚至投掷了重达2吨的炸弹。一支混编而成的苏联军队死守要塞，让博克的南方补给线陷入困顿。他们战斗了一个多星期，守军有组织的战斗持续到了6月的最后一天，不过被打散后的苏军部队仍然坚持抵抗了数周。

博克消灭另外3个更精锐的苏军集团军只用了几天时间。比亚韦斯托克的层层包围圈让他俘获了29万苏军，但此时他那两个装甲集群的先头部队已经在200英里之外。西方方面军此时一团混乱，失去了和东侧的西北方面军的联系，而中央集团军群即将制造一个更大的包围圈。

地图10

明斯克包围战，1941年6月25日—30日

西方方面军几乎没能挺过"巴巴罗萨"行动的第一周。从边境战斗爆发到多重比亚韦斯托克包围战，突出部的脆弱性显而易见，巴甫洛夫在几天内就损失了半数部队。不过德军在1941年既未用纵深穿插方式分割红军，也未对红军造成连续的合围，而3年之后，苏军却会运用空地协同的诸兵种协同作战，在同一片战场上分割并击溃纳粹国防军。

比亚韦斯托克和新格鲁多克（Novogrudek）包围战中双方均有约6个师参战，尽管巴甫洛夫意外暴露了位置，但德军的注意力已经转向了明斯克，那里才是"巴巴罗萨"行动策划者盼望的首要胜利之所。与此同时，红军最高统帅部大本营①制定了一份防御通往莫斯科道路的方案。霍特将军决定分兵攻击苏军西方方面军和西北方面军的做法，使得德军的行动更加困难。红军的有限反攻仍然受制于指挥能力不足、缺乏协同作战条令指导和糟糕的后勤。铁木辛哥元帅尝试组织连贯的防御、沿着河道有序撤退，但苏军还没来得及组织起来，德军机械化部队就已经突破了河道。红军最高统帅部大本营命令布琼尼（S. M. Budenny）元帅的方面军预备队——第19、第20、第21和第22集团军——在巴甫洛夫的后方建立防线，也就是涅韦尔（Nevel）—维捷布斯克—奥尔沙（Orsha）—戈梅利（Gomel）沿线，以及第聂伯河中游。几天后，苏军第16、第24、第28集团军前来增援守军。对于守军而言，不幸的是装甲部队的推进速度和在他们身后留下的混乱局面使他们无法进行有组织的抵抗。布琼尼利用他和斯大林自内战期间建立的交情，获得了这场战役的指挥权，但他根本不具备应对这场危机的能力，因此不久就被解职。莫斯科城内，朱可夫计划在叶利尼亚建立第2道防线，甚至在距离首都更近的维亚济马到卡卢加（Kaluga）建立第3道防线。不出所料，莫斯科轴线上的一些关键战役将在两条战线上打响。

朱可夫要求巴甫洛夫展现指挥人员的能力，控制局势并在可能的时机以可能的方式反攻博克。与此同时，也就是6月27日，莫斯科收到情报：德军中央集团军群才是"巴巴罗萨"行动的重点。面对这样强大的敌人，巴甫洛夫的残余部队只能把不败当作小胜，进而希望能够发动一些有效反攻，同时尽量长时间维持战场上的有生力量。事实表明，斯大林和苏联高层军官可以接受这种状况，因为他们认为莫斯科比军人的生命更重要。

---

① 在"巴巴罗萨"行动前10天，斯大林几乎没有发挥作用。他在开战后一直躲在自己的乡间别墅，直到7月3日才出现在公众视野中，发表著名的"同志们、公民们、兄弟姐妹们"演讲。

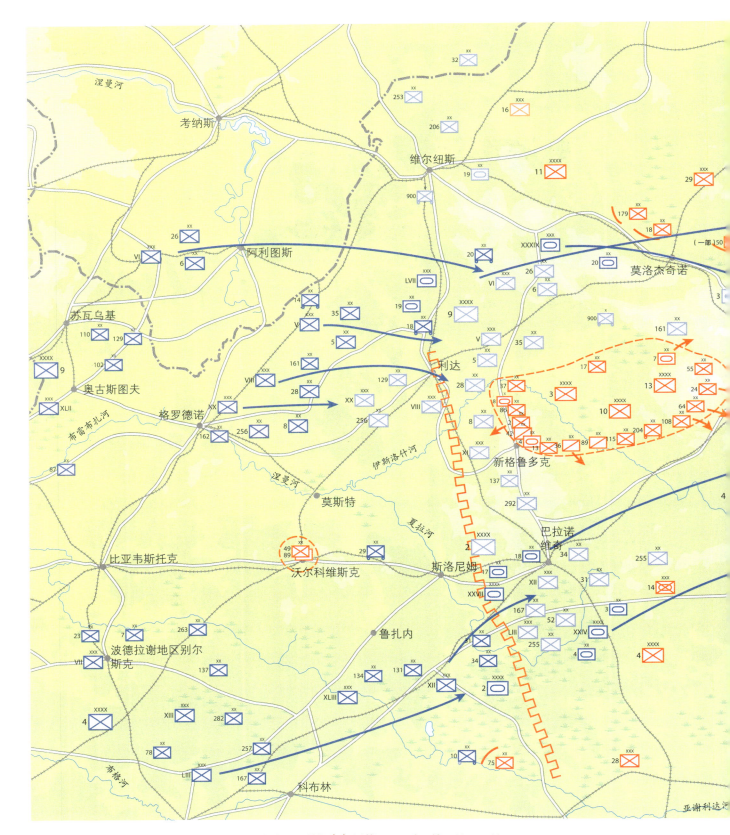

地图10　明斯克包围战，1941年6月25日—30日

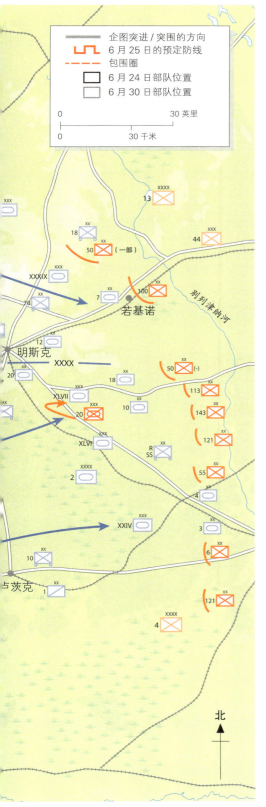

下面的地图显示莫斯科的守军即将大难临头。霍特的第3装甲集群沿着比亚韦斯托克—明斯克山脊线的北麓推进，而古德里安的第2装甲集群从南方推进，两个集团军就像两艘渔船拖着一道渔网，直奔莫斯科而来。霍特始终更像是一个协作者，他命令自己的军队进军明斯克，而古德里安则倾向于独当一面，偏离了方向。尽管下令第13集团军防御城市，但巴甫洛夫的应对策略毫无效果。霍特的第12装甲师在6月28日下午攻占苏联加盟共和国白俄罗斯的首都。不过，古德里安的军队尚未从南方赶到。又过了24小时，第18装甲师进占明斯克，从南方收紧了口袋，把苏军第3、第10和第13集团军的残部困于其中。不过，与此同时，众多红军正在持续朝东南方向突围。

德军宣称在明斯克之战中俘获了31万人，摧毁了2500辆坦克、1500门火炮。不过，由于红军誓死抵抗，扎口袋的过程中德军耗费了比预期更多的时间和物资。希特勒的指挥部里，陆军总司令部和中央集团军群已经在筹划接下来的行动。在前述模糊的指令下，霍特和古德里安都简单地决定继续东进。在6月的最后一天，斯大林终于撤掉了巴甫洛夫，把他召回莫斯科并处决。斯大林的老部下铁木辛哥走马上任，负责防御通往莫斯科的道路。

地图11

斯摩棱斯克包围战，
1941年7月1日—15日

德国中央集团军群在布格河和明斯克之间取得了一系列令人印象深刻的胜利，当然对于苏联来说是一连串灾难。挡在德国军队和莫斯科之间的下一个障碍是位于德维纳河和第聂伯河之间的斯摩棱斯克，而苏军肯定会派重兵把守。"巴巴罗萨"行动前两周，苏军遭遇了多次败仗，因此准备在别列津纳河沿线稳固防守，而这里正是拿破仑在

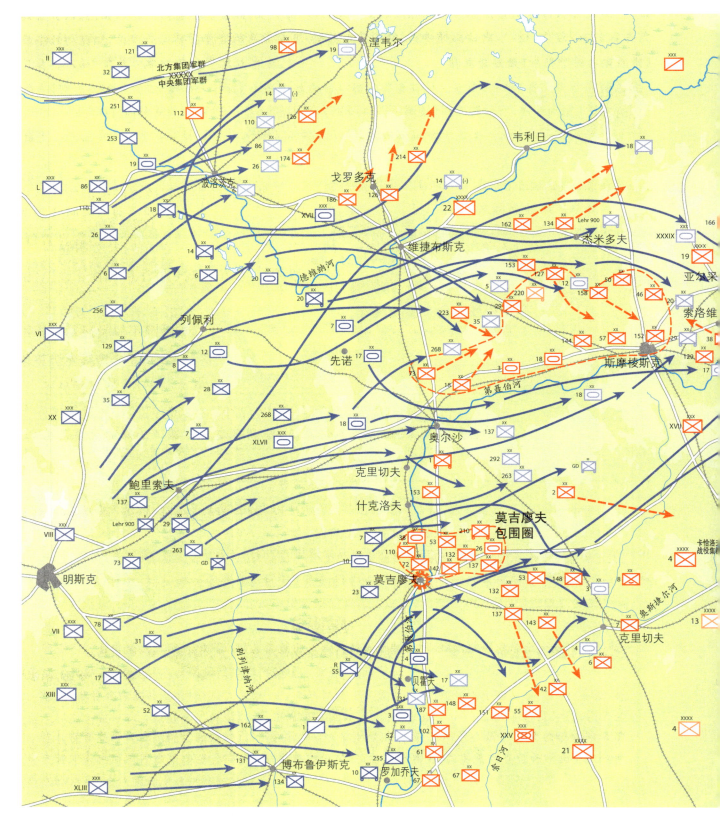

地图11 斯摩棱斯克包围战，1941年7月1日—15日

7月16日部队位置
7月20日部队位置

0　　　　　　25英里

0　　　　　　25千米

1812年11月败北的所在。苏军高层对于斯大林防线寄予厚望，但这种希望毫无道理：其一，在德军抵达一年半以前，这条防线就已基本废弃；其二，也是更重要的，第二次世界大战中所有的固定堡垒几乎都没有发挥作用[1]。基于此，红军最高统帅部大本营命令铁木辛哥在对抗两个德军装甲集群时稳固防守，同时伺机展开反攻。7月4日起，元帅下令将8个步兵师和2个机械化军调到了新防线的最薄弱位置——先诺（Sianno）西侧，也就是上述两条河流之间的"河流大门"的核心地带。

古德里安安心无旁骛地向莫斯科直线推进，霍特除了保持与古德里安平行推进外，还有一项额外的任务，那就是与左侧的北方集团军群保持联系。不仅博克的两个装甲集群之间互相无法提供支持，即便是霍特的各摩托化军也无法协同作战，因为它们之间相距达到100英里。[2]红军面对两个装甲集群时毫无还手之力，古德里安的军队在开阔地带横行，霍特则在俄罗斯北部常见的森林和泥泞中跋涉。在这种不利局面下，铁木辛哥在先诺和维捷布斯克之间让机械化第5军和机械化第7军对抗霍特的右翼——第39摩托化军。最初，德军第7装甲师在2000辆坦克的攻击中首当其冲，被打得晕头转向。此后的5天里，霍特调遣3个装甲师赶来稳定局面。尽管红军最高统帅部大本营正确地识别出了德军装甲集群脆弱的前卫、边界和侧翼，但德国国防军和苏军之间技战术素养的差距还是导致苏军无法把雄心勃勃的计划转化为实际的胜果。

7月第2周，博克充分利用了己方的优势和红军的劣势。霍特越过杰斯纳河中段，尽管苏军偶尔发动反攻，但他的一些部队还是能够每天推进100英里。作战态势要求中央集团军群与北方集团军群保持联络，这继续束缚着霍特，并影响了

---

[1] 这类战争典故数不胜数，无论是大西洋战争还是硫黄岛之战，固定堡垒都没有起到预期的效果，在战术和战略层面的作用都很有限，而且耗资不菲。

[2] "巴巴罗萨"行动期间，德军采用了空地一体的闪电战术。为了配合博克的装甲部队，并让希特勒安心，7月2日—3日夜间，第4装甲集群在空军配合下进行了一次短暂的闪击。这种毫无想象力的战术并不适合当时的惊险局势，因而指挥部很快就发现这种战术纯属多此一举，并在月末放弃。请勿将此次行动和1942年1月第4装甲集群的新攻势混淆。

其装甲集群的推进。乍一看，远达涅韦尔和大卢基的先头部队让人振奋（在地图之外），但事实上霍特的大部队还被远远甩在后面。同时，古德里安突破贝霍夫（Bychov）和罗加乔夫地区的第聂伯河时遇到了困难，这片区域的斯大林防线仍然不容小觑。古德里安的部队在桥头堡之间来回机动，力争在局部形成兵力优势，直到7月10日—11日才在莫吉廖夫（Mogilev）附近取得了决定性胜利。他的装甲部队在这座重镇形成了小型包围圈，围困了35000人，同时把铁木辛哥的第聂伯河阵地撕了个大口子。德军步兵部队（以及数万匹马）连续跋涉了几周，每天平均推进20英里，希望能赶上机械化部队的步伐。一路上，他们挡住了敌人的突围、反攻和游击队的伏击——甚至有时候会同时遇上这3种险情。

7月11日，第聂伯河和斯大林防线已经在古德里安身后，第8航空军则在其上空掩护。他已经摆脱了敌军的骚扰，攻克斯摩棱斯克指日可待。尽管莫斯科是核心目标（证据是他把第46摩托化军派到了叶利尼亚），但他并没有忽略斯摩棱斯克，把第47摩托化军派到了那里。霍特的第39摩托化军同样向东南方向挺进，与第2装甲集群会合，进而包围斯摩棱斯克这座古城。苏联的对策没有立即起效，7月15日，霍特和古德里安的人马会合，切断了城内30万红军、民兵和干部与外界的联系。被困的守军和赶来解围的援军在德军的层层钳制下挣扎，包围圈之中到处爆发血腥的战斗。由于步兵队伍总是落在后面，所以收紧包围圈的任务就落到了霍特和古德里安手下的精锐装甲部队手中。尽管这种做法损失惨重，但在世人看来，希特勒还是取得了一场决定性的胜利，并且通往莫斯科之路已经门户大开。

地图12

铁木辛哥的反攻，1941年7月23日—31日

德国在比亚韦斯托克、明斯克、斯摩棱斯克取得胜利，而苏军在斯大林防线、别列津纳河和德维纳河—第聂伯河沿线吞下失败苦果后，红军最高统帅部大本营在莫斯科的防御上不容有失。不到1个月的战斗中，苏联已经丧失了头两层防御圈。尽管红军试图阻止或至少减缓"巴巴罗萨"行动的步伐，但这一点似乎也很难成功，不过我们知道德军在围歼苏联部队的时候用了比预计更多的时间，并且损失惨重。德军似乎明白入侵苏联的行动正变得更加困难，需要消耗更多资源和时间，并付出更多伤亡，希特勒和东线的德军都很清楚这些情况。

斯大林的统帅部已经知道铁木辛哥在斯摩棱斯克附近的反攻十分艰难：通常两三个师行动的时候各行其是，缺乏配合，发起的零星反击基本只能拖延集团军级的装甲部队几天时间。虽然包围圈在7月15日名义上

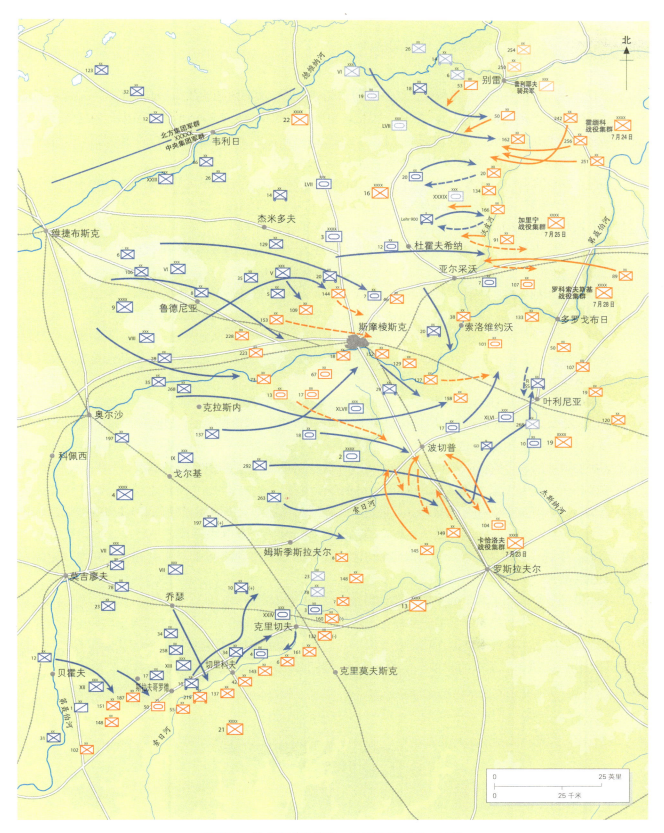

北

别雷
普利耶夫
骑兵军

霍缅科
战役集群
7月24日

加里宁
战役集群
7月25日

罗科索夫斯基
战役集群
7月28日

北方集团军群
中央集团军群
韦利日

维捷布斯克

杰米多夫

斯摩棱斯克

亚尔采沃

索洛维约沃

多罗戈布日

鲁德尼亚

叶利尼亚

克拉斯内

奥尔沙

科佩西

波切普

戈尔基

姆斯季斯拉夫尔

卡恰洛夫
战役集群
7月23日

莫吉廖夫

罗斯拉夫尔

乔瑟

克里切夫

克里莫夫斯克

切里科夫

贝霍夫

亚历山德罗夫卡

0   25 英里

0   25 千米

地图12   铁木辛哥的反攻，1941年7月23日—31日

封闭了，霍特和古德里安的一些机械化部队继续向东前进，但包围圈内外的战斗却持续了数周，包围圈真正收紧要在两周之后，也就是7月27日—28日。博克认为斯摩棱斯克战役于8月5日正式结束，但他的多数部队（尤其是步兵师）在该地区的作战时间要更长。红军最高统帅部大本营趁机组建了5个集团军，并让铁木辛哥暂缓驰援莫斯科，而是在7月的第3周赶去突破德军包围圈。

这些进攻被统称为"铁木辛哥反击"。主要由第28集团军组成的卡恰洛夫战役集群在中将卡恰洛夫（V. I. Kachalov）的率领下，向古德里安的南翼发起了第一次进攻。7月23日至27日，卡恰洛夫的2个步兵师和1个坦克师从罗斯拉夫尔（Roslavl）向波切普（Pochep）方向推进15英里以上，威胁了向叶利尼亚推进的第46摩托化军的后方。博克不得不用古德里安的第24摩托化加上克卢格的第7军和第9军进行反击，于7月31日和8月1日发动进攻。德军这3支队用了大半周的时间消除了卡恰洛夫的威胁，卡恰洛夫本人则在战斗中阵亡。

接下来的两场战斗发生在博克战区的最北端。7月24日，内务人民委员部少将霍缅科(V. A. Khomenko)的第30集团军的第30集团军，由3个步兵师组成——向沃皮河（Vop River）西岸发起了进攻。其后面跟着加里宁战役集群——加里宁少将（S. A. Kalinin）的第24集团军，由3个步兵师组成——准备扩大霍缅科的胜利战果。尽管普利耶夫（I. A. Pliev）上校的2个骑兵师赶来增援他们的右翼，无论是先头部队还是后续队伍都没有取得多大战果。

另外有两场战斗发生在地图之外。7月24日，博布鲁伊斯克西南（在地图的左下方之外），戈罗多维科夫（O. I. Gorodovikov）上将率领3个骑兵师和1个步兵师组成的集团军发起进攻，威胁到了德军第2装甲集群和第2集团军的后方交通。在地图的上方之外，马斯连尼科夫战役集群——马斯连尼科夫（I. I. Maslennikov）内务人民委员部中将的第29集团军（下辖3个步兵师）也发起了进攻，但也没有什么效果。

苏军罗科索夫斯基（K. K. Rokossovsky）少将的部队直接突入霍特的装甲集群之中，打开了一条连接斯摩棱斯克的道路，让库罗奇金（P. A. Kurochkin）中将的人马逃出了包围圈。罗科索夫斯基在7月28日开始进攻时只有2个步兵师，不过很快散落战场各地的红军残部和物资都赶来增援。他既成功抵挡住了德军第39摩托化军的推进，同时守护了库罗奇金的撤退路线。到了月底，博克开始投入摩托化师和空军近距支援部队前来扭转战局。

铁木辛哥的反攻动用了24个师中的大多数兵力，战场宽度长达300英里，时间超过1周。多数参战部队都是骑兵或步兵师，经常与德国的装甲或摩托化部队作战，所以整体实力要打折扣。这次反攻相比于最开始的别列津纳河之战而言不算成功，但在那个夏季的指挥危机下，他们还是让希特勒的指挥部苦恼不已，并且增加了德军的伤亡，拖慢了德军的脚步。这些基于寸土必争战略发起的反攻，无疑给希特勒的伤口上撒了一把盐。

地图13

"台风" 行动（I），维亚济马和布良斯克，1941年9月30日—10月15日

9月初，希特勒认为包围列宁格勒和乌克兰战事取得胜利近在眼前。元首在9月6日发布了第35号元首令，认为消灭"铁木辛哥集群"和继续向莫斯科推进的条件已经成熟。10天后，博克下令向苏军西方方面军、预备队方面军和布良斯克方面军发起进攻。"台风"行动旨在对苏军形成3处合围，分别由1个步兵集团军和1个装甲集群负责，完成突破和发展胜利的任务：第3装甲集群和第9集团军在北方进攻，第4装甲集群（从莱布手下调来）和第4集团军在中路负责重点突破，第2装甲集群和第2集团军在南方进攻（得到从伦德施泰特手下调来的第48摩托化军的加强）。希特勒、哈尔德、博克和众多前线指挥官都对"台风"行动的计划、实施方案有不同意见。双方短兵相接已经近1个月，在此期间国防军情报部门表现高于平均水准。后勤再度成为德军的阿喀琉斯之踵，面对苏军的持续反击，预期中的后勤调整并未能实现。尽管如此，博克为"台风"行动集结的兵力仅次于6月22日：78个师、192.9万官兵、14000门迫击炮和火炮、1000辆坦克，以及1390架飞机。

相比之下，红军则被动得多，因为寸土必争的防御策略不可避免地导致损失惨重。不过，他们可以集中精力迟滞德军的进军速度，坚守那些对德军而言至关重要的道路和居民点，而且天气更加恶劣了。苏联情报机构认为德军会在斯摩棱斯克—莫斯科大陆分界线发起持续进攻，因而当博克兵分3路时，他们感到相当吃惊。同样，防御一方的后勤保障也捉襟见肘。在这条防线上，共有95个师、125万多名官兵、13个坦克旅、7600门间瞄火炮、990辆坦克和863架飞机，相当于每英里战线由1000名官兵、7.5门火炮和1辆坦克防御。重要的是，目前苏军还缺少一名司令员负责指挥这些部队。

9月30日，古德里安比集团军群的其他部队早两天从乌克兰东北部发动进攻。他的装甲部队很快就碾过了守军，德军的快速进展让苏军高层大吃一惊——他们对于德军孤注一掷的进攻居然不知所措。10月2日上午，中央集团军群在其他方向的进攻开始了，第2装甲集群和第4集团军突破了苏军在几个星期前构筑的防御阵地。当天晚些时候，第3装甲集群楔入苏军第19和第30集团军的接合部，而第4装甲集群则压制住了苏军第43集团军；很快霍特和赫普纳如入无人之境。博尔金将军在300辆坦克的支援下发起反攻，但收效甚微。不过苏军的防御策略主要是在抢占有利位置后死守，到10月3日，德军装甲集群推进了50英里，而苏军的大部分预备队却都已南下前去阻截古德里安，北方和中路的苏军指挥员无法阻止德军突破。这种

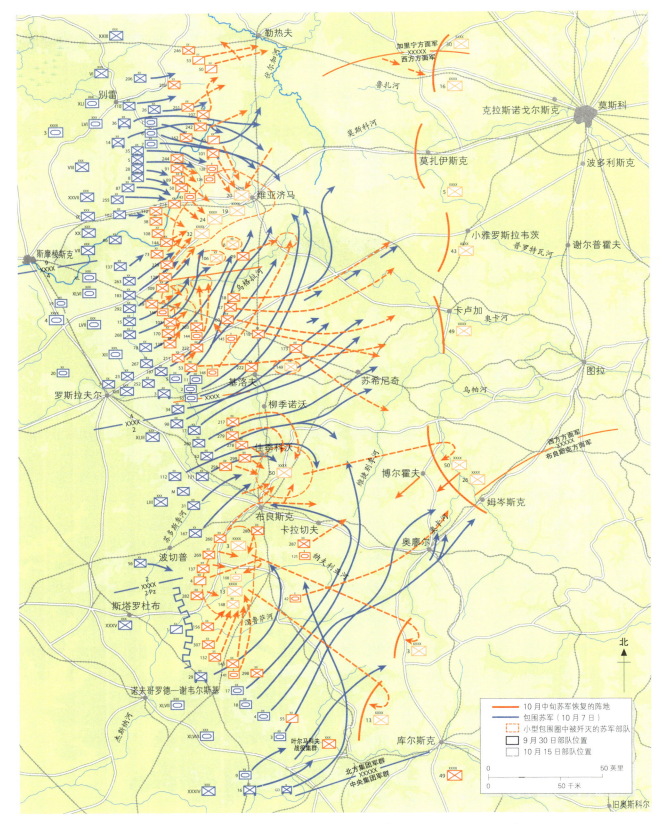

地图13 "台风"行动（Ⅰ），维亚济马和布良斯克，1941年9月30日—10月15日

图例：
- 10月中旬苏军恢复的阵地
- 包围苏军（10月7日）
- 小型包围圈中被歼灭的苏军部队
- 9月30日部队位置
- 10月15日部队位置

0　　50 英里
0　　50 千米

北

情况令人联想起6月斯大林、红军最高统帅部大本营和战术指挥层呆若木鸡的情形。

对于苏联而言，幸运的是，"台风"行动开始48小时后，德军的后勤补给拖累了攻势。到10月5日，第3装甲集群补充了燃料，在新任指挥官格奥尔格–汉斯·莱因哈特的指挥下重新发起进攻，而红军最高统帅部大本营终于下令让几乎被包围的部队撤退。7日早晨，莱因哈特和赫普纳的装甲部队在维亚济马会合时，苏军防御部队还没来得及撤退，结果苏军第19、第20、第24和第32集团军被包围。南方的古德里安一心奔赴莫斯科，没有心思围歼敌人，同时第2集团军也在奋力前进。这两支队伍的先头部队在7日于布良斯克北部会合，包围了第3、第13和第50集团军的大部。10天前，125万苏联军人来到这片战场，如今33.2万人战死，66.8万人被俘，另有超过10万人向东撤退。德军共损失了48000人。

9月和10月之间，在基辅和维亚济马—布良斯克战场，共有130万苏联军人被俘，另有50万人战死。换作其他国家，几乎不可能承受4周内损失200万人的情况，但在10月和11月，苏军又调动150万部队进入战场。两场围歼战耗费了博克2周时间，牵制了大部分部队，装甲先头部队只能孤军前行，到10月15日终于赶到了加里宁（地图北侧之外）—莫扎伊斯克（Mozhaisk）—卡卢加—姆岑斯克（Mtensk）一线。就在3重包围圈即将成型的时候，秋雨倾盆而下，泥泞季节（道路会变得难以通行）的到来进一减缓了德军的推进速度。10月10日，斯大林命令朱可夫从列宁格勒回到莫斯科，开始负责保卫苏联首都的指挥工作。

地图14

"台风"行动（Ⅱ），进军莫斯科，
1941年11月15日—12月5日

仅仅几周之内，苏军就损失了将近200万人，但他们坚持住了。就像在"巴巴罗萨"行动期间几乎每一场包围战中一样，被困的红军士兵要么顽强地战斗，然后突围、死亡，当然更常见的是被俘获。许多德军机械化部队往往在形成合围后继续东进，但其他部队不得不参加大规模围歼战，这基本上是一种防御性的阵地战，德军机械化部队并不是为了这种战斗组建的，这几乎成了苏联无心插柳的有效防御战术。

维亚济马和布良斯克包围圈被封闭的当天，也就是10月7日，博克命令中央集团军群继续向莫斯科挺进，开始了"台风"行动的第2阶段。第1阶段装甲集群与集团军配合作战的形式得以保留。也是在10月7日，由于害怕伤亡率太高，希特勒禁止士兵进入莫斯科或其他苏联主要城市进行巷战。因此，计划变成了围城作战，两路大军在城市东侧收紧包围圈，但到了10月底，沿着莫斯科轴线的作战步伐放缓了。大多数

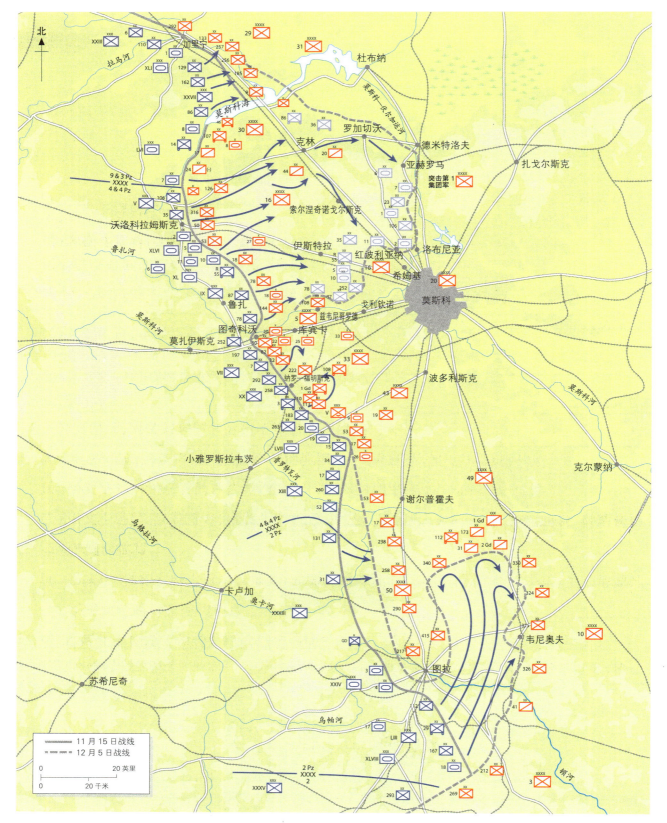

地图14 "台风"行动（Ⅱ），进军莫斯科，1941年11月15日—12月5日

解释都认为德军战败的原因是当年秋天的天气不好，但实际上那年10月和11月的降水量低于平均值，温度也仅比平均值低了2—4度（华氏度）。如果德军能更周密地制定作战计划并考虑到严冬所带来的影响，他们其实能够更好地应对寒冷天气，而不至于寸步难行。

斯大林的间谍报告说，日本已不再打算进攻苏联远东地区，而是转向了太平洋，因此红军放心地将远东部队转移到了西部。从西伯利亚调动来的红军部队参加的第一场战斗发生在博罗季诺（Borodino），该地位于莫扎伊斯克以西5英里，也是拿破仑一世曾经战斗过的地方。斯大林决定留在莫斯科，以鼓舞首都军民的士气。刚刚到任的朱可夫立即就发现了莫斯科的危险。他把能够调集的军队都集结在莫扎伊斯克河附近。长达225英里的反坦克障碍区内设置了大量碉堡、反坦克三角锥和铁丝网等阻滞障碍物与大量野战工事。这些工事后面，就是新建立的莫斯科防御地域。朱可夫将所有人力投入了这条防线：红军部队、当地"破坏者（游击队员）"、内务人民委员部的部队，以及近50万武装民兵。他的真正计划，是将更多兵力投放到整条前线的中央地带，那里将是前线的最后一道关卡。他建立的这道防线让德军难以突破或逾越，而是一道延伸到莫斯科的宽达数十英里综合防御体系。

德军方面，等到天气更冷、地面冻硬、机械化部队可以展开后，中央集团军群将试图通过包抄莫斯科的侧翼间接拿下莫斯科。希特勒颁布了名为"伏尔加水库"行动（Operation Volga Reservoir）的作战计划，莱因哈特的第3装甲集群将是威胁莫斯科的主要力量。该行动于11月17日开始，一天后，第4装甲集群加入，他们突破了拉马河（Lama River）并继续向东北的克林（Klin，22日）、罗加切沃（Rogachevo，24日）、亚赫罗马（Yakhroma，27日，地图16）挺进。让朱可夫失望的是，苏军某些部队（如第30集团军）在与敌人发生接触后便向莫斯科方向撤退。赫普纳的第2装甲师在11月的最后一天抵达红波利亚纳（Krasnaya Polyana），成为距离苏联首都最近的一支德军[1]。古德里安在莫斯科以南的进攻神速，但在10月的下半月，他的部队也陷入了苦战——他们需要同时对抗苏联守军和己方糟糕的后勤。终于击退了姆岑斯克的守军后，他的先头部队来到了图拉（Tula），但在几小时后就被击退（见地图15）。在战斗力所剩无几的德军装甲部队突入莫斯科南北两翼的掩护下，12月1日—3日，强弩之末的克卢格朝朱可夫的防御部队发起了重点进攻，但结果并不让德国满意。

11月1日，博克率领136个师、270万人（约相当于83个满员师），朱可夫统领269个师和65个旅（也不满员），共220万人，展开战斗。在这个月里，德国中央集团军群没有得到值得一提的援兵，而莫斯科的守军又增加了81个师和33个旅，约有200万人。12月的第1周，"台风"行动进入高潮，"巴巴罗萨"行动也到达巅峰。但这两个行动都被纳粹战略过度扩张的"四大麻烦"所拖累：部队极度疲惫、部队减员严重、装备损失巨大、后勤补给不力且始终无法确定可实现的目标。

---

[1] 德军是否能看见"克里姆林宫的金色穹顶"是很可疑的，因为莫斯科早就经过了伪装，金色穹顶也被涂上了伪装色。

地图15

图拉和卡希拉之战，1941年11月18日—30日

在"巴巴罗萨"行动的前4个月里，古德里安的脚步极少被红军拖住，他的部队为德军拿下明斯克、斯摩棱斯克、基辅、布良斯克和许多小城镇做出了贡献。在德军将领中，他是少数力争攻克莫斯科的将军之一，而如今他终于站在了他的同僚之中为数不多的真正能够攻击这座城市的位置上了。德军的计划是要求他的第2装甲集团军作为南部的那道铁钳，攻克诺金斯克（Noginsk，位于苏联首都以东35英里），进而攻占铁路枢纽图拉及其机场（距离莫斯科市中心100多英里），以及奥卡河边的卡希拉（Kashira，距离首都75英里）。卡希拉是朱可夫的莫斯科防御圈的最南端，由叶尔马科夫（A. N. Yermakov）少将指挥第50集团军把守，另外还有一些内务人民委员部的内卫部队和武装起来的工人、游击队员及联共（布）图拉城防委员会组织的民兵队伍。

古德里安了解图拉：在10月30日到11月9日间，第3装甲师和"大德意志"摩托化步兵团曾短暂地占领该城。不过，叶尔马科夫已经把这座城市变成了号称"小莫斯科"的坚固堡垒。11月第2周期间，古德里安希望能够占据一个有利于进攻图拉的位置。11月18日，第24摩托化军在西方方面军和西南方面军之间打出了一个30英里的楔子，并抵达杰季洛沃（Dedilovo）。第53军和第47摩托化军在向东推进的同时，也掩护了突破口暴露的右翼。红军守军每个师仅有1000—2000人。很快德军的进军速度减缓到每天3—6英里，4天后，古德里安就准备放弃已经包围半个图拉城的包围圈了，而苏军方面，斯大林下令由博尔金担任图拉方向的指挥员。11月23日，古德里安飞到集团军群指挥部请求援兵，上级强调要摧毁苏联铁路线并建议绕过图拉，向东攻取韦尼奥夫（Venev）。第2天，第24摩托化军摧毁了苏军韦尼奥夫战役集群的50辆坦克并占领了该城。此外该军军长、装甲兵上将莱奥·盖尔·冯·施韦彭堡男爵（Leo Freiherr Geyr von Schweppenburg）派遣第17装甲师北上攻取卡希拉。

同时，古德里安已经在图拉周围集结了第3、第4、第17装甲师的110辆坦克和装甲车辆，由海因里希·埃贝巴赫（Heinrich Eberbach）上校指挥。这个战斗群将以逆时针方向向城市北侧移动，与从东面赶来的第43军会合。在零下30多度的暴风雪天气中，为了鼓舞士气，古德里安亲自率部进攻。埃贝巴赫在此战中为他的骑士铁十字勋章获得了橡叶饰，而戈特哈德·海因里希（Gotthard Heinrici）步兵上将则鼓动着他的步兵部队向前突击——两人的努力最后都失败了。博尔金的部队稳住阵脚后发动了多次反击，苏联空军也赢得了制空权。朱可夫将骑兵第2军部署到卡希拉，11月26日，该军由于在战斗中的卓越表现而被授予近卫骑兵第1军的荣誉番号。第17装甲师在鲁道夫-爱德华·利希特（Rudolf-Eduard Licht）上校的率领下

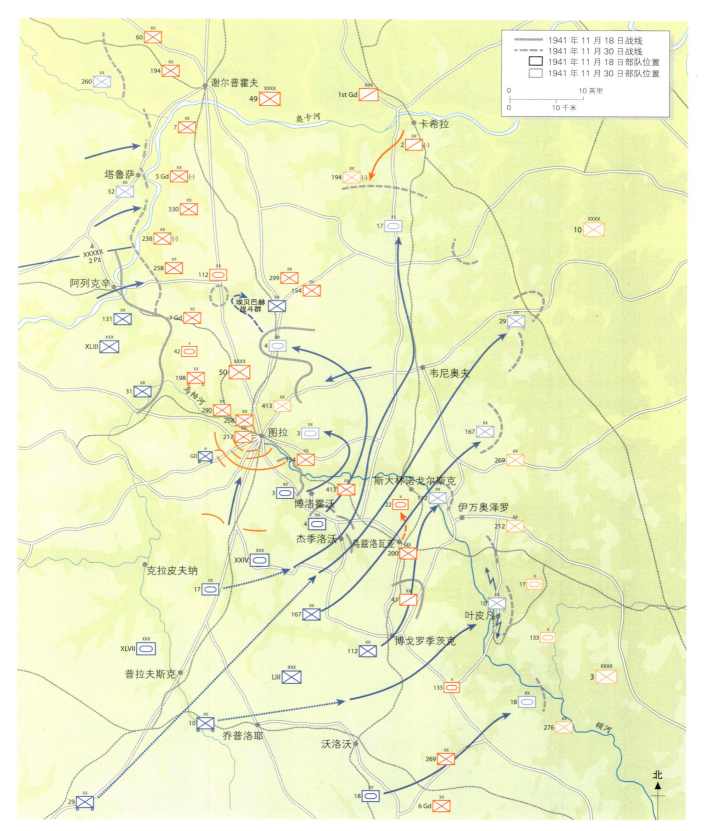

地图15 图拉和卡希拉之战，1941年11月18日—30日

差一点就攻克了卡希拉，但苏联的骑兵部队及时赶到了，最终德军打到了距离卡希拉不到2英里的地方，但难以再靠近一步。在大量坦克和喀秋莎火箭炮的支援下，27日，别洛夫（P. A. Belov）少将的骑兵逼退了德军装甲部队。这一天也是第2装甲集团军的巅峰时刻。古德里安必须对把稀有的兵力和装备浪费在次要任务上负责，例如夺取第53军和第47摩托化军战区内的顿河桥头堡。11月28日，中央集团军群指挥部将他的战役目标向下调整为仅仅"攻占图拉"，但最终他连这个任务也没完成。

在图拉北侧，12月3日，德军第3和第4装甲师的主力短暂切断了通往谢尔普霍夫（Serpukhov）的道路，但没能守住他们的阵地。到了4日，古德里安仍然认为自己可以攻占"小莫斯科"，但他的部队显然无法做到这一点，而且再过几个小时，斯大林就将发起大规模反攻。很快，古德里安就只顾忙着突围了。在此期间，他所能做的只剩抱怨克卢格指挥不力了。2年多来，在个人和指挥部队取得了惊人的成功之后，这位自负的装甲兵将领遭遇了自己的第一场败仗。

地图16

亚赫罗马桥头堡，1941年11月28日—29日

德军开始将希望寄托在从莫斯科北侧进攻的第3和第4装甲集群上。根据希特勒10月30日的计划，从11月中开始，第3装甲集群会越过克林，从莫斯科—伏尔加运河进军（该运河连接了莫斯科河和伏尔加河）。11月15日，"暴风雪"行动（Operation Schneesturm）开始，共动用23.3万人、1880门火

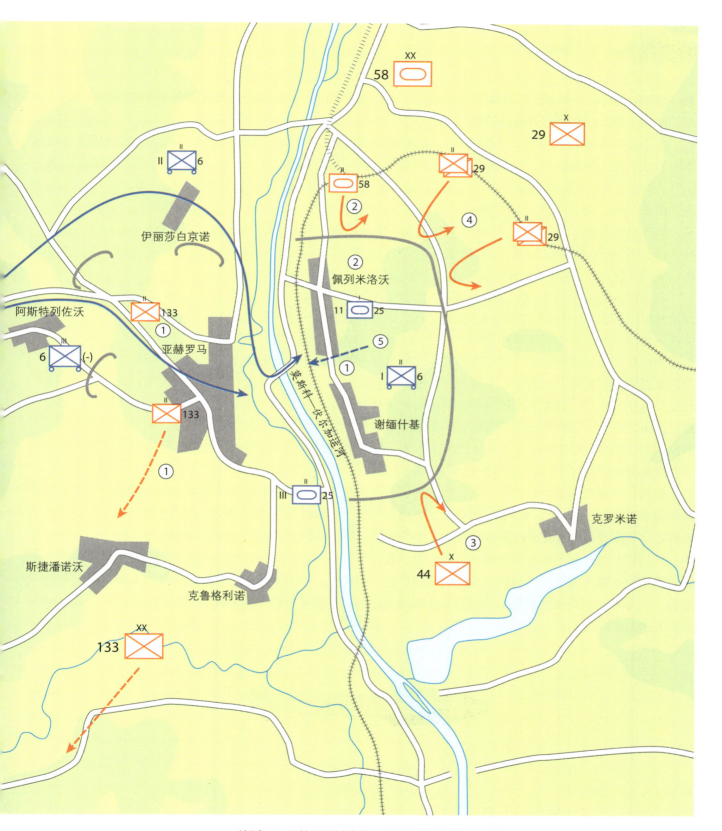

地图16　亚赫罗马桥头堡，1941年11月28日—29日

炮、1300辆坦克，另外还有近700架飞机提供支持。对面的苏军则由第16集团军和第30集团军组成，约有25万人、1254门火炮、500辆坦克和近700架飞机。

两个装甲集群在11月16日开始进攻，第56和第46摩托化军开路。他们将两个苏联集团军分割开，打开缺口后抵达了预定地点，一周后从罗科索夫斯基的手中夺取了克林。第30集团军本来的任务是保卫莫斯科，但他们从克林北部被逼退向加里宁，反而距离首都更远了。由于苏军的失误，德国装甲部队畅通无阻地向东突进。27日，莱因哈特的第7装甲师抵达亚赫罗马的运河——莫斯科的最后一道屏障。哈索·冯·曼陀菲尔（Hasso von Manteuffel）上校认为攻占该地有利于进军莫斯科，因此他不等命令，便于11月28日率领第6步兵团[1]以及第25装甲团的一个连穿过桥梁，越过了亚赫罗马的运河。和罗科索夫斯基一样，曼陀菲尔在此后的3年半时间接连升迁，并在这场战争中发挥越来越重要的作用。

双方都知道这个桥头堡是苏军2个集团军之间的危险突出部。斯大林调遣两个新组建的集团军增援，即第20集团军和突击第1集团军赶来堵住缺口[2]。11月28日清晨，曼陀菲尔的部队建立起临时防线，并在仅有薄衣的情况下，在刺骨寒风中坚守了一整天。那一天，突击第1集团军的步兵第29旅、步兵第50旅和坦克第58旅从三面猛攻桥头堡，辅以装甲列车、喀秋莎火箭炮和空军的近距离空中支援。德军以防御和局部反击来抵御苏军的每一次进攻。尽管损失惨重，但桥头堡内的德军还是士气高昂，因为他们是莫斯科之战的先头部队。不过，德军高层不打算在运河东侧做文章，反而命令装甲部队向河道西侧集结推进；德军通过转向南方攻击，也许博克可以直接包围阻击克卢格的莫斯科西部的苏联守军。因此，在占领桥头堡后不到24小时，第6步兵团奉命撤退。11月29日清晨，曼陀菲尔的部队回到岸边，但士气已垮。第56摩托化军又在突出部位置坚守了1周，最终于12月6日撤退。

根据中央集团军群的新计划，莱因哈特的第41摩托化军将在未来的陆军元帅（当时还是装甲兵上将）瓦尔特·莫德尔（Walther Model）的率领下直捣莫斯科。他的进攻是为了协助赫普纳对城市的北侧发起直接进攻，而赫普纳已于几天前开始了激战。这些进攻，尤其是11月30日第2装甲师对希姆基（Khimki）的进攻，使得德军突进到了距离莫斯科更近的位置，比亚赫罗马桥头堡的位置还要靠近莫斯科。尽管莱因哈特和赫普纳比古德里安或克卢格距离克里姆林宫更近，但他们并未对这座拥有数百万居民的大城市造成更多威胁。亚赫罗马桥头堡之战是一个有趣的战术插曲，但无法遮掩希特勒在东线的军队到了1941年12月已经显露无遗的疲弱之态。

---

① 　各装甲师中都下辖有步兵［德语：Schützen（rifle）］部队，在兵种名称上与苏联红军的步兵（rifle）有所不同。
② 　红军最高统帅部大本营在莫斯科防御作战期间组建了突击集团军，以策应防守作战。

地图17

南线边境战斗，1941年6月22日—30日

在3个集团军群中，南方集团军群面对的挑战或许是最大的。这支部队要达成的战略目标即便在两年内拼命战斗都难以实现，更不用说一年了。他们面对着苏军的主力、最优秀的将领和部队。伦德施泰特元帅则必须指挥法西斯国家所组成的联军，包括意大利、罗马尼亚、斯洛伐克以及匈牙利的部队。在"巴巴罗萨"行动之前，希特勒不准与匈牙利人进行任何协调，而挥之不去的历史仇恨意味着，在战役开始后匈牙利士兵必须与罗马尼亚人分头作战。因此，伦德施泰特必须派遣自己的部队填补斯洛伐克和罗马尼亚军队之间的200英里缺口。罗马尼亚糟糕的基础设施和德军那年春天入侵巴尔干半岛的军事行动都使得南线战场的行动进展缓慢。和莱布一样，伦德施泰特只有1个装甲集群，而且同样有着漏斗形的广袤战区。由于面对的地区纵深大、面积广，在"巴巴罗萨"行动开始后，陆军总司令部给伦德施泰特分派了第6和第17集团军，以及第1装甲集群。7月2日，"慕尼黑"行动（Operation Munich）开始后，第11集团军和两个罗马尼亚集团军加入了战斗，其他轴心国仆从军也在不同时间加入了攻势。

基辅特别军区和敖德萨（Odessa）军区分别隶属基尔波诺斯上将和秋列涅夫（I. V. Tyulenev）大将指挥，作为苏军主力，他们享有着普里皮亚季沼泽以北的战友们所没有的优势。此地的苏军共有3700辆坦克，比德军所有前线坦克的数量总和还多，不过机械化军里的各个师经常相距超过100英里。任何试图集结的行动都会被德国空军发现，而在1941年6月德国空军已经牢牢掌握了制空权。本应机械化或摩托化的部队，如反坦克旅，经常在没有卡车配合的情况下参战，因为卡车的指挥权归属于上级单位。基尔波诺斯指挥着第5、第6、第12和第26集团军，其中包括8个机械化军，秋列涅夫则指挥第9集团军，其中包括2个机械化军。

伦德施泰特的集团军群在周日早晨进入乌克兰边境全线。基尔波诺斯有选择地在某些地方与德军对垒，并迅速命令分散驻扎在各地的机械化军集结。第2天，该地区北部的德军第6集团军先头步兵师已经突破苏军防线，为埃瓦尔德·冯·克莱斯特（Ewald von Kleist）大将的第1装甲集群打开道路，后者轻松进入了苏联腹地。随后他们遭遇了苏军的反坦克旅，不得不停止突进、评估形势。他们的进军路线主要是：第3摩托化军进军左翼的卢茨克（Lutsk）—罗夫诺（Rovno）—沃伦斯基新城（Novgorod Volynsky）一线，第48摩托化军进军中间的奥斯特罗格（Ostrov）—杜布诺（Dubno）—舍佩托夫卡（Shepetivka）一线，第14军进军右翼的布罗德（Brody）—克列梅涅茨（Kremenets）一线。在战区的南方，卡尔-海因里希·冯·施

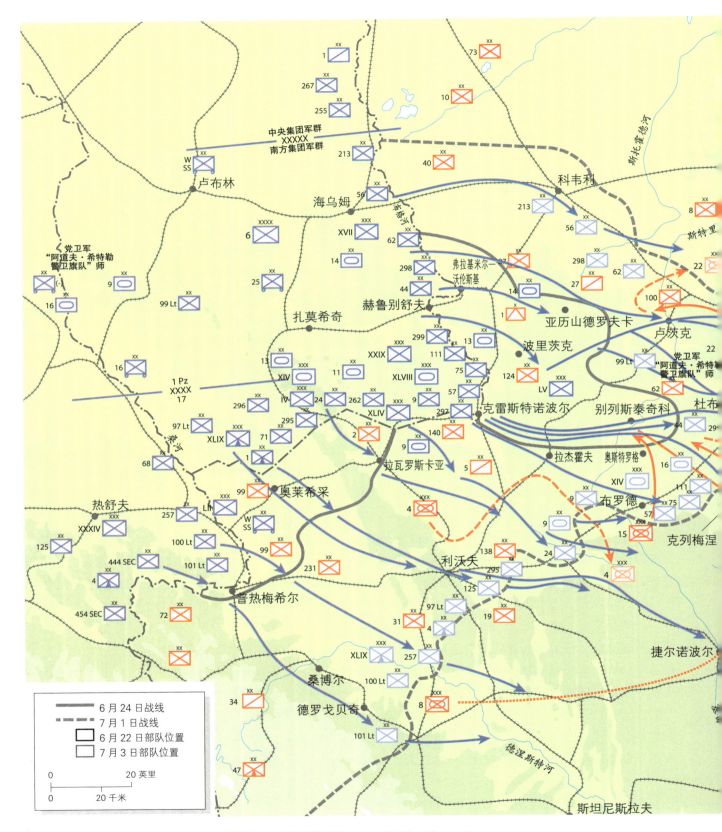

地图17　南线边境战斗，1941年6月22日—30日

蒂尔普纳格尔（Carl-Heinrich von Stülpnagel）上将①的第17集团军在第49山地军的山地部队的引领下，几乎和左侧的装甲部队同步前进，经由利沃夫（L'vov）向捷尔诺波尔（Ternopol）前进。

　　到6月23日，基尔波诺斯的部分机械化部队已经就位，准备对抗伦德施泰特的先头部队。卢茨克北部的机械化第22军和奥斯特罗格南部的机械化第15军已经靠近克莱斯特的先头部队并准备将其切断。不过德军经验丰富、单独作战和联合作战能力更强、更善于逆境作战，而苏联军队则缺乏经验，因而基尔波诺斯的计划没能完全实施。与此同时，机械化第4军在利沃夫东北部遭遇第71步兵师，但没能取得多大战果。到25日，基尔波诺斯又组织了两个机械化军：机械化第9军在罗夫诺附近对抗德军第3摩托化军，而机械化第19军则在奥斯特罗格和杜布诺之间对抗第48摩托化军。长途行军之后，机械化第8军在杜布诺附近参战，朱可夫也在附近观战。激战经常迫使德国师实施龟缩防守，此间德国空军近距离空中支援部队在稳定战局方面发挥了重要作用。推进中的苏军部队之间相距只有6英里，但无论是基辅的基尔波诺斯还是莫斯科的红军最高统帅部大本营都不知道他们相距如此之近。

　　在"巴巴罗萨"行动的第1周，从苏军角度来看，西南方面军的表现比苏军整体要好，但到6月底，基尔波诺斯为了保住部队，不得不撤退。克莱斯特的装甲部队将苏联第5和第6集团军分隔开，而斯大林手上也没有部队能够投入沃伦斯基新城之间的缺口了。最终第11集团军和罗马尼亚部队在比萨拉比亚（Bessarabian）开辟了战线，伦德施泰特很担心暴露的右翼遭到袭击，但苏军在该地区从未形成有组织的威胁。南方集团军群的前面已经是大片广阔的平原。

---

① 施蒂尔普纳格尔一直是坚定的反希特勒者。

地图18

乌曼包围战，
1941年6月20日—8月9日

6月30日，基尔波诺斯遵从统帅部的命令，开始从边境地区向斯大林防线撤退。2天后，德国的第11集团军和罗马尼亚第3、第4集团军越过普鲁特河（Prut River）进入摩尔达维亚（Moldavia），"慕尼黑"行动正式开始。有些守军坚守奋战，有些则迅速撤退，因此战斗状况很不一样。在主战场上，克莱斯特的部队不到一周就抵达了日托米尔（Zithomir）。在重要的基辅轴线上，朱可夫希望固守别尔季切夫（Berdichev），但德军进军速度太快，导致苏军的防线没能组织起来。3天后，也就是7月10日，德军第13装甲师抵达伊尔平河（Irpen River），这里是乌克兰首府的第一道防线，距离首府只有10—20英里。德军第3摩托化军的其余部队则沿着一条脆弱的70英里长的走廊展开。基尔波诺斯发起了一系列强有力的反攻，让德军装甲部队难以招架。为了避免过重的损失，希特勒的德军将领都避免直接进攻大城市。同时，在克莱斯特的北方，第6集团军的支援还有待改进，而南方的第17集团军则尽量赶上了机械化部队的步伐。希特勒原本希望能在文尼察（Vinnitsa）地区进行一次围歼战，但7月中旬时大约5万苏军官兵成功突围撤退。因此，真正的合围战转移到了乌曼以西进行。

德军有两种选择，可以将基尔波诺斯的大部分部队困在乌克兰中部。两种方案都要求克莱斯特顺时针机动，以便将苏军逼向施蒂尔普纳格尔的第17集团军所代表的铁砧。哈尔德倾向于实施紧贴着第聂伯河右岸的大范围机动，而希特

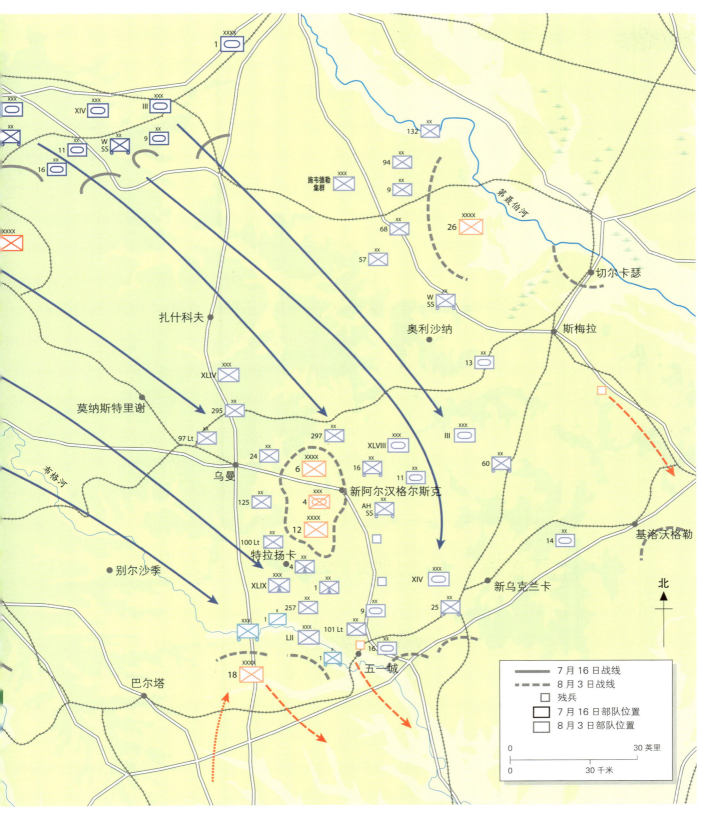

地图18 乌曼包围战，1941年6月20日—8月9日

勒则希望采取不那么雄心勃勃的内线夹击战术，最终元首的意见胜出了。所有的军事行动中，对手都能影响行动的结果，这一次红军最高统帅部大本营决定不再消极防御，而是向德军装甲集群的两翼同时发起进攻。新参战的第26集团军同时向德军装甲集群的左翼和防御侧翼暴露位置的施韦德勒（Schwedler）集群的步兵发起进攻；克莱斯特将第3摩托化军调来应对这个威胁。大约在同一时间，基尔波诺斯的第6集团军和机械化第4军（只有少量坦克）冲入了陷阱，发现大事不妙后开始突围。德军第48摩托化军是克莱斯特的先锋部队，不仅要和第17集团军会合，还要防止苏军突围。7月27日，施蒂尔普纳格尔的部队冲破了斯大林防线，经过文尼察与装甲部队会合。第1山地师负责开道，匈牙利快速军则负责防御山地部队暴露的右翼。这个策略威胁到了苏军西南方面军和南方方面军的分界线，于是秋列涅夫将第18集团军派往北方，填补两个方面军之间出现的危险缝隙。

　　与中部战场的铁木辛哥一样，布琼尼元帅也按照斯大林的命令协调基尔波诺斯和秋列涅夫的作战行动。尽管布琼尼这位内战中的老英雄有资格担任高级指挥人员，但他并没有机会发挥自己的能力，伦德施泰特的步兵、装甲部队、空军近距支援配合作战，使得苏军毫无喘息之机。8月2日，第9装甲师和第1山地师抵达特拉延卡（Troyanka）附近，包围圈正式成型。一天后，第16装甲师占领了五一城（Pervomaisk），外部包围圈也已合拢。基尔波诺斯的第6和第12集团军奋力逃出了文尼察，但在2周之后又在乌曼陷入了相同的境地，同时秋列涅夫的第18集团军也在北上时损失大半。德军消灭被困的25个苏联师用了大约1周时间。伦德施泰特的第一次围歼战就俘获了10.3万人、317辆坦克、858门火炮，并摧毁或俘获了242门其他火炮。8月28日，希特勒和墨索里尼抵达南方集团军群的乌曼指挥部，听取了战况汇报。此时德军已经清除了第聂伯河西岸的大部分苏军，他们的注意力已经转向河的另一边，准备即将开始的基辅会战了。

地图19

合围基辅，1941年8月24日—9月24日

　　苏军在乌克兰加盟共和国首都基辅周边的顽强防御，苏军第5集团军在罗基特诺沼泽附近的坚决抵抗，以及德军瓦尔特·冯·赖歇瑙（Walter von Reichenau）元帅的糟糕指挥，形成了一个向西突入德军战线深达100多英里的突出部。到夏末时分，基尔波诺斯的处境也越来越危险（他要接受西南战略方向总司令布琼尼元帅的全面指挥，这是在第一次世界大战中采用的高于方面军的指挥层级），几乎和早些时候巴甫洛夫的比亚韦斯托克突出部类似。这种局面终要打破，双方将领都明白这一点。奇怪的是，苏联人的一些最

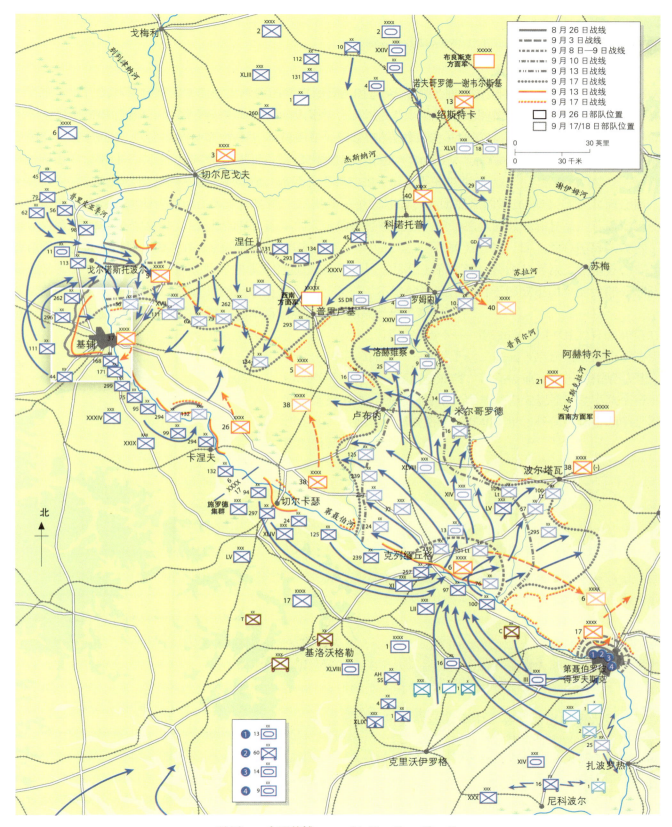

地图19 合围基辅，1941年8月24日—9月24日

坚决的战斗有可能成为红军的又一次惨败。

德军指挥层在1年前就知道南方集团军群无法单独实现围歼战，因此需要博克的协助。因而，8月末，古德里安的装甲集群在第2集团军的支援下从斯塔罗杜布（Starodub）地区南下。红军最高统帅部大本营把阻击德军装甲部队的艰巨任务交给了叶廖缅科（A. I. Yeremenko）中将东拼西凑的布良斯克方面军部队。不过苏军的反攻只取得了暂时的效果。8月24日，盖尔·冯·施韦彭堡的第24摩托化军的先锋——第3装甲师攻占了重要的杰斯纳河桥头堡：诺夫哥罗德—谢韦尔斯基。9月7日，第2集团军的部队攻占了切尔尼戈夫（Chernigov），进一步包围了根据斯大林的命令留在基辅周围的红军部队。在这座城市的东北，西南方面军与外围的救援部队之间现在相隔20多英里。

红军最高统帅部大本营下令从西侧和东侧对古德里安发起集团军级的反攻（也就是从包围圈的内外进行夹攻），但这些小规模、无支援、指挥不当的反攻注定没有多大效果。几天后，红军防线上的缺口已经扩大到40英里，而基尔波诺斯需要防御的战线已经长达500多英里。增援部队接连涌入基辅，同时铁木辛哥元帅也走马上任，成了西南战略方向总司令部的新司令员。

同时，南方的伦德施泰特的部队在乌曼取得胜利后，现在已经逼近第聂伯河。8月25日，克莱斯特攻克了第聂伯罗彼得罗夫斯克（Dnepropetrovsk）和扎波罗热（Zaporozhe）的两座桥头堡，同时第17集团军攻占了克列缅丘格（Kremenchug）的另一处桥头堡。基尔波诺斯发起了孤注一掷的反击，但德国陆军在空军支援下，以惨重代价坚守住了阵地。伦德施泰特把克列缅丘格视为基辅之战的半壁战场。德军的计划在9月初进行了多次调整，最后决定把第48摩托化军调出下游的桥头堡，然后通过第17集团军的防区进攻。这个摩托化军还剩下编制内的一半坦克数量，并且得到第5航空军的支援，在装甲兵上将维尔纳·肯普夫（Werner Kempf）的指挥下，他们计划在9月11日突进。阻击德军坦克部队的是苏军新组建的第38集团军，这支由40000名官兵组成的新部队要守卫长达120英里的防线。

大雨使得进攻推迟到了12日，这一天德军出其不意地发起了致命一击。在第2高射炮军和多管火箭炮的支援下，德军战线南端的铁钳终于挥动，肯普夫的摩托化军把苏军第38集团军打得四散奔逃，就连集团军司令员和集团军司令部都从战场上溃散逃命。第16装甲师在第9装甲师的掩护下向前推进，他们距离与古德里安所部的会合点有75英里，一天内就前进了半程。第17集团军穿越古城波尔塔瓦（Poltava）来掩护装甲部队暴露的右翼。基尔波诺斯的部队在9月13日进行了最后的防御，德军第3装甲师从北面的罗姆内（Romny）进攻，第16装甲师则从南方的卢布内（Lubny）进攻。第2天，2个师各自穿越丘陵和农田，于18点20分在洛赫维察胜利会师。

此时，苏军最高统帅部大本营正在就如何应对当前战局展开激烈讨论。苏军将领希望从死亡陷阱中后撤，但斯大林要求寸土必争。德军在洛赫维察会师72小时后，斯大林的态度软化了，但为时已晚。9月18日清晨，基尔波诺斯下令突围；2天后他在突围时阵亡。德军接下来的任务有两个：攻占基辅、消灭巨大包围圈内的敌人。城市内的战斗持续到24日，而处理60多万被俘苏联官兵和堆积如山的装备则持续到了10月4日。

希特勒终于在任性的哈尔德面前扬眉吐气，他实现了他想要的歼灭战。另一方面，斯大林则不顾朱可夫和其他人的警告，遭遇了一场惨败。最终，基辅成为斯大林的失败象征，也成为了希特勒的胜利标志。

地图20

亚速海，1941年9月17日—10月7日

在基辅胜利后，德军在东线的兵力总数暂时超过了苏联军队。西南方面军不复存在，但在黑海沿岸，南方方面军仍然坚守阵地。1个月前，乌曼之战后，德军第11集团军和罗马尼亚第3、第4集团军在德涅斯特河沿岸施加压力，秋列涅夫则巧妙地撤出了比萨拉比亚和乌克兰西部。当安东内斯库（Ion Antonescu）元帅的罗马尼亚第4集团军绕向南方包围敖德萨时，欧根·冯·朔贝特（Eugen Von Schobert）大将的部队则向第聂伯河下游靠近。面对精心准备、指挥得当的守军，罗马尼亚军队进行了将近2个月有组织的自杀式进攻，终于在10月16日占领了这座被苏军放弃的港口；在几天时间里，苏军黑海舰队将一半以上的被包围的驻军秘密撤退至克里米亚。8月的第3周内，德军终于在第聂伯河畔的赫尔松（Kherson）和别里斯拉夫（Berislav）建立了2座桥头堡，并用几周时间扩大了桥头堡。基辅之战爆发的同时，他们穿过草原，于9月17日孤立了克里米亚并抵达了亚速海岸。轴心国部队已经是强弩之末，苏军则众志成城，最终双方的大部分机动作战停了下来，战线沿着扎波罗热以南、梅利托波尔（Melitopol）以西和海岸线稳定下来。秋列涅夫让他的部队在反坦克壕和雷区后方构筑了坚固的工事。

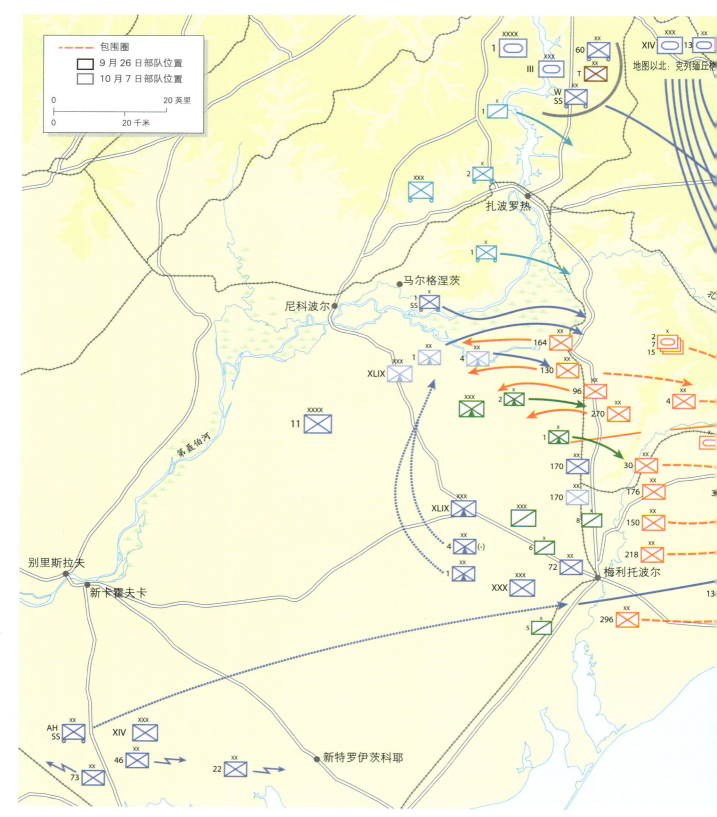

地图20　亚速海，1941年9月17日—10月7日

图例：
- 包围圈
- 9月26日部队位置
- 10月7日部队位置
- 0 ——— 20 英里
- 0 ——— 20 千米

地图以北：克列缅丘格

扎波罗热
马尔格涅茨
尼科波尔
别里斯拉夫
新卡霍夫卡
新特罗伊茨科耶
梅利托波尔
第聂伯河

　　同时，双方的高层指挥官都在1个月内进行了更换。秋列涅夫在8月中旬中弹受伤，因此原第38集团军司令员里亚贝舍夫（Ryabyshev）中将接手南方方面军的指挥工作。9月12日，朔贝特乘坐的通信联络机降落在雷区，本人被炸身亡，曼施泰因升任第11集团军的指挥官。为了夺回主动权，9月26日，里亚贝舍夫命令第18和第9集团军（分别担任主攻和掩护任务）的12个师向德军战线的北部发起进攻。为了让德军第49山地军赶往南方全面占领克里米亚（见地图22），罗马尼亚第3集团军刚刚接管这片"安静"的阵地。尽管苏军动用2个坦克旅作为先头部队，但苏军的2个集团军已经连续作战了两个多月，无力冲破罗马尼亚军队的防线。为了安全起见，曼施泰因让山地部队向北回撤。第1山地师和党卫军"警卫旗队"师多次实施这种诱敌深入的策略。到9月28日—29日，苏军终于筋疲力尽了。

　　伦德施泰特元帅在基辅获胜后早已察觉到了一个完美的时机，在里亚贝舍夫进攻的前一天他就做好了筹划。第3和第14摩托化军没有参加基辅之战，因此他命令这两支部队从第聂伯河的桥头堡出击，绕道南方方面军身后，直奔海岸边的别尔江斯克（Berdyansk）。于是，10月1日，克莱斯特的部队从第聂伯河大弯处倾巢而出，很快就牵制住了苏联的南方方面军部队。德军的装甲部队就像是锤子，而曼施泰因的步兵部队就像是铁砧。第14摩托化军在右，第3摩托化军在左，他们只用48小时就拿下了梅利托波尔，4天后就攻克了别尔江斯克。第11集团军建制内的党卫军"警卫旗队"师从西侧进攻，在分割2个苏联集团军方面发挥了重要作用。意大利的骑兵/机械化快速师也参加了战斗，负责在克莱斯特奔袭别尔江斯克时掩护其东翼。

　　10月7日围歼战结束，德军俘获了10.6万战俘、212辆坦克和766门火炮。苏军第18集团军司令员斯米尔诺夫（A. K. Smirnov）中将阵亡，里亚贝舍夫受伤，随后第21集团军司令员切列维琴科（Y. T. Cherevichenko）中将接任了南方方面军司令员职务。德国南方集团军群计划继续东进，直取哈尔科夫、顿巴斯（Donbas）地区和罗斯托夫，并向南挺进克里米亚。哈尔德甚至妄想在"巴巴罗萨"行动结束前，伦德施泰特能抵达斯大林格勒，甚至高加索的产油区。

地图21

顿巴斯到罗斯托夫，
1941年10月4日—11月5日

　　发动"巴巴罗萨"行动的初衷，以及希特勒对于苏联南部的主要诉求就是乌克兰东部的自然资源和工业基础设施。这片区域包括克里沃伊罗格（Krivoi Rog）的铁矿和尼科波尔（Nikopol）的造船厂，此外哈尔科夫的大型工厂和顿巴斯的煤矿及钢铁厂也令人垂涎。在更远的东南方向更是有着第三帝国梦寐以求的"黄金国"——高加索油田区，控制该产油区后第三帝国无疑能实现燃油自给。在消灭了基辅及其以东的西南方面军之后，德国领导层希望在面对前方拼凑起来的苏联守军时，能通过更多的围歼战取得持续胜利。至于斯大林，他知道苏联和希特勒一样需要高加索地区，因此当全世界的注意力再次集中在莫斯科周围的战斗时，他已经准备在南方的次要战场取得一些优势了。

　　处理基辅的66万战俘，以及巩固在乌克兰中部的胜利果实，让德军消耗了几周时间。10月初，德军的2支步兵集团军——第6和第17集团军向苏梅（Sumy）和波尔塔瓦前进[①]。意大利派驻苏联的远征军（2个步兵师，1个快速师，共62000人）负责配合第17集团军。可以想见，在基辅失陷之后，苏军很难再建立稳固的抵抗了。德军方面的后勤则变得越发脆弱，因此东路军的推进速度也减缓了。赖歇瑙继续向哈尔科夫推进，霍特则兵分两路，一路向顿涅茨河边的伊久姆（Izyum）前进，一路向顿巴斯的工业中心斯大林诺

---

① 第17集团军更换了指挥官。10月初，伦德施泰特以意见不统一为由解除了施蒂尔普纳格尔的职务。霍特在10月5日成为了第17集团军的指挥官。

地图21　顿巴斯到罗斯托夫，1941年10月4日—11月5日

图例：
- 9月17日战线
- 10月13日战线
- 11月25日战线
- 顿涅茨河西岸的苏联桥头堡
- 亚速海战役后苏军重整地点
- 9月17日部队位置
- 11月30日部队位置

谢伊姆河　库尔斯克
沃罗涅日
罗索希
别尔哥罗德
沃尔斯克拉河
哈尔科夫
克拉斯诺格勒
伊久姆
洛佐瓦亚
斯拉维扬斯克
利西昌斯克
伏罗希洛夫格勒
顿涅茨河
萨马拉河
戈尔洛夫卡
红卢奇
沙赫特
顿河
斯大林诺
米乌斯河
卡利米乌斯河
扎波罗热
塔甘罗格
罗斯托夫
别尔江斯河
马里乌波尔
亚速
梅利托波尔
亚速海
别尔江斯克
旧明斯卡亚

北

（Stalino）进发。两名将军都面临着与两翼的友军保持通信联络的额外挑战：第6集团军要与左翼向莫斯科挺进的中央集团军群保持紧密联系，第17集团军则要和右翼向罗斯托夫进军的第1装甲集团军（克莱斯特重新担任该集团军指挥官）保持联络。

　　即便苏军想要守住哈尔科夫，但他们也不愿再在这里被围歼一次；德军情报部门则发现守军正在向东撤退。10月的第3周，德军第6集团军从北面进攻该城，以一个大规模的顺时针弧线朝守城的9个红军师背后进行机动。在这座城市内部和周边开始的第一场战斗中，这座全苏第4大城市于24日陷落了。德军经过奋战攻入了别尔哥罗德（Belgorod），但在那年秋天并没有取得更多的战果。在南部，第17集团军向东的推进因为缺乏机动部队而进展不顺，只有匈牙利快速军（2个机械化旅，1个骑兵旅，共24000人，到11月就失去了战斗力）可用。苏德两军在斯大林诺展开了巷战，在两个政权之间未来城市争夺战的预演中，当地约有15万工人和农民民兵加入了红军，保卫他们建设的高炉和矿山。顿涅茨河西岸的伊久姆仍然是一座相当强大的桥头堡，但到11月时，霍特的部队已经逼近河流中游的斯拉维扬斯克（Slavyansk）和利西昌斯克（Lisichansk）。11月的下半月，第17集团军的最南翼卷入了罗斯托夫的战斗，他们和第1、第4山地师在红卢奇（Krasny Luch）附近参加了激烈的攻防战。然而，对于第17集团军的大部分部队来说，顿涅茨河标志着"巴巴罗萨"行动的结束。

地图22

争夺克里米亚，1941年9月13日—11月15日

　　希特勒想要夺取面积10000平方英里的克里米亚半岛，原因有很多：为了避免苏军出现在其后方，消除苏军对罗马尼亚油田的威胁，也为了控制黑海。占据这个半岛可能产生一个有利的副产品：促使土耳其对苏联开战。同时，秋列涅夫在乌曼战役之后试图建立一些稳固的防线。8月中，他接到最高统帅部大本营的命令，要他保卫第聂伯河下游，主要是要把敌人牵制在第聂伯罗彼得罗夫斯克、别里斯拉夫和赫尔松桥头堡。

　　9月13日之后，无论是秋列涅夫还是他的继任者里亚贝舍夫都只能延缓由曼施泰

赫尔松

北

苏军游击队活动区域
9月24日部队位置
11月18日部队位置

0　　　　　20 英里
0　　　　　20 千米

恰普林卡

11

46

22 一部分部队

22 一部分部队

彼列科普

10月15日

亚美尼亚斯克

月25日

10月24日

10月29日

276

亚速海

156

10月30日

伊苏恩

271

106

29日

25

占科侯

321

40

48
106
271
276

萨尔吉尔河

齐格勒
战斗群

刻赤

卡拉苏河

46

11月2日

帕尔帕奇

鞑靼人修筑的
城墙与壕沟

帕托里亚

XLII

51

73

30日

42

费奥多西亚

旧克里木

辛菲罗波尔

1月2日

阿尔马河

月18日

第25,95,157,172,
421步兵师
第2,40,42骑兵师

塞瓦斯托波尔

雅尔塔

黑海

地图22 争夺克里米亚，1941年9月13日—11月15日

因指挥的德军第11集团军的进军速度。秋列涅夫把南方方面军的部队从第聂伯河撤退至扎波罗热以南到亚速海的一条战线上，因此不得不分出一支部队驻守克里米亚，即独立第51集团军。克里米亚通过一道狭窄的地峡和乌克兰本土相连，第一道防线是5英里宽的彼列科普（Perekop）地峡，第二道防线是南部更远的伊苏恩（Ishun）附近的7英里防线。苏军把现代化的碉堡和障碍物与有着数百年历史的鞑靼人壕沟连接成了一道防御工事。第一道防线由4个步兵师和2个骑兵师驻守，预备队包括2个步兵师和1个骑兵师。防线上分布着大量间瞄武器和100辆坦克。黑海舰队利用新罗西斯克（Novorossisk）和其他地方的军港向克里米亚输送物资。与此同时，曼施泰因的大量部队被苏军牵制、梅利托波尔以北的苏军虎视眈眈，脆弱的补给线也延伸到数百英里长，因此在兵力不足的情况下只能派遣第54军进攻克里米亚。

9月24日，在"巴巴罗萨"作战的一次经典战术行动中，第46和73步兵师进攻彼列科普地峡防线。在6管火箭炮和"斯图卡"俯冲轰炸机的支援下，德军仅用24小时就抵达了鞑靼壕沟，又用了24小时突破了这道防线。到28日，他们已经击破了第1道防线，并准备好进攻第2道防线。不过，里亚贝舍夫在梅利托波尔北方发起的进攻（见地图20）打乱了德军的计划。当战况稳定下来，在乌克兰的进一步行动现在完全由克莱斯特负责时，2周后（苏联人利用这段时间调整了防御部署，从敖德萨撤离的近10万名援军加强了守军的力量）曼施泰因准备重新发动进攻。他增派了第22步兵师，并让空军近距支援部队提供支援，10月18

日，第54军再次发起进攻。曼施泰因的主力从东杀到西，然后再兜回来，不过还是用了1周时间才清除了6英里纵深内的9条防御带。尽管已是强弩之末，但他还是命令第54军持续进攻，直到苏军承受不住后防线崩溃。26日后，塞瓦斯波托尔（Sevastopol）以北或雅尔塔山脉（Yalta Mountains）已经没有转圜的空间。撤退的苏军和追赶的德军亦步亦趋，都分成了两路大军：由敖德萨残兵组成的海岸部队后面跟着德军的第30和第54军，他们一同向西扑向港口要塞；而第51集团军则在10英里宽的帕尔帕奇（Parpach）地峡里被德军的第42军追赶。在遥远的南部山区，罗马尼亚山地军和大量游击队展开战斗。苏军第51集团军无论是在费奥多西亚（Feodosia）还是帕尔帕奇都没能组织起有效的防御，11月3日，德军第42军绕过了他们，抢先奔赴刻赤（Kerch）港，并在15日攻占了该港口。

塞瓦斯托波尔是双方争夺的另一大重点。作为黑海舰队的重要海军基地，这里的工事主要都用作海岸防御，但现在苏军面向内陆也构筑了坚实的防线。3道防线、数千个碉堡由战壕、反坦克壕沟和雷区连接起来，红军空军的战机、黑海舰队的舰炮和补给船也可以提供支援，这使得该城防御极其坚固。周边崎岖的地形也有利于防御，同时德军第11集团军糟糕的补给也让其战斗力遭到削弱。但这些困难都没能阻止曼施泰因在11月底发起进攻。不过，现实情况是，他的进攻在此后的7个月时间里总是被击退。无论如何，他的部队在2个月时间里俘获了超过10万战俘、接近800门火炮，而他也已经清理了塞瓦斯托波尔和部分山区之外的克里米亚大部分地区。

地图23

罗斯托夫，1941年10月22日—11月30日

亚速海战役取得胜利后，伦德施泰特将第6集团军部署在别尔哥罗德和哈尔科夫方向，第17集团军部署至顿涅茨河中游地域，第1装甲集团军集结于顿巴斯，第11集团军被填入了克里米亚的"洞口"。到了11月初，他手头只有克莱斯特的部队可作为机动力量。第48摩托化军被调拨给了古德里安，但是曼施泰因的第49山地军被转隶到伦德施泰特手上，而且他还获得了第3、第14摩托化军，以及党卫军"警卫旗队"师（SSLAH）和意大利的俄罗斯远征军（CSIR）。10月22日，伦德施泰特发布了第10号命令，让第1装甲集团军向罗斯托夫发起了总攻。在10月末和11月初的这些天里，德军的多支小规模机械化部队带着少得可怜的燃料越过了米乌斯河（Mius River）。由于德军预期"台风"行动将在莫斯科主轴线上取得决定性胜利，因此攻克罗斯托夫被南方集团军群的德军士兵们看作是他们在苏联崩溃瓦解、坐享胜利果实前要打的最后一场重要战斗。

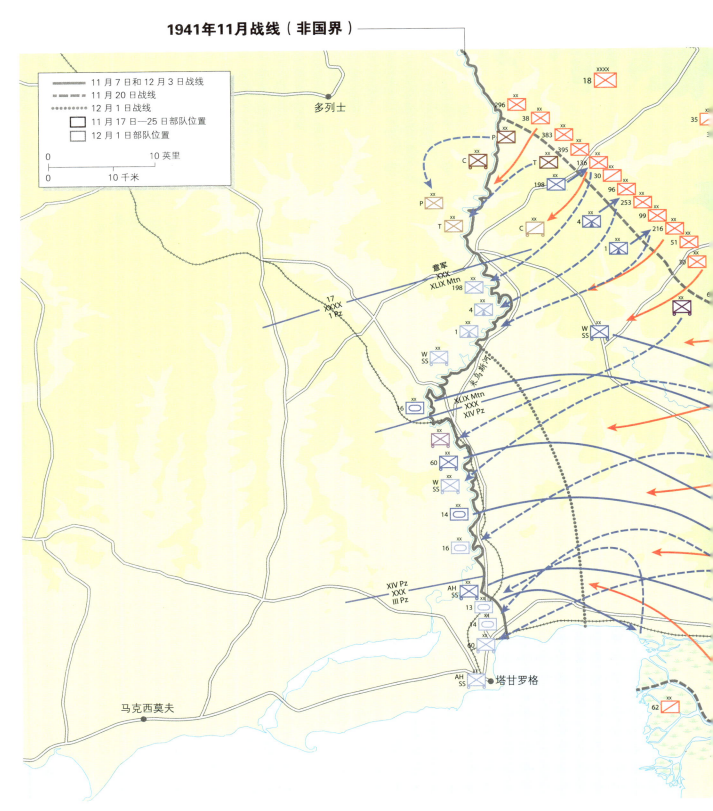

1941年11月战线（非国界）

多列士

11月7日和12月3日战线
11月20日战线
12月1日战线
11月17日—25日部队位置
12月1日部队位置

0   10 英里
0   10 千米

意军
XXX
XLIX Mtn

17
XXXX
1 Pz

米乌斯河

XLIX Mtn
XXX
XIV Pz

XIV Pz
XXX
III Pz

塔甘罗格

马克西莫夫

地图23 罗斯托夫，1941年10月22日—11月30日

斯维尔德洛夫斯克

北

沙赫特

9

339

70　78

317

6

64

353

16

洛夫河

罗斯托夫

顿河

347

巴泰斯克

56

　　第14摩托化在戈洛达耶夫卡（Golodayevka）渡过了米乌斯河，但在11月7日，苏军坚守图尔洛夫河（Tuslov River），迫使德军停了下来。克莱斯特命令第3摩托化军沿河岸发起主攻，并由第4和第5航空军近距支援部队配合。第1装甲集团军冒着严寒，在11月13日发起持续突击。不幸的是，这支部队超出了侧翼部队的掩护范围；第49山地军难以逾越顿巴斯重工业区，而北方的第17集团军则更加举步维艰。到了17日，克莱斯特的左翼暴露，铁木辛哥按照1周前向斯大林汇报的计划，抓住机会发起了反攻。随着德军装甲部队在罗斯托夫东北方划出一道弧线，他们已经前出到集团军群其他部队前方150英里处。第2天，苏军新到的第37集团军在洛帕京（A. I. Lopatin）少将的指挥下，从斯维尔德洛夫斯克（Sverdlovsk）向德军第14摩托化军的北翼发起进攻。同时，在罗斯托夫的西侧，列梅佐夫（F. N. Remezov）中将的独立第56集团军向德军第3摩托化军的南翼发起进攻。苏军的这次进攻出动了7个集团军，包括50多个师和7个坦克旅。德军第17集团军、第14摩托化军和第49山地军抵挡住了左翼的威胁，第3摩托化军则继续朝右翼进军，11月19日抵达罗斯托夫城外和顿河边。铁木辛哥从早前的斯摩棱斯克之战中学到了教训：只有大规模的协调一致的进攻才能减缓德军速度，而他将很快重整部队。德军第3摩托化在埃伯哈德·冯·马肯森（Eberhard von Mackensen）上将的率领下于次日进入城内，并命令"警卫旗队"师渡河——这是"巴巴罗萨"行动攻入苏联境内的最深处。

　　铁木辛哥元帅又集结了一支由新建的和重建的集团军组成的反击部队。他们的目标是第1装甲集团军，如果能够战胜克莱斯特，就能够收复罗斯托夫。尽管哈尔德敦促南方集团军向巴库（Baku）油田区前进，但伦德施泰特和克莱斯特都明白现在的紧要任务是设立警戒部队并制订撤退计划。11月25日，苏军独立第56集团军率先向罗斯托夫南侧的"警卫旗队"师发起进攻。顿河边和城内的激烈战斗持续了2天。到了27日，铁木辛哥命令所有的南方方面军部队都向克莱斯特暴露的突出部发起进攻。这位装甲兵将领在2天后明白了，只有放弃罗斯托夫才能拯救自己。又过了2天，也就是11月的最后一天，伦德施泰特批准德军全部撤到米乌斯河一线，这是罗斯托夫以西唯一可以进行防御的屏障。铁木辛哥鼓舞士兵冒着严寒在冰冻的草原上继续奋力追击。

　　在战斗期间，希特勒并不在指挥部里，在得知战役局势后，大为

光火的他当即批准了伦德施泰特的辞呈。12月1日，希特勒将第6集团军指挥官赖歇瑙升任为南方集团军群司令，并命令他停止撤退、恢复向东进攻。自从魏玛共和国晚期，这位元帅就是希特勒的坚定支持者，但这道传下来的命令根本不切实际，他只能在当天晚些时候取消了这道命令。希特勒在12月2日—3日飞到马里乌波尔（Mariupol），亲自视察德军被苏军追赶的罕见撤退景象。他万万没想到，用不了几天，东线的大部分德军都将面临同样的局面。

地图24、25

"铂狐"行动和"北极狐"行动

在极地战场上，第三帝国缺乏战略思维和对后勤的漠视凸显了出来。第一次世界大战已经证明了，苏联要想和盟友及外部世界保持联系，阿尔汉格尔斯克（Murmansk）与摩尔曼斯克（Archangel）两个港口至关重要。但希特勒从未派遣地面部队或空军力量去夺取这两个至关重要的北方海港，只是偶尔对上述两个港口城市进行轰炸，以及偶尔炸断通往摩尔曼斯克的铁路线。

地图24："铂狐"行动，1941年6月29日—9月21日

尼古拉斯·冯·法尔肯霍斯特大将（Nikolaus von Falkenhorst）指挥的挪威集团军是德军最大的集团军之一，但希特勒一直偏执地担心英国皇家海军可能会在挪威沿岸展开两栖作战，因此仅抽调了该集团军的2个军投入"巴巴罗萨"行动。纳粹死忠、"纳尔维克（Narvik）英雄"、步兵上将爱德华·迪特尔（Eduard Dietl）率领挪威山地军（第2和第3山地师，外加一部分支援部队）投入战斗，对阵的则是弗罗洛夫（V. A. Frolov）中将率领的苏军第14集团军，主要由步兵第14师和步兵第52师，以及兵力不足的波利亚尔内（极地）民兵师组成。

6月29日，迪特尔的第2山地师在一个装甲连（第40装甲营1连）的支援下扑向海岸，而第3山地师则进一步深入内陆。不到一天，第3山地师便无法前进，因此迪特尔把它调到了第2山地师的后面。此后，迪特尔一直用一个师打头阵，而且基本沿着贝柴摩（Petsamo）以东的一条公路前进。7月的第1周里，他的山地部队越过了利察河（Litsa River），但又被弗罗洛夫的反攻击退了。让迪特尔更加难受的是，苏军北方舰队在其后方的很多地方实施了小规模登陆。

法尔肯霍斯特和迪特尔联手劝说希特勒他们需要增援，几天后，他同意把驻希腊的第6山地师派去增

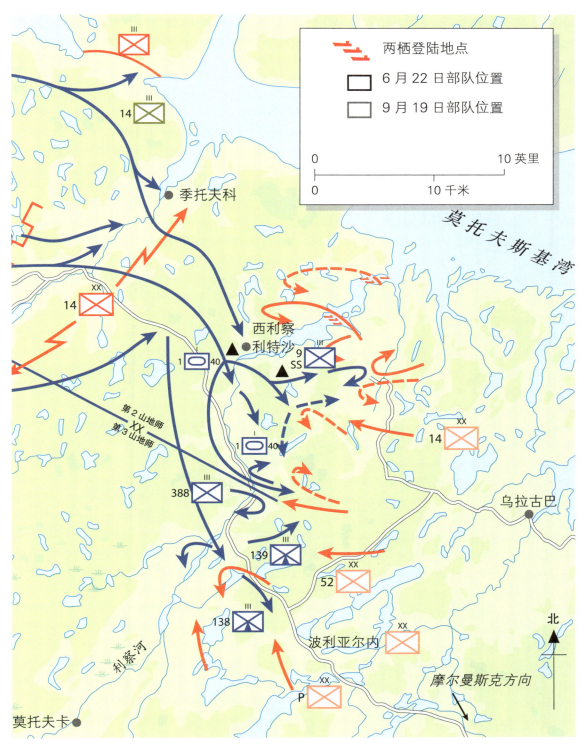

地图24 "铂狐"行动，1941年6月29日—9月21日

援，到那时短暂的极地战斗季节即将结束。9月8日，迪特尔在没有后援的情况下发起进攻。第2和第3山地师向前猛攻，但到了9月21日，迪特尔只得承认自己失败了。他的部队在距离摩尔曼斯克50多英里的道路上只走了不到一半的路程，但他再也无力前进了。

地图25：“北极狐”行动，1941年7月1日—10月10日

如果法尔肯霍斯特从白海（White Sea）进攻坎达拉克沙（Kandalaksha）的话，或许会有更大胜算，那样更容易切断铁路，并且也能取得同样的实际成果：让摩尔曼斯克失去作用。汉斯·法伊格（Hans Feige）骑兵上将指挥的第36山地军下辖第169步兵师和党卫军第6“北方”师，后者是一支部分摩托化的占领军部队。芬兰一开始提供了第6师参战。苏联守军是帕宁（R. I. Panin）少将指挥的步兵第42军（辖步兵第104师和步兵第122师），弗罗洛夫用坦克第1师进行了支援。

7月1日，法伊格率领第169步兵师和党卫军第6“北方”师向苏军步兵第122师发起进攻。苏军组织有

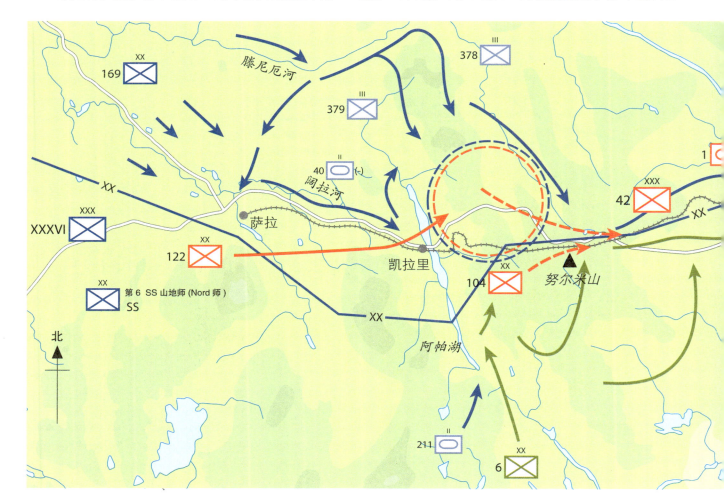

地图25　“北极狐”行动，1941年7月1日—10月10日

序表现出色，尤其是在对抗未经战火考验的党卫军部队时。3天后轴心国部队再次发动进攻，国防军部队和芬兰军队取得了进展，但党卫军部队再次陷入困境，甚至发生了临阵脱逃的情况。法伊格的部队在7月6日再次发起了进攻，这次由第40装甲营（不包括在贝柴摩作战的第1连）和第211装甲营协同，两支装甲部队主要沿着大路进军。这个策略把苏军步兵第122师逼出了萨拉（Salla）。苏军步兵第104师和步兵第122师余部退守帕宁少将预设的下一道防御阵地，该处位于到1939年旧边界的半路上。

法伊格计划用大型包围圈击破苏军防线，用得到一个额外的步兵团加强的第169步兵师从北面迂回，而芬兰第3军则从南面包抄。到8月24日，苏军的几个师已经被困住，但是恶劣的天气和复杂的苔原地貌使得包围圈有很多漏洞，因此很多帕宁的部队都逃脱了（不包括坦克第1师）。9月1日，轴心国部队攻占了阿拉库尔季（Alakurtti），但此后的进军没能超过5英里，因为那里遍布湖泊、沼泽和河流。在南方，芬兰军队在卡斯滕加（Kasten'ga，地图外东南方）以外取得了不错的进展，但由于挪威集团军的大部分部队被束缚在不必要的守备任务中，它和苏军第14集团军的作战受到了影响。

那年秋天，两道元首令——第36号令（9月22日）和第37号令（10月10日）——先后下达，先是重启然后又停止了法伊格的行动。苏军几度濒临崩溃，但在极地环境下的作战总是比看起来更困难。到了11月中，天气使得大规模调动军队变得不切实际，而德军距离铁路线还有40英里，任何破坏行动都是不可能做到的。

地图中文字：
上维尔曼湖
366
104
169
386
425
下维尔曼湖
沃伊塔山
阿拉库尔季
XX
122
6
托儿万德湖

- - - 努尔米包围圈
6月22日部队位置
9月15日部队位置

0　　　　　　　　10 英里
0　　　　　　　　10 千米

地图26

卡累利阿，
1941年7月10日—10月15日

在希特勒入侵苏联的战争中，芬兰做出的最大贡献是攻占了卡累利阿（Karelia），该地位于拉多加湖的一侧。对于希特勒而言，不尽如人意的是，芬兰的目标仅为夺回1940年《莫斯科和平协定》（Moscow Peace Treaty）中丢失的领土，并建立更加稳固的边境防御，而不是进一步激怒南方大国苏联。

芬兰直到1944年才通过协定加入轴心国阵营，此前只不过是为了对付共同的敌人而参与了战争。它充分利用了国土面积小、与德国不接壤的特点，即便在失败的情况下，仍然避免了像其他国家那样被苏联占领。在冬季战争中，芬兰极不情愿地在卡累利阿让步，不过到了1940年3月的时候，芬兰军队离列宁格勒的距离比开始时远了几乎75英里。这是列宁格勒在1941年没有陷落的重要原因。

芬兰18个师中的12个，和所有的独立旅，都被置于阿克赛尔·海因里克斯（Axel Heinrichs）的卡累利阿集团军的战斗序列内。在两次世界大战之间的大部分时间里，芬兰军队几乎得到了欧洲大陆上所有军队的装备，但到了"巴巴罗萨"行动的前一年，德国已经成为其最主要的军火提供者。普申尼科夫（P. S. Pshennikov）中将的第23集团军（5个步兵师和1个机械化军）负责防御通往列宁格勒的道路，戈列连科（F. D. Gorelenko）中将的第7集团军

1941年12月6日战线（非国界）

地图26　卡累利阿，1941年7月10日—10月15日

（4个步兵师）负责防御拉多加湖和奥涅加湖（Onega）之间的区域。7月2日，斯大林毫无必要地激怒了芬兰参战，他下令轰炸了芬兰的城市并命令地面部队入侵该国领土。

7月10日，海因里克斯沿着芬兰和苏联边境最南端的200英里战线发起进攻。在前线的北半部分，得到德军163步兵师加强的"O"集群突破了苏联的科皮塞尔卡亚（Kopisel'kaya）防线，并以顺时针弧线向拉多加湖进军。16日，芬兰军队抵达科里诺耶（Koirinoye），并将苏军第7集团军的大部分部队分割开来，同时芬军第6军与第7军开始与苏军发生接触。苏军指挥官用了2周时间整顿部队、发起反攻，使得芬兰和德军的推进被迫停止。被包围的苏军坚持抵抗，到了月末，索尔塔瓦拉（Sortavala）附近爆发了一次大规模战斗。1个月后，红海军拉多加湖区舰队成功地救出了步兵第142、168和198师的大部分部队，并让他们撤退到了列宁格勒附近的临时安全地带。7月31日，前线南部地区的德国第2军持续进攻拉多加湖，8月22日，德军第4军向维堡（Vyborg）进发。几周内，芬兰人就绕过了孤立的红军部队和维堡要塞。维堡城内本来有3个苏军步兵师负责防御，但这3个师后来都突破了芬军的包围。到了8月31日，第23集团军已经放弃了冬季战争中攻占的大部分地方。芬兰军队没有得寸进尺，而是在1939年边境线附近停了下来。这就给列宁格勒留下了面积庞大的周边区域，将使德国人后来攻击这座城市的努力付诸东流。

拉多加湖东侧的芬兰第6军向着斯维里河方向冲出了1939年边界区域。在其右翼，第7军加入了战团。第6军仅用3天就攻到了斯维里河并在1天后切断了摩尔曼斯克的铁路线。左翼的第2军和"O"集群在10月上半月推进到了利日姆湖（Lake Lizhm）和斯大林运河（Stalin Canal）地区。尽管芬兰在其"续战"中非常明确地表现出自己的目标有限，但人们不得不得出这样的结论：到达斯维里河右岸，芬兰人已经履行了他们的承诺。莱布的北方集团军群部队能否到达斯维里河左岸还有待观察，如果德国人能够做到，形势将会对轴心国军队十分有利，但他没能做到。

ATLAS

THE EA

FRONT

1941

苏军的冬季反攻
（1941—1942 年）

SOVIET WINTER
COUNTEROFFENSIVES,
1941-42

　　"台风"行动期间，东线德军将所有的人力与资源投入了对莫斯科的进攻中。但在整条战线上，从"巴巴罗萨"行动期间便开始遭受连续重创的苏联红军却终于站稳了脚跟，苏联人一直在为恰当的反攻机会预留出新的预备队。12月5日，希特勒终于承认战局没有向自己预料的方向发展，并中止了德军的进攻，史学界通常将这一天认为是"巴巴罗萨"行动终止的日期。

　　而苏军方面，几个小时前还在为保卫莫斯科而战的方面军和集团军在第二天开始了进攻。苏军完全达成了战役突然性，纳粹国防军的情报部门当时轻率地认为苏军已经没有预备队可用。与此同时，在敌后活动的苏军游击队开始同时发起对桥梁、铁路、补给点与电话/电报线路的大规模破坏行动。为了消灭对苏维埃首都的最大威胁，第一波反击集中在莫斯科城北的德军阵地上。斯大林最终投入17个集团军进攻德军中央集团军群。尽管德军在数量上仍然占有优势，但苏军生力军在最初数日的战斗中将德军逼退。得益于靠近后勤补给基地并能够选择进攻的时机与位置，苏军的连续密集突击成功掌握战场主动权。俄罗斯的寒冬同时极大地削弱了纳粹国防军的战斗力：人员与马匹被冻死冻伤，火炮的炮轮被冻住甚至直接冻在地上动弹不得。车辆与飞机的发动机被冻住，即便没有彻底报废，也发动不起来了。

　　德军自1918年10月—11月的冬季作战以来从未面对过这样的考验。苏联红军坚决的反击极大程度地考验了纳粹国防军赖以为生的灵活性和机动性。苏军的反击中出动了一种新型合成作战单位——"骑兵机械化集群"，它发挥了两个兵种的力量。博克向希特勒请求撤退，但希特勒却认为取消进攻是一回事，撤退是另一回事。由于在"巴巴罗萨"行动的最后几周里耗尽了所有的资源，德军已经没有预备队能够支援已经彻底疲敝的一线部队。而一线部队因战斗力退化与减员而将防御战逐渐打成了一场溃退。由于表现糟糕，中央集团军群的指挥官于12月18日被解职，次日，陆军总司令瓦尔特·冯·布劳希奇元帅也被希特勒"撂了下来"。与他们麾下的士兵一样，这两位将军都被俄国的严冬所"击倒"[①]。随后希特勒又将陆军总司令这一职务加在自己那一长串头衔的后面，从而达成了自1938年便开始进行的，旨在由纳粹党掌控全部军事权力的计划。

　　与此同时，斯大林的苏联红军缓慢而坚定地将侵略者从莫斯科地区逼退。从西伯利亚与乌拉尔地区

①　纳粹德国对两人解职的官方说法均为"因疾病原因退休"，两位元帅与许多德军高级将领一样都因那个噩梦般的冬季战局而遭到解职。仅12月，希特勒就解职了35名中将以上军衔的高级军官。不过在一线鏖战的德军士兵们就没有机会"以天气或者疾病原因"回家休养了。

赶来的新的有生力量使得反攻的声势更加浩大，得益于事前准备周密，苏军在接下来的一段时间中进展顺利。但由于苏军的反击力量主体为步兵，且坦克部队的支援受限于坦克旅的规模，这些因素限制了苏军取得的胜利，盼望中的决定性结果并没有出现。此刻战役态势仿佛回到了去年秋天时的状态：苏军的推进使得他们开始远离后勤支援，而德军则退回了靠近后勤补给的区域，能够更容易地获得食物和掩体。在德国境内的铁路车厢上积压数月的冬装也开始被运送到前线。随着条件的改善，德军的纪律和士气都有所提高。厚达数英尺的积雪同样阻碍了苏军的推进，但此时德军装甲部队已经能凭借有限的机动力跳出苏军的合围避免被歼灭。抛开这些不利因素，尽管速度慢于战役规划者们制订的时间表，苏军仍不可阻挡地不断逼退着德军。博克的继任者克卢格对中央集团军群的"末日"预言未能实现，这似乎证明了希特勒所决定的"死守"的"正确性"。苏军方面则开始与创造决定性战果的机会失之交臂，苏联红军投入了大量的骑兵大集群进行突破，但由于苏军对于大兵团作战的掌控仍然非常稚嫩，并未取得预想中的战果。除此之外，苏军的情报部门也开始像此前德军情报部门一样轻敌，认为德军已经不堪一击。

从12月底开始，德军在应对新的威胁时越来越有组织，同时承受了巨大但还不至于全军崩溃的损失。为了合围德中央集团军群，朱可夫不断变换其主攻方向，苏军在一个地域中夺回若干失地后便会遭遇德军的阻击而被迟滞，此时朱可夫又会将部队调动到另一个地域。整个12月中，他的主攻方向从莫斯科北部转移到西部又转移向南部。1942年1月初，他又将主攻方向移至北面尔后再度移至西面。在该月的某些日子里，恶劣天气让红军不得不一度中断攻势。1942年的第3周，纳粹国防军逐渐回撤到勒热夫—格扎茨克—卡卢加一线的"柯尼斯堡"防线；尽管以"巴巴罗萨"行动期间德军的攻击能力而言，莫斯科仍然在一个可以轻取的距离（60—70英里）内，当时双方都不知道，战火不会再向这座城市靠近一步了。德军方面，或者说就希特勒个人而言，在冬季战役中得到了错误的教训。希特勒开始无端地将冬季德军从毁灭性的溃退中逐渐站稳脚跟归功于自己的"不后退一步"训令。与此同时他开始愈发相信自己的直觉与战略眼光，而非将军们的建议。他的错觉与自负将在第二次世界大战余下的时间中不断给德军带来麻烦。

1942年年初，斯大林不顾其他将领的建议，坚持扩大苏军的攻势，在从芬兰湾到黑海的广大战线上发起对德军的进攻。为贯彻"全线进攻"的战役思想，斯大林在将红军兵力分散到整条战线上的同时，也牺牲了红军在某个区域战场上的兵力密度。1941年年底之前，最高统帅部大本营便命令发起对克里米亚的两栖突击，但这些突击行动只是暂时解放了由罗马尼亚军队占领的刻赤半岛。苏军对费奥多西亚地峡的德军部署的侦察确定了新的攻击方向，并于1942年2月、3月、4月在斯大林的亲信的指挥下发起攻击。塞瓦斯托波尔的港口仍然为在围攻中坚守的守卫者提供了获取补给的宝贵支撑点。在北线，红军不顾冬末与初春融雪带来的影响，对拉多加湖两岸的芬兰军队与德军发动了攻击。他们在季赫温重新打通了拉多加湖南岸的铁路运输线，通过这条运输线，苏军得以将物资跨过水面送至列宁格勒。同时苏军继续在伊尔门湖的南北两线取得进展，形成对杰米扬斯克和霍尔姆的包围，导致莱布被解职。但是苏军又一次没能达成自己在该地区的主要战役目标——解围列宁格勒并寻机重创德军北方集团军群——当然这个目标也实在太大了一些，与他们的能力完全不相符。战役中德军在指挥上更胜一筹，不仅如此，苏军并不完善的准备与相对缺乏的后勤以及战役过程中苏军高层的干涉，尤其是极端恶劣的气候都成为了北方攻势进展不大的原因。

　　除了南北两端的攻势之外，苏军在战线中央战场的第2阶段反击行动中并没能复制第1阶段的胜利。最高统帅部大本营的将军们似乎并不清楚此时苏军的实力究竟如何，并向一些指挥员下达了最远至斯摩棱斯克（苏军部队到达并停留在距离此地不是很远的地方，但处境危险）的一系列战役决心。不过即便如此，2月初形成的包围圈仍旧看似能将中央集团军群这个庞大的猎物彻底装入口袋。但对朱可夫而言，不幸的是他的这个陷阱太小，部队太过孤立分散且供给不足，指挥员的能力往往欠缺。不管苏军在前一阶段取得了多大的战果，德军的恢复能力和战术技能都让他们屡屡碰壁，更遑论此时的气候逐渐转暖且苏军的补给线过度延伸。正如朱可夫所警告的那样，最高统帅大本营部中有相当多的人已经忘记了"巴巴罗萨"行动期间德军对苏军造成的惊人损失并未得到充分补充，不仅如此，苏军在冬季反攻的过程中出其不意的因素已经不复存在。除此之外，最高统帅部迟迟没能提供能够担负突破任务的部队。最后，也是最致命的一点，红军的指挥员们在此前所表现出来的指挥能力，尚不能胜任在广阔的战场上指挥诸兵种合成部队进行大纵深作战。

　　激烈的战斗让交战双方都晕头转向，因兵力和装备的损失造成部队战斗力下降，更不用说天气造成的麻烦——先是暴风雪，然后又进入了俄国春秋两季特有的"泥泞季节"（rasputitsa，俄语：распу́тица），攻防战都成了零星战斗。苏军罕见地在突破过程中绕过德军支撑点，因此在战线中央部分形成了一系列犬牙交错的战术突出部，深入对方的战线让双方都有机会将自己的战线筑垒化。双方的部队在广大的原野上以乡村为据点进行对峙，星罗棋布的部队分布让战线成了锯齿状的线条。这种局面对于纳粹国防军愈发不利，许多小股部队都在这种对峙过程中被完全或者部分包围了起来，而纳粹空军则无力为这些被孤立的支撑点提供足够的空中支援与空运补给。同样，随着春天的到来，苏军被证明无法维持众多最突出暴露的部队，如远程渗透单位、孤立的空降兵和骑兵掠袭集群，再加上试图削弱敌军各种防御措施的警戒部队。与此同时，德国人在某种程度上恢复了他们的平衡，并在很大程度上成功地组织起了这些渗透、破袭和攻击部队。不过，在某些情况下，直到7月，跳到外线进行破袭的苏军才几乎被完全击溃。

　　1942年冬春季节，红军在哈尔科夫附近发动了最后一次大规模进攻。当时铁木辛哥元帅的西南方向部队奉命实施双重包围，苏军在此战中动用了最优秀的部队与装备。巨大的伊久姆桥头堡是苏军的主要攻击出发阵地（桥头堡是苏军在1月份打下来的，是德军计划中的攻击目标，但苏军先发制人发起进攻），最高统帅部大本营的战役计划制订者们希望该处的纳粹守军是减员严重的疲弱之旅，但实际上正面之敌却是德军从发起"台风"行动以来集结的实力最雄厚的地面与空中力量。除此之外当时苏军指挥员糟糕的指挥能力和一团糟的后勤，以及德军情报部门成功捕捉到苏军即将发起攻击的征兆都让此次行动雪上加霜。苏军的领导层，尤其是斯大林，对于此前几个月遭受到的惨痛教训仍报以一种耐人寻味的态度，他们既从中汲取了相当的教训，又会在某些时候将这些教训忘得一干二净。在哈尔科夫会战的战役筹划阶段，两种特性都显露无遗：一方面苏军意识到此前在宽正面上的进攻的愚蠢，在这里明智地选择了一个有限攻击正面；另一方面，红军却又低估了即将面对的，已经从损失中恢复并增强的德军与天气转好所带来的影响。此外还有两个因素从一开始便为哈尔科夫攻势的惨败埋下了注脚：一方面苏军在指挥与协同方面的问题一旦进入大兵团作战后便显露无遗；另一方面，在他们的攻击发起线对面，是德军为即将发起的1942年夏季

1941年12月6日战线（非国界）

1942年6月1日战线（非国界）

卡累利阿方面军
列宁格勒
塔林
列宁格勒方面军
爱沙尼亚
卢加河
沃尔霍夫方面军
普斯科夫
拉脱维亚
旧鲁萨
西北方面军
里加
加里宁方面军
加里宁
伏尔加河
伏尔加河
北方
中央
立陶宛
勒热夫
维捷布斯克
莫斯科
考纳斯
西方方面军
维尔纽斯
明斯克
斯摩棱斯克
杰斯纳河
波兰
布良斯克
苏联
奥廖尔
布列斯特
戈梅利
布良斯克方面军
普里皮亚季沼泽
沃罗涅日
日托米尔
基辅
库尔斯克
中央
南方
波尔塔瓦
西南方面军
利沃夫
切尔卡瑟
哈尔科夫
罗索希
乌曼
顿河
第聂伯罗彼得罗夫斯克
南方方面军
1941 年 12 月 6 日战线
1942 年 6 月 1 日战线
苏军在 1941 年 12 月—1942 年
5 月反攻期间推进最西战线，随
后被德军反攻逼退
克里沃伊罗格
扎波罗热
伏罗希洛夫格勒
斯大林诺
0   100 英里
0   100 千米
罗斯托夫
黑海
北
塞瓦斯托波尔
外高加索方面军
新罗西斯克

地图27　苏军的冬季反攻（1941—1942年）

攻势所准备的精兵强将。

5月12日至19日，红军部队在不到一个星期的时间里发动了一场大规模进攻，他们的推进速度大大慢于战役时间表，而且落入了两个强大的德军集团的两面合围中，几乎陷入了僵局，苏军最终获准撤退。苏军的失败源于对德军的轻敌，由于预计当面之敌是在冬季攻势中受创严重且士气低落的德军，苏军并没有准备足以打垮实际之敌的突破部队，而在德军空中与地面攻势下的从容撤退更是无稽之谈。不过该战役的狭窄进攻正面对于双方是一把双刃剑：一方面苏联红军暴露了自己的弱点，另一方面希特勒认为仅仅是一场局部战事。5月23日，德军对3月制订的进攻计划做出调整。他们的南线钳形攻势在巴拉克列亚（Balakliya）附近合拢，直到26日北部攻击矛头才消灭别尔哥罗德周边的苏军。到当月底，战斗进入尾声，苏军在战役中损失将近25万人、大量的技术装备与高级指挥员。与冬春战事中的另一场主要会战一样，纳粹国防军损失了一些部队但并没有达成主要突破。尽管德军在冬季大撤退时蒙受了惨重损失，但1942年头4个月内，德军因各种原因造成的伤亡（27.7万人，或平均每日2900人）与"巴巴罗萨"行动的5个月期间（83万人，或平均每日4300人）的兵力损失相比，少上许多。苏军的战略失误让希特勒抓住机会消灭了苏军大量的有生力量与技术装备。不但如此，苏军在被包围后被迫放弃的战略要地也为他在次月发动夏季攻势提供了出发点，在开战后如同噩梦般的1年半时间内，1942年5月的战事某种程度上可以称得上苏军所遭受的最大的失败。

双方的领导人都认为自己可以在1年内赢得这场战争；但他们都没有意识到这场残酷的总体战竟成为了一场马拉松式的持久战。苏军在"巴巴罗萨"行动结束后的6个月内进行的若干次失败的反击，从某种程度上证明了斯大林的轻率和苏军的经验仍然不足，未能做好战争准备，战略上的过度扩张与1941年的希特勒如出一辙。不过即便苏军不断地为自己的稚嫩付出重大代价，但从广大东部源源不断征召而来的有生力量最终还是将战胜德军、杀进德国。在即将到来的夏季战事中，有5个关键要素将对德军造成至关重要的影响：第一，冬季战役中损失的兵员，马匹和技术装备必须要得到补充[1]；第二，在战线中央，如果希特勒仍旧选择莫斯科作为其1942年的突破重点，他的军队必须重新夺取在"台风"行动中曾经夺取的土地；第三，北方的列宁格勒仍旧没有攻陷；第四，南线的苏军仍然坚守着塞瓦斯托波尔，而德军仍将"蓝色"行动所需兵力投放到并不需要的作战当中去；第五，整条战线上的纳粹空军在长期的战斗损耗中已经被严重削弱。随着苏德战争进入第2个年头，斯大林开始明白，如果想要获胜，红军需要做更多的功课；而希特勒仍认为胜利指日可待。无论如何，双方的统帅都明白他们将进行一场持久战，并且开始重新考虑己方未来的行动。

---

[1]　轴心国军队在"巴巴罗萨"计划发起时拥有50万匹军马，其中一半都在苏德战争爆发的头11个月内死亡。

地图28

柳班战役，1941年12月5日—1942年6月29日

旨在一举击败苏联，迅速取得胜利的"巴巴罗萨"行动失败了。北方集团军群的进攻高潮出现在对季赫温和沃尔霍夫长达一个月的进攻中，但苏军于12月上旬发起的反击将战线重新推回到诺夫哥罗德和基里希之间的沃尔霍夫河畔，并折向西北方的什利谢利堡（地图8）。德军第18集团军在格奥尔格·冯·屈希勒尔（Georg von Küchler）大将的指挥下领受了一个双重任务：一方面要削弱列宁格勒包围圈内的苏军，另一方面还要守住沃尔霍夫河防线北部，德军在此部署了第28军和第1军。布施大将的第16集团军在伊尔门湖两侧，负责防御沃尔霍夫河防线的南端，日常部署是由第38军和第10军靠前，第39摩托化军靠后。屈希勒尔的部队要面对的是由霍津（M. S. Khozin）中将指挥的列宁格勒方面军（第8与第54集团军），而沃尔霍夫河对岸则有着苏军梅列茨科夫（K. A. Meretskov）大将指挥的沃尔霍夫方面军（第4、第59、第52集团军和突击第2集团军），他们的任务是向西朝沃洛索沃方向突击约100英里，并尽可能打破德军对列宁格勒的围困。第11集团军被部署在伊尔门湖畔，准备进行侧翼牵制。

作为苏军冬季大反击的一部分，1942年1月的第1个星期中，拉多加湖与伊尔门湖之间的苏军全线出击，但大多数都未能取得较大进展。梅列茨科夫部于当月13日在南线取得较大进展，突击第2集团军在德军第126与215步兵师的接合部撕开了一个突破口。在第4与第59集团军的支援下，突击第2集团军次日在沃尔霍夫河左岸建立了桥头堡，在纳粹国防军的防线上打下了一个楔子。苏军随即投入其远程打击部队——骑兵第13军，切断了诺夫哥罗德到丘多沃的公路与铁路线。在北面，靠近波戈斯特耶（Pogostye）的地方，第54集团军击退了德军第269步兵师并短暂地撕开了德军第18与第16集团军的接合部。但德军很快发动反击并夺回了阵地。到1月21日时，仅有突击第2集团军仍在取得进展，但距离列宁格勒仍有70英里之远。24日，红军的突击行动已经突破德军纵深25英里，但攻击发起线的宽度仅1.5英里。虽然苏军进行了若干尝试，但是他们始终无法突破德军在斯帕斯卡亚波利斯基的"刺猬"式防御，双方都向该地区投入了增援部队。

在2月的最后几天中，红军最高统帅部大本营要求突击第2集团军与第59集团军分别向柳班和丘多沃方向保持压力。但由于兵力、弹药和空中支援的匮乏，苏军无法按计划达成突破。3月，德军第18集团军在指挥官骑兵上将格奥尔格·林德曼（Georg Lindemann）的指挥下，开始在突击第2集团军突出部的南北两侧集结反击部队。3月15日，德军以北翼的第1军与南翼的第38军钳形夹击突出部的根部，4天后，党卫军"警察"师与国防军第58步兵师相向推进彻底封闭了包围圈，将突击第2集团军与第52集团军大部将近13万部队

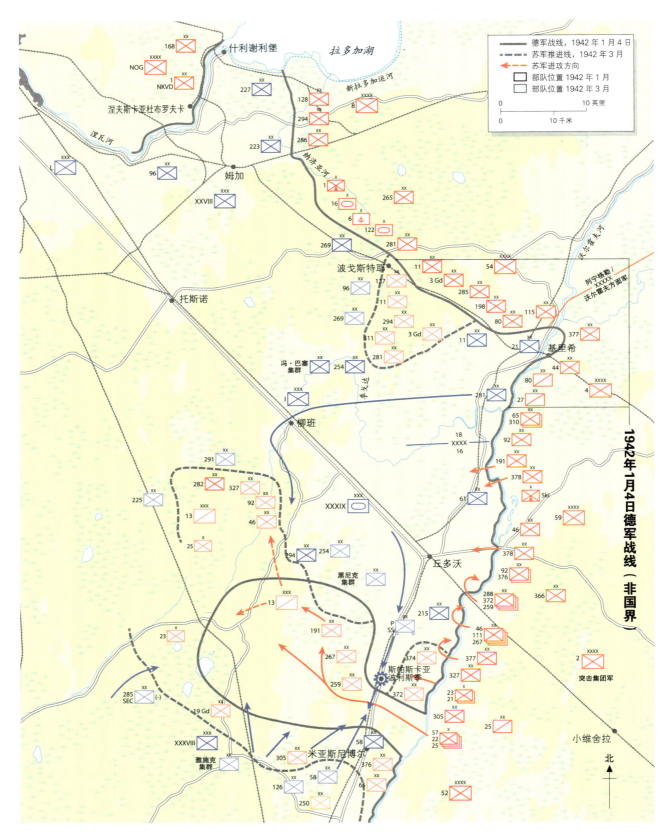

地图28　柳班战役，1941年12月5日—1942年6月29日

合围在寒冷的森林与沼泽里面。几天后波戈斯特耶附近的第54集团军在与先前相同的地方发起了对包围圈内友军的救援行动，并一度抵近至距离柳班仅5英里的位置。德军的包围圈并不严密，每天大约有1000名苏军官兵能冲出包围圈回到己方战线。随着4月春季融雪的开始，整片战场成为一片沼泽，苏军的情况更加雪上加霜。到该月底，斯大林决定解散沃尔霍夫方面军，将其部队划入规模更大的列宁格勒方面军的建制内。

尽管损失惨重，但直到5月底，德军第1军和第38军仍继续全方位地收紧着口袋。对于包围圈内两个苏军集团军的联合指挥员弗拉索夫（A. A. Vlasov）中将来说局面越来越糟，他在其后不久成为了苏联红军最为声名狼藉的投降者和叛徒。6月初，朱可夫决心以第52与第59集团军重新发起解围行动，同时命令突击第2集团军继续尝试突围。德军战线上暴露的大量狭窄通道让不少红军成功突围，同时在6月10日坦克第29旅成功在米亚斯尼博尔（Myasnoy Bor）短暂开辟一条走廊。苏军前后撤出10万部队，到6月的第3周，包围圈最终合拢，共计33000名苏军被俘。在柳班以东进行的长达6个月的战事是研究双方1942年上半年战术和战役表现的重要材料。

地图29

杰米扬斯克战役（I），1942年1月4日—16日

作为1942年1月苏军大反攻的一个部分，并为了策应柳班战役，苏军发起了杰米扬斯克战役，战役由西北方面军与加里宁方面军负责实施，旨在打击托罗佩茨（Toropets）方向的敌人。西北方面军在库罗奇金中将指挥下，下辖第11、第1、第34集团军以及突击第3集团军和突击第4集团军，但后来得到了加强。该方面军奉命逼退德军北方集团军群，并尽力协助列宁格勒方面军与沃尔霍夫方面军的作战行动，以求解除德军对以列宁为名的这座重要城市的围困并到达斯摩棱斯克。挡在他们面前的是德军第16与第9集团军，布施的第16集团军中位于南部的2个军：第10军和第2军占据着旧鲁萨和谢利格尔湖之间的瓦尔代高地西麓。德军第9集团军第23军和第6军坚守着从水库到勒热夫的区域，该集团军指挥官阿道夫·施特劳斯（Adolf Strauss）大将由于健康状况恶化，于1942年1月15日卸任，继任者是莫德尔装甲兵上将。

苏军西北方面军于1月6日发动其攻势，打击预计中德军防守薄弱的节点，苏军在行动中得益于已经封冻的湖面与河面而进展顺利。战线北端的第11集团军利用滑雪步兵营增强机动性，将德军第18步兵师（摩托化）赶向旧鲁萨（季赫温之战后，该师应该在该处休整），德军第290步兵师在波拉附近几近被合围，其他德军部队也被孤立在了伊尔门湖南岸的弗兹瓦德。库罗奇金随后投入了近卫步兵第1军和近卫步兵第2

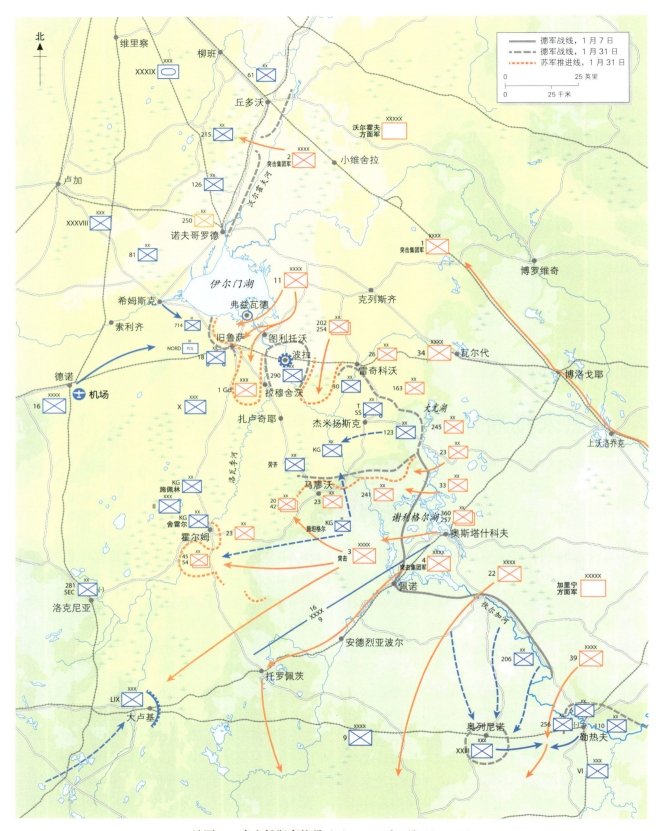

地图29　杰米扬斯克战役（Ⅰ），1942年1月4日—16日

军，准备让他们超越突击中的步兵部队，作为他计划中的包围圈的北部。与此同时，苏军第34集团军开始对德军第2军正面发起攻击，但未能取得明显进展，当面的德军第30、第12和第32步兵师以及党卫军"骷髅"师顶住了苏军的攻势。而在战线南部则呈现另一种状况，苏军第34集团军穿过已经封冻的谢利格尔湖，在莫尔沃季齐（Molvotitsy）附近开始朝德军第123步兵师后方推进。

在战役初期，一些苏军部队以每天30英里的速度高速穿插并绕过大量德军支撑点，这些以"战斗群"为单位的德军在被穿插包围后仍坚守了数周之久。在战役发起后48小时内，2个近卫步兵军就几乎冲破了德军第10军的防线，将其切为两段后突入了战线后方的空旷地带。随着苏军切断了旧鲁萨的道路，德军6个师大部，近10万人被穿插分割。根据库罗奇金的作战计划，此时近卫步兵第1军将向东南方向继续突破，以封闭内层包围圈，同时近卫步兵第2军将向西南发展建立外层包围圈。

战役第2阶段从1月9日开始，突击第3集团军和突击第4集团军越过谢利格尔湖，向霍尔姆方向突击。这2个集团军的目标是深入德军中央集团军群的侧翼。他们的大范围包抄彻底封死了德军第123步兵师的逃生之路，并让德军第235步兵师陷入困境，很是过了些苦日子。这2个德军步兵师要防御长达数十英里的战线，兵力被分摊得很薄弱。近10个步兵师和同样数量的步兵旅，开始威胁德军中央集团军群和北方集团军群的接合部，这一地带从德军发起"巴巴罗萨"行动开始便一直是德军的薄弱之处。1月12日，莱布命令第2军准备放弃他们已经被渗透得千疮百孔的阵地，但希特勒强硬地取消了这一命令。

到1月中旬，北段的第11集团军已经推进至德诺——重要的交通枢纽与第16集团军的指挥部所在地。在南面，2个突击集团军在霍尔姆方向呈扇形展开，切断了大卢基大卢基至托罗佩茨的道路，基本上威胁到德军两大集团军群的腹地（地图34）。但苏军这次成功的包抄再度因为侧翼缺乏掩护且后勤补给不足而放慢了速度，但在此之前德军的指挥架构又发生了一次大变动。希特勒和莱布之间的个人分歧在杰米扬斯克危机期间达到了顶峰，莱布是"巴巴罗萨"行动发起时几名集团军群指挥官中能力最弱的一个，他还反对希特勒旨在"饿死"列宁格勒以迫使全城军民屈服的围困计划。虽然在此之前希特勒拒绝了莱布辞职的请求，但是他在1月16日最终同意了这一要求。第18集团军的屈希勒尔接过了集团军群指挥官的职位，而第50军军长林德曼则从列宁格勒的包围圈上离去，接过第18集团军的指挥权。在1月的最后一个星期中，红军最高统帅部大本营调整了部署，突击第1集团军被交给了库罗奇金，并由他全权负责北部的进攻，突击第3集团军和突击第4集团军则转隶南部由科涅夫（I. S. Konev）上将指挥的加里宁方面军战斗序列。

地图30、31

杰米扬斯克战役（II），
1942年1月17日—4月21日

　　苏军在伊尔门湖以南对北方集团军群的进攻比在湖北部更成功，同时还严重威胁到了德军中央集团军群的侧翼。1942年1月，苏军西北方面军和加里宁方面军已经在德军第16集团军和第9集团军的阵地之间撕开一个巨大的突破口，并从三面合围了旧鲁萨，同时包围了霍尔姆，兵锋进抵大卢基和勒热夫。突击第3集团军和突击第4集团军分别在普尔卡耶夫（M. A. Purkaev）中将和叶廖缅科（A. I. Eremenko）上将的指挥下，已经突入德军防线纵深近100英里。在苏军进行包围穿插的同时，德军第2军6个师的兵力顽强地固守着自己的阵地，现在成为一个三面受敌的危险突出部。到当月月底，红军各部队逐渐筋疲力尽，因为德军各师的余部、各团、以指挥官名字命名的战斗群和拼凑起来的二线守备师坚守在分散的位于道路交会处的城镇之中。

地图30

　　2月初，步兵上将瓦尔特·冯·布罗克多夫–阿勒费尔特（Walter von Brockdorff-Ahlefeldt）指挥下的德军第2军正处于被苏军完全包围的危险之中[①]。苏军第34集团军近卫步兵第1军和突击第3集团军的克谢诺丰托夫战役集群于2月8日在扎卢奇耶（Zaluch'ye）会

---

① 布罗克多夫–阿勒费尔特本人长期从事反希特勒的活动。

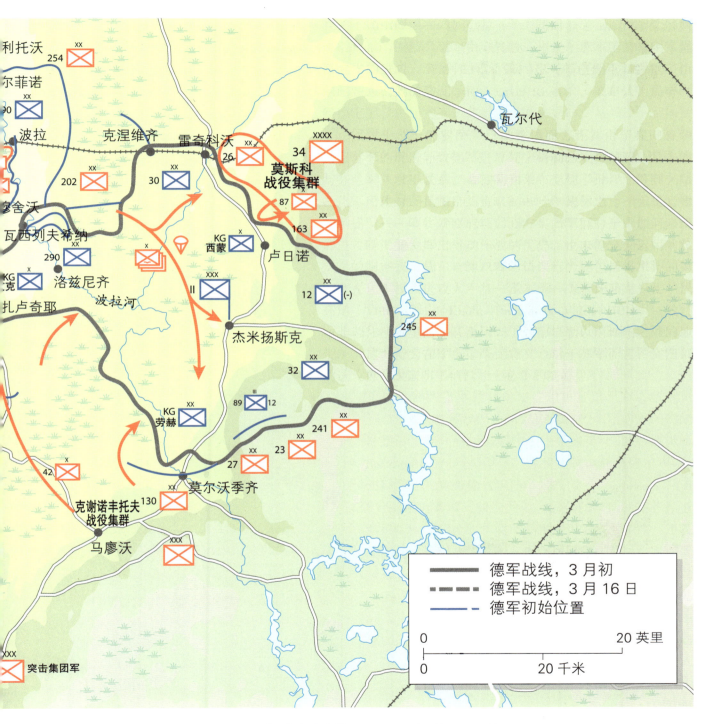

▬▬▬▬	德军战线，3月初
▬ ▬ ▬ ▬	德军战线，3月16日
▬▬ ▬	德军初始位置

0   20 英里

0   20 千米

地图30　杰米扬斯克战役（Ⅱ），1942年1月17日—3月16日

师，彻底达成了穿插包围任务。最终完成的包围圈面积大约20英里乘40英里（防线周长约190英里），包围了9万至10万德军和约2万匹马。希特勒把这个包围圈称为"要塞"，暗示它绝不会投降。至2月12日，德国空军已经从爱沙尼亚和拉脱维亚边界附近的普斯科夫和奥斯特罗夫基地组织了一次空运。布罗克多夫–阿勒费尔特估计他的部队至少需要每日200吨的补给（相当于100架次）。但起初空运的进度却非常缓慢，每日的空投量仅80—90吨，不过空投量随后很快增长并达到日均273吨。运输机同时撤离了22000名伤员并运进了15000名增援部队。尽管有些时候参加空运的飞机损失了相当于飞行架次的40%，但希特勒仍然要求这条空中桥梁始终保持运作。

2月15日和25日，苏军将旅级的空降兵部队空投进包围圈制造声东击西的假象并迷惑被围德军；但这些空降兵部队并未能达成预期目的且遭受惨重损失。与此同时德军第10军已经在旧鲁萨以南重新构筑阵地，在那里它可以尝试通过红军占领的25英里纵深的冰冻沼泽进行救援攻击。随后第10军的2个轻型步兵师和2个步兵师（由中将瓦尔特·冯·赛德利茨–库尔茨巴赫指挥）发起"架桥"行动（Operation Brückenschlag），向杰米扬斯克发起进攻。当他们抵达洛瓦季河河畔的拉穆舍沃的时候，距离包围圈仅8英里，被围德军以伊尔根战斗群〔一个由第32步兵师副师长马克斯·伊尔根（Max Ilgen）上校率领的团级战斗群〕为先头部队，会同措恩军级集群〔由原第20步兵师（摩托化）师长汉斯·措恩（Hans Zorn）中将指挥〕的一部发起了"舷梯"行动（Operation Fallreep）。也许对于苏德双方的官兵来说，最大的敌人是即将到来的雨季和泥泞季节。

地图31

在第1航空队所能出动的所有攻击机的空中支援

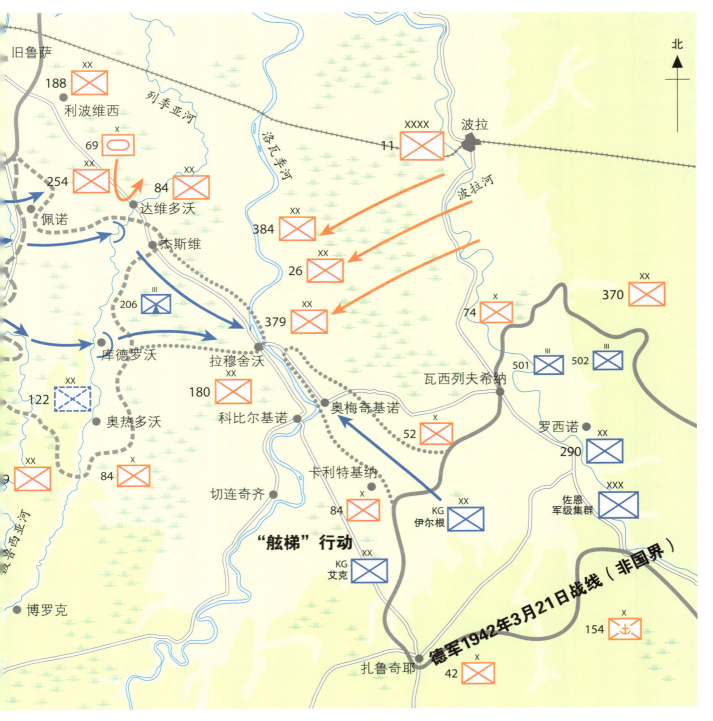

地图31 杰米扬斯克战役（Ⅱ），1942年3月21日—4月20日

下，第10军终于在3月21日开始推进。4天后该军部队距洛瓦季河只有一半路程，但此时地面彻底变成充满积水的泥淖沼泽。在付出1万人的伤亡和三个多星期的时间后，直到4月14日他们仍然没能抵达拉穆舍沃，措恩等不及慢吞吞的友军，开始独自突围，但此时的路面情况更为糟糕。在党卫军"骷髅"师的反坦克营的支援下，4月20日，布罗克多夫–阿勒费尔特的部队终于抵达洛瓦季河，但没有渡河。次日，伊尔根战斗群抵达拉穆舍沃，加入了布罗克多夫–阿勒费尔特的战斗序列。杰米扬斯克地域的德军最终打破了包围圈，但此时的杰米扬斯克仍然充满了危险，它纵深近50英里，最宽达35英里。虽然对于希特勒的士兵们而言此处无疑是一个死亡陷阱，但希特勒执意要守住这一突出部以备日后可能作为进攻的跳板。无须多言，在此后苏德战争的战事中，这一突出部从未充当过那样的角色。

地图32

莫斯科会战，苏军冬季大反攻（I），
1941年12月5日—15日

　　1941年11月下旬，德国人想在莫斯科进行大阅兵的妄想已经彻底化为泡影。不管是希特勒、博克、哈尔德，还是斯大林、朱可夫与苏军最高统帅部大本营，甚至是双方的中下层指挥员和参谋人员，都已经得出了这个结论。德军中央集团军群在伸手触及克林姆林宫顶的红星前就已经精疲力竭，而红军最高统帅部大本营则秘密集结了一支足以让德军瞠目结舌的反击部队。双方部队的具体规模虽然难以统计，但沿着莫斯科城下600英里长的战线，博克可能在整体上仍然有一定优势，尤其是在装甲部队方面。但朱可夫集结了手上可用的部队在关键地域进行突破，这是德军几个月中牢牢占据的进攻方天然优势，现在轮到了苏军。不仅如此，由于可以将来自"东方"（西伯利亚）的各集团军中的那些师按照需要随意调动，这些拥有冬季装备的生力军中有不少部队被直接送到了莫斯科地区参加反攻[1]。

　　德军继续用第3和第4装甲装甲集群从西北向莫斯科地域的苏军防线施压，朱可夫将他的主力部队部署到了这个方向。12月5日，加里宁方面军和西方方面军的主力部队，突击第1集团军、第20、第29、第30和第31集团军以加里宁和克林为目标，猛攻德军第41和第56摩托化军的防线。在另一个方向上，第10集团军

---

① 这里的"东方"指的是德军未能估计到的，包括从西伯利亚与俄罗斯欧洲部分东部（如乌拉尔地区），以及中亚诸加盟共和国赶赴而来的苏军部队。

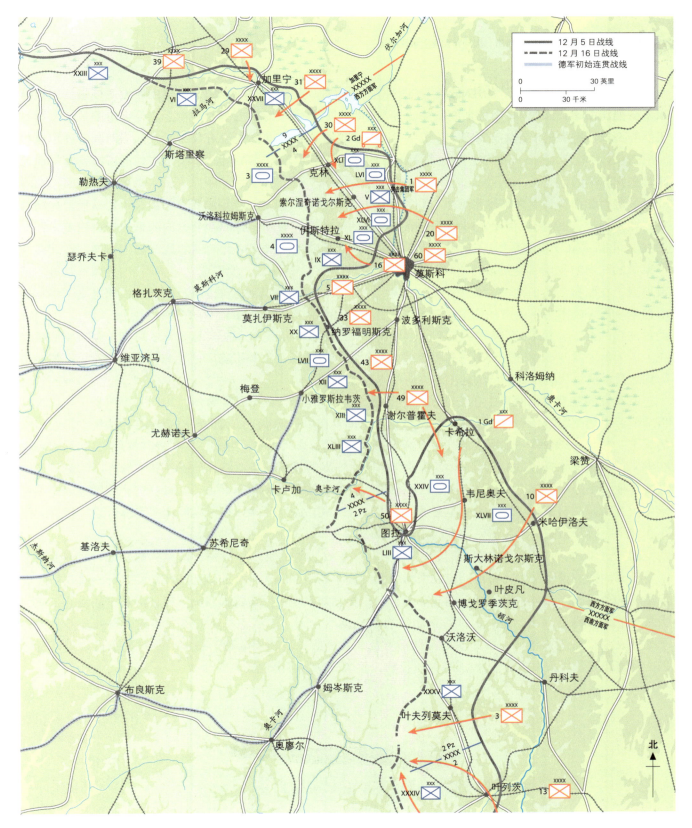

地图32　莫斯科会战，苏军冬季大反攻（I），1941年12月5日—15日

与第50集团军（均为西方方面军部队）于同日在莫斯科以南开始向德军第2装甲集团军发起反击。随后铁木辛哥的西南方面军第3与第13集团军从叶皮凡到叶列茨的地域发动反击，并在之后一度包围了德军第35军的3个师。德国国防军惯用的反击手段——装甲部队反冲击，此刻却没有什么效果。当西南方面军在12月6日加入攻击后，整个600英里长的战役地幅上，包括德军第2、第4、第9集团军在内的所有德军一线部队都遭到苏军的猛攻。

朱可夫此前认为克林是德军第3与第4装甲集群的集结地，但此时莱因哈特手下的装甲部队已经先行跑路。12月7日，苏军第16集团军对两个装甲集群的防线构成了威胁，并向西北方向的索尔涅奇诺戈尔斯克（Solnechnogorsk）发起攻击，切入赫普纳的右翼。此刻莫斯科战区南北两端的战况都不明朗，在北段，苏军第29与第31集团军继续攻击占领加里宁的德军第27军。至16日，他们成功将德军第9集团军从这座城市逼退。在图拉周边的地域，此前不可一世的德军此刻沦为了苏军的猎物。12月8日，古德里安不得不要求盖尔·冯·施韦彭堡的摩托化军撤退，以从苏军第10集团军与第50集团军的合围中脱身。同日，别洛夫经过加强的近卫骑兵第1军解放了卡希拉，并在数日后克复韦尼奥夫和斯大林诺戈尔斯克（今新莫斯科斯克）。为保证战斗顺利进行，朱可夫将第49集团军投入战斗压制古德里安。两个非常虚弱的对手又战斗了一周之后，前线从图拉到沃洛沃的正南方向基本稳定下来。

但双方的注意力仍然集中在克林附近的关键地区，突击第1集团军，第16、20、30集团军正猛攻被打得节节后退的莱因哈特和赫普纳所部。两个德军指挥官在尽可能维持防御的同时仍然在设法组织师级规模的反击。12月9日德军第3装甲集群几乎被突击第1集团军和第30集团军合围，情况极其危险。1天后朱可夫在索尔涅奇诺戈尔斯克的3个集团军切断了克林通往外界的最后一条道路，让据守其中的德军沦为了瓮中之鳖。他派出多瓦托尔（L. M. Dovator）少将的近卫骑兵第2军深入德军后方，阻截任何企图撤退的德军；朱可夫在12月13日完成了他的克林包围圈，但同日希特勒最终允许第3装甲集群从"克林口袋"撤退，德军在24小时后开始突围，苏军突击第1集团军与第30集团军于14日解放了克林城。

到12月中旬，12月反攻的第1阶段逐渐接近尾声，在10天的反击作战中，斯大林和朱可夫基本上利用了莫斯科周围的现有兵力，将莫斯科北面与南面的德军装甲部队对首都的威胁彻底清除，分别将它们向后逼退了30英里和50英里。对于纳粹国防军而言，这场突如其来的反击犹如当头一棒，但德军战线并未遭到大规模、大纵深的突破分割，其大部队也没有遭到彻底合围。虽然苏军在德军战线的南端撕开若干大口子，但在莫斯科周边地区，由于双方部队部署都非常密集，战线逐渐趋于稳定。不过这个稳定只是暂时的，随着13日朱可夫发布命令发动第2阶段反攻，整个战局又将出现极大变动。

地图33

莫斯科会战，苏军冬季大反攻（Ⅱ），
1941年12月20日—31日

　　12月中旬，苏军的高级指挥员们有很充分的理由为他们前10日的反攻行动感到满意。"巴巴罗萨"行动最终一头撞到铁板上，苏军不仅解除了首都莫斯科所面临的直接威胁，而且红军还达成了朱可夫制定的大多数战役目标。朱可夫本人对于下一阶段反攻的战役决心，是将德军中央集团军群击退到其发起"台风"行动之前的位置，即必须向西击退敌军平均100英里。为达成战役决心，他除继续使用原本在12月上旬攻势中出动的部队外，还要动用在远方侧翼以及防御莫斯科中心轴线上的德军第4集团军的部队。不过此时的德国人只有表面上的一些理由相信局势已经得到控制。不仅是因为前线战况进入相对稳定的阶段，而且因为此时希特勒，这位第一次世界大战中获得过勋章的前线老兵，接过了东线德军的直接指挥权。德国人民和士兵对希特勒的爱戴及盲目信仰是第三帝国极其突出而又令人困惑的方面之一。

　　莫斯科西北由伏尔加河、拉马河与鲁扎河组成的密集水系，似乎为博克的部队提供了比较有利的防御地形，但莫斯科南部的德军战线却被苏军冲得支离破碎。在战线上的许多地方，德军各部之间的联络已经不复存在，由于苏军没有及时发现，结果给人一种看似平静的感觉。虽然反击作战发起日期的推延让朱可夫非常不满，但12月20至22日，苏军还是开始在莫斯科周边多个地区发起进攻①。苏军猛烈进攻德军第2装甲集团军与第3装甲集群，尽管12月中旬战事一度平静，但古德里安并没有兵力去填补这两支部队之间的缺口。朱可夫的攻势从图拉地区向北扩展，第5、第33、第43和第49集团军的进攻得到了近卫骑兵第1军的支援，该军加强了兵力和机动能力。朱可夫很想拿下位于斯摩棱斯克—莫斯科轴线南缘的卡卢加，围绕着这座城市的激烈战斗一直持续到年底。德军第4集团军的新任指挥官，山地步兵上将路德维希·屈布勒（Ludwig Kübler）在苏军第33与43集团军的攻势面前并未显出招架之功（但两支部队的进展并没能让朱可夫满意），很快被希特勒解职。不过颇受希特勒青睐的古德里安也对恢复元气的布良斯克方面军发起的凌厉攻势无计可施，该方面军的进攻严重威胁到德军位于奥廖尔和库尔斯克（地图外的南侧）的重要后勤基地。而已经遭受重创的纳粹国防军部队表现出顽强的毅力，在面对几十英里宽的缺口时，各师要负责的防线正面宽度是理论要求的许多倍。

　　目前，莫斯科西面与西北面的局势要稳定得多。尽管战线随时可能崩溃并伴随着严重的人员与技术装

---

① 12月的第3周纳粹国防军的高层人事结构发生了重大变动，从伦德施泰特开始，大批将领遭到解职，布劳希奇与博克先后步其后尘。

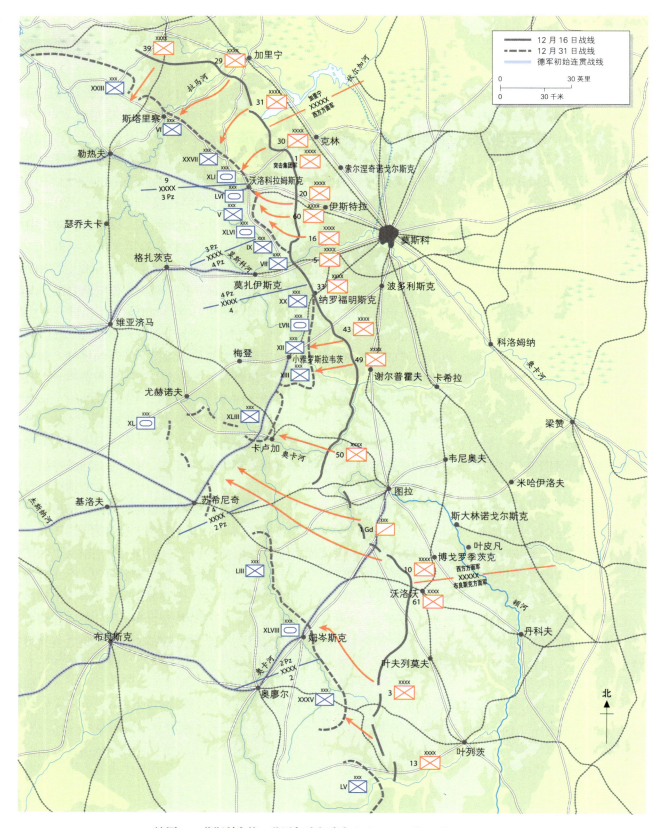

备损失，但德军第3、第4装甲集群与第9集团军仍缓慢撤退，并竭力将苏军加里宁方面军与西方方面军的攻势阻挡在自己前面。朱可夫觉察到此时已经到了投入生力军扩大战果的时机，随即命令已经在沃洛科拉姆斯克附近待命的第16与第20集团军在1周内拿下格扎茨克。与此同时，科涅夫已经瞄准了勒热夫，他调集第22、第39集团军与第29、第30和第31集团军一起发动进攻。施特劳斯尽管反复抱怨他的第9集团军很难守住这片森林茂密的区域，但到1941年结束前，科涅夫在斯塔里察以西的区域都没有取得什么进展。德国人侥幸在北部战线上进行了较为成功的防御。

不过南面的德军就没有那么好的运气，从德军的视角来看莫扎伊斯克与奥廖尔之间的战局都在急剧恶化。古德里安和施密特都报告称他们的战线上被撕开巨大缺口，苏军的军师一级部队正沿缺口不断深入突破。苏军第10与第50集团军的攻势异常凶猛，将从布良斯克向北的铁路线切为数段并顺着苏希尼奇与卡卢加之间的德军未设防地域深入，而该地域直接通向斯摩棱斯克。人们很难搞清克卢格与古德里安之间的性格差异到底有多大；两人从"巴巴罗萨"发起之初便产生嫌隙，随着"台风"行动与眼前的危机，两人的冲突越来越大。圣诞节当日怒火中烧的克卢格向希特勒汇报古德里安的抗命行为，这导致古德里安次日被解职。1月，第2集团军指挥官接过第2装甲集团军的指挥权，同时将其更名为"施密特"集团军级集群[①]。1941年的最后一天，希特勒下令禁止任何形式的撤退，甚至不许退到柯尼斯堡防线（地图34）以西，而朱可夫则计划在新的一年中继续将德军中央集团军群劈成两半。

地图34

莫斯科会战，苏军冬季大反攻（Ⅲ），
1942年1月4日—15日

在从奥斯塔什科夫到库尔斯克的宽大的莫斯科战役地幅上，1942年的元旦除了希特勒反复叫嚣的绝不后退命令外，唯一值得一提的就是比12月还要严酷的寒冷天气。如果说纳粹国防军高层在去年12月尚未明确朱可夫打算直接合围中央集团军群的野心，新的一年中他们终于确认了苏军的意图。厄尔·齐姆克（Earl Ziemke）把德军即将面临的灾难与他们4个月前在基辅造成的灾难进行了比较[②]。就如同几周前那

---

① 集团军级集群（Armeegruppe），是一个临时性的编制，受上级集团军群（Heeresgruppe）节制。
② 厄尔·齐姆克：《从莫斯科到斯大林格勒》，第125页。

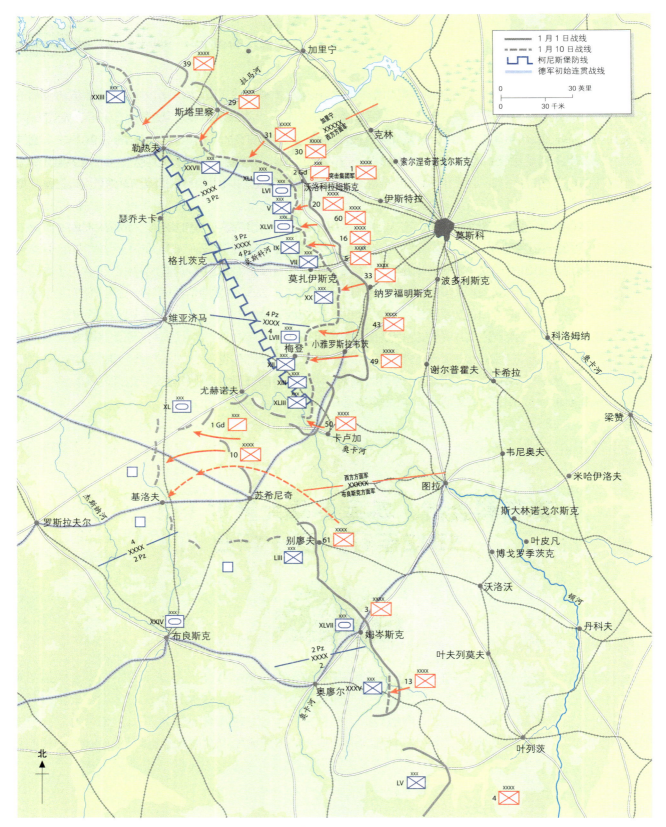

地图34　莫斯科会战，苏军冬季大反攻（Ⅲ），1942年1月4日—15日

样，苏军的新年攻势仍是以两翼的部队首先发难。

1月4日，科涅夫的加里宁方面军由于无法从斯塔里察方向拿下勒热夫，于是试图从南面和西面迂回夺取该城。与此同时他新接手的突击第3集团军和突击第4集团军（合计拥有8个步兵师又3个步兵旅，另有坦克和"喀秋莎"火箭炮的加强）从奥斯塔什科夫方向投入战斗，直插德军的另一个重要后勤基地托罗佩茨（在地图外的西北方向）。在几天时间内第29与第39集团军便突破了德军第9集团军的防线，苏军骑兵第9军则接近了通往维亚济马河道路上的瑟乔夫卡。在战线南段，布良斯克方面军在距离奥廖尔与库尔斯克这两个重要铁路枢纽20—25英里的地带失去了进攻势头。[1]德军第2装甲集团军的南翼仍坚守在别廖夫一线，第4集团军北翼的卡卢加也岿然不动。但这两座城市之间被苏军撕开了一个宽达50英里，直通斯摩棱斯克的巨大缺口，直接通往集团军群的侧后。到1月中旬，加里宁方面军与布良斯克方面军的两个钳形夹击的突击矛头之间的距离已经不到100英里。中央集团军群的首要任务是封锁伸向维亚济马、罗斯拉夫尔和布良斯克的突出部，而德军部署的阻击部队只是现在德国国防军的缩影，这点兵力可谓杯水车薪：以苏希尼奇附近的第24摩托化军为例，该部早就名不副实，能用的只有几个营而且坦克部队已经全部瘫痪。苏军在克卢格的侧翼部队周围进行机动，迂回包抄力图形成一个包围圈，他们打算在口袋完成后一步步碾碎被困在包围圈中央的德军第4集团军、第3与第4装甲集团军（1942年1月德军第3和第4装甲集群分别改编为装甲集团军）以及第9集团军一部。苏军步兵在炮兵的猛烈炮击掩护下对德军发起攻击，而德军一般选择以村镇作为据点固守，以便在苏军的火力与严冬的寒冷中获得些许庇护。而东线德军在此时又再损一将，希特勒不仅以擅自撤退为由解除了第4装甲集团军指挥官埃里希·赫普纳的职务，还同时宣称其"有辱第三帝国军人的荣誉[2]"。在靠近与第4装甲集团军分界线的地方，德军第4集团军的战线一直前出至小雅罗斯拉韦茨，位于巨大的红军突出部以东50多英里。第50集团军的突破不仅威胁着库伯勒的主要后勤补给线，同时还把他在尤赫诺夫的指挥部甩到了身后。尽管赫普纳同元首翻脸的下场对于德军高级军官仍然历历在目，但前线危急的形势让克卢格不得不在电话中同希特勒据理力争，撤回已经成为斯大林案板上待宰羔羊的第4集团军和第4装甲集团军。1月7日至8日，朱可夫命令突击第1集团军，第20、第16、第5、第33、第43、第49和第50集团军（以顺时针方向排序）消灭格扎茨克至莫扎伊斯克一线之敌，受形势所迫，希特勒不得不收回死守的命令并允许前线部队从岌岌可危的战线上象征性地后撤10英里。

在德军忙于堵上之前的漏洞之时，苏军的新一轮攻势从1月7日到10日陆续开始。苏德两军在寒冬中持续地在沃洛科拉姆斯克，莫扎伊斯克、卡卢加和尤赫诺夫等听起来很熟悉的地方展开了残酷战斗。为了消灭德军第9集团军和第3装甲集群，朱可夫在3个集团军之间不断调整主攻方向，这种战术德军在"闪击战"期间屡试不爽，但此时他们却沦为了被动挨打的对象。在莫斯科战场的南侧，斯大林又将第61集团军调拨给朱可夫，要求这支部队向基洛夫发起攻击，苏军随后于11日解放了这座城市，第61集团军的行动同

---

[1] 施密特于12月26日不再担任第2集团军指挥官，并接替古德里安担任第2装甲集团军指挥官。由于第2集团军随后于1月15日转隶德军南方集团军群，所以该部此后并没有参加莫斯科会战。

[2] 在被强制退役后，赫普纳定居柏林，并参加了密谋刺杀希特勒的行动，这便是1944年7月20日对希特勒的炸弹刺杀。刺杀失败后，他于8月8日被纳粹法庭宣判死刑并在几天后被处以绞刑。

时还掩护了西方方面军与布良斯克方面军的接合部。苏军近卫骑兵第2军和近卫骑兵第1军分别从北侧和南侧发起穿插，从德军战线中的多个缺口渗透，在克卢格的后方地区制造混乱。第43集团军通过小雅罗斯拉韦茨攻击驻守梅登的德军第4集团军，并于14日解放该城。这场战斗终于让希特勒相信有必要允许部队撤退到"柯尼斯堡"防线。在撤退后，克卢格已经千疮百孔的战线将被缩短，从而有机会填补被苏军打出的众多缺口，例如小雅罗斯拉韦茨以北的第4集团军与第4装甲集团军接合部上被撕破的口子，还能腾出一些师级部队发动局部反击。出于对他的将军们的不信任，希特勒决定自己亲自指挥德军回撤至"柯尼斯堡"防线的行动。

地图35

莫斯科会战，苏军冬季大反攻（Ⅳ），1942年1月18日—4月30日

在克卢格苦口婆心地劝说下属各部指挥官和士兵，将部队后撤至"柯尼斯堡"防线是更为明智的选择的时候，斯大林则在策划着进一步扩大冬季反攻的规模。正如中央政治局与最高统帅部大本营批准的那样，这场规模空前的"全线"反击将覆盖从列宁格勒到罗斯托夫的广大地域，但反攻的主要方向还是在莫斯科地域。朱可夫曾劝说斯大林将反攻集中于莫斯科周边，因为在莫斯科地域他已经为法西斯军队套上了绞索，只差一脚踢翻凳子，但斯大林对此置若罔闻。

在主要战场，莫斯科地域的中线，克卢格在1月18日准备了一场向"柯尼斯堡"防线的撤退行动，在接下来的一周间分步实施。在部队撤离到防线后，北段位于勒热夫与格扎茨克之间的突出部仍坚守了数月之久，但南线的情况却并没有如此顺利。苏军第5集团军在莫扎伊斯克附近稳步推进，苏军其他部队则在维亚济马以东的浓密森林中悄然行军；双方在尤赫诺夫进行拉锯战，城市多次易手[①]。

---

① 尤赫诺夫的拉锯战让希特勒彻底对库伯勒感到失望，随后希特勒将第4集团军指挥官更换为步兵上将戈特哈特·海因里希。

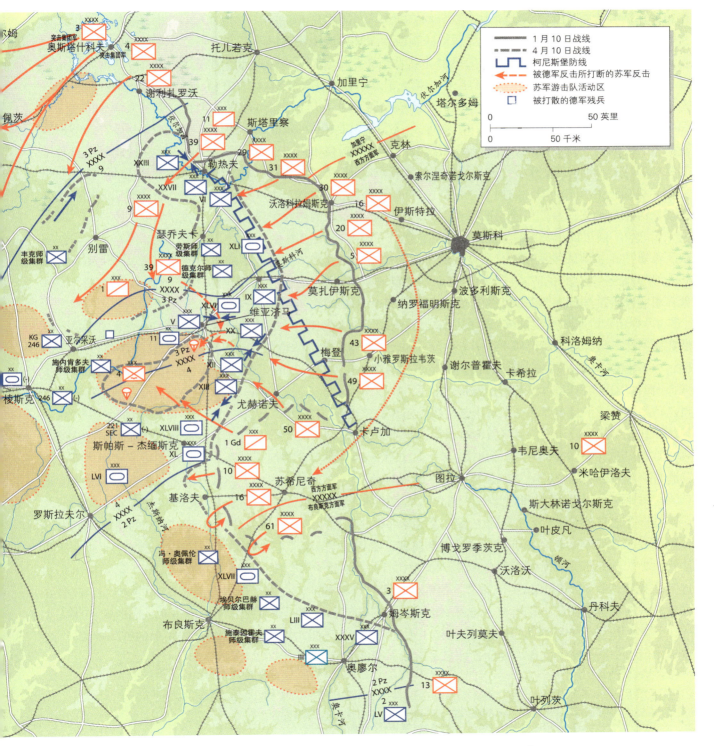

	1月10日战线
	4月10日战线
	柯尼斯堡防线
	被德军反击所打断的苏军反击
	苏军游击队活动区
	被打散的德军残兵

0 ——————— 50 英里
0 ——————— 50 千米

奥斯塔什科夫
突击集团军
奥斯塔什科夫 突击集团军
托儿若克
加里宁
塔尔多姆
佩茨
谢利扎罗沃
斯塔里察
克林
克林
索尔涅奇戈尔斯克
3 Pz XXXX 9
勒热夫
XXIII
XXVII
加里宁 XXXXX 西方方面军
VI
沃洛科拉姆斯克
伊斯特拉
莫斯科
别雷
瑟乔夫卡
劳斯师级集群
德克尔师级集群
XLI
丰克师级集群
莫斯科河
波多利斯克
XXXX 3 Pz
莫扎伊斯克
纳罗福明斯克
科洛姆纳
亚尔采沃
XLVI
IX
维亚济马
XX
KG 246
施内肯多夫师级集群
V
3 Pz
XII
XIII
梅登
小雅罗斯拉韦茨
谢尔普霍夫
卡希拉
棱斯克 246
尤赫诺夫
梁赞
221 SEC
XLVIII
1 Gd
50
卡卢加
韦尼奥夫
米哈伊洛夫
斯帕斯－杰缅斯克
XL
LVI
10
苏希尼奇
图拉
斯大林诺戈尔斯克
基洛夫
16
西方方面军 XXXXX 布良斯克方面军
罗斯拉夫尔
XXXX 2 Pz
61
叶皮凡
冯·奥佩伦 师级集群
XLVII
博戈罗季茨克
沃洛沃
埃贝尔巴赫 师级集群
3
姆岑斯克
丹科夫
布良斯克
施泰因霍夫 师级集群
LIII
叶夫列莫夫
XXXV
XXX
奥廖尔
2 Pz XXXX 2
13
叶列茨
LV

地图35 莫斯科会战，苏军冬季大反攻（Ⅳ），1942年1月18日—4月30日

在北线，斯大林将突击第1集团军从科涅夫的方面军调至沃尔霍夫方面军，因而在反攻开始后不久科涅夫便开始碰壁。西方方面军右翼也因为第16集团军被斯大林从沃洛科拉姆斯克方向调至苏希尼奇而进攻受挫，斯大林希望通过扩展位于战线南翼的突出部以寻求取得决定性战果的机会。但在苏希尼奇方向德军却站稳脚跟并发起了反攻，虽然反击规模有限但却将大量苏军迟滞在某些地域，在其他地域则完全击退了苏军。

由于斯大林重新将莫斯科方面作战的指挥权拿回手中，出于对最高统帅的担心，朱可夫命令将空降兵第4军的一个空降旅（空降兵第4旅）投放至奥泽雷奇尼亚（Ozerechnya）附近地域，并命令后方的游击队对德军后方地域进行大范围破袭。在以上部队的协同下，第33集团军，骑兵第1军和骑兵第11军①以及其他部队从2月初开始将维亚济马变成了战事的关键地域。不过，莫斯科周围的红军的反攻行动已经进入第3个月，参战部队由于不断增加的损失与过度延伸的补给线已经进攻乏力。与此同时德军却逐渐从最初的损失与震撼中恢复过来；海因里希由此开始了作为一名防御专家的职业生涯，并在这场战争中大放异彩，同时德军第4装甲集团军的新指挥官，步兵上将里夏德·劳夫（Richard Ruoff），也开始向维亚济马方向集结部队。苏军的先头部队原本以为只是在围剿溃败的德军，却发现自己遇上了战斗力很强的德军师级和军级部队，甚至还有一些装甲部队。在勒热夫周围，莫德尔设法在进行反击的同时巩固了他的第9集团军②的阵地，更有甚者，他利用苏军的大意，直接合围了苏军第29集团军的一部分部队。

2月中旬，红军最高统帅部大本营向朱可夫施加了更大的压力，要求他尽快消灭德军中央集团军群，虽然数周前这一目标对其而言似乎还很有把握。前线的其他苏军部队也在尽他们的一份力量；以西北方面军为例，该方面军新的一轮从奥斯塔什科夫向霍尔姆与维捷布斯克发起的突击，直接将德军第3装甲集团军的指挥部向西打退了数百英里，直到2月1日才停下，以收拾因快速退却而变得一团糟的状况。双方的指挥官都将自己的主力投入了最重要的莫斯科中部战线（克卢格：7万；朱可夫：6万）。苏军空降兵第4军余部于2月17日试图在尤赫诺夫以西进行另一次突击，但这次空降由于运输机数量不足，部队在着陆区散布过稀以及德军第5军对苏军空降兵的快速反击而以失败告终。斯大林希望加里宁方面军与西方方面军能按照预想在维亚济马附近合围德军第9集团军、第4装甲集团军以及第4集团军，但这一预想现在基本落空。随着苏军的失败和德军在维亚济马打了胜仗，标志着克卢格仍然牢牢控制着至关重要的斯摩棱斯克—莫斯科交通线。

海因里希于3月初放弃尤赫诺夫并向后退至乌格拉河西岸。这一举措大大有利于德军的防守，但朱可夫仍然一门心思希望彻底冲垮克卢格的中部防线。朱可夫的部队同样要艰难应对春季的泥泞，他命令部队从勒热夫、维亚济马到基洛夫的全线发动进攻。不过对于此时被包围的维亚济马战役集群（第33集团军、近卫骑兵第1军、空降兵第4军）而言，他们的任务从打败德国人变成了拯救自己。在4月上半月，该集群在所有方向上都进行了突围尝试，但鲜有成功。许多苏军部队进入森林加入当地游击队，因此这些部队从战斗力上并未全数折损。在4月底，战线终于趋于稳定：尽管此时莫斯科地域的战线正面的直线长度仅350英里，但由于战线复杂交错，实际长度足足有图上长度的近3倍。

---

① 2个骑兵军分别隶属于西方方面军与加里宁方面军，骑兵第11军从勒热夫附近借道赶至南翼。
② 装甲兵上将瓦尔特·莫德尔于1月15日替换了施特劳斯，成为第9集团军指挥官。

地图36

刻赤半岛，1941年12月26日—1942年4月9日

　　1941年11月中旬，曼施泰因的德军第11集团军已经席卷了整个克里米亚，仅剩下要塞化的港口塞瓦斯托波尔仍在苏军手中。几周后，斯大林决心乘苏军冬季反攻之势夺回克里米亚。12月7日，最高统帅部大本营命令苏军外高加索方面军准备进行两栖登陆，跨过2—6英里宽的刻赤海峡登陆克里米亚。方面军司令员科兹洛夫（D. T. Kozlov）中将将指挥登陆部队第44与第51集团军，而黑海舰队司令员，海军中将奥克佳布里斯基（F. S. Oktyabrsky）则具体负责登陆行动。苏军指挥员及其参谋人员有2个星期的时间来规划旨在威胁围困塞瓦斯托波尔的德军第11集团军的登陆行动，登陆成功后，上岸苏军还将寻机合围并歼灭在克里米亚半岛上的轴心国军队。

　　12月26日，在被逐出刻赤半岛（地图22）1个半月后，第51集团军再度登上了半岛。在利沃夫（V. H. Lvov）中将而非失宠的库兹涅佐夫的指挥下，亚速海区舰队冒着恶劣的海况将13000名该集团军士兵送上了半岛东端（步兵第302师）与东北（步兵第224师）的两个登陆场。趁着夜幕苏军肃清了除埃利季根之外的所有滩头。尽管苏军的登陆部队在兵力上并不占优，但苏军很快让当面的德军第46步兵师的防御发生动摇。2天后，该步兵师的上级，德军第17军军部命令罗马尼亚军第8骑兵旅前去攻击登陆苏军，同时命令罗马尼亚第4骑兵旅赶赴该地区。12月29日，苏军第44集团军在佩尔武申（A. N. Pervushin）少将的指挥下于半岛南部的费奥多西亚与其他地域又进行了一次登陆，合计共26000人上岸。苏军的登陆威胁到刻赤半岛与克里米亚半岛其他部分之间联系的地峡。曼施泰因因此命令德军第170步兵师与另外2个罗马尼亚旅向东展开增援行动。根据亦真亦假的情报，同日，德军第17军军长，陆军中将汉斯·冯·施波内克出于担心失去与部队的联络，命令第46步兵师后撤60英里至帕尔帕奇。苏军第51集团军的20000名官兵中的大部分此时都已经登上刻赤半岛并开始进行追击。曼施泰因对于施波内克的过度紧张感到质疑，他试图撤销施波内克的撤退命令，但没有成功，他随后解除了施波内克的军长职务，由步兵上将弗朗茨·马滕克洛特担任该军军长（马滕克洛特当时为围攻塞瓦斯托波尔的第30军军长）[①]。第46步兵师在1941年的最后几天里，以一系列强行军向西撤退（该师放弃了大部分重装备），而德军的撤退导致了罗马尼亚仆从军的连锁反应，罗马尼亚军的战线几乎立刻崩溃，后撤行动混乱且没有丝毫秩序。

　　此时从费奥多西亚上岸的苏军第44集团军部队规模已经达到2万人，德军的防御主要围绕旧克里木展

---

① 曼施泰因以未经授权便命令部队撤退为由将施波内克送上军事法庭（由赫尔曼·戈林主持审判）。施波内克于1944年7月23日被党卫队处决。

亚 速 海

黑 海

北

地图36   刻赤半岛，1941年12月26日—1942年4月9日

开。双方似乎都对在费奥多西亚—弗拉季斯拉沃夫卡一线进行对峙感到满意；冬季的恶劣天气与补给不畅困扰着苏德双方，但由于能够从克里米亚半岛上的广大内陆获取供给，曼施泰因的条件仍好于科兹洛夫（他的部队现在更名为克里米亚方面军）。1月的第1周，曼施泰因从相对平静的塞瓦斯托波尔围城前线将第132步兵师抽调下来，等待着天气转好并发动反攻（地图中并未标注）。在1月的第2周，他又额外抽调了德军第170步兵师与更多的罗马尼亚仆从军加强第46步兵师的防线，现在被南方集团军群指挥官赖歇瑙宣布丧失了荣誉。15日，马滕克洛特向苏军薄弱的防线发起进攻，苏军2个集团军在抵抗3天后被击退至帕尔帕奇地峡以东，进入了去年秋天准备好的阵地。这个冬季，德军第11集团军的攻势就此止步，科兹洛夫的援军从封冻的刻赤海峡直接进入克里米亚半岛，奥克佳布里斯基则计划在2月中旬对德军费奥多西亚防线发动一次两栖登陆和陆路联合攻击。苏军于2月底发动了进攻，但曼施泰因同样获得了增援，狭窄的地峡两侧屯集着双方合计近20个师的兵力。至3月初，科兹洛夫已经在帕尔帕奇与刻赤之间部署了近30万部队。该月中旬苏军以8个步兵师加2个坦克旅的兵力发动进攻，让驻守防线的德军步兵师经历了严峻考验。4月9日，苏军再次以150辆坦克掩护6个步兵师进攻，但同样未能突破曼施泰因的防御。

地图37

巴尔文科沃战役，
1942年1月18日—2月15日

苏军于1941年11月下旬开始的冬季大反攻折断了"巴巴罗萨"行动的矛头，在这场攻势中，铁木辛哥元帅指挥的西南方向苏军将德军第1装甲集群踹出了罗斯托夫并逼退至米乌斯河西岸，而在1月的攻势中，他将进攻的重点转向北面的库尔斯克—别尔哥罗德地域，在该方

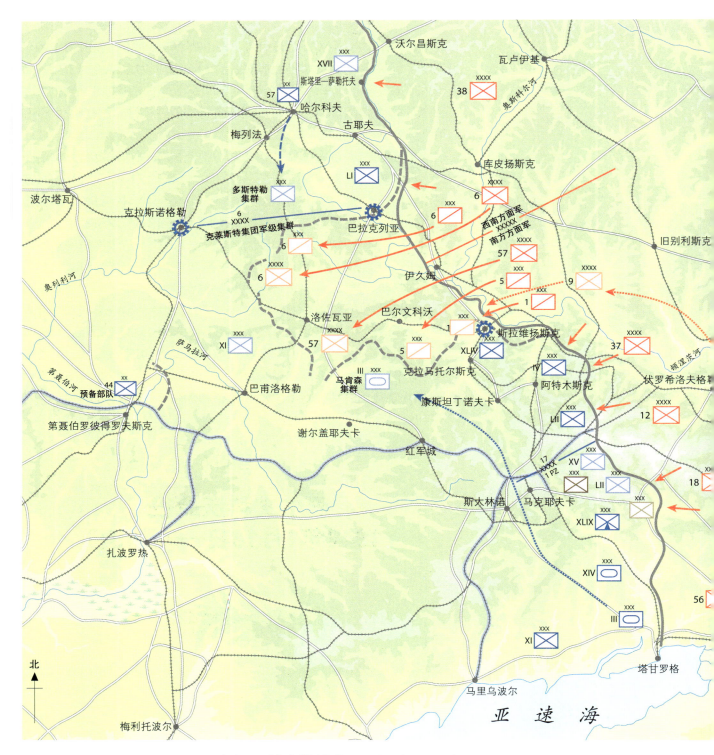

地图37 巴尔文科沃战役，1942年1月18日—2月15日

向苏军西南方面军与布良斯克方面军尝试着将德军南方与中央两个集团军群沿接合部分割。铁木辛哥的任务是渡过第聂伯河，抵达第聂伯罗彼得罗夫斯克、梅利托波尔（需推进120—200英里）并寻机重创亚速海周边地区的德军南方集团军群部队。但除了北线得益于莫斯科周边的顺利发展而取得不错的进展，西南方面军的其他部队，第13、第40、第21和第38集团军所组织的进攻并没能打破德军第2与第6集团军的防御。

　　总体上，铁木辛哥以2个方面军的兵力对德军发起了一系列较为分散的进攻，西南方面军［由中将科斯坚科（F. Ya. Kostenko）指挥，下辖第6集团军及骑兵第6军］与南方方面军［中将马利诺夫斯基（R. Y. Malinovsky），下辖第57、第9、第37集团军及骑兵第1军和骑兵第5军］在伊久姆以北对德军第6集团军（第51军）以及第17集团军（第11及第4军）的接合部发起了攻击①。在伊久姆，苏军成功在北顿涅茨河西岸守住了一个小规模的桥头堡。1月18日，苏军在50英里宽的攻击正面上对德军支撑点展开了进攻②。苏军第57集团军对德军第17集团军的攻势尤为凌厉，德军在不到24小时内便开始逐渐撤离其后方单位以备不测。霍特建议博克立即组织反击部队并重新夺取战场主动权。在4天的时间内德军南方集团军群的战线就被苏军突破并撕开一个100英里宽、50英里纵深的突破口。德军只守住了突破口北缘的巴拉克列亚（第6集团军）与南缘的斯拉维扬斯克（第17集团军），但防止了突破口的进一步扩大。双方此时都投入了最后的预备队，铁木辛哥命令第9集团军加入对斯拉维扬斯克的攻击。1月22日，他认为时机已到，命令一直待命的3个骑兵军沿着突破口伸入纵深。到24日时，似乎铁木辛哥的部队已经能够沿着左右两路合围德军2个集团军，他们还在通往第聂伯罗彼得罗夫斯克的半路上，哈尔科夫在他们面前已经没有任何阻碍。而为了加强岌岌可危的南部战线，博克命令德军第17集团军与第1装甲集团军会合，组成暂编的克莱斯特集团军级集群。

　　但对于铁木辛哥来说，接下来的发展可谓流年不利。德军将乌克兰平原上众多的乡间村落改造成了小规模据点。苏军规模较小的骑兵部队非常不适宜对这种据点进行攻坚战。冬季恶劣的气候也让人员、牲畜和装备出现非战斗损失。铁木辛哥要求斯大林派遣援兵，但总共只得到了4个步兵旅与315辆坦克。到1月底时，苏军的战斗方式逐渐演变成小规模的骑兵掠袭，但是苏军同时取得了一

---

① 第6集团军新任指挥官弗雷德里奇·保卢斯于升任集团军指挥官的同一天（1月1日）被晋升为装甲兵上将，从第一次世界大战之初起他就较为缺乏带兵经验，从1934年曾以中校军衔指挥过1个侦察营之后直到就任集团军指挥官期间他都没有担任过部队主官。

② 同日，博克转任南方集团军群指挥官。1月17日，在发病2天后，原集团军群指挥官赖歇瑙病死。事实上从1月15日至18日期间，博克兼任着南方集团军群代理指挥官与17集团军指挥官2个职务。

些战果，其中包括占领了霍特在洛佐瓦亚的重要物资补给堆放场并威胁第聂伯罗彼得罗夫斯克——斯大林诺的铁路线。与此同时，克莱斯特则指挥他新组建的集团军级集群逐步将苏军突破口的北缘战沉纳入掌控，然后开始确保突破口南部的安全，在"斯图卡"俯冲轰炸机的支援下，据守斯拉维扬斯克的德军第257步兵师在1周内打退了苏军200次进攻；德军以652人阵亡1663人受伤的代价杀死了12500名苏军士兵。这位装甲兵上将命令第3摩托化军军长，骑兵上将埃伯哈德·冯·马肯森（Eberhard von Mackensen）以1个装甲师、75辆坦克的兵力配合1个轻装步兵师向北反突击消灭苏军对德军的最大威胁。至1月31日，德军装甲部队在巴尔文科沃以南40英里处的谢尔盖耶夫卡遭遇苏军骑兵。博克抓住战机，命令所有尚能机动的未接战部队从所有方向集中进攻伊久姆的苏军桥头堡。但只有马肯森的部队取得了些许进展，在10天的苦战后接近了巴尔文科沃。到2月中旬，战事稍微平息，双方都因战斗与恶劣天气而无力再战。铁木辛哥的突出部仍然楔入德军战线，这将是他未来进攻行动的跳板。

地图33

第2次哈尔科夫会战，战斗前夜，1942年5月11日

    1942年5月11日开始的德军夏季攻势是自苏德战争爆发后11个月中又一个德军占绝对优势、苏军处于极大劣势的时期。从5月起，纳粹德军将其1942年的进攻重点放在了南方，并重整和增强南方集团军群的部队。与此同时，苏军高层也开始了对1942年战役规划的讨论，苏军情报部门在此期间犯下了重大失误，他们认为希特勒的首要目标仍是莫斯科地域，红军最高统帅部大本营认为哈尔科夫周边地域的德军只剩下虚弱且严重减员的部队，而哈尔科夫城，则是铁木辛哥元帅的下一个目标。

    从上一年的11月起，铁木辛哥指挥苏军西南方向部队［包括西南方面军（科

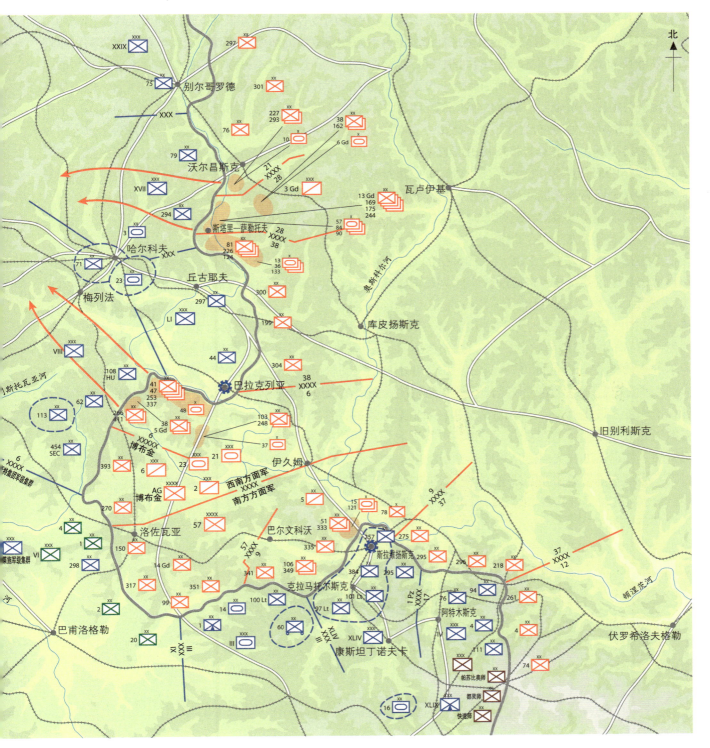

地图38　第2次哈尔科夫会战，战斗前夜，1942年5月11日

斯坚科）与南方方面军（马利诺夫斯基）〕。两个方面军的接合部位于去年冬天形成的伊久姆突出部的中部，深达50英里，宽60多英里。红军方面深知作为重要铁路枢纽的哈尔科夫现在成为了德军南方集团军群的重要后勤补给基地，在春季泥泞季节结束后将会成为非常理想的进攻目标。突出部实际上已经从南面包围了哈尔科夫，苏军相信只要稍加压迫，再加上从北面一个较小的顿涅茨河桥头堡施加的压力，保卢斯的中路将会被彻底"挤破"。根据红军最高统帅部大本营的计划，戈罗德尼扬斯基（A. M. Gorodniansky）中将指挥的第6集团军与博布金（L. V. Bobkin）少将指挥的博布金战役集群负责南侧攻击，第28集团军在里亚贝舍夫的指挥下，在第21与第38集团军的支援下在北面发起攻击。为发动这次攻势，铁木辛哥集结了64万人的部队、1200辆坦克、13000门非直瞄火炮与926架飞机。在苏军的预想中，一旦拿下哈尔科夫，在第聂伯彼得罗夫斯克与扎波罗热，跨过第聂伯河的关键桥梁将离苏军最西线部队仅50英里，堪称唾手可得。红军最高统帅部大本营给予西南方向部队机关5到6周时间完善作战计划，但因某些原因德军了解了一些行动细节。

　　苏军正一心谋划着吃掉保卢斯的部队的同时，他本人则正在准备将于1周后开始的"腓特烈"行动，该行动旨在摧毁苏军在伊久姆的桥头堡。德军在苏军第28集团军对面所部署的是步兵上将卡尔·施特雷克尔[1]指挥的第17军，炮兵上将瓦尔特·海茨（Walter Heitz）[2]的第8军和赛德利茨—库尔茨巴赫（Seydlitz-Kurzbach）的第51军则面对苏军第6集团军与博布金战役集群。16个德军步兵师和1个匈牙利步兵师，而他们当面的苏军兵力只有他们的一半。此外德军第6集团军还拥有2个重建的装甲师与其他预备队。步兵上将卡尔·霍利特（Karl Hollidt）的军在1月的战斗中从巴尔文科沃—洛佐瓦亚的战斗中仓皇撤退，这次他们同样加入了进来。除此之外，铁木辛哥还将面对部署在伊久姆以南已经恢复元气的克莱斯特集团军级集群，这将给他带来许多麻烦。苏军总参谋部一厢情愿地认为，其第9及第57集团军在巴尔文科沃以南的攻击将有助于分散克莱斯特的注意力，钳形攻势将歼灭保卢斯的第6集团军，同时拿下哈尔科夫。但除了要面对德军外，苏军在进攻之初便开始遭遇春季泥泞、纳粹空军的袭扰、弹药及其他补给的匮乏等一系列严重的阻碍。尽管苏军已经在苏德战争的头一个年头里学到了许多机械化战争的重要经验，但此次，他们又注定要在哈尔科夫付出极其高昂的学费。

---

① 虽然第17军的正式军长是步兵上将卡尔·霍利特，但前警察少将施特雷克尔在1942年4月2日至6月12日间短暂指挥该军。
② 海茨在两次大战期间服役于德军军法部门，曾见证过1938年对弗里奇的不光彩审判。他在斯大林格勒会战中随保卢斯被俘，在被关押1年后死于莫斯科。

地图39

第2次哈尔科夫会战，北线，1942年5月13日—19日

相较于伊久姆地域的高歌猛进，苏军西南方面军在1月发起的别尔哥罗德—哈尔科夫一线攻势的进展令苏军高层感到失望。科斯坚科仅在顿涅茨河西岸以旧萨尔托夫为中心的地域建立了一个小而狭长的桥头堡。里亚贝舍夫的第28集团军驻守在该突出部，他在仅15英里的正面上密集部署了5个步兵师。第21集团军与第38集团军分别掩护其两翼。根据作战计划，这几个集团军一旦突破了德军一线防御，则近卫骑兵第3军（辖3个骑兵师与1个摩托化步兵旅）将越过步兵部队的战线直接向哈尔科夫以西穿插并与从伊久姆出动的2个新组建的坦克军会合。两支穿插部队将直接绕过博克的集团军群，尤其是保卢斯的第6集团军在2月初所处的位置直接完成合围。

5月13日，第28集团军发动的进攻获得了初步进展，该集团军突破了德军第294步兵师薄弱的防线并将其合围。尽管有格吕纳战斗群在捷尔诺瓦亚（Ternovaya）进行阻击，苏军第一日仍然将战线推进了十余英里，一些先遣分队已经与德军在哈尔科夫外围布设的防御发生接触。在进攻的第3日，铁木辛哥本应命令他的骑兵军出动，但骑兵军的出动实际上被延迟了，因为铁木辛哥要等待该军做好准备，并且为等待天气转好而等了一两天。与此同时保卢斯将第73、第113和第305步兵师投入了苏军进攻方向。13日当天，德军南方集团军群开始将生力军第3和第23装甲师以及第71步兵师投入对里亚贝舍夫的反击作战中。调动为"蓝色"行动准备的各师投入战斗并非易事，因为尽管哈尔科夫地区集结了大量并未参战的国防军部队，但这些部队由陆军总司令部直接指挥而非博克的南方集团军群。在了解到哈尔科夫的形势（无论哈尔科夫遭受进攻与否，该地域都将是德军夏季攻势的攻击出发地）之后，希特勒将部分总司令部直辖的部队投入到对苏军的反击中。反击从突破口以南开始，2个装甲师向北突击，在3天内将苏军的进攻拦腰截断并堵上了突破口，救出了被苏军包围的前沿部队。为了支援南方集团军群的作战，纳粹空军第4航空队在空军大将亚历山大·勒尔（Alexander Löhr）的指挥下进行了密集的近距离空中支援，不仅如此，该航空队还得到了精锐的第8航空军的加强，该航空军是希特勒在得知哈尔科夫战事告急后从克里米亚半岛方向直接抽调的。

从15日起，战场南线并未被伤及元气的德军第51军将其北侧的部队投入对当面的苏军第38集团军的进攻中，苏军该集团军负责掩护里亚贝舍夫的左翼。在2个装甲师的支援下，第51军又完成了对苏军第28集团军的分割，从而威胁整个旧萨尔托夫的苏军。与此同时，从别尔哥罗德地区南下的3个德军师帮助第17军稳住突破口北侧；这一增援直接打断了苏军第21集团军在突破口北侧的进展。5月17日，科斯坚科放出了他最后的王牌——近卫骑兵第3军，但该军的任务不再是纵深穿插，而是作为一支救火队到前线去防止

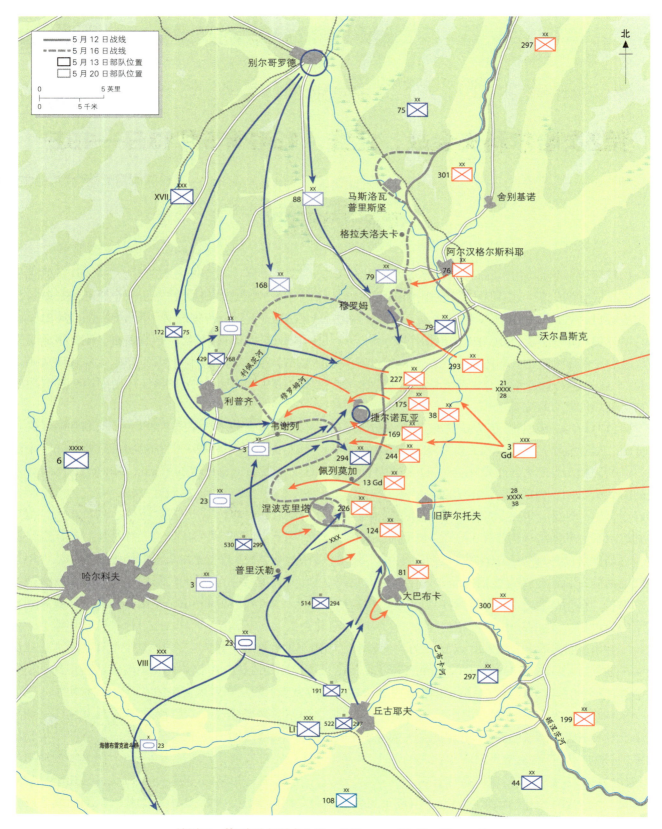

别尔哥罗德

297

75

XVII

88

马斯洛瓦普里斯坚

301

舍别基诺

格拉夫洛夫卡

阿尔汉格尔斯科耶

168

79

76

穆罗姆

79

沃尔昌斯克

172 75

3

429 168

利佩夫河

227

293

21 XXXX 28

利普齐

穆罗塔河

捷尔诺瓦亚

175

38

韦谢列

169

3 Gd

6

3

294

244

佩列莫加

13 Gd

涅波克里塔

226

28 XXXX 38

旧萨尔托夫

23

530 299

124

XXX

普里沃勒

81

514 294

300

哈尔科夫

3

大巴布卡

23

297

VIII

191 71

海德布雷克战斗群 23

LI 522 297

丘古耶夫

199

44

108

图例：
5月12日战线
5月16日战线
5月13日部队位置
5月20日部队位置
0 — 5 英里
0 — 5 千米

这次攻势的彻底失败，并力图拯救已经陷入德军围攻的该方面军的主力部队。但是这一招似乎来得太晚，德军的合围已经彻底完成。就在同一天，克莱斯特的反攻正在席卷铁木辛哥的西南方面军与整个伊久姆突出部（地图41）。

5月17日与18日，红军最高统帅部大本营与总参谋部就取消或继续进攻是否明智以及在多大程度上继续进攻进行了反复辩论。众多苏军将领建议斯大林中止左右合击哈尔科夫的计划，但斯大林拒绝了他们的请求[1]。在2天毫无意义的争论中，形势变得愈发危急。到19日下午，铁木辛哥自己做出了取消进攻的决定，斯大林被迫接受了既成事实。苏军北线部队避免了如同南线兄弟部队那样的全军覆没。但德军第6集团军的反攻还是将其逐渐逼退，在发起攻击一周后，遭受严重减员的第21、第28及第38集团军退回了他们的攻击发起线，而接下来的战况将更为严峻。

地图40

第2次哈尔科夫会战，南线，1942年5月12日—19日

铁木辛哥从伊久姆突出部发起的，旨在分割博克的集团军群中心部分的攻击是西南方向在那年春天的主要攻势。苏军在此处的兵力包括第6集团军以及规模稍小一些的博布金战役集群，合计有10个步兵师与5个坦克旅，另有2个坦克军与1个骑兵军在随时待命，准备在德军第6集团军的前沿被突破后发起纵深打击。在冬季的反击作战中，骑兵军展现了其价值，而坦克军这一新型单位是根据"巴巴罗萨"行动时期的经验新组建的大规模装甲兵团，并非在战争初期表现糟糕的旧式机械化军的简单翻版[2]。第6集团军与博布金战役集群的第1阶段任务是从南面包围并占领哈尔科夫。海茨的德军第8军拦在他们通往哈尔科夫的道路上，有2个德国师与1个匈牙利师。

5月12日早上，在进行1个小时的炮兵火力准备后，戈罗德尼扬斯基与博布金的部队很快在战斗中压制了德军第8军，当天将其一线的2个师的防线分割并突破15英里。保卢斯将他的预备队第113步兵师投入叶夫列莫夫卡填补这一突破口。13日，博布金的骑兵第6军越过步兵的战线，骑兵部队很快接近重要的铁路枢纽克拉斯诺格勒，在1天时间内便推进了25英里。拿下并守住该城，将为第6集团军向哈尔科夫的进攻提

---

① 战后的历史学家们并未找到相关记录，但在齐姆克所著的《从莫斯科到斯大林格勒》的第279—280页有相关描述。

② 坦克军的规模与德军的装甲师相当，拥有2到3个坦克旅合计100—140辆坦克。在第2次哈尔科夫会战中坦克第21军和坦克第23军还使用了根据"租借法案"获得的英制坦克。

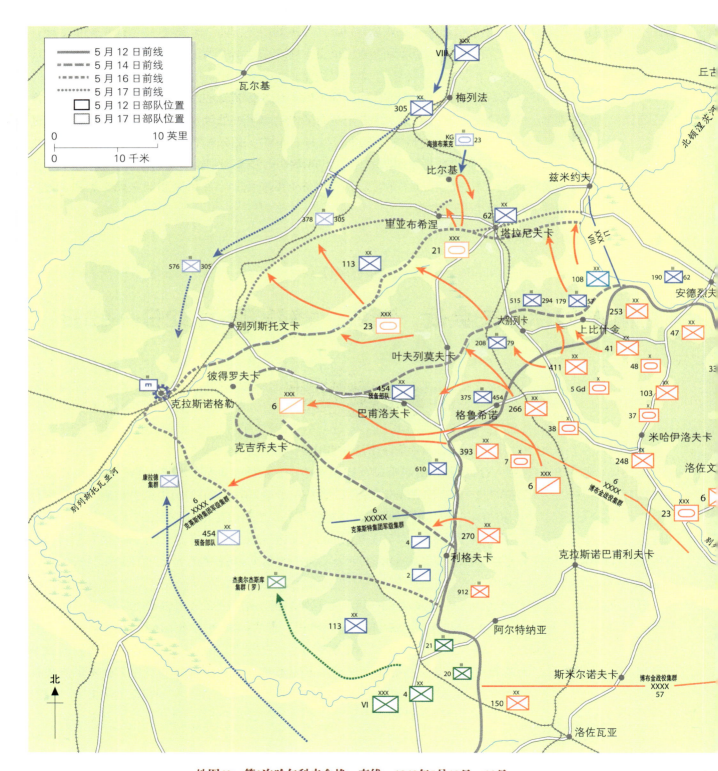

地图40　第2次哈尔科夫会战，南线，1942年5月12日—19日

供宝贵的侧翼安全保障。

随着海茨逐步向北朝着哈尔科夫后退，其相邻的17集团军第11军朝西南方向转移，到5月14日2个军的接合部出现了巨大的缺口。同日，苏军的侦察骑兵顺着这个缺口深入接近了克拉斯诺格勒以西75英里的波尔塔瓦，该地不仅是博克的指挥部，更是南方集团军群的重要后勤补给基地。在铁木辛哥发起进攻后不到48小时，德军上下乃至希特勒都察觉到此时第6集团军和南方集团军群的危险处境。次日，在兹米约夫附近，匈牙利第108师开始擅自脱离战斗，将邻近的第51军，尤其是驻守关键的巴拉克列亚的第44步兵师的侧翼暴露在苏军面前。德军第8军计划撤退至塔拉尼夫卡—克拉斯诺格勒一线；海茨的部队虽然放弃了一些阵地，但在撤退中仍保持着良好的组织和控制。

5月16日至17日对双方来说都是至关紧要的时期。苏军已经察觉局势的微妙变化并准备派出装备超过250辆坦克的2个坦克军进攻德军第8军。希特勒、博克与他们的参谋则看到了宝贵的战机，以进攻作为最好的防御。克莱斯特已经准备好对伊久姆突出部发动"腓特烈"行动的南部钳形攻势，并定于5月18日开始行动。不过德军最高统帅部已经意识到了此时在哈尔科夫被南北两路夹击的保卢斯已经不可能发动进攻，于是反击作战只能由克莱斯特的部队独自进行，而且鉴于形势严峻，他要比原计划提前一天发动进攻。17日对于所有关注伊久姆突出部命运的人来说都是一个重要的日子；在北面，苏军坦克第21军和坦克第23军从里亚布希涅两侧突入德军第8军的防线，而在南面克莱斯特则在巴尔文科沃方向朝苏军第9集团军发起攻击（地图41）。

面对德军日益坚固的防线，苏军2个坦克军都没能像预想中那样高歌猛进只推进了不到10英里。更糟糕的是，德军第305步兵师刚从法国赶来，海茨便直接命令该师加入战斗加强克拉斯诺格勒的防御，对抗苏军的坦克军。在克莱斯特发动进攻后仅仅数小时，铁木辛哥便察觉到其投入的2个坦克军中进展较快的坦克第23军的南翼可能会面临危险，于是他命令戈罗德尼扬斯基将坦克第23军撤出进攻并于次日南下协助第57集团军进行防御。坦克第21军则继续向梅列法（德军第8军军部所在地）推进。到18日，该坦克军与德军海德布莱克（Heydebreck）战斗群（前一日由第23装甲师一部编成）接触，并被德军所阻拦。5月19日，铁木辛哥发觉自己向哈尔科夫推进的攻势已经困难重重，而且克莱斯特的部队正在他的后方地区横冲直撞，他不得不取消进攻。铁木辛哥命令第6集团军和博布金战役集群转入防御，并将坦克第21军调往东南方向，以加强对抗德军装甲部队的兵力。2天后，当克莱斯特与保卢斯在巴拉克列亚附近会师时，这场注定失败的攻势将最终演变为一场彻头彻尾的灾难。

地图41

第2次哈尔科夫会战，
克莱斯特的攻击，
1942年5月17日—26日

　　铁木辛哥过于关注哈尔科夫周围的战斗，对伊久姆突出部的南部边缘没有给予足够的关注。他此前认为依靠第9和第57集团军发动的犀利攻击便足以让该方向的德军疲于应付。这位国内革命战争时期便参加革命的骑兵元帅严重低估了克莱斯特的兵力，而苏军情报部门对于德军意图的错误估计也让他降低了警惕。苏军第9集团军的6个步兵师与2个缺编严重的坦克旅（合计仅40辆坦克）在骑兵第5军的支援下从1月起一直保持着防线的大体完整，但该集团军对于德军即将发起的凶猛进攻没有做好充分的准备。面对不论兵力还是装备都很缺乏的苏军，保卢斯派出了马肯森指挥的第3摩托化军与第44军，总计3个步兵师，2个轻步兵师，强悍的第1山地师，2个装甲师与1个摩托化步兵师在内的庞大兵力。如前所述，博克将"腓特烈"行动提前了一天（至17日）以减轻保卢斯的第6集团军的压力（地图41）。

　　随着天气放晴，纳粹空军的第4航空队与来增援的第8航空军于17日清晨对苏军阵地进行了猛烈空袭，随即德军机械化部队迅速突破苏军纵深15英里，距伊久姆的路程已经过半且完全控制了巴尔文科沃，对苏军的哈尔科夫攻势造成致命威胁。随着南线被德军突破，铁木辛哥不失时机地将部队调往南方，其中最引人注目的是坦克第23军，当时该军对保卢斯所部的攻击进展顺利，但18日该军奉命去迎击马肯森。然而，就在德军发起"腓特烈"行动的第2天，克莱斯特便已经在苏军正面撕开一个40英里宽的突破口并冲进伊久姆，同时还将苏军第57集团军与骑兵第2军孤立在他们向西延伸的阵地上。在2天的战斗中，苏军第5骑兵军面对德军装甲部队被打得没有招架之力。在克

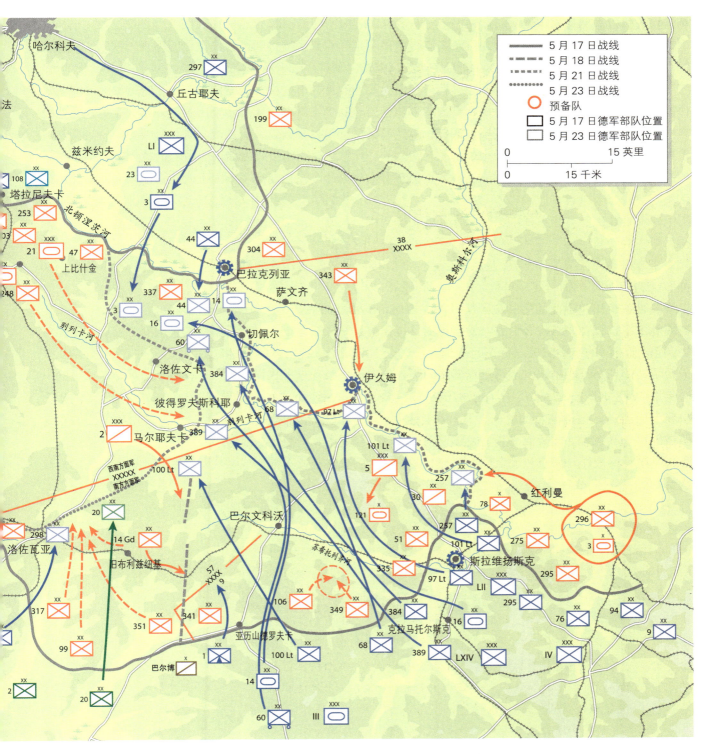

地图41　第2次哈尔科夫会战，克莱斯特的攻击，1942年5月17日—26日

莱斯特攻势以东的苏军第9集团军各师开始逐渐撤回至顿涅茨河东岸。至5月19日，铁木辛哥仍旧在巴拉克列亚与彼得罗夫斯卡亚之间维持着一条走廊，但他一定预料到了即将到来的灾难，因为当天铁木辛哥将第6、第9、第57集团军与博布金战役集群的所有残余部队合编为科斯坚科战役集群。

德军在19—20日曾短暂放缓了攻势，但仍旧向着西北方向坚定推进。与此时为了是否继续这场兆头欠佳的攻势而吵得不可开交的克林姆林宫方面不同，博克和克莱斯勒放缓脚步是因为他们惊异于苏军竟然没有发动任何有组织的反击。不过到了19日，他们的疑惑终于得到解答，当铁木辛哥将进攻方向转到南部日益危险的地区时，德军第8军受到的压力开始减轻。当晚，希特勒和博克都认为他们的胜局就在眼前，一致同意继续巴拉克列亚方向的攻势。南方集团军群指挥部命令保卢斯准备向南发起攻击，与克莱斯特的部队一起封死这个口袋。5月21日，克莱斯特收拢了他的机械化部队并向第6集团军的第51军方向推进。第14装甲师次日在巴拉克列亚外围与第44步兵师会合，将伊久姆突出部彻底封闭，达成了"腓特烈"行动的最初目标。5月23日早上，马肯森的第16装甲师和第60步兵师（摩托化），与3个步兵师一道将"口袋"向西封紧，与保卢斯派出的第3装甲师取得联系。此时科斯坚科的战役集群与铁木辛哥指挥的其余部队相隔10英里，4个集团军的命运岌岌可危。

23日，跳出包围圈的第57集团军一部立即向切佩尔方向展开救援行动，但徒劳无功。此后的2天中，被围的苏军一直在向洛佐文卡方向发起突围，拼死向友军战线靠拢。但此时博克的包围圈已经非常牢固且得到第4航空队的空中支援。德军，甚至罗马尼亚军都开始从各个方向收紧包围圈。苏军的突围行动几乎成功了，但到26日时，铁木辛哥进攻部队的残存兵力却一头扎进了狭长的别列卡谷地，这是德军预设的一座菱形的死亡陷阱，长约2英里、宽约10英里。随着战斗的推进，4个集团军的大部分机关及其宝贵的指挥员和参谋人员，包括戈罗德尼扬斯基和科斯坚科都在谷底中苦苦坚持。到月底，苏军在口袋内的残存部队被德军全部消灭。此战似乎是上一年"巴巴罗萨"会战中苏军狼狈状况的翻版：超过25万部队被德军消灭，其中大量被俘，另有1200余辆坦克与2500—3000门火炮被德军摧毁或缴获。德军在此期间损失的人数达到2万，不过此战还是导致"蓝色"行动的发起时间被推迟了。

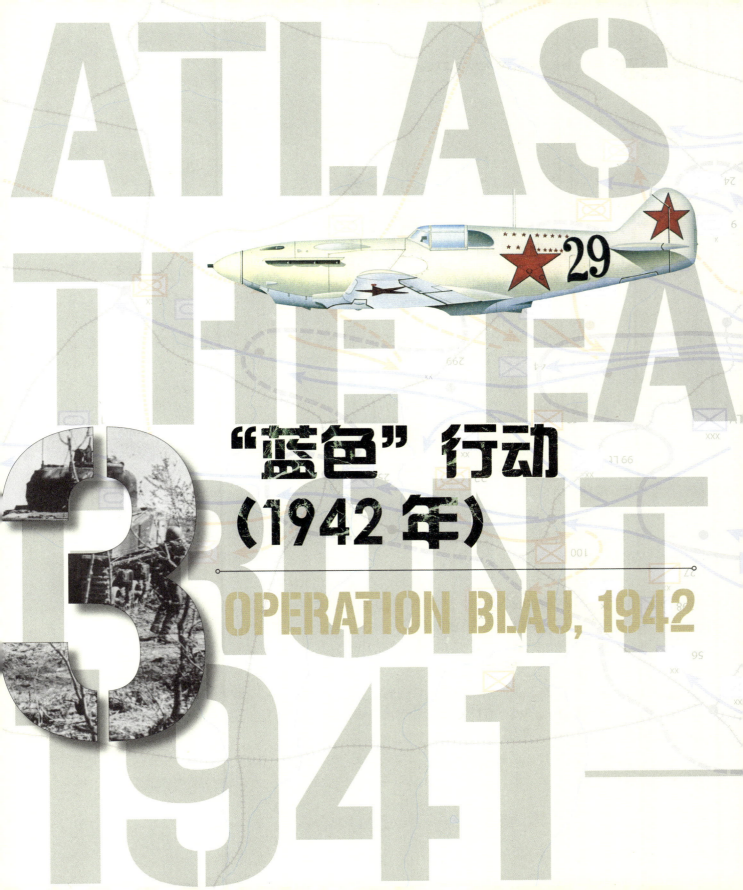

ATLAS THE EASTERN FRONT 1941-

3

"蓝色" 行动
(1942 年)

OPERATION BLAU, 1942

　　虽然一些德军将领在当时和之后，再加上后世的许多历史学家，都认为攻占莫斯科会在1941年赢得战争，但希特勒更清楚这一点。早在1941年11月，在"台风"行动壮观地拉开帷幕和虎头蛇尾地结束之间，希特勒就已经为1942年的战役制订了计划，他知道这是必然会发生的。这一次的突破重点将会在南线，这个决定更多是对经济和政治方面——而非军事上的考量，而莫斯科将作为佯动的目标吸引苏军兵力留在中线。自12月8日对美宣战之后，德军现在更需要苏联的资源，希特勒认为在美国的强大人力与物质资源颠覆西线局势前，他还有1年，至多2年的时间来解决苏联问题。虽然苏联人在冬天势不可挡，但冬天已经过去，苏军的春季攻势失败之后，希特勒确实得到了第二次机会。

　　德军虽然还占据着优势，但是已经不如上一年那样明显了。希特勒将陆军总司令的头衔添加到自己的一长串头衔中，现在他可以以自己混乱的风格来管理这个机构了。此时的德国，只有在希特勒身上，三大主要军种加上诸如党卫队和其他准军事组织，才得以融合在一起。此时他越来越习惯直接干涉战场指挥官们的指挥，且手伸得越来越长，干涉的内容越来越具体。陆军总司令部与国防军最高统帅部［Oberkommando der Wehrmacht（OKW）］之间的嫌隙也愈演愈烈，而哈尔德则被边缘化，以至于他在"蓝色"行动结束时被解职都算不上什么大损失。而从那时候开始，德国这架战争机器就在不断地受创破损，不论是"巴巴罗萨"行动与苏联随之而来的反攻，还是上个冬天大西洋上的海空战斗，以及北非愈发焦灼的战事与愈演愈烈的西线空中厮杀，都在不断压榨着德军的兵力。训练有素的兵员，甚至连马匹都远远不能满足战事的需要。纳粹德国的国家经济此时基本上缺乏领导和规划，希特勒坚持让德国的工业不进入全面战争状态，仍然为国民生产消费品以维持民心士气，其中当然有纳粹党对于1914—1918年，第一次世界大战期间德国经济雪崩导致起义、令国家最终崩溃这样的恐怖图景的隐忧。另一方面，在工业尚未全面动员的情况下，大量的工业资源被投入希特勒所醉心的"神秘武器"[1]的研究与生产中，导致东线的德国陆军和空军规模都相较于12个月前有大幅度缩水。更加雪上加霜的是，苏德战争第1年中双方的惨烈鏖战对希特勒那些实力薄弱的盟友来说是灾难性的。

　　在详细说明"蓝色"行动前，还有必要描写一下另一项事关战局的重大事件——德军最终攻占克里米亚全境。德国国防军在一系列简短的、自成体系战斗中做到了这一点，这些战斗与红军在哈尔科夫周

---

① 这里指的是诸如V2导弹，喷气式战斗机等资源消耗量巨大却并没能达成预想的作战效果的纳粹新式武器。

围的攻势和"蓝色"行动的开局相吻合。苏军在1942年初春时节试图解放整个克里米亚半岛的战役以失败告终。随着天气转好，5月8日，德军攻击费奥多西亚，并迅速驱散了战斗意志不强的苏联守军，在1周时间内拿下了刻赤港并于21日消灭了苏军在刻赤半岛上的所有桥头堡。从6月2日开始，希特勒为德军围攻塞瓦斯托波尔提供了大量的空中支援甚至动用了重型的铁道攻城炮来对付苏军据守的坚固堡垒。尽管像几个月前在地球另一端落入日本人之手的新加坡一样，塞瓦斯托波尔的防御设施也是重兵把守，但它的防御主要是针对没有发生的来自海上的进攻。在4天的火力准备后，德军于6月6日起对塞瓦斯托波尔发动地面进攻，1周后，德军进入塞瓦斯托波尔市区（但德军总体上避免了代价高昂的巷战）。与此同时苏军开始从这个他们在克里米亚半岛上最后的立足点撤出。后卫战又进行了3周，7月3日作为拿下塞瓦斯托波尔的褒奖，埃里希·冯·曼施泰因获得了他的元帅权杖。在夺取克里米亚半岛后，德军第11集团军并没有留在南方作为"蓝色"行动急需的作战预备队，而是被解散，大部分部队被转调至东线另一端的列宁格勒。①

从2月起，德军陆军总司令部便开始制订"蓝色"行动的作战计划，该计划于4月5日正式下达，此次作战中南线德军的推进距离甚至要比"巴巴罗萨"行动中还要远。虽然在"巴巴罗萨"行动中，纳粹空军击毁了近7000架苏联红军飞机，但此时的纳粹空军却处于不利地位，为地面部队提供支援的能力也变弱了②。历史学家丹尼斯·肖沃尔特（Dennis Showalter）对这场会战评价为"大胆到不顾一切的地步③"，但冒险的行为是普鲁士/德国长期以来的军事特征。该行动的第一步，是在顿涅茨河与顿河沿线的包围战中摧毁被围的红军部队。之后德军将在沃罗涅日与斯大林格勒一线巩固侧翼阵地建立更多的包围圈，随后向东南长驱直入夺占迈科普，格罗兹尼与巴库这些苏联最重要的产油区④。而苏联方面，一方面出于斯大林对战局的猜想，另一方面由于德军的"克里姆林"佯动行动的欺骗，认为莫斯科仍是希特勒的首要目标。而"蓝色"行动首先从最左翼和最接近莫斯科的沃罗涅日方向发起进一步地迷惑了斯大林为首的苏军高层。

德军于6月28日正式发起攻击。出于为了保卫首都的热忱，苏军在沃罗涅日方向顽强抗击德匈两军的攻击直到7月第1周。在更南面的顿河方向，德军的进攻直到6月30日才开始，以罗索希（Rossosh）为目标的德军装甲部队轻而易举地横扫了当面的2个已经在5月份的哈尔科夫会战中伤筋动骨的苏军集团军。在德军右翼的另一个装甲集团军则沿着顿涅茨河中游在利西昌斯克附近进展顺利。7月初，希特勒开始在原本的"蓝色"行动外对作战部队下达一系列野心更大的命令，许多历史学家认为至此整个1942年攻势已经失去掌控。7月9日，希特勒命令将1月起由博克指挥（当时集团军群指挥官赖歇瑙死于心脏病突发）的南方集团军群拆分为A、B两个集团军群，分别由陆军元帅威廉·利斯特（Wilhelm List）和博克指挥⑤。

---

① 在缺乏后续部队支援方面，"蓝色"行动与"巴巴罗萨"行动如出一辙。
② 德军1940年在各主要战场共拥有3700架作战飞机，1941年则拥有3400架，到1942年仅剩2900架。
③ 参见：Dennis Showalter, *Armor and Blood*, p.8.
④ 德军南方集团军1942年进攻的直线距离，从米乌斯河一直到巴库，相比于其去年从波兰推进至罗斯托夫距离更远。除此之外，在德军发起"蓝色"行动时，苏联已经进入全面战时状态，且和黑海与里海之间的苏联南部地区基础设施不如西部地区发达。在"蓝色"行动之前，高加索地区贡献了苏联石油开采与提炼产能的70%。但德军在夺取该地区后，从该地区开采石油供德国战争机器使用的设想却因苏联行之有效的破坏行动而落空。
⑤ 利斯特本人参加了密谋反叛希特勒的行动。

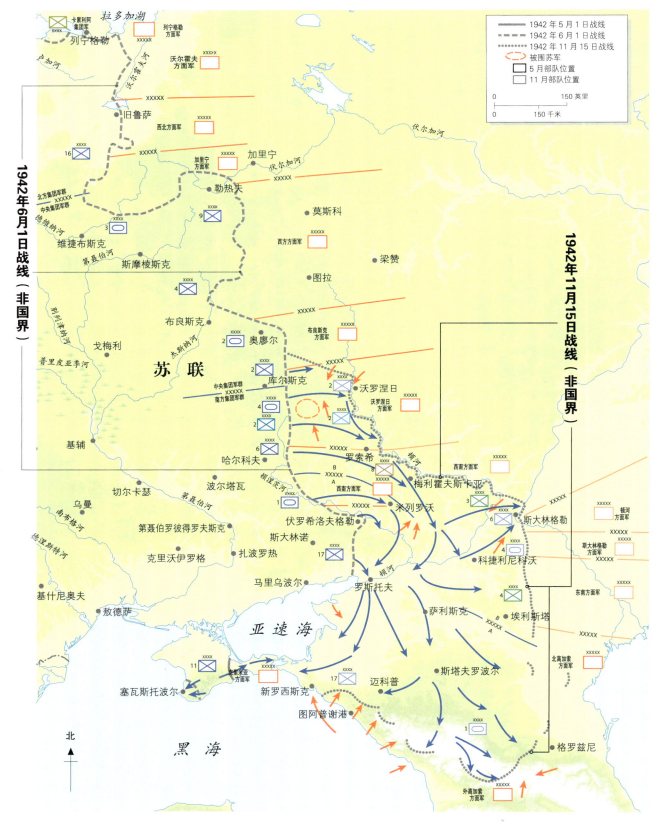

尽管这项安排本身也是"蓝色"行动的一部分，但是此时仓促的拆分却加剧了在指挥协调和任务上的混乱。德军在沃罗涅日方面的攻势最终破产，不仅没能合围大量苏军且推进速度大大慢于战役时间表。面子挂不住的元首自然需要找一条替罪羊。于是希特勒选择了博克，在遭到严厉的责骂后，博克于7月13日被勒令退役，B集团军群指挥官由大将马克西米利安·冯·魏克斯（Maximilian von Weichs）帝国男爵（Reichsfreiherr）接替。10天后，希特勒发布了一项指令，才给2个集团军群理顺了接下来所需扮演的角色；B集团军群将负责夺取斯大林格勒，而A集团军群将直扑产油区与高加索。除了明确各集团军群的任务外，更关键的是，这份文件颠覆了"蓝色"行动计划先前的优先次序，从夺取苏联的石油产地，转变为夺取斯大林格勒。而在拆分部队与重新制订主要目标的变动期间，希特勒还做出了另一个决定，而这一决定可能让斯大林格勒，甚至是整个"蓝色"行动的胜利与他失之交臂。

7月16日，希特勒命令1个装甲集团军南下至顿河下游，在此之前，这支装甲部队可以直接向伏尔加河畔的城市开炮（同日他将指挥所搬到了乌克兰）。诚然，摧毁罗斯托夫及其以东的庞大红军部队看起来是两个装甲集团军值得一试的目标，但与11个月前合围基辅的决定不同，这次部队调动并没有取得预期的成果（"仅"俘获苏军54000人），这样的调动实际上毫无必要。让参加"蓝色"行动的最精锐的装甲部队无谓地向南转头90°，到头来也只是在白白消耗宝贵的油料与时间。2周后希特勒才意识到自己的错误，匆忙命令这些部队恢复向东进攻。希特勒的一着不慎引起了连锁反应，在此我们能够看到一个看似微不足道的行动决策是如何产生巨大的战略影响的。更糟糕的是，与"巴巴罗萨"时不同，直到此时"蓝色"行动中仍然没能对苏军实现大规模合围。而苏军此时也汲取了1941年的教训，承认在任何实力相近的情况下苏军无法对德军进攻展开机动防御，于是，7月6日，苏军决定像自己的俄罗斯先辈在拿破仑入侵时期所做的那样，以"空间换取时间"。从7月底到8月初，苏军面对德军坚持死战不退，以极大的牺牲拖延进攻者的时间，让德国人无法冲进斯大林格勒。

从几个世纪以来，普鲁士/德意志的军队便只专注于对付他们眼前的敌人，但这次他们的对手却跳脱了这种短视的眼界，开始巧妙地防止自己的部队被德军包围与纠缠。在俄罗斯的亚洲部分，由于缺乏其他具有军事意义的地形特征，因此靠近欧洲部分的斯大林格勒如同磁石一样吸引着双方。随着纳粹狼群逼近以他的名字命名的城市，斯大林发出了"绝不后退一步"的命令，除此之外还要求苏军利用一切机会进行反击。德军B集团军群接近了伏尔加河并于23日抵达了这座"斯大林的城市[1]"的外围[2]，在接下来的两天里，德国空军的轰炸机摧毁了城市的大部分地区。德军此时以2个强大的集团军为攻击矛头，但此时后勤补给线却又拖得太长，冥冥中预示着将重演去年冬季的灾难。德军用2个集团军轮番发动攻击，因为德军的后勤能力无力支撑2个集团军同时发起进攻。不仅如此，不吸取教训的德国人还在从沃罗涅日至斯大林格勒的近500英里的漫长左翼部署了大量机械化程度极低的匈牙利、意大利和罗马尼亚军队充数。担负侧翼掩护任务的匈牙利第2集团军与意大利第8集团军不但刚刚来到东线，而且是刚刚组建的新部队。这两支仆从军非常乐于领受沿顿河设防的侧翼掩护任务，但实际上这道沿河防线并不如看起来那么安全，仓促进

---

① "斯大林格勒"在俄语中即意为"斯大林的城市"。——译者注
② 同时希特勒将魏克斯的2个装甲师抽调到中央集团军群。

发的德军在顿河右岸仍留有大量苏军桥头堡没有清理。同时占领高加索地区与斯大林格勒两个距离遥远的目标对于机械化部队规模已经捉襟见肘的2个集团军群来说实在是强人所难，但雪上加霜的还在后面——列宁格勒，莫斯科方面苏军的动作和法国方向盟军的威胁，在7月间迫使希特勒从兵力吃紧的"蓝色"行动中抽调了更多宝贵的机动力量。

在B集团军群向斯大林格勒进发的路途不顺的同时，A集团军群在高加索的群山间也不好过。该集团军群领受的命令已经膨胀到包括占领整个黑海沿岸，物资补给也越来越依靠纳粹空军的运输。如同之前一样，德军并没有足够的资源供他们遂行自己的战役目标。苏军的防御不间断地迟滞德军的进展，等到德国人终于拿下迈科普时，等待他们的只有成片冒着黑烟，被炸毁的油井①。德军一直没能接近格罗兹尼的产油区，更不用提巴库。在全世界石油储量最多的地区之一的地方，纳粹士兵却只能用背上绑着油桶的骆驼来喂饱他们燃料告罄的坦克和"斯图卡"。到9月9日，作为作战不力的处分，利斯特步博克的后尘被强制退役，尔后希特勒曾短暂亲任该集团军群指挥官。2周后，心情不爽的希特勒又解职了陆军总参谋长哈德尔，在战役进行到最关键的时候终结了4年来第三帝国军事高层之间关系紧张的局面（用解职的方式）。在乌克兰文尼察的"狼人"大本营内，气氛越来越微妙。陆军总司令部（OKH）与最高统帅部（OKW，可以看作是希特勒本人的私人参谋部）之间的关系愈发剑拔弩张②。在夏去秋来之际，A集团军群能够继续前进，这是对他们的功劳。在战争中，一个国家的最高指挥层发生动荡从来都不是一件好事，但在希特勒的德国，这种情况每年都会发生。这种趋势在1940年敦刻尔克之战前就开始缓慢发展，1941年的风波更是花了1个月才平息，而到了1942年年中，德军指挥层的危机恰恰发生在第二次世界大战中一些最惨烈的战斗的阴影之下。

斯大林格勒会战可谓是第二次世界大战中最令人耳熟能详的战役之一。当B集团军群7月份的奇袭宣告失败后，德国人注定要同最后一道天然防线——奇尔河（Chir）——之外35英里处的意志坚定的敌人打一场漫长的蓄意的消耗战，而坚韧的防御者们却能不断从相对安全的伏尔加河左岸得到有生力量的补充。如同历史学家戴维·格兰茨（David Glantz）所指出的那样，苏军建立与合理使用预备队的能力再次挽救了危急局势（这一点与德军截然相反）③。苏军高层指挥员命令部队靠近敌人，尽量缩短与德军的距离，以便干扰对方的远程火力与空中支援。巷战逐渐变成了残酷的"血肉磨坊"，双方小股部队在几乎被夷平的城市中逐个街区，逐栋房屋，甚至逐个房间进行反复争夺。德国人将此称为"Rattenkrieg"（老鼠战争）。在德国人眼中，这场战争越来越脱离自己的掌控，宣称的胜利也越来越令人怀疑。至10月，德军终于突破了苏军的防线，将其分割成越来越小的几个孤立桥头堡，并且伏尔加河已经触手可及。与之形成鲜明对比的是，德国国防军对在冬季到来之前占领这座城市感到越来越焦虑，天气逐渐转冷，苏联红军欢迎着寒冷季节的到来并着手实施他们自夏季便开始准备的大规模反攻。

---

① 德国人从高加索地区获得的油料数量极少。苏军在从阿尔马维尔、克拉斯诺达尔、迈科普等地撤退的同时逐步摧毁了当地的石油开采与提炼设施——如炼油厂、运输铁路等。德国人投入了大量人力物力，甚至包括6500人之众的"矿油"技术旅，但是增产的数量仍然不如将人力物力投入到现有的罗马尼亚与匈牙利油田中。

② 虽然OKW看似是类似于盟军最高统帅部的"现代化的，掌控全局的'最高军事指挥机关'"，但实际上该机构仅仅是作为希特勒掌控德国军事力量并绕开他不喜欢的总参谋部的一个政治工具而已。

③ 见戴维·格兰茨与乔纳森·豪斯合著的《巨人的碰撞》英文版第123页。

地图43

"猎鸨"行动，1942年5月8日—19日

　　作为1942年攻势的前奏，消灭克里米亚半岛上的苏军成为了希特勒当年整个战役计划的基本前提。由于苏联红军上个冬天在刻赤半岛进行了登陆，此时曼施泰因同时肩负着两个任务。他命令德军第54军与部分罗马尼亚仆从军继续围困塞瓦斯托波尔要塞，而在帕尔帕奇部署了2个军部，6个德军师和两三个罗马尼亚师，准备攻击分布在3个集团军中的23个红军师，几乎与理想中攻守双方3:1（攻方：守方）的兵力比例完全相反。德军将利用第8航空军的空地支援、两栖登陆和苏军的错误来弥补兵力上的劣势。根据曼施泰因的计划，第42军将坚守刻赤半岛北线，而第30军将重点进攻南线。具体计划为，德军第50、第132步兵师与第28轻步兵师将达成突破，之后第170步兵师、第22装甲师与格罗德克旅（乘卡车机动的德军与罗马尼亚军混成部队）将通过突破口向纵深穿插。克里米亚方面军的大部分官兵已经预料到德军会发起攻击，并且已经准备在半岛北部的帕尔帕奇向德军第42军当面发起进攻。苏军在刻赤半岛上布下四条防线，从一般的角度上来看，刻赤半岛的防御几乎可以称得上无懈可击。不过对于克里米亚方面军来说，不幸的是，他们的司令员科兹洛夫与政委梅赫利斯的水平即便是以苏德战争爆发头几个月的标准来看也不够格。

　　充分认识到里希特霍芬的飞行员在战斗中的巨大作用的曼施泰因，将"猎鸨"行动称之为一场由空军完成重点突破，地面部队扫尾的战役。从5月8日战役开始后，第8航空军在整场战斗中保持着几乎不间断的出动并完全掌握了整个刻赤半岛上空的制空权[1]。在进行了大规模的炮兵火力准备后，德军第132步兵师沿海岸推进，第28轻步兵师在其左翼轻易冲破了当面苏军第44集团军占领了几个月的防线。为了确保战果，德军第30军军长，马克西米利安·弗雷特—皮克中将派出132步兵师的一个营搭乘登陆船艇渡过黑海，在苏军防线后方登陆。这一冒险之举打得苏军阵脚大乱，惊慌失措的士兵成群结队地溃散了，科兹洛夫的部队当天便被击退了6英里。第11集团军仅付出阵亡不到100人的轻微代价便攻克了最大的障碍。当夜，弗雷特-皮克命令第22装甲师于次日向穿过已经被突破的苏军第44集团军防线纵深发起穿插，格罗德克旅紧随其后。第22装甲师次日向左转向，向阿马埃利（Arma-Eli）进攻，楔入邻近的苏军第51集团军后方。在"斯图卡"轰炸机的猛烈火力掩护下，德军装甲师击溃了苏军坦克第56师和坦克第39师的反击。格罗德克旅则继续向东，突破了帕尔帕奇防线后方10英里处的纳西尔防线，并在傍晚前继续前进了12英里至坚固的苏尔坦诺夫卡防线。苏军第47集团军仅进行了微弱的抵抗，不良的天气对曼施坦因的部队延误起到

---

① 希特勒曾短暂将第8航空军调至自己的直接指挥下。

亚 速 海

黑 海

地图43 "猎鸨"行动，1942年5月8日—19日

了更大的作用。

5月10日的暴雨和苏军的防御让第22装甲师放缓了推进速度，但德军还是于11日抵达亚速海海岸，彻底包围了苏军第51集团军。而德军第132步兵师则跟随格罗德克旅向东推进，第50步兵师与第28轻步兵师协同第22装甲师逐步压缩并消灭被包围的苏军第51集团军的兵力。随后这3个师将清剿包围圈的任务交给了第42军，自己继续向东推进，完全没有给科兹洛夫任何喘息之机。至12日，苏军终于抵抗不住德军第30军与第42军的挤压，开始溃退，罗马尼亚第7军也开始加入向北追击苏军的行列。此时曼施泰因的第二个任务——"猎鸨"行动已经取得了彻底的胜利，德军正向刻赤半岛东端与刻赤海峡方向挺进，彻底封死苏军撤退的道路。轴心国军队的速度快过了克里米亚方面军残部，5月13日突破苏尔坦诺夫卡防线后，德军第170与第132步兵师于2天后抵达了刻赤。

5月18日，德军基本上肃清了身陷包围的科兹洛夫部队，红军只来得及将4万人撤退到塔曼半岛。曼施泰因于19日宣布战役结束，此战俘获苏军约15万人。在消除了克里米亚半岛上的主要威胁后，曼施泰因现在终于可以腾出手来拿下塞瓦斯托波尔了。

地图44

围攻塞瓦斯托波尔——战役准备阶段，1942年4月

德军第11集团军在"巴巴罗萨"行动期间就对塞瓦斯托波尔这座要塞城市进行了合围（地图22）。从1941年11月初起，要塞守军便完成了三道主要防线并构筑了数以千计的掩体，敷设了14万枚地雷并挖掘了反坦克壕，所有这些防御设施都处在海军岸炮炮塔的火力覆盖下。曼施泰因当时集结了第54军与第30军，但11月下旬轻率发动的一系列进攻都因火力支援不足而收效甚微。2个军在12月的第3个星期又进行了一次尝试，这次从北

苏军防御阵地
1. 10 号岸炮阵地（4 门 203 毫米炮）
2. "马克西姆·高尔基 1 号" 炮台（4 门 305 毫米炮）
3. 12 号岸炮阵地（"希什科瓦"炮台）（4 门 152 毫米炮）
4. "莫洛托夫" 炮台
5. 2 号岸炮阵地（4 门 100 毫米炮）
6. 北部堡垒与高射炮阵地
7. "格别乌" 炮台
8. "西伯利亚" 炮台
9. "伏尔加"和"斯大林"炮台
10. "库普" 炮台
11. 13 号岸炮阵地（4 门 120 毫米炮）
12. 14 号岸炮阵地（4 门 152 毫米炮）
13. "马克西姆·高尔基 2 号" 堡垒（4 门 305 毫米炮）
14. 18 号岸炮阵地（4 门 152 毫米炮）
15. 19 号岸炮阵地（4 门 152 毫米炮）

1942 年 6 月 2 日战线
（第一道防线）
第二道防线
第三道防线
苏军岸炮阵地
苏军要塞炮炮塔
苏军炮台
苏军防御区
德军 600 毫米臼炮
德军 420 毫米攻城榴弹炮
德军 355 毫米攻城榴弹炮
德军 305 毫米臼炮

0　　　　2 英里
0　　　　2 千米

地图44　围攻塞瓦斯托波尔——战役准备阶段，1942年4月

面与东南面发动夹击，并推进到了别利别克（Belbek）谷。随着曼施泰因不得不抽调部队迎战刻赤半岛登陆的苏军（地图36），战线就此维持在原地。在冬春两季，红海军黑海舰队与苏联空军对塞瓦斯托波尔进行了增援与补给。与此同时在克里米亚，德军第11集团军却麻烦缠身，苏军不断发动小规模反击和两栖登陆骚扰，同时游击队的破坏活动也越来越大胆。这种局面一直持续到春天，曼施泰因终于腾出手来拿下塞瓦斯托波尔，而苏联军队则决心死守他们的要塞。

本节所附地图展示的是曼施泰因发动长达1个月之久的"捕鲟"（Störfang）战役前夕交战双方的具体部署。苏军方面彼得罗夫（I. Y. Petrov）少将指挥的独立滨海集团军是奥克佳布里斯基中将的塞瓦斯托波尔防区的基石。苏联守军依据防御工事将塞瓦斯托波尔划分为4个防御区，配属了7个步兵师、5个海军步兵旅、7个炮兵团与近40辆坦克。除此之外塞瓦斯托波尔要塞守军还得到了大量防空团、反坦克营与其他战斗支援单位的加强。而最令德国人感到压力的是要塞中部署了包括305毫米口径、203毫米口径、152毫米口径以及120毫米口径等总计多达600门大口径身管火炮（此外还有多达2000门迫击炮）。除此之外，苏军还构筑有大量坚固精良的碉堡，德国人将这些碉堡按照苏联杰出人物与俄罗斯地名进行了编号。其中最大的堡垒是在第一次世界大战期间构筑的，采用了钢筋混凝土结构并被厚厚的土层所覆盖，其重装甲炮塔能够进行360度环射。德军为此忧心不已，为破坏该掩体制订了专门计划并准备了特殊的武器。

在塞瓦斯托波尔，苏联集中的人力（包括妇女在内）接近19万，其中包括10万以上的武装部队。彼得罗夫的第1道防御带纵深在1至2英里，设置有堑壕与铁丝网。第2道防御带从别利别克河后方相对平坦的北部第4防御区保卫港口，包括大部分著名的堡垒和炮台："马克西姆·高尔基1号""格别乌""西伯利亚""斯大林""伏尔加"等。要塞外围的东面与南面的地形非常崎岖，易守难攻。第3条防御带则环绕塞瓦斯托波尔城展开。整个要塞的防线加起来总长超过200英里，守军的物资虽然较为充足，但仍有一些特定种类的弹药比较缺乏。

德军第11集团军预计要拿下塞瓦斯托波尔，必将经历一场苦战。曼施泰因的部队得不到无限的人员补充，因此德军集结了整个第二次世界大战中规模最庞大的攻城炮兵，以及由里希特霍芬空军大将指挥的精锐的第8航空军以及特种工兵部队。曼施泰因制定了一个非常详尽的分阶段作战方案。骑兵上将埃里克·汉森的第54军在北面担任主攻。弗雷特–皮克的第30军则在南面进行牵制[1]。在2个德国军中间夹着由2个师构成的罗马尼亚山地军。2个德国军都得到了由受过特训的战斗

---

[1] 德军第30军除军部与直属队之外，还编有第50、第132与第170步兵师，被抽调的第28轻步兵师在数周前完成"猎鸨"行动后，逐渐转移回到塞瓦斯托波尔。

工兵组成的战斗工程营的加强。曼施泰因同时还为2个军配属了6管火箭发射器（Nebelwerfers），而他自己则将大多数重炮兵集中到集团军的直接指挥下。除了铁道炮和其他超重型火炮（800毫米口径、420毫米口径、355毫米口径和305毫米口径）之外，他还有6个炮兵营与大量炮兵连可用。第8航空军是他的另一张王牌：70架"斯图卡"、100架Bf 109、160架He 111与Ju 88。

4月中旬，曼施泰因面见希特勒，向他汇报了对塞瓦斯托波尔围攻的准备情况，他的作战方案基本上是前一次攻势的规模和火力升级版。第11集团军计划集中兵力攻击要塞北翼，这不仅是因为该方向地形更为平缓，而且该区域的道路条件更为良好，对于攻城炮兵展开来说至关重要。因此几乎所有超重型火炮都集中于北面，且在此处的射界仍能将彼得罗夫的绝大部分掩体纳入火力范围内。长达4天的"毁天灭地"式炮击和轰炸为德军步兵开辟了进攻的道路。在突破第1道防线后，汉森的目标将是夺取谢韦尔纳亚湾的北部边缘与东面的加塔尼高地。第30军的牵制性攻击的目标是萨蓬山脊，那里可以从东南方可以俯瞰这座港口城市。

地图45

塞瓦斯托波尔攻防战（I），1942年6月2日—27日

从6月2日起，纳粹德军以"毁灭性"的炮击对塞瓦斯托波尔要塞进行了长达5天的火力打击，炮击持续时间长，协调一致，在第五天达到高潮。纳粹空军更是趁着夏季良好的天候发动了近乎不间断的密集空袭，在一些时候单日出动量达到1000—2000架次。德军将火力集中于别利别克与谢韦尔纳亚湾之间的防御阵地和炮台，形成了4—6英

苏军防御阵地
1. 10号岸炮阵地（4门203毫米炮）
2. "马克西姆·高尔基1号"炮台（4门305毫米炮）
3. 12号岸炮阵地（"希什科瓦"炮台）（4门152毫米炮）
4. "莫洛托夫"炮台
5. 2号岸炮阵地（4门100毫米炮）
6. 北部堡垒与高射炮阵地
7. "格别乌"炮台
8. "西伯利亚"炮台
9. "伏尔加"和"斯大林"炮台
10. "库普"炮台
11. 13号岸炮阵地（4门120毫米炮）
12. 14号岸炮阵地（4门152毫米炮）
13. "马克西姆·高尔基2号"堡垒（4门305毫米炮）
14. 18号岸炮阵地（4门152毫米炮）
15. 19号岸炮阵地（4门152毫米炮）

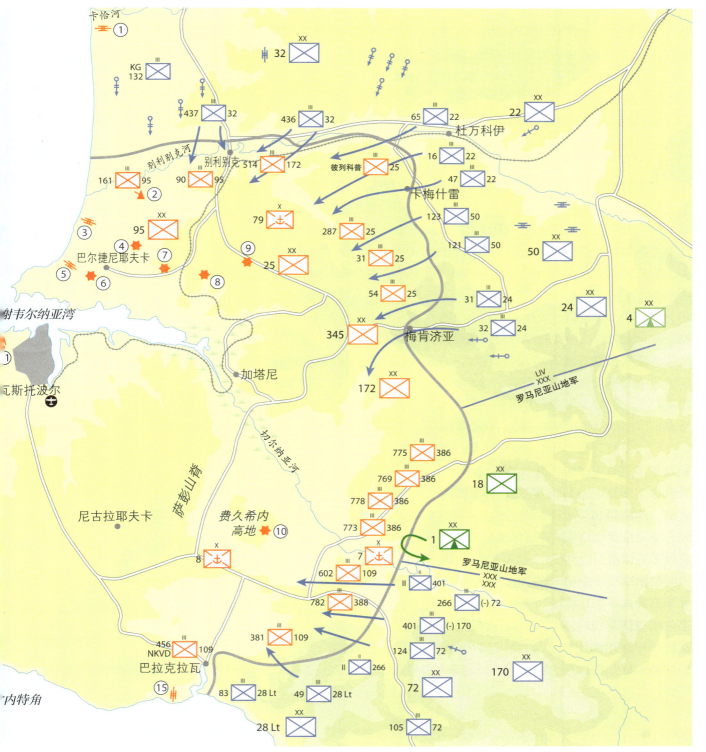

地图45　塞瓦斯托波尔攻防战（Ⅰ），1942年6月2日—27日

里宽的密集火力杀伤区。苏军的混凝土堡垒与"甘古特"级战列舰同型的重型炮塔都在这猛烈的炮击中被摧毁，普通的土木工事与堑壕、掩蔽部等在弹雨中也未能幸免。德军投射的爆炸物的威力不仅限于其爆炸冲击波与弹丸破片，重达2至5吨的弹丸所产生的超压还会杀死暴露在地表上的人。德国人此战动用了包括800毫米口径的"多拉"超重型列车炮在内的各种重型火炮，其中"多拉"在整场战斗中仅发射了不到50次，600毫米口径的"卡尔"臼炮则发射了120枚炮弹。里希特霍芬指挥的第8航空军是南方集团军群实施"蓝色"行动所需要的空中力量，但该军在塞瓦斯托波尔上空参战的时间超过了原计划的3天。

虽然德军的火力异常猛烈，但许多苏军部队仍设法在德军的优势火力中保持了战斗力，并于6月7日德军步兵开始发动突击前做好了防御准备；进攻第1日，德军非常艰难地向苏军防线施压，试图寻找一个突破口并将之扩大。在进行了1小时的炮兵弹幕覆盖后，德军第54军以其全数4个步兵师并排发动突击。德军的进攻通常以工兵为先导，为后续部队清理雷区与其他障碍物，而在一些地区，第190与第197突击炮营的突击炮则进行伴随火力支援。由于苏军防御实在太为坚固，德军第132与第22步兵师必须要过别利别克谷，而第50与第24步兵师则将直面卡梅什雷谷地。许多德军部队都在进攻中遭受惨重伤亡，但仍在曼施泰因的命令下持续进行攻击。至当日下午，德军控制了别利别克镇并占领了一些苏军支撑点。苏军发起了反击，但通常都无法将进攻的德军逐出支撑点。至夜，双方都无力再战，但当日德军还是在局部地区推进了2英里，大多数有进展的地域都在战场东北角。

即便几乎拥有所有1942年最强大的军事技术装备，但曼施泰因面对的这座要塞并未轻易屈服。第54军的进展缓慢且伤亡越来越大。至6月11日，完成了"猎鸨"行动的德军第30军从南面加入围攻中，该军刚从刻赤半岛的战斗中脱身出来，但在塞瓦斯托波尔周边复杂的地形上该军面对严阵以待的苏军同样进展缓慢。罗马尼亚人的糟糕表现让他们彻底失去了存在感。次日，集团军群指挥官博克在他的指挥所中质疑了此时"捕鲟"行动的前景。但13日，局势开始一点一点被打开，当日德军第132步兵师与第22装甲师分别攻克了"马克西姆·高尔基1号"与"斯大林"炮台；苏军堡垒中所装备的大口径火炮大多数在几日前就被德军压制[①]。同日，第72步兵师的部队攻占了南面的"库普"炮台。汉森的部署调整让德军占据更多优势；他将第24步兵师调离已经推进到末端的卡梅什雷谷地，并重新部署在第132步兵师与第22装甲师中间。罗马尼亚山地军的军长阿夫拉梅斯库（G. Avramescu）少将则带领其麾下的罗马尼亚第4山地师填补了第24步兵师留下的空缺。

曼施泰因于6月17日下达了新一轮的进攻命令并重新部署了他的攻城炮兵部队。第54军继续向前推进并于当日拿下了"棱堡""马拉科夫""格别乌""西伯利亚"和"伏尔加"等炮台，同时推进到距离谢韦尔纳亚湾不到1英里的地方。在战线的另一端，第30军终于突破了苏军第1与第2防御区的第一道防线并接近了萨蓬山的山脚。汉森的部队很快到达了海湾的边缘，但弗雷特–皮克和罗马尼亚人还需要几天时间才能彻底站稳脚跟。到27日，曼施泰因中断了攻势并重整他的集团军，准备对塞瓦斯托波尔发起最后一击。

---

① 第22步兵师曾于6月9日试图攻占"斯大林"炮台，但被击退。

地图46

塞瓦斯托波尔攻防战（Ⅱ），1942年6月28日—7月1日

到6月的第3周，第11集团军已经将塞瓦斯托波尔这座要塞城市最坚固的设防地域踩在自己脚下，城市周边的大型炮台和其他深入基岩的坚固掩体都已经被德军攻占。彼得罗夫指挥的防御者们已经丢掉了苦心构建起来的外围防御和最后一点可以周旋的空间。

曼施泰因围绕着这座军港设置了严密的包围圈：第54军占领了谢韦尔纳亚湾北岸，第30军与罗马尼亚山地军则占领了萨蓬山脊下方的加塔尼高地与苏军对峙。彼得罗夫将他的部队沿着因克尔曼—萨蓬—巴拉克拉瓦一线的高地上布置。其防御的重点沿着与各个高地、海湾和乔尔纳亚河交汇的沼泽地设置。德军已经将他的部队包围，以左右互为掎角之势向其包抄。到6月26日，曼施泰因决定采用一种新方法来突破城市的最后一道防线。弗雷特-皮克和罗马尼亚人的部队将从萨蓬山对苏军发动正面进攻，而汉森的部队将在谢韦尔纳亚湾东端实施一次奇袭登陆，扫清因克尔曼后方的苏军。汉森寄希望于苏军轻信这半英里宽的水域便能挡住德军的脚步。如果苏军中招，那么在山脊上的苏军部队即便能挡住第30军与罗马尼亚人，从背后奇袭的登陆部队也将让彼得罗夫阵脚大乱。

6月28日—29日夜间，汉森的工兵部队将100条突击艇悄悄放入谢韦尔纳亚湾并在北岸释放了烟幕。德军炮兵向海湾对岸岩壁上驻守的苏军进行猛烈炮击，驻守在岩壁上的苏联海军步兵直到德军突击艇驶到跟前才察觉德军的意图。与此同时德军第30军的炮兵开始炮击以削弱萨蓬山苏军的防御。29日凌晨4时，德军第22与第24步兵师便建立起了桥头堡，几乎同一时间德军第170步兵师突破了萨蓬山的苏军防线正中，罗马尼亚第1山地师则推进到了新舒利。德罗两军随即陷入苦战中，法西斯军队与苏军围绕着山顶的防御工事或是防守严密的小村庄陷入反复争夺。德军第8航空军的"斯图卡"不断袭扰苏军炮兵阵地并遮断了彼得罗夫的预备队增援高地的行动。至早上7时，德军与罗马尼亚军已经逐步占得上风，即将突破萨蓬山。弗雷特-皮克随即投入他的预备队第105步兵团，该团随后越过山脊线突入苏军防线后方。曼施泰因命令该团直扑塞瓦斯托波尔后方深处的赫尔松涅斯角。

与此同时，汉森左翼的第50和第132步兵师开始突破因克尔曼和加塔尼之间的薄弱地段。至中午，第50步兵师的一个战斗群与桥头堡取得了联系，合围了不少彼得罗夫的部队。下午，苏联守军在多个地段逐渐撤退，几小时后德军第30军攻占了萨蓬山。次日，第11集团军的部队将苏军残部从塞瓦斯托波尔郊区压缩到了巴拉克拉瓦。德军的突击队与苏军后卫之间展开了殊死搏杀。里希特霍芬手下的飞行员们不断轰炸

苏军防御阵地
1. "马克西姆·高尔基1号"炮台（4门305毫米炮）
2. 12号岸炮阵地（"希什科瓦"炮台）（4门152毫米炮）
3. "莫洛托夫"炮台
4. 2号岸炮阵地（4门100毫米炮）
5. 北部堡垒与高射炮阵地
6. "格别乌"炮台
7. "西伯利亚"炮台
8. "伏尔加"和"斯大林"炮台
9. "库普"炮台
10. 13号岸炮阵地（4门120毫米炮）
11. 14号岸炮阵地（4门152毫米炮）
12. "马克西姆·高尔基2号"堡垒（4门305毫米炮）
13. 18号岸炮阵地（4门152毫米炮）
14. 19号岸炮阵地（4门152毫米炮）

别利别克河
别利别克
巴尔捷尼耶夫卡
谢韦尔纳亚湾
塞瓦斯托波尔
卡扎奇亚湾
赫尔松涅斯角
尼古拉耶夫卡
萨彭山脊
费久希内高地
巴拉克拉瓦
菲欧内特角

6月29日战线
苏军岸炮阵地
苏军要塞炮炮塔
苏军炮台
德军600毫米臼炮
德军420毫米攻城榴弹炮
德军355毫米攻城榴弹炮
德军305毫米臼炮
苏军支撑点

0　　　　　　2英里
0　　　　　　2千米

地图46　塞瓦斯托波尔攻防战（II），1942年6月28日—7月1日

城市，守军的弹药、食物和饮用水开始不足[1]。奥克佳布里斯基中将命令苏军黑海舰队的舰只从在刻赤半岛对德军发动牵制打击转为帮助撤离塞瓦斯托波尔被困的守军。红军最高统帅部大本营直到30日才同意这一决定，这一行动在德军的绝对空中优势下无疑异常危险。在接下来的3天里，苏军后卫为了大部队撤离而与德军发生苦战，25000名红军士兵和红海军水兵撤离了该城。至7月1日，在战斗彻底结束前，曼施泰因获得了他的元帅权杖。3天后，战斗才随着最后一座炮台——"马克西姆·高尔基2号"的陷落而真正结束，尽管有小股部队又坚持战斗了数日，德军第11集团军宣称打死近2万名苏军，并俘虏9万人[2]，轴心国军队则付出了4万人伤亡的代价。

地图47

"蓝色"行动（I），
向沃罗涅日方向推进，
1942年6月28日—7月18日

　　抛开我们今天建立在历史基础上的后见之明，当时被糟糕的战略情报所蒙蔽，且自身已经陷入一种病态偏执的希特勒，始终坚信"巴巴罗萨"行动远比实际情况要成功，而且他还相信1942年的攻势将为第三帝国赢得第二次世界大战的最终胜利。在斯大林的冬季反攻如火如荼之际，德国陆军总司令部就开始制订计划，意图在1942年夏季夺取伏尔加河下游与高加索地区的苏联工业区与资源产地。元首于1942年4月5日颁布第41号指令宣布"蓝色"行动正式命名[3]。通过削弱北方和中央集团军群的兵力，希特勒

---

[1]　此时塞瓦斯托波尔守军只能通过潜艇与外界取得联系。

[2]　其中包括了滞留在塞瓦斯托波尔的平民。——译者注

[3]　希特勒签署的第45号元首令命令曼施泰因指挥的第11集团军在彻底攻占克里米亚半岛后北上进攻列宁格勒。

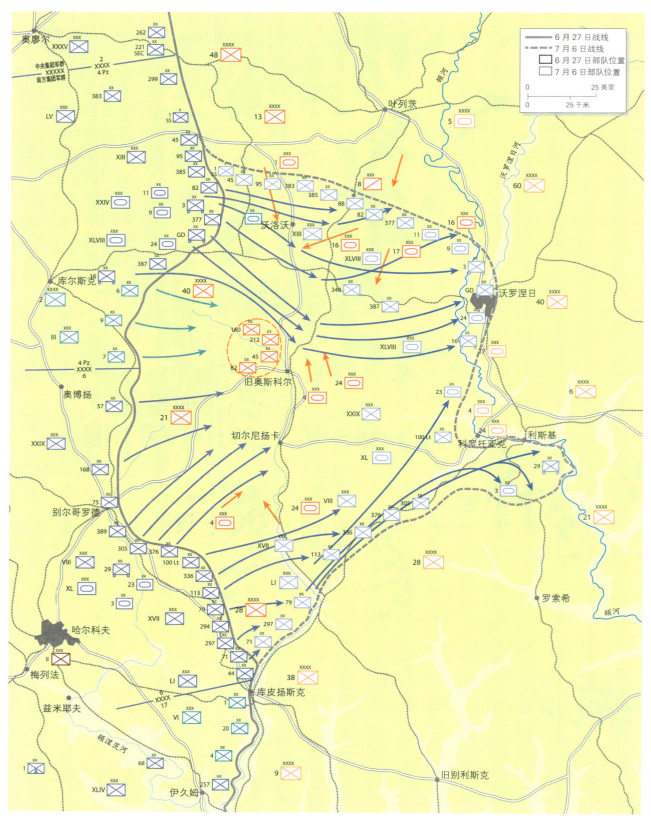

地图47 "蓝色"行动（I），向沃罗涅日方向推进，1942年6月28日—7月18日

为南方集团军群拼凑了强大的作战力量。在这场战役中，由陆军元帅博克指挥的部队将多达54个德国师，其中包括38个步兵师、9个装甲师和7个摩托化步兵师；此外还有20个仆从军师可供调遣——包括8个罗马尼亚师、6个匈牙利师与相同数量的意大利师。斯大林认为德军夏季的进攻仍然是莫斯科，于是仍以首都为核心安排层层防御。原本用于南线防御的部队已经在伊久姆与哈尔科夫的战斗中损失惨重，5月的战事中大量单位被合围或歼灭（地图37—41）。布良斯克方面军与西南方面军此时编有第13、第40、第21和第28集团军。纳粹德军的战役策划者们希望铁木辛哥的部队仍然像1941年"巴巴罗萨"行动中的苏军那样呆立不动，被德军迅速穿插包围并歼灭，为了取得成功，就需要像"巴巴罗萨"时期一样，各方面都能符合德国人的要求。

战役中北线的突破重点由霍特指挥的第4装甲集团军负责，该集团军春季才从中央集团军群中抽调到南方集团军群，在被加强后于库尔斯克以东集结，会同从伊久姆桥头堡拉锯战中恢复元气、部署于哈尔科夫到别尔哥罗德的第6集团军一道担任主攻[①]。第2集团军与匈牙利和罗马尼亚仆从军负责支援。由于伊久姆反击战与克里米亚战事的延误，"蓝色"行动被延误到6月28日发动，其北线的直接目标为沃罗涅日。苏军第40集团军面对霍特的装甲部队猝不及防，在48小时后便被打垮，而苏军第13集团军也不得不向北撤退让出了通道，使得德军第4装甲集团军能够长驱直入。大惊失色的红军最高统帅部大本营急令铁木辛哥发起反击，次日，铁木辛哥的2个新组建的坦克军——坦克第1军和坦克第16军便在沃洛沃附近集结，另有5个坦克军正在赶来的路上。保卢斯的集团军于6月30日也加入了这一攻势，轻而易举地将苏军第21与第28集团军打得节节败退。至7月2日，霍特的部队已经走完了到沃罗涅日的100英里路程的一半。而他的南部突击矛头，第48装甲军已经抵达了旧奥斯科尔（Staryy Oskol），距离已经推进至切尔尼扬卡（Chernyanka）的保卢斯的第40装甲军只有25英里；德军2个军之间夹着苏军的第40与第21集团军。为了挽救这一危急局势，铁木辛哥命令坦克第4军和坦克第24军向旧奥斯科尔发起进攻。

随着第4装甲集团军继续向着沃罗涅日方向推进，7月3日，希特勒亲自飞到博克的指挥部告诉博克他本人对那座城市毫无兴趣，而是希望德军转向南面[②]。这一最新的调整仅仅持续了24个小时，因为7月4日第48装甲军已经抵达顿河西岸，距离沃罗涅日只有数英里之遥，但这一事件表明希特勒对作战的微观操作越来越多。当"大德意志"摩托化步兵师在谢米卢基（Semiluki）夺取了顿河上一座完整的桥梁时，让第2集团军负责攻占该城，将第4装甲集团军解放出来向南机动的折中方案失败了。7月5日至6日，本应向南开进的霍特所部却与苏军爆发了激烈巷战。对于斯大林来说，沃罗涅日遭到攻击，无疑印证了他的猜想，即希特勒仍以莫斯科为夏季攻势主要目标，即便德军是间接地从遥远的南方发动进攻沃罗涅日这座大城市如同一颗无法砸碎的核桃一般吸引着双方不断在此投入兵力。铁木辛哥给予守城的第40集团军以补充，在巷战中该集团军与德军每个街区的激烈争夺大量稀释了德军宝贵的机械化部队。对于德军来说更为糟糕的是，"蓝色"行动尚未进入下一阶段，第4装甲集团军的油料就已经见底了。

与此同时，南面的第6集团军按照计划稳步推进，但一直没能对苏军形成合围，至7月6日，该集团

---

① 1942年6月1日，第4装甲集团军指挥官劳夫与第17集团军指挥官霍特对调了岗位。
② 此时希特勒全然将沃罗涅日在他本人关于"蓝色"行动的第41号元首令中占据的众多篇幅抛之脑后。

军已经在若干地域抵达顿河西岸并在科罗托亚克附近建立了一个规模不小的桥头堡。根据"蓝色"行动原本的战役设想，保卢斯开始逐渐转向南面。他的第40装甲军拿下了卡缅卡（Kamenka）和处在一条纵贯南北的铁路干线上的罗索希（Rossosh），该部随即利用该铁路线推进。沃罗涅日方向的战斗一直持续到7月13日，但德军既没能控制整座城市又没能对苏军形成包围；铁木辛哥设法将他的部队向东北方向撤过了沃罗涅日河，使德军没能包围苏军。"蓝色"行动从最开始的阶段便出了差错，第4装甲集团军被陷在沃罗涅日城中，而没能分割包围后撤的苏军部队，这对此后的战局有着非常不好的影响。

地图48

"蓝色"行动（Ⅱ），肃清顿河河曲，1942年7月9日—23日

　　"蓝色"行动已经开始两周，越来越多的问题浮出水面，这就是哈尔德和博克以及他们的参谋人员能规划出来的最佳方案？南方集团军群的头号主力第4装甲集团军，在向沃罗涅日方向狂飙100英里后却进入了一个危险、缺乏给养且不断损失兵力的死胡同中。7月中旬，霍特不得不将他的集团军撤出沃罗涅日以重整部队，随后立即向南90度转向，再次出发。第6集团军的任务相对轻松，也一直保持着进展，但整个攻势呈现出一种向右倾斜的态势。现在德军第1装甲集团军与第17集团军开始攻击顿巴斯的苏军南方方面军。

　　"蓝色"行动第1阶段便有一个不令人满意的开局，第2阶

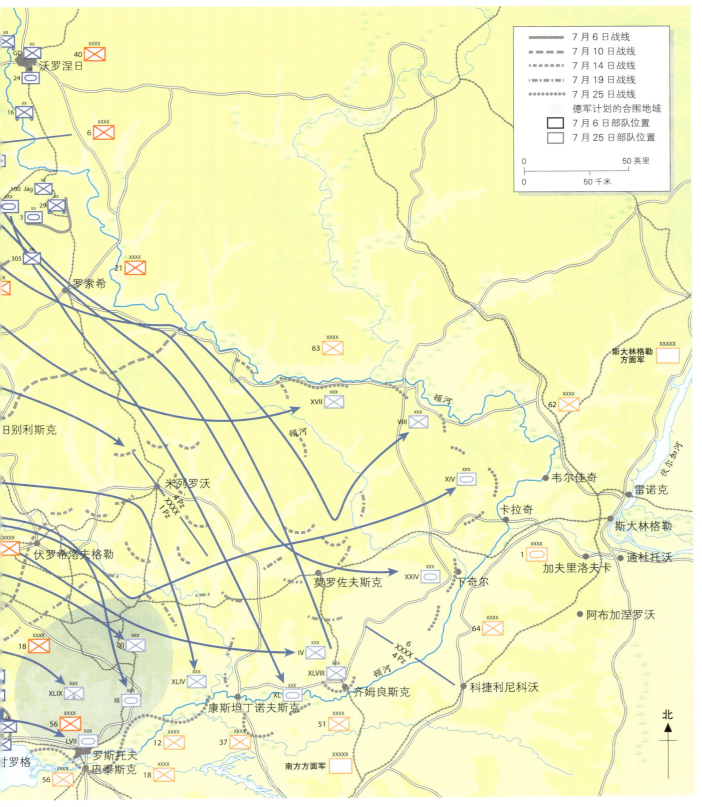

图例：

	7月6日战线
	7月10日战线
	7月14日战线
	7月19日战线
	7月25日战线
	德军计划的合围地域
	7月6日部队位置
	7月25日部队位置

0 ____ 50 英里
0 ____ 50 千米

沃罗涅日
40
GD
24
16
6
100 Jäg
3 29
305
罗索希 21
日别利斯克
63
顿河
XVII
VIII
斯大林格勒方面军
62
顿河
米列罗沃 4Pz 1Pz
XIV
韦尔佳奇
雷诺克
伏尔加河
卡拉奇
斯大林格勒
伏罗希洛夫格勒
莫罗佐夫斯克
XXIV
下奇尔
1
加夫里洛夫卡
通杜托沃
18 XI
IV
阿布加涅罗沃
64
XLIX III
XLIV
XLVIII
顿河 6 4Pz
科捷利尼科沃
康斯坦丁诺夫斯克 XL
齐姆良斯克
56 LVII
12 37 51
罗斯托夫 巴泰斯克
18
南方方面军
北

地图48　"蓝色"行动（Ⅱ），肃清顿河河曲，1942年7月9日—23日

段于7月9日开始，相比计划日期有所提前，克莱斯特的装甲部队仍然没有做好准备。根据之前的计划，同日南方集团军群被划分为A、B两个集团军群，博克任B集团军群指挥官，威廉·利斯特元帅则负责A集团军群。沿着塔甘罗格海岸，第17集团军的步兵只能攻击红军坚固的米乌斯河防线，除此之外无能为力，但克莱斯特越打越少的装甲部队倒是被期望能从利西昌斯克突破到旧别利斯克（Starobilsk），在该位置上与南下的霍特的先头部队会师。希特勒和哈德尔都希望此举能够合围并消灭苏军第38、第9与第37集团军的大部分部队。但是苏军却如同在沃罗涅日对抗霍特与保卢斯一般，在克莱斯特与劳夫封死口袋前便撤了出去，而不是坐等被围。希特勒发现此时每一次进行合围，苏军都会找到机会跳出包围圈。这种情况必须有人替希特勒当替罪羊，于是7月13日，希特勒以"蓝色"行动初期指挥不力的由头解除了博克的职务，由魏克斯担任B集团军群指挥官。

15日，霍特和克莱斯特的装甲部队在米列罗沃会合，随后保卢斯的部队也在此处与友军接上了头。德军确实包围了苏军第9与第38集团军一部，但所合围的部队数量却远远比预想中的少。此时这支足足集结了希特勒东线部队半数以上坦克的庞大装甲集群在大草原上四处乱转，本身却燃料匮乏且维护不善[1]！此时元首又为"蓝色"行动找到了新的目标——罗斯托夫，克莱斯特的部队曾在8个月前夺取该城（地图23），但随后又被苏军夺回。当德军第2集团军还在艰难击退苏军从沃罗涅日方向发动的反击时，第6集团军与匈牙利第2集团军正沿着顿河中游向东步步为营地谨慎推进，希特勒将第1、第4装甲集团军与第17集团军调来攻击罗斯托夫。从地图上看，德军在米列罗沃集结的机械化部队的进攻轨迹看起来就像一把煮熟的意大利面条扔在盘子里。

第1装甲集团军以马肯森的第3装甲军为先锋处在攻势的正中，而接收了大量增援部队的第4装甲集团军则负责掩护其免遭并不存在的苏军反攻的袭扰。在力所能及地收集了尽可能多的油料与其他补给后，霍特的部队席卷了整个顿河下游，甚至在河的右岸建立起了少量桥头堡。至7月19日，第17集团军已经将苏军南方方面军的米乌斯河防线彻底撕碎并从西面接近罗斯托夫。有一段时间，看起来利斯特似乎能对伏罗希洛夫格勒至罗斯托夫之间的苏军第12、第37、第18、第24和第56集团军的部分部队进行合围，至26日包围圈内苏军被全部消灭，大约有85000人被俘。德军第1与第4装甲集团军已经从米列罗沃推进到顿河下游，将其补给线又拉长了100英里。

尽管第40装甲军在罗斯托夫战斗期间被调走，保卢斯的部队在7月的第3周仍向东推进并占领了顿河的广阔河曲地带。诚然，如果德军在米列罗沃会师后仍让第4装甲集团军与第6集团军结伴而行的话，利斯特仍能够拿下罗斯托夫，而魏克斯则能够以更多的部队更接近斯大林格勒。在罗斯托夫陷落以前这仍是不错的想法，不过直到2周后才做出的该决定实在是太晚了；23日，希特勒签署了第45号元首令。该命令将"蓝色"行动变更为"布伦瑞克"行动，原本一体的作战计划变更为两个相互独立的行动：A集团军群的"雪绒花"行动将继续执行"蓝色"行动的最初目标——控制巴库与高加索的产油区与黑海沿岸，而B集团军群的"苍鹭"行动的目标则只有一个：夺下那座以斯大林的名字命名的城市。

---

① 克莱斯特的装甲部队从5月和6月在伊久姆开始战斗之后便没有进行过任何休整。

地图49

"苍鹭"行动，向斯大林格勒发起最后冲击，1942年7月26日—8月30日

　　相比起第41号元首令，第45号的内容要清晰明确得多，2个集团军群现在都有了明确的任务目标。不过此时希特勒的真正目的还是令所有人一头雾水，霍特的部队似乎在利斯特和魏克斯所部之间飘忽不定，苏联人对这种部署可谓不知所措。为了防备纳粹德军下一步可能采取的任何行动，斯大林决定继续向后撤退，如有必要的话将部队撤往伏尔加河东岸与高加索地区，同时将该地区的工业设施疏散至乌拉尔；让希特勒占据一片毫无用处的干旱草原。至7月中旬，红军最高统帅部大本营开始组建斯大林格勒方面军，该方面军下辖第21、第62、第63和第64集团军以及坦克第1集团军和坦克第4集团军，由中将戈尔多夫（V. N. Gordov）指挥，负责该城市的防御。

　　7月的最后一周，第6集团军已经占领了顿河西岸的几乎全部地带，只有卡拉奇的一个小桥头堡仍在苏联红军手中。保卢斯的下一步行动将消灭桥头堡的敌人并占领横跨顿河的桥梁。保卢斯的部队于7月26日开始攻击，德军第24装甲军随即在南侧切断了苏军第62与第64集团军之间的联系并向下奇尔斯卡亚方向推进。北侧的第14装甲军也突破了奇尔河防线，绕到了苏军第62集团军的后方。7月27日，苏军坦克第1集团军在第62集团军的策应下向北路德军发动了一场反击，但收效甚微。步兵上将古斯塔夫·冯·维特斯海姆（Gustav von Wietersheim）的第14装甲军与友邻的第51军继续受到苏军坦克第4集团军的反击，因而进展缓慢。在这个关键时刻，第6集团军的弹药、油料与其他物资却暂时无法运抵进攻"矛头"部队。至此不由得令人担心这个集团军能否独自拿下斯大林格勒。

　　7月的最后一天，保卢斯终于以意想不到的方式得到了自己急需的增援；希特勒又一次改变了主意，命令霍特的部队从康斯坦丁诺夫斯克与齐姆良斯克（Tsimlyansk）这两个桥头堡撤离并进攻斯大林格勒防御薄弱的左翼（此处距离最西边的部队足足有200英里）。德军第4装甲集团军（此时仅编有第11军、第48装甲军和罗马尼亚第6军）出其不意地朝东北转向90°，在此过程中击溃苏军第51集团军并于8月2日开始与苏军的斯大林格勒外围防线发生接触。与此同时，保卢斯的部队一面推进一面在卡拉奇桥头堡地带大量合围小股苏军。假如德军真的选择2个集团军一同进攻，那还是有可能拿下这座战前足有60万人口的城市。

　　苏军重新组织了其防御体系并不断将新的集团军投入该方向。苏军长达400英里的防线显然不是一个

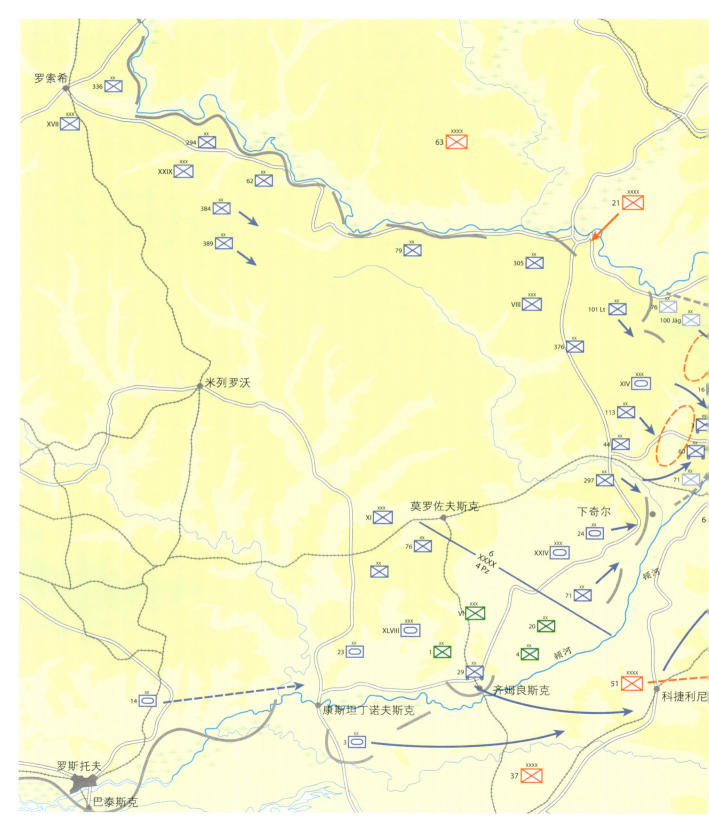

地图49 "苍鹭"行动，向斯大林格勒发起最后冲击，1942年7月26日—8月30日

方面军司令部能够指挥得过来的。因此最高统帅部大本营将斯大林格勒方面军一分为二，将南侧部分重新编制为新组建的西南方面军，司令员为叶廖缅科。与此同时，第66与第57集团军也同其他部队一道分别加入城市的北南两侧防御。8月的第1周中，第64集团军在阿克赛河（Aksay）畔发动反击将当面的德军第4装甲集团军与罗马尼亚仆从军打了个措手不及。

8月8日，在顿河大湾部，第14与第24装甲军终于在卡拉奇以西对苏军形成了合围，一口气套住苏军9个步兵师与7个机械化旅。对被围苏军的围歼行动持续至16日，此时保卢斯距离斯大林格勒已经不到50英里。但走完通向这座城市的最后一点距离却一点也不容易，第4装甲集团军依旧在阿布加涅罗沃（Abganerovo）附近与苏军第64集团军厮杀。为了弥补兵力上的差距，德军第8航空军从高加索战场北调；随后该航空军将被部署在莫罗佐夫斯克机场。随着卡拉奇桥头堡的抵抗最终被瓦解，魏克斯计划对斯大林格勒发起最后的进攻。

8月20日，第4装甲集团军从阿布加勒洛沃与通杜托沃（Tundutovo）方向发动了新一轮进攻，但进展同样不令人满意。23日，保卢斯的第14装甲军利用第195步兵师架设的浮桥在距离斯大林格勒较远的北面渡过了顿河，狂飙60英里，直抵韦尔佳奇（Vertychiy），随后向伏尔加河方向与斯大林格勒北郊的雷诺克（Rynok）方向推进。叶廖缅科次日从雷诺克方向发起了反击，但没能将德军击退，而霍特的部队则于24日从该域南部向斯大林格勒发动冲击。为了削弱斯大林格勒的防御，纳粹空军在8月23日—24日期间出动了2000余架次飞机。但到了保卢斯预计进城的25日，他的部队还在半路上面对苏军的顽强抵抗。8月30日，霍特的精锐部队终于突破了苏联红军在加夫里洛夫卡的防御，闻讯大喜的魏克斯连忙命令保卢斯的步兵部队也加入突破行动中。9月2日—3日，叶廖缅科将他的防御部队逐步撤回斯大林格勒城区；第二次世界大战中最血腥的城市攻防战即将拉开帷幕。

地图50

"雪绒花"行动（I），
1942年7月20日—8月10日

　　希特勒发起1942年攻势的目的，便是从苏联手中夺取巴库—高加索的产油区以供养德国的战争机器（同时不让苏联获取石油）。在发布"蓝色"行动命令的第41号元首令中，夺取斯大林格勒只是一种战术上的谨慎行动，以掩护向东南方推进的大军左翼安全；用重型火炮覆盖便能让该城市不构成威胁。但在第45号元首令与"布伦瑞克"计划中，斯大林格勒成为了与巴库和高加索同等重要的目标。在"雪绒花"行动中，利斯特的A集团军群将独自担负控制产油区与扫清黑海沿岸的任务，并击退布琼尼的北高加索方面军。

　　德军计划以第1装甲集团军先行渡过顿河，第17集团军随后跟进，扫荡西南并向克拉斯诺达尔（Krasnodar）与黑海方向推进，另以1个军的兵力从刻赤半岛登陆塔曼半岛。最初第4装甲集团军在"布伦瑞克"行动中归属哪个集团军群仍模糊不定，但希特勒很快明确了这一点，霍特也加入了争夺斯大林格勒的战斗。理想情况下，顺时针扫荡的第1装甲集团军可以粉碎第17集团军和山海之间的任何苏联守军；这样一来，理论上就可以为A集团军群向巴库高歌猛进开辟道路。

　　德军在罗斯托夫战斗打响前便已经有部队渡过了顿河[①]。7月20日—25日，德军在尼古拉耶夫斯卡亚（第40装甲军，7月20日）和梅利霍夫斯卡亚（第3装甲军，7月23日）以及巴泰斯

---

① 一些学者认为顿河东南方向的土地属于亚洲部分，但罗斯托夫东南300英里的厄尔布鲁士山却被称为"欧洲最高峰"。

斯大林诺

塔甘罗

马里乌波尔

别尔江斯克

旧明斯

亚 速 海

V

6

5

季马绍夫斯克

刻赤

47

库班河

73

塔曼

克拉斯诺达

克雷姆斯克

56

新罗西斯克

图阿普

黑 海

北

▬▬▬▬	7月25日战线
▬ ▬ ▬	8月10日战线
⬜	7月31日部队位置
⬜	8月10日部队位置

0   50 英里

0   50 千米

顿涅茨河

顿河

XLIV

尼古拉耶夫斯卡亚

科捷利尼科沃

III

梅利霍夫斯卡亚

XL

29

萨尔河

LII

罗斯托夫

1 PZ

97 Jäg

GD

14

51

51

巴泰斯克

17

马尔特诺夫卡

III

LVII

302

12

37

普罗列塔尔斯卡亚

库晓夫斯卡亚

采利纳

萨利斯克

370

埃利斯塔

甫洛夫斯卡亚

白格利纳

马内奇河

LII

季霍列茨克

13

16

111

LVII

克鲁泡特金

彼得罗夫斯科耶

XLIX

101 Jäg

97 Jäg

2

1

阿尔马维尔

斯塔夫罗波尔

98

W SS

4

III

列琴斯克

迈科普

13

XL

18

23

3

切尔克斯克

北高加索
方面军

XXXXX

皮亚季戈尔斯克

37

莫兹多克

46

地图50　"雪绒花"行动（I），1942年7月20日—8月10日

克（第57装甲军，7月25日）分别建立了桥头堡①。第17集团军于26日渡过顿河。在德军A集团军当面的是苏军第56、第18、第12、第37和第51集团军，但这些集团军却在向着东面边打边撤。在顿河以南，德军3个装甲军在卡尔梅克大草原上大肆驰骋，苏军发起的有限的反击行动——如以2个坦克旅兵力攻击抵达马尔特诺夫卡（Martynovka）的第40装甲军等一系列反击行动，都未能迟滞德军前进的脚步。尽管水库大坝被苏军炸毁，洪水泛滥，第3装甲军仍在马内奇（Manych）河谷逆流而上，而第57装甲军直奔萨利斯克（Salsk），并于30日拿下该城。劳夫的步兵部队在向南边的克拉斯诺达尔推进的过程中取得一定进展，并在31日于叶亚河（Yeya）东岸建立起桥头堡。

除了严峻的后勤问题②，"雪绒花"初始阶段克莱斯特的装甲军在空旷的草原上可谓如入无人之境。8月3日，第40装甲军拿下斯塔夫罗波尔（Stavropol），3天后第3装甲军占领阿尔马维尔（Armavir），同日第57装甲军夺占克鲁泡特金（Kropotkin）。第3与第57装甲军随后于13日夜在空军支援下占领了迈科普。当日德军气象部队记录到最高达125华氏度的高温。至8月10日盖尔·冯·施韦彭堡的部队渡过了库马河并占领了皮亚季戈尔斯克（Pyatigorsk）。德军现在已经沿着一条宽阔的战线，以一定的兵力到达了西高加索山麓。

在西边，第17集团军与罗马尼亚军的机动就只能依靠两只脚和驮马了，进展速度大幅度减慢。从8月初起，第17集团军就一直在库晓夫斯卡亚（Kushchëvskaya）以南压迫苏军，这一连串的追击中并没有爆发许多战斗。1周后，德军抵达了季马绍夫斯克（Timashëvsk），一面在若干小规模战斗中夺取桥梁一面继续追击苏军。克拉斯诺达尔的北面无险可守，但苏军在距离该市15英里外便开始构筑大量反坦克壕与掩体，给德军造成了很大麻烦。东面，苏军在退至库班河南岸后构筑了防线。不过德军第1装甲集团军仍在朝着迈科普方向西进，希望对苏军达成合围。苏军收拢了沿河防线，德军的企图未能得逞。至8月9日，德军步兵部队已经突破了苏军在北高加索的防御，沿着库班河朝克拉斯诺达尔推进。至10日，德军从西、北、东三面攻击该城，苏军撤到城内。双方随即爆发激烈巷战，城内的公路与铁路桥都被炸毁（德军之后会非常需要这2座桥梁）。城市南部的战斗一直持续到次日。

"雪绒花"行动的战役策划者们希望在克拉斯诺达尔与迈科普周围形成的包围圈最终扑了个空，苏军5个集团军中的大部仍然与迈科普与亚速海维持着联系。除此之外，纳粹空军在广阔战场上遭遇了兵力不足的问题，苏军黑海舰队此时能够沿着海岸线自由行动。在"雪绒花"行动的第2阶段中，第17集团军将完全依靠自身力量扫清黑海沿岸的苏军，克莱斯特的部队将继续向东面的油田推进。

---

① 在转向斯大林格勒方向前，霍特将第40装甲军移交给了克莱斯特指挥。
② 在这几场战役中，德军的作战日志中经常出现："布赖特将军用最后一滴油料……"——这样的语句。

地图51

"雪绒花" 行动（Ⅱ），1942年8月11日—11月15日

在"雪绒花"行动的第1阶段中，德军A集团军群宣称俘虏了30万苏军，并摧毁了近2400门火炮与500余辆坦克。但是德军却并没能在克拉斯诺达尔与季霍列茨克之间的开阔地带对苏军形成大规模合围。在第2阶段中，德军将面对两大困难，一是在高加索的崇山峻岭中将与苏军进行的连续密集的激烈战斗，二是在通往巴库的道路上还有广阔的草原，这将是两场截然不同的战斗。这两大困难都不是倚靠蛮力可以直接克服的；除此之外，恶劣的地形与有限的后勤补给也限制着德军的行动。而苏军方面，汲取了上一年教训的斯大林与苏联红军，已经学会了更为审慎地决定何处以退为进，何处又该死守不退。

黑海沿岸的战斗

翻过高加索的山隘，劳夫的第5与第44军向图阿普谢方向进攻，第49山地军则向苏呼米（Sokhumi）方向发起攻击[①]。至8月14日，德军第5军肃清了克拉斯诺达尔，而第44军仍在草原上行军，11日至16日，第57装甲军企图冲向以涅夫捷纳亚（Neftyanaya）为中心的油田，但是没能突破苏军的防御。在南面，8月中旬德军第1山地师的部队经过苦战，顺着苏呼米的国防公路推进至捷别尔达，不过至此再难推进一步。此时罗马尼亚部队则在库班半岛与苏军陷入苦战，德军第17集团军的其他部队发现在涅夫捷纳亚油区的地形上行走得非常艰难。

时间已经到了8月的第3周，德军最高统帅部开始怀疑其能否完成"雪绒花"原计划的西半部分，不论是在克拉斯诺达尔以南的高地还是翻过苏呼米方向的高山对德军而言都谈不上容易。前线部队减员严重（其中大量属于非战斗减员），后勤也跟不上，苏军的抵抗也随着黑海舰队的重新活跃而越发坚定与棘手，所有的因素都为这个计划蒙上了阴影。随着约德尔在9月7日视察了位于斯大林诺的A集团军群司令部，希特勒对利斯特元帅的失望达到顶点。他亲自发声表示高加索战局需要新的指挥官来打开局面，不言自明的利斯特在两天后请求辞去集团军群指挥官职务，希特勒旋即批准了其请求。希特勒于10日亲自接过了该集团军群的指挥权[②]。

尽管德军有了新的指挥官，并于9月10日夺取了新罗西斯克，但在接下来的6个星期里，在图阿普谢

① 一些资料中将德军第44军称为"猎兵军"，这是因为该军下辖有第97与第101猎兵师。
② 与此同时希特勒开始考虑更换陆军总参谋长的人选，于是哈尔德的任期很快到了头，他于9月24日被撤换。

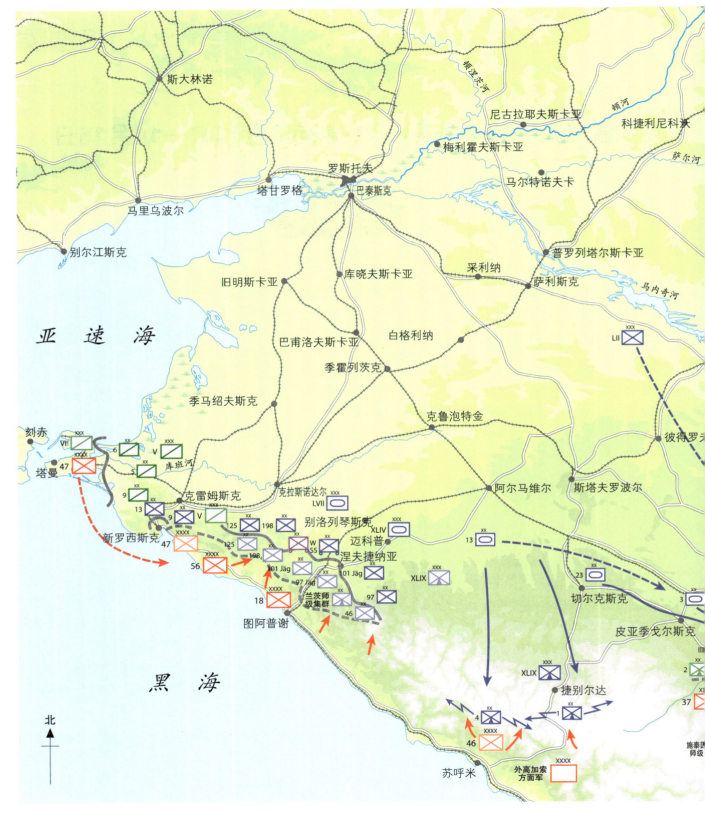

北 ↑

地图51 "雪绒花"行动（Ⅱ），1942年8月11日—11月15日

图例

—— 8月31日战线
- - - 10月25日战线
☐ 8月31日部队位置
☐ 10月25日部队位置

0 ——————— 50 英里
0 ——————— 50 千米

94 XX

1 XX

4 XX

埃利斯塔

北高加索
方面军 XXXX

4 Gd XXX

LII XXX

3 XXX

XL

44 XXXX

370 XXX

111 XXX

13

博登豪森
师级集群

莫兹多克

伊什切尔斯卡亚　10 Gd XXXX

111 XXX

11 Gd XXXX

9 XXXX

格罗兹尼

奥尔忠尼启则

对面的主要战线上，德军取得的每一次小小的进展都来之不易。9月26日，第44军终于在高加索的崇山峻岭中取得了突破，虽然苏军第18集团军放弃了部分防区，但收缩后的苏军不仅恢复了战斗力，而且构筑了另一道连贯的防线。10月25日，新任总参谋长、步兵上将库尔特·蔡茨勒（Kurt Zeitzler）在从第17集团军视察返回后递交了一份悲观的报告。就此基本上给所有在图阿普谢方向进行下一步进攻的计划判了死刑。

格罗兹尼产油区的战斗

8月的第2周，克莱斯特已经抵达了皮亚季戈尔斯克并准备向捷列克河推进，该河是通往里海的最后一道天然障碍，也是苏军外高加索集团军决定死守的地点。在卡尔梅克大草原上的埃利斯塔方向，德军第52军试图填补第1装甲集团军和第4装甲集团军之间的巨大缺口，并在可能的情况下牵制敌人。

8月25日，第1装甲集团军发动了冲击，并夺取了列宁运河上的一座桥梁，第40装甲军则占领了莫兹多克。在红军空军的强大空中支援下，地面守军丝毫没有被削弱的迹象。然而，到月底，第3装甲军的前卫抵达了捷列克河河畔的伊什切尔斯卡亚（Ishcherskaya）。该军于9月2日在对岸构筑了一个桥头堡，但德军大部队20日才从该处渡河。出于希特勒对夺取高加索地区山隘与公路的痴迷，第3装甲军奉命向奥尔忠尼启则（Ordzhonikidze）推进，此处是苏军在高加索地区的重要后勤补给枢纽。由于德军第1装甲集团军面临着几乎灾难性的后勤状况，该部需要在原地整补一个月才能继续进攻。德军于10月的最后一周终于发动进攻，但只取得了有限的战果，很快就动弹不得。至11月初，苏军第9与第44集团军已经积累了足够多的兵力来对德军形成严重威胁，且苏军已经着手准备反攻。德军在11月中旬再度取得了进展，但此时严冬的降临与苏军在斯大林格勒的反攻吸引了其全部注意力。为了转移这2个月对"雪绒花"行动的指手画脚给自己带来更多争议，希特勒将A集团军群的指挥权交给了克莱斯特。

地图52

斯大林格勒攻防战（I），1942年9月14日—26日

　　从理性的角度看，斯大林格勒作为一座城市并没有理由得到双方的如此关注。这座城市的确是一个行政中心且拥有一批大型工厂，但除此之外，即便以当时苏联的标准来看，该城市也就是一座普通的三流城市而已。我们一直都未能明白为何希特勒不惜将一整个集团军葬送在此也要夺取这座城市，随着战争的结束，这一切只留给后人种种猜测。

　　9月初，魏克斯的部队便靠近了斯大林格勒并从城市南北两侧抵达了伏尔加河岸边。霍特此时表现得比以往更加咄咄逼人，不断催促保卢斯发动进攻。9月3日，叶廖缅科将部队收缩进一个沿着城市建筑物建立的只有几英里宽的防御圈中（地图49）。为了不给纳粹德军有休息的机会，整条战线上的苏军都寻找一切机会发动反击，其间还向顿河上游脆弱的匈牙利和意大利军发起了攻击。9月7日，德军第51军在炮兵上将瓦尔特·冯·赛德利茨–库尔茨巴赫的指挥下作为保卢斯集团军的矛头向斯大林格勒发起冲击，并抵达了距离城市10千米左右的重要机场古姆拉克。9月12日，叶廖缅科为了巩固防御，将发挥不稳定的第62集团军司令员洛帕京中将（A. I. Lopatin）换成崔可夫（V. I. Chuikov）中将，并将每一支最高统帅部大本营派来的增援部队都填进伏尔加河一线受到威胁的地带。

　　希特勒要求第6集团军在9月15日以前拿下斯大林格勒，保卢斯的迟缓进展令他恼怒不已。11日，保卢斯在位于乌克兰文尼察的"狼人"大本营觐见了希勒特，并汇报了攻城方案。保卢斯计划以2个"突击群"发动进攻，目标是苏军的伏尔加河渡船在右岸的人员和物资登陆点，对面是红斯洛博达（Krasnaya Slobada），那里是叶廖缅科的司令部与苏军重要后勤基地的所在地。霍特的部队将同时从南面攻击苏军第64集团军。兵员相对较充足的德军在战役发起时将占据3∶1的兵力优势和6∶1的坦克装甲车辆优势，同时纳粹空军还掌握着制空权。

　　9月14日，德军于早上6时30分对斯大林格勒发动进攻，并在中部和南部取得了不错的进展，至当日中午德军已经穿过了郊区进入市区，并在几个小时后调动炮兵将崔可夫从位于马马耶夫岗（一座墓地，又被称为102号高地）的指挥部轰了出去。第4装甲集团军的攻击小队在多个地点触及了伏尔加河，并一度接近了大粮仓。当日火车南站与中央车站都有陷于德军之手的危险。德军第71与第76步兵师在市区内取得可观进展，并再度威胁到崔可夫设置在城区内的另一处指挥所。叶廖缅科随即派遣了包括近卫步兵第13师在内的大量增援部队火速渡过宽阔的伏尔加河投入反击。南线则在激烈战斗中，苏联红军拼死捍卫着大粮仓。至15日，中央火车站曾数度易手，但苏军每次都能在落日后发动反击将车站夺回。

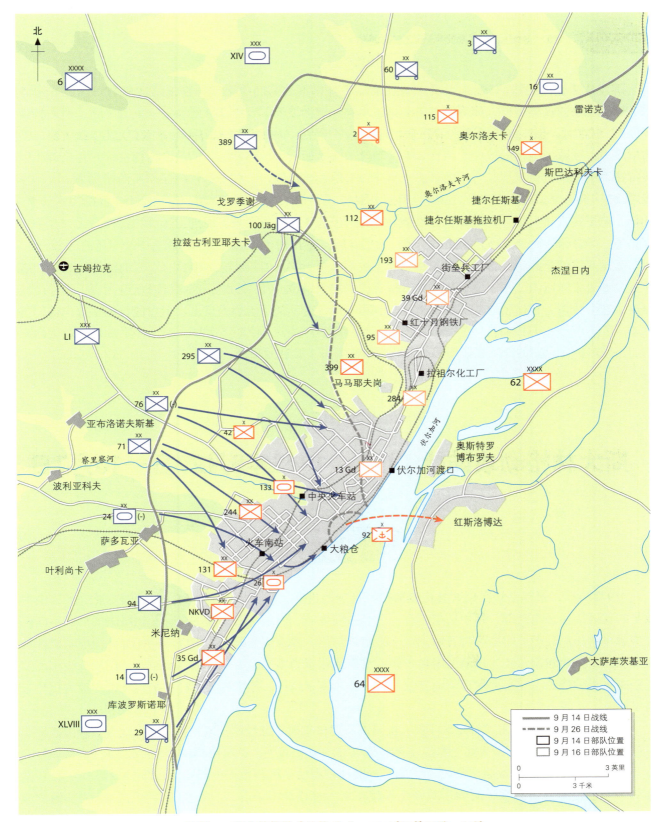

北

6 XXXX

XIV XXX

389 XX

戈罗季谢

100 Jäg XX

拉兹古利亚耶夫卡

古姆拉克

LI XXX

295 XX

76 XX (-)

亚布洛诺夫斯基

71 XX

察里察河

波利亚科夫

24 XX (-)

萨多瓦亚

叶利尚卡

131 XX

94 XX

米尼纳

NKVD XX

35 Gd XX

14 XX (-)

库波罗斯诺耶

XLVIII XXX

29 XX

3 XX

60 XX

16 XX

雷诺克

115 X

奥尔洛夫卡

149 X

2 X

奥尔洛夫卡河

斯巴达科夫卡

112 XX

捷尔任斯基

捷尔任斯基拖拉机厂

193 XX

街垒兵工厂

39 Gd XX

杰涅日内

95 XX

红十月钢铁厂

399 XX

马马耶夫岗

拉祖尔化工厂

28A XX

62 XXXX

伏尔加河

42 X

13 Gd XX

奥斯特罗博布罗夫

133 X

中央火车站

伏尔加河渡口

244 XX

92 X

红斯洛博达

火车南站

大粮仓

26 X

64 XXXX

大萨库茨基亚

9月14日战线
9月26日战线
9月14日部队位置
9月16日部队位置

0 ____ 3 英里
0 ____ 3 千米

地图52 斯大林格勒攻防战（I），1942年9月14日—26日

斯大林格勒在9月14日迎来了真正的危险，当时霍特的第24装甲师一度抵达伏尔加河岸边并顺势北上，假如德军的攻势得逞，那第64与第62集团军的阵地将被德军装甲部队所席卷。危难之际，斯大林紧急调派2个旅渡河，保障渡轮摆渡区的安全并迟滞德军坦克。其中的海军步兵第92旅在危难之际展现出强大的战斗力，拯救了苏军的战局。是日，希特勒给予保卢斯斯大林格勒战事的最高指挥权，并将第47装甲军从霍特手中抽调给保卢斯。希特勒将战役指挥权交给此前指挥经验并不丰富的保卢斯而非从第二次世界大战爆发3年来一直担任指挥岗位且表现出色的霍特，是一个令人奇怪的举动，甚至是决定性的决定。至9月18日，德军第71步兵师将崔可夫从普希金大街的指挥地堡中逼了出来，而近卫步兵第13师的兵力几乎全部打光了。叶廖缅科对于战局开始感到绝望，24小时后，他开始在各地下令发起成功率并不高的反击。

　　至此双方都已经精疲力竭，9月的第3周，战斗基本上陷入僵持状态。至21日，只有海军步兵第92旅仍守卫在察里察河以南。在中段，苏军只占据着伏尔加河岸边的几片土地。苏军此时已经失去了大量渡轮靠泊点，这会让斯大林格勒的防御难以为继。苏军于22日夜发动了绝望的反击，但没能将德军赶出他们苦战后才占领的阵地。9月22日，德军第48装甲军部队最终控制了大粮仓。次日，苏军海军步兵第92旅撤至伏尔加河左岸。保卢斯的部队在经历苦战之后，仿佛看见了胜利的曙光。

地图53

斯大林格勒攻防战（Ⅱ），1942年9月27日—10月7日

　　至9月26日，德军已经在斯大林格勒取得了可观的进展，但仍然未获全功。德军的主要进展集中在行政与居住区以及城市南部，保卢斯虽然宣称已经占领该城，但事实上却为时尚早。崔可夫的部队不断受到优势德军的压制，但此时崔可夫开始训示下级指挥员们，要求他们改变战术以赢回优势；他要求指挥员们抛弃以往指挥成建制营和连部队的习惯，转而将部队化整为零，编为众多战斗小组并使用冲锋枪等能发扬近距离火力的武器。守军要尽可能地接近德军，战斗距离越近，德军的大口径火炮与飞机支援的优势就越难发挥。

　　苏德双方都计划于9月27日发动攻击，但是苏军第62集团军已经严重减员，只能发动为数众多的战斗小组进行小规模突击，保卢斯方面则准备发起第2阶段的大规模攻势。德军第6集团军将彻底清理南部城区，并拿下位于中部城区伏尔加河沿岸的重要渡口，同时他将在已经沉寂数周的城市北面发动攻势。在27日夜，第51军（下辖第71、第76、第94步兵师）占领了斯大林格勒市中心，只在察里察河汇入伏尔加河的地带

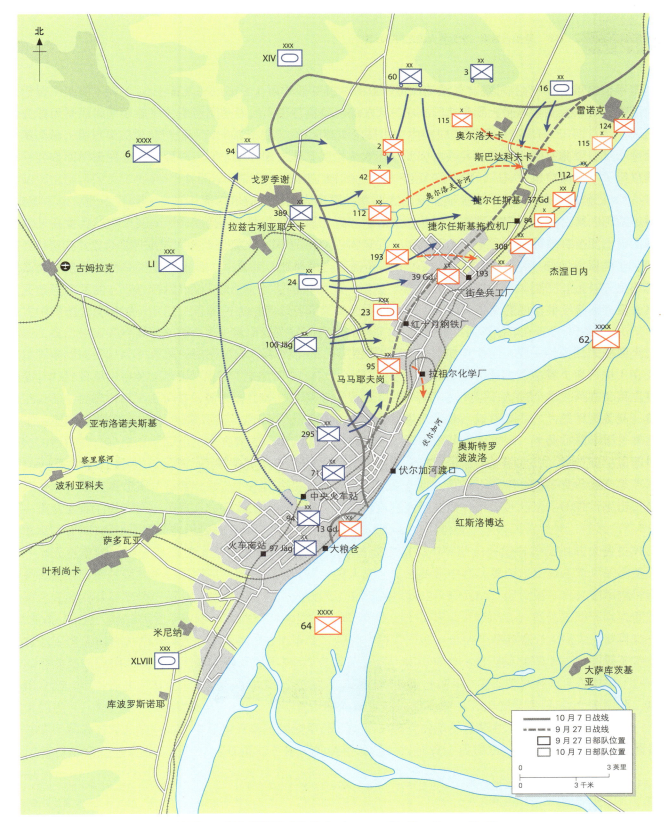

北

XIV

6 XXXX

94 XX

戈罗季谢

389 XX

拉兹古利亚耶夫卡

古姆拉克

LI XXX

24 XX

23

100 Jäg

295 XX

亚布洛诺夫斯基

察里察河

波利亚科夫

萨多瓦亚

叶利尚卡

71 XX

中央火车站

94 XX

火车南站 97 Jäg 大粮仓

米尼纳

XLVIII XXX

库波罗斯诺耶

60 XX

3 XX

16 XXX

雷诺克

115 X

奥尔洛夫卡

斯巴达科夫卡

124 X

115 X

112 XX

2 XX

42 X

112 XX

奥尔洛夫卡河

捷尔任斯基 37 Gd

捷尔任斯基拖拉机厂

84

193 XX

39 Gd XX

193 XX

308 XX

街垒兵工厂

杰涅日内

红十月钢铁厂

95 XX

拉祖尔化学厂

62 XXXX

马马耶夫岗

伏尔加河

奥斯特罗波波洛

伏尔加河渡口

红斯洛博达

13 Gd XX

64 XXXX

大萨库茨基亚

10 月 7 日战线
9 月 27 日战线
9 月 27 日部队位置
10 月 7 日部队位置

0   3 英里
0   3 千米

地图53　斯大林格勒攻防战（Ⅱ），1942年9月27日—10月7日

仍有一个苏军小据点在坚持抵抗。其他德军部队则在集中攻击红十月工厂工人新村①。28日，崔可夫派出步兵第95师和步兵第284师夺回马马耶夫岗，双方发生激烈争夺，山冈几度易手，但苏军最终还是没能夺回山冈。保卢斯于29日改变了其主攻方向，试图从令人沮丧的巷战中抽身出来，转而攻击奥尔洛夫卡河两侧的突出部，此地在德军防线西侧约5英里。崔可夫加强了该区域的兵力，但并没能阻止住德军第14装甲军的攻势，不过他在德军完成合围前将大部分部队从包围圈中撤了出来。

9月已经进入尾声，保卢斯已经将苏军第62集团军压制在围绕捷尔任斯基拖拉机厂、街垒兵工厂与红十月钢铁厂以及附属工人住宅区之间的狭小桥头堡之间。苏军在相对安全的伏尔加河河心岛与左岸集中了斯大林调来的预备队炮兵为守军提供猛烈的炮火支援。最高统帅部大本营则继续将大量增援部队投入这个已经陷入战斗的桥头堡中，但在新的渡口，渡船在安全渡河方面遇到的困难比以前要多得多。然而，到10月1日，苏军已经在9月下半月向右岸投送了总计超过10个步兵师的兵力，一点一点地扭转着双方的兵力对比。当日，保卢斯继续催促他的部队像往常一样进攻，希望德军当日就能拿下红十月工厂。而崔可夫则于10月2日死里逃生：当时他所在的指挥掩体被德军"斯图卡"炸毁，炸弹还引燃了附近的储油罐。

苏军用尽一切手段，向伏尔加河右岸输送更多的人员与武器，与此同时，陷入不断"失血"中的德军仍在用尽一切手段向斯大林格勒北部的工业区深入。此刻德军中唯一还能支援斯大林格勒城内巷战的是部署在伏尔加河上游的部队，但此时该部所驻守的河岸被苏军打入了桥头堡，在向斯大林格勒挺进的过程中希特勒无视了这些肉中刺，这些桥头堡都成了日后的隐患。战斗力不甚可靠的罗马尼亚第3集团军接手了这些德军部队的防务，以便他们的德国盟友能前去增援保卢斯。在魏克斯的催促下，第6集团军在10月4日对苏军据守的3个主要工厂发动了一系列进攻。保卢斯在仅3英里宽的正面摆下了5个师的庞大兵力，当面的苏军步兵第193师和步兵第308师遭受了猛烈打击。战斗持续了整整2天，德军大多数步兵连都报告兵力减员至不足100人，保卢斯于6日命令暂停进攻。德军于次日恢复了攻势，在几个小时内德军就足足损失了4个营的兵力，保卢斯再次下令暂停进攻。看起来苏军第62集团军似乎时来运转，似乎能够比德军第6集团军撑得更久了。

---

①　大多数苏联主要工业企业都会建立一个与企业同名的住房保障区，红十月工厂工人新村便是为红十月钢铁厂的工人们提供住房的街区。

地图54

斯大林格勒攻防战（Ⅲ），1942年10月14日—29日

快到10月中旬，保卢斯再度下令暂停进攻。叶廖缅科抓住这个机会命令崔可夫的部队在拖拉机厂附近展开了反攻，以200—300码的距离向前推进。叶廖缅科此刻有了沉住气的自信：几天前最高统帅部大本营告知他，即将发起的冬季反攻将猛击整个德军B集团军群的正面，要特别关注保卢斯的暴露的突出部。另一方面，德军此刻进退两难的战略困局让希特勒不得不签署第1号作战命令，暂停了德军除斯大林格勒与东高加索之外所有正在进行的攻势。

10月14日，第6集团军积累了足够的兵力后对这座城市发动了第三次大规模进攻，此次5个师的兵力以4个专门训练的战斗工兵连为先导对拖拉机厂方向发动强攻。德军第14装甲师设法集中了200辆装甲车辆，越过近卫步兵第37师，沿着梅切特卡河（Mechetka）而下。第14装甲师随后绕过捷尔任斯基工厂，抵达了伏尔加河岸边，将苏军第62集团军截为两段，随后该师向南攻击红十月工厂。该装甲师从三面包围了拖拉机厂，仅当日双方就在战斗中阵亡了超过3000人，战斗惨烈程度可见一斑。与此同时，伏尔加河上的渡船创造了一个新的单日转运增援部队的纪录：3500人。魏克思不可能指望能与这些数字竞争。次日，保卢斯又命令第305步兵师加入第14装甲师与第94步兵师对拖拉机厂的围攻中，似乎胜利的天平已经向他的方向倾斜了，此时他的部队距离崔可夫最新的指挥所只有几百码之遥。第14装甲师与第94步兵师倾其全力进攻该工厂，但16日却又因为无以为继只得停了下来，当日崔可夫得到了大量援军，但保卢斯却什么都没得到。10月18日，第14装甲师与第389步兵师再度从砖窑附近的拉祖尔化工厂与铁路调车场方向发起进攻。而崔可夫则破天荒地允许苏军步兵第308师进行从整个斯大林格勒保卫战开始以来他的集团军的第一次撤退。

到10月的最后一周，保卢斯倾其所有地重点攻击街垒兵工厂与红十月工厂。至23日，德军第6集团军在这2个厂区取得了显著进展，将2个厂区的半数以上地域夺到手中。同日苏军第64集团军在城市南面对德军第4装甲集团军发起了牵制攻击，但并没能有效分散德国人的注意力。此时仍死守在城中的苏军2个集团军已经到了"油尽灯枯"的地步，然而尽管有的师汇报说仅剩下数百人，但他们却能维持建制并保持着部队的凝聚力。德军部队不断取得对伏尔加河沿岸地区的控制，将苏军的渡船置于直射火力之下导致其渡河运输越来越危险。尽管红军增援部队可能在刚刚上岸后就被德军消灭，但苏军以步兵连为单位大量从多个渡口快速投入战场，让德军顾此失彼，由此起到了挽救局势的作用。保卢斯派出第79步兵师打算终结红十月工厂的战斗。10月25日，苏联红海军伏尔加河区舰队的炮艇加入了战斗，在局部地区为击退德军扭转战局做出了贡献。

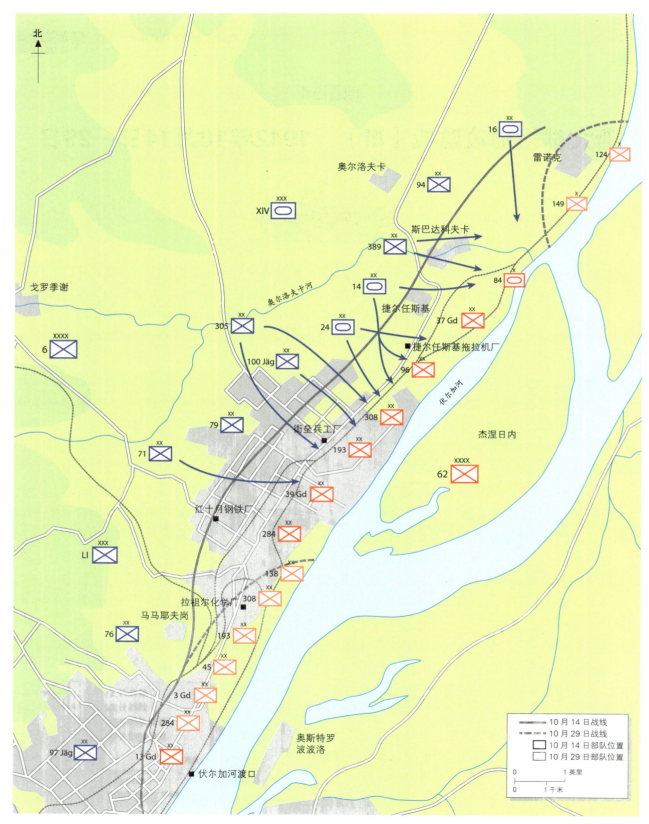

北

奥尔洛夫卡

XIV

雷诺克

16

124

94

149

斯巴达科夫卡

389

84

14

奥尔洛夫卡河

捷尔任斯基

37 Gd

戈罗季谢

305

24

捷尔任斯基拖拉机厂

6

96

100 Jäg

79

街垒兵工厂

308

71

193

杰涅日内

39 Gd

红十月钢铁厂

62

284

LI

138

拉祖尔化学厂

308

马马耶夫岗

76

193

45

3 Gd

奥斯特罗
波波洛

284

97 Jäg

13 Gd

伏尔加河渡口

| 10月14日战线 |
| 10月29日战线 |
| 10月14日部队位置 |
| 10月29日部队位置 |

0　　　　1 英里

0　　　　1 千米

地图54　斯大林格勒攻防战（III），1942年10月14日—29日

10月25日，德军第14装甲师发动了向街垒兵工厂的最后一次突击，并最终在2日后夺取了该工厂。29日，德军第16装甲师与第94步兵师终于从苏军2个旅手中拿下了斯大林格勒北郊的斯巴达科夫卡，并分割了苏军在雷诺克的部队。防守钢铁厂的苏军近卫步兵第39师已经被德军分割成3段。苏军第62集团军在沿岸各处的兵力，被压缩到离伏尔加河只有几百码的距离。但恰恰就在此时，保卢斯的部队已经无力为继，尽管德军在此后2周还将继续进攻下去，但却只能取得有限的进展。此时，魏克斯已经把集团军群中能抽调出来的德军部队都抽掉完了，在第6集团军纵深侧翼的意大利、匈牙利和罗马尼亚仆从军却从当面苏军越来越频繁的活动中察觉出一丝异样，这非常令人不安。

ATLAS THE EA FRONT 1941

苏军冬季反攻
（1942—1943 年）

SOVIET WINTER
COUNTEROFFENSIVES,
1942-43

　　1942年10月中旬，斯大林格勒的德军指挥官、装甲兵上将弗里德里希·保卢斯曾扬言将在1个月内彻底拿下这座城市，而苏联人在当年夏天组建并基本上全部集中到这座城市周边地区的10个预备集团军会对此宣言不屑一顾。这个冬天，苏军最高统帅部大本营为苏军的反击从红军的作战理论、指挥领导与部队专业素养等方面做足了准备并制订了与三者相称的战役目标。参与冬季反击的苏军在这3个方面较前1年半有了长足进步。苏军决心首先集中力量打击保卢斯侧翼战斗力不靠谱的罗马尼亚人。整个夏天，尽管希特勒取得了明显的成功，但苏联最高统帅部仍然专注于最终的反攻。从11月19日开始的"天王星"行动，其战役决心为通过突破德军过度延伸且脆弱的两翼合围保卢斯部。苏军在该方向拥有2∶1的兵力优势，而在关键地域则集中了绝对优势兵力。德军虽然深知己方此时的脆弱，但在斯大林格勒的残酷厮杀、情报的匮乏与苏军行之有效的佯动都让德军产生了对方"同自己一样已经把血流干"这样一厢情愿的想法。当然，希特勒别无选择，1942—1943年度德军以并不充裕的兵力在各个战场上都取得了丰富战果，这一状况让自信心膨胀的希特勒理所当然地决定仍旧维持攻势。历史学家安东尼·比弗（Anthony Beevor）认为，保卢斯在战术上最大的错误在于，将其机械化部队如第16与第24装甲师与第3及第60摩托化步兵师都投入斯大林格勒市区的残酷巷战中白白消耗，而没有将这些部队抽出来作为机动预备队使用。

　　苏军的反攻在3500门重炮铺天盖地的弹幕中拉开序幕，在斯大林格勒两翼的罗马尼亚仆从军首当其冲，被炸得人仰马翻。苏军部队在痛击罗马尼亚军的过程中进展顺利，偶尔遭遇德军部队也能迅速取胜。苏军顿河方面军在19日夜撕开了法西斯军队的防御，随即由机械化部队组成穿插部队超越进行突破的步兵向纵深展开。在斯大林格勒以南，苏军花了2天的时间小心翼翼地打通了向开阔地挺进的道路。又过了48小时，苏军南北两侧的机械化矛头在顿河与伏尔加河之间的苏维埃茨基会师。苏军将22个师，轴心国的25万大军装进了自己的口袋[1]。当苏军发动反击时希特勒正在巴伐利亚参加1923年"啤酒馆暴动"的年度纪念活动，德军高层在他不在的时候不敢轻举妄动。直到希特勒抵达他在阿尔卑斯山上的别墅时，才开始指挥德军的应对行动。在包围圈封闭前一天，希特勒匆匆赶回他的指挥所，根据上个冬天在莫斯科似乎有一定作用的防御措施，他的命令很简单："坚决死守。"起初保卢斯并未对自己的后方作出太多部署，他只能在飞机上草率地发布一系列命令。鉴于目前可怕的现实情况，希特勒重新组织了包

---

① 虽然苏军并未将保卢斯本人合围在包围圈中，但他却自己飞到了斯大林格勒，之后被俘。

围圈外的各种部队，组建顿河集团军群，由曼施泰因担任指挥官。他交给曼施泰因两个任务：稳定防线并组织解围。对于德军而言，万幸的是此时苏军仅在少数地域达成了突破且并没有太多部队向德军纵深穿插。苏军在合拢包围圈后先是着重于封死包围圈内层，随后才继续扩展包围圈外的空间这样一来曼施泰因的第一项任务更容易完成。德军顿河集团军群如果没有包围圈内的保卢斯的协助将孤掌难鸣，但保卢斯接到了死命令，不准从斯大林格勒撤出，即便希特勒允许他突围，保卢斯也没有兵力来突破包围。包围圈外的德军也无法打破包围圈；12月12日—21日，德军2个装甲军奉命向包围圈发起突击，这是"冬季风暴"行动的一部分，但直到最后，解围部队离包围圈内的部队最近也有25英里。解围失败的主要原因有两个：一是苏军方面对德军的解围企图有所准备，且组织防御坚决；另一方面，希特勒的偏执让他对放手这座"斯大林的城市"在自尊上无法接受——他拒绝为解围行动提供所有可用的机动力量。在诺曼底登陆时，希特勒将重蹈覆辙。

　　苏军最高统帅部大本营命令"天王星"行动的大本营全权代表，华西列夫斯基（A. M. Vasilevski）上将继续对德军保持压迫态势。华西列夫斯基的回应是"土星"行动，该行动的作战方案中苏军将扩大斯大林格勒突出部，并消灭顿河上游紧靠已经被击溃的罗马尼亚军防区的意大利军队。该方案中部队的攻击目标变为罗斯托夫及其众多铁路枢纽，将把整个东南方向的德军——在原有目标保卢斯的基础上，还要加上驻足高加索山麓进退两难的A集团军群，与新组建的顿河集团军群———网打尽。包围圈中的保卢斯所部的规模超乎了苏军所料，成为一颗费时费力才能砸碎的硬核桃。不过在勒热夫附近进行的"火星"行动的糟糕战果与德军为解围在斯大林格勒地域展开的疯狂反攻，都让最高统帅部大本营对野心勃勃的"土星"计划举棋不定。经过2周的辩论后，苏军高层最终批准了"小土星"行动的作战方案，该方案主要着重于扩展斯大林格勒外围的包围圈。此前的"土星"作战计划实在太过超乎实际，尤其是对消灭包围圈内的保卢斯部安排的部队数量不足。因此苏军最终采纳的是相对进展更慢但是更稳妥的"小土星"计划而非匆忙制订的"土星"计划；"小土星"的作战方案要求参战部队在12月16日—20日间突破意大利军队的防御并撕开一个100英里宽的突破口。在突破意大利人的第二道防线时苏军遭受了惨重伤亡，但达成突破后放开手脚的机械化部队控制了关键的机场，导致纳粹空军向包围圈内空运给养的能力大幅度减弱。在12月上半月，德军第48装甲军沿奇尔河与苏军坦克第5集团军爆发了一系列战斗，当"小土星"行动发起时，该装甲军已经无法对苏军的行动构成威胁。但尽管如此，在整个地区苏军与德国地面部队和调整过来的德国空军作战需要付出更大的代价，苏军的攻势在年底这段时间陷入停滞。

　　1月下旬，斯大林格勒包围圈中的德军处境越来越糟。部队筋疲力尽，给养匮乏；苏军不断攻击被包围部队的外围，让这些想要获得解救的人受到了惨重损失。保卢斯手中最后一处可用的大型机场于1943年1月24日被苏军夺回，26日，苏军将德军防线撕成两半。保卢斯在1周后投降。此战轴心国军队的伤亡达到了25万人之多，相当于苏军的两倍。在包围圈外的主要战线上，苏军最高统帅部大本营命令苏军沿顿河上游对沃罗涅日两翼的德军发起新一轮进攻。苏军的新一轮攻势将城市南侧的匈牙利部队打得丢盔弃甲，2周后又将北面的德军一个集团军打退。另一路苏军则对A集团军群的最后退路罗斯托夫呈压迫态势，罗斯托夫是A集团军群最后的逃生路线，他们仍然位于高加索山脉脚下危险的暴露阵地上。从沃罗涅日到罗斯

托夫再到高加索山麓，每一个德军装甲师或者摩托化步兵师都被当作救火队，在苏军此起彼伏的攻势之间疲于奔命。斯大林预计德军的抵抗随时会彻底崩溃。

然而，苏联人未能取得决定性的成功，因为他们面临着一系列的困难：部队战斗损失过大，后勤补给困难，预备队消耗殆尽且战役规划时间不足。与此同时，德军也再度开足马力。在12月与1月间，德军设法向整个南线补充了25个师的兵力。曼施泰因逐渐站稳脚跟并开始组织自己掌握的反击预备队。苏军方面则着手准备另外两场攻势继续向德军施压：在法西斯军队右翼展开的，从东南向马里乌波尔推进的"飞驰"行动与从东北向哈尔科夫推进的"星"行动。如果两场攻势都获得成功，那么苏军将直接反推至第聂伯河河曲，甚至在最理想的情况下，苏军将在第聂伯河对岸建立一个桥头堡。两场攻势都必须在泥泞季节到来前——也就是3月前结束，这让苏军感到了时间的紧迫。

在德军于冰天雪地中被苏军迎头痛打的同时，希特勒正与自己的偏执搏斗，斯大林格勒战局的糟糕实际情况最终让他放弃了继续向高加索产油区进攻这一不切实际的想法，1月21日，他终于允许A集团军群撤离至顿河右岸。除了库班半岛上留下的一支被遗弃的偏师之外，德军仅有相当于5个师的部队从罗斯托夫逃出，这些部队随后被编入纳粹国防军的其他单位。另有多达10万人（他们的装备大部分被遗弃）是令人惊异地通过空运从塔曼半岛逃出，这些部队在米乌斯河沿岸构筑了一道堪用的防线。苏军的"飞驰/星"行动起初进展顺利，但随后在斯拉维扬斯克遭遇德军2个装甲师的反击，让苏军不得不大幅度修改作战计划。由于德军的抵抗非常顽强，苏军最高统帅部大本营决定将原计划的攻击目标——亚速海沿岸的马里乌波尔变更为抵达第聂伯河。北线的"星"行动则目标不变，苏军于2月8日解放了库尔斯克，1周后（暂时）解放了哈尔科夫并对德军进行了大纵深穿插。不过德军此时也因4个方面的原因有了起色：（1）此时德军将南部众多指挥机构进行了合并，组建了新的南方集团军群，曼施泰因再度出任集团军群指挥官，提高了指挥效率；（2）德军从罗斯托夫、伏罗希洛夫格勒与北面的撤退行动相对有序，且其间没有受到严重损失；（3）德军获得了从西线调来的，包括装甲与摩托化部队在内的数量可观的增援；（4）苏军此刻又如同上一年一样过度延伸其补给线，后继无力。

2月17日，希特勒飞赴曼施泰因在扎波罗热的指挥部与其会面了48小时，这有可能是为了减轻这位重压在身的元帅的压力。此时红军的坦克部队距离希特勒中间只隔着36英里无人把守、已经冻硬的农田。但实际上，希特勒带来了庞大的装甲兵与空军部队，并抛出了一个大胆但志在必得的反击计划，旨在彻底折断苏军已经延伸过度的攻击矛头。红军最高统帅部大本营无视事态的发展，将自己战果辉煌但已经疲惫的主力部队从斯大林格勒转移到了莫斯科地域，意图再度发动一场"火星"式的战役，并最终解放斯摩棱斯克与第聂伯河上游。

希特勒到访曼施泰因指挥部的第2天，德军的反击就以猛烈的空中打击拉开了序幕，至月底，苏军"飞驰"行动已经止步不前（对德军中央集团军群的进攻也被阻滞）。德军另一支装甲部队则于28日向哈尔科夫发动进攻，强大的党卫军装甲部队于3月14日重夺哈尔科夫城并于4日后在一场短暂交战后拿下了别尔哥罗德。随着德军强大的机械化部队在北乌克兰集结完毕，夺回战术主动权的曼施泰因决定继续向北反击，攻击苏军在库尔斯克以西的突出部。如果当时的气候条件允许，且奥廖尔方向的指挥官——中央集团

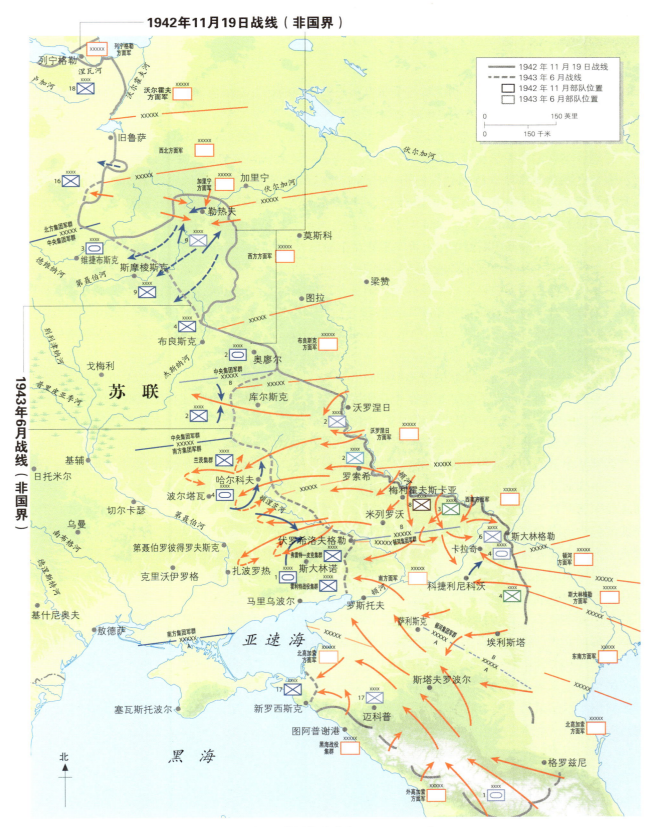

1942年11月19日战线（非国界）

列宁格勒方面军

列宁格勒
涅瓦河
卢加河
18

沃尔霍夫河
沃尔霍夫方面军

旧鲁萨
西北方面军

加里宁方面军
加里宁
伏尔加河

16
勒热夫
莫斯科

北方集团军群
中央集团军群
维捷布斯克
斯摩棱斯克
9
西方方面军
德维纳河
第聂伯河

苏联
戈梅利

4
布良斯克
布良斯克方面军

别列津纳河
杰斯纳河
奥廖尔
2
图拉
梁赞

中央集团军群
B
库尔斯克

基辅
日托米尔
2
沃罗涅日
沃罗涅日方面军

中央集团军群
南方集团军群
兰茨集群
哈尔科夫
2

切尔卡瑟
罗索希
乌曼
南布格河
波尔塔瓦
梅利霍夫斯卡亚
8
西南方面军
3

第聂伯罗彼得罗夫斯克
克里沃伊罗格
第聂伯河
伏罗希洛夫格勒
米列罗沃
6
斯大林格勒

弗雷特—皮克集群
扎波罗热
斯大林诺
1
顿河集团军群
B
卡拉奇
4
顿河方面军

基什尼奥夫
敖德萨
马里乌波尔
罗斯托夫
科捷利尼科沃
4
斯大林格勒方面军

南方集团军群
A
亚速海
萨利斯克
顿河集团军群
A
埃利斯塔
东南方面军
B
A

塞瓦斯托波尔
北高加索方面军
17
斯塔夫罗波尔
17
北高加索方面军

新罗西斯克
迈科普

图阿普谢港
黑海战役集群
黑海
格罗兹尼
1
北

外高加索方面军

1943年6月战线（非国界）

	图例
	1942年11月19日战线
	1943年6月战线
	1942年11月部队位置
	1943年6月部队位置

0　　　　150 英里
0　　　　150 千米

地图55　苏军冬季反攻，1942—1943年

军群指挥官，谨小慎微的克卢格能够与曼施泰因合作无间的话，这一行动本身胜算很大；不过这两个条件都没有达成，战役的胜利自然成了无稽之谈。

在从斯大林格勒方向发起"天王星"行动后不到1周，苏军最高统帅部大本营又在北面发动了"火星"行动。苏联国防委员会副人民委员朱可夫，决心以此战役歼灭盘踞在距莫斯科125英里远的勒热夫一带沉寂已久的德军部队。这场战役任用的是苏军此时最受器重的指挥官且战役地域临近首都，由此可见"火星"行动在斯大林和苏军眼中重要性等同于伏尔加河一线的冬季反攻。该战役第1阶段中，苏军将从东西两面对勒热夫南部地域进行钳形攻势，在取得与斯大林格勒战役相媲美的成功之后，第2阶段苏军将攻击维亚济马，从根部切断德军中央集团军群在正面形成的巨大突出部。

一如既往地，德军对苏军的攻势还是没能得到相应的情报，被打了个措手不及。从德军战线最西端发起的向东的攻势在初期获得了一定的胜利。但从莫斯科方向向西的进攻矛头就没有那么顺利了，即便朱可夫亲自指挥战斗，苏军也没能突破德军的防御。西路苏军遭受重创，至12月第2周，朱可夫也承认陷入僵局。1943年3月德军在"水牛"行动（Operation Büffelbewegung）[1]中主动放弃了勒热夫，并将战线收缩了三分之一的长度。

为何苏军在莫斯科周边发起的攻势最终碰壁？从战略角度上来看，红军当时仍无力支持两场规模庞大且同时发起的攻势行动。战役上，德军中央集团军群在勒热夫周边集结了（斯大林格勒的德军恰恰缺乏这一关键机动力量）最初4个、后来又增加了3个师的机械化预备队。这些机械化部队起初便迟滞了苏军的进攻矛头，并在随后将苏军进攻矛头部队歼灭。除此之外，德军在北面也有"地利"与"人和"的因素：所有部队都是由久经沙场的德国士兵组成，且已经在该地域驻扎数个月，工事修筑完善，对地理条件熟悉。一些历史学家片面轻视了"火星"行动在苏军1942年反击战略中的重要性，宣称该战役的目的仅仅是为了防止德军将同样的预备队投入斯大林格勒战役中。就此而言，"火星"行动无疑达成了苏军的目的，但也无法解释为何战后苏军的战史对这场规模宏大的战役语焉不详。不过作者认为，该战役对于苏联军队与朱可夫个人而言都可以说是失败的，这场战役也是朱可夫指挥生涯中少数的失败之一。

在曼施泰因再度拿下哈尔科夫的前一个月，保卢斯在斯大林格勒率部投降，斯大林格勒的惨败让德军在乌克兰取得的战术胜利也黯然失色。在"巴巴罗萨"行动到"天王星"行动发起的17个月间，德军损失了约50个师的兵力；在为期5个月的"天王星""小土星""飞驰"和"星"等一系列行动中德军又损失了45个师的兵力，同时仆从国也损失了40个师。从1942年11月到次年3月间，苏军解放了所有德军在"蓝色"行动（1942年6月—11月）期间占领的领土。与此同时，美国陆军航空队（USAAF）也开始全面参与到英国皇家空军与德军的战斗中来，在德军南方集团军群在库尔斯克的攻势受挫后几周，美英联军在北非开始对德军发起最后一击，将纳粹德军逐出北非。1943年对于纳粹德国来说，是在一连串的战败与撤退中度过的。

---

[1]　苏军发起"火星"行动期间德军应对行动的代号。

地图56

"天王星"行动，1942年11月19日—24日

　　11月上半月，德军在斯大林格勒的进攻已经成了强弩之末，朱可夫开始着手截留部分调拨给崔可夫的增援部队，在德军第6集团军侧翼组建用于进攻的兵力。11月3日，在坦克第5集团军的指挥所中，朱可夫向新组建的西南方面军的所有高级指挥员简要介绍了冬季反攻的主要内容：苏军将首先消灭在斯大林格勒侧翼弱小的罗马尼亚仆从军，尔后尽可能地合围德军第6集团军与第4装甲集团军的部队。

　　为了实施"天王星"行动，苏军最高统帅部大本营在斯大林格勒西北集结了5个集团军，在南面集结了另外2个，总兵力超过100万人，另有13500门火炮、近900辆坦克与1100架飞机。数日之后，德军的情报部门向希特勒汇报说斯大林格勒面临着越来越大的危险。迟到总好过不到，霍特让实力大幅度下降的第48装甲军去支援罗马尼亚第3集团军，这是掩护保卢斯侧翼的两个轴心国集团军中实力较弱的哪个。斯大林格勒地域的法西斯军队此时有约100万人、10300门火炮、675辆坦克与1200架飞机，法西斯军队在数量上并未处于明显劣势，但此刻红军作为进攻方，拥有选择发起攻击的时间与地点的有利条件，并能在关键地域集结优势兵力。

　　瓦图京所指挥的西南方面军是此次战役的进攻主力，该方面军于11月19日早以罗曼年科（P. L. Romanenko）中将指挥的坦克第5集团军与奇斯佳科夫（I. M. Chistyakov）少将指挥的第21集团军为先导，向罗马尼亚人发起猛烈攻击。罗马尼亚人在一些地段仍在坚守，但多数地段的守军在苏军的攻势下很快陷入混乱与溃逃。苏军步兵师快速开辟突破口，2个集团军的指挥员都同时决定投入坦克与骑兵打击集群进行纵深穿插。奇斯佳科夫战线右翼的坦克第4军进展尤为顺利，在日落前便推进了20英里。在"天王星"行动地幅的西面，坦克第1军对实力已经缩水到仅相当于一个师的德军第48装甲军进行了打击，德军被迫退到奇尔河对岸。德军军长费迪南德·海姆中将竭力组织他的装甲部队和退下来的罗马尼亚坦克停止溃退，向东北方向的苏军坦克第5集团军发动反击。在罗马尼亚第1装甲师几乎全军覆没的代价下，他们也没能拦下罗曼年科的装甲部队，苏军仍向卡拉奇方向推进。与此同时，东面罗科索夫斯基的顿河方面军以第65与第24集团军向德军发动牵制攻击，而他的第66集团军则将为包围圈内的保卢斯套上"绞索"。

　　在"天王星"行动发起24小时后，罗尼亚第3集团军已经被打得支离破碎，苏军撕开了20英里宽的突破口。德军第11军试图封堵顿河—伏尔加河一线的突破口以保护第6集团军的侧翼。令魏克斯要应付的局面雪上加霜的是，叶廖缅科的斯大林格勒方面军也开始发难，以托尔布欣（F. I. Tolbukhin）少将指挥的第57集团军与特鲁法诺夫（N. I. Trufanov）少将指挥的第51集团军向罗马尼亚第4集团军的阵地发起攻击；

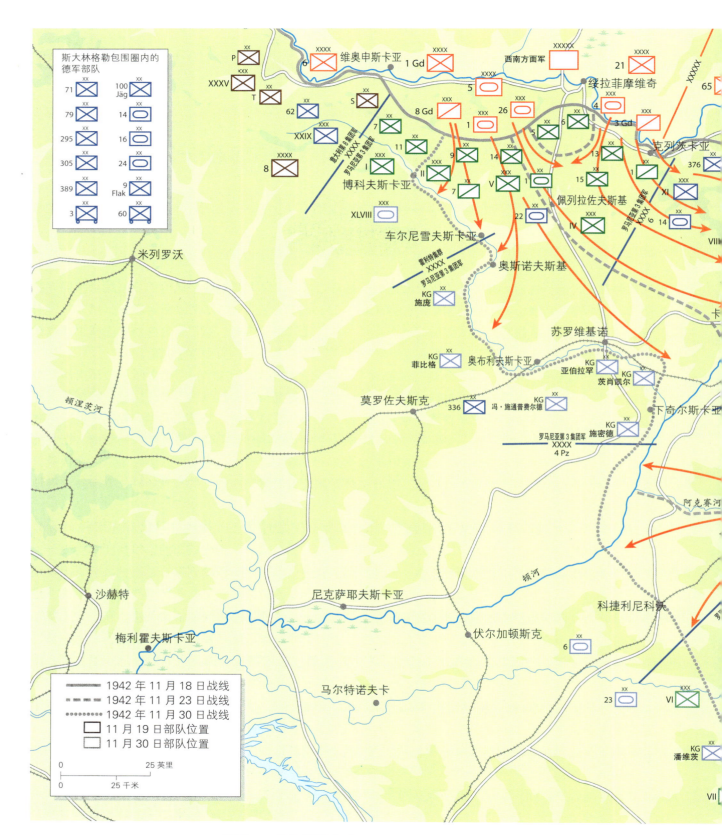

维奥申斯卡亚

西南方面军

绥拉菲摩维奇

克列茨卡亚

博科夫斯卡亚

车尔尼雪夫斯卡亚

奥斯诺夫斯基

佩列拉佐夫斯基

苏罗维基诺

奥布利夫斯卡亚

莫罗佐夫斯克

下奇尔斯卡亚

阿克赛河

罗马尼亚第3集团军

科捷利尼科沃

米列罗沃

顿涅茨河

顿河

沙赫特

尼克萨耶夫斯卡亚

伏尔加顿斯克

梅利霍夫斯卡亚

马尔特诺夫卡

潘维茨

1942 年 11 月 18 日战线
1942 年 11 月 23 日战线
1942 年 11 月 30 日战线
11 月 19 日部队位置
11 月 30 日部队位置

0   25 英里
0   25 千米

地图56　"天王星"行动，1942年11月19日—24日

而机械化第4军则准备长驱直入卡拉奇，与瓦图京的部队会师。霍特命令第60摩托化步兵师对特鲁法诺夫的左翼发动了一次徒劳的反击。至20日，"天王星"行动对德军的包抄企图已经全然图穷匕见，保卢斯连忙终止在斯大林格勒的所有进攻行动并将第14、第16和第24装甲师从城区巷战中撤出，并将这几个师派往顿河一线的苏军突破口。在南部，他命令第29摩托化步兵师投入战斗，意图封堵叶廖缅科部撕开的突破口。

至11月21日，苏军3支用来突破的部队——近卫骑兵第3军、坦克第4军和坦克第26军已经从顿河岸边前出60英里并深入法西斯军队纵深，向卡拉奇方向推进。叶廖缅科的机械化第4军则拿下了阿布加涅罗沃（Abganerovo）并向泽特（Zety）推进，德军最终在泽特成功挡住该军。在整条战线上，法西斯军队不断被苏军成建制消灭，而大批红军部队则从纳粹军队千疮百孔的防线各处涌入；在北线苏军势如破竹，德军部队发动的反击被苏军迅速挫败歼灭。11月22日，瓦图京的坦克第26军抵达顿河河岸并抢占卡拉奇的顿河大桥过了河渡河，随后控制了该镇。叶廖缅科的机械化第4军[1]则推进到距离卡拉奇仅十余英里处。德军以第16与第24装甲师编成的战斗群试图挫败苏军的钳形攻势，但却被苏军击退。保卢斯电告魏克斯，称此时在南面仍有逃生通道，希望得到自由行动的权力以便突围，但魏克斯电令其原地坚守。

11月23日上午，苏军坦克第26军与机械化第4军的部队在卡拉奇以东会师，由此封闭了德军所有后撤通道。瓦图京的部队已经向前推进100英里，而叶廖缅科的部队也推进了超过60英里，至23日夜苏军将包围圈扩展至10英里纵深。包围圈中的德军足足有22个师，共计25万人[2]。至24日，保卢斯再度发电请求突围，但希特勒直接回绝了他的请求。

---

① 此处原文14th Mechanized疑为有误。
② 苏军合围了德军14个步兵师、3个摩托化步兵师和3个装甲师以及2个罗马尼亚师，除此之外包围圈内还有大量纳粹空军部队，以及技术支援与后勤部队。

地图57

"小土星"行动，
1942年12月16日—1943年1月1日

在11月的最后1周中，苏军完成了斯大林格勒包围圈的加强封闭。11月24日，斯大林签署命令要求苏军准备应对德军即将发起的反攻，并着手歼灭包围圈内的第6集团军。与此同时，大本营代表华西列夫斯基上将会见了苏军高级指挥员，商讨苏军的下一步行动——"土星"行动的具体规划。该作战计划中，苏军将扩展斯大林格勒包围圈的外沿，并将A集团军群困在高加索地区。在得到新组建的近卫第1集团军的加强后，瓦图京的方面军将重整并向东南发起攻击，击溃挡在通往罗斯托夫的道路上的意大利第8集团军，同时罗科索夫斯基将再度负责进行支援。他们此时又将面对另一个对手，从列宁格勒调回（同样是11月24日）南线的曼施泰因被任命为紧急组建的顿河集团军群指挥官，接过已经被重创的B集团军，尤其是遭受毁灭性打击的南翼的指挥[1]。在霍特与步兵上将卡尔·霍利特的协助下，曼施泰因将试图挫败苏军的"天王星"行动。

苏德两军在奇尔河一线展开了拉锯，此时包围圈内的德军规模超出了苏军的预期，同时也比计划中想定的要更难歼灭，不过霍特的部队（地图58）同样发现援救保卢斯已经超出了自己的实力。在统筹了战场局势后，红军最高统帅部大本营于12月10日—14日间推迟并随后将"土星"作战方案降级为"小土星"作战方案，内容的修改包括调整了包围圈外围的扩张规模并计划威胁德军顿河集团军群的后方地区。西南方面军的近卫第1集团军和近卫第3集团军与坦

---

① 理论上曼施泰因同时还负责指挥第6集团军，但他自己在回忆录中称这只是"纸面文章"（《失去的胜利》第300页），希特勒仍然直接对斯大林格勒包围圈内外德军保持着直接指挥。

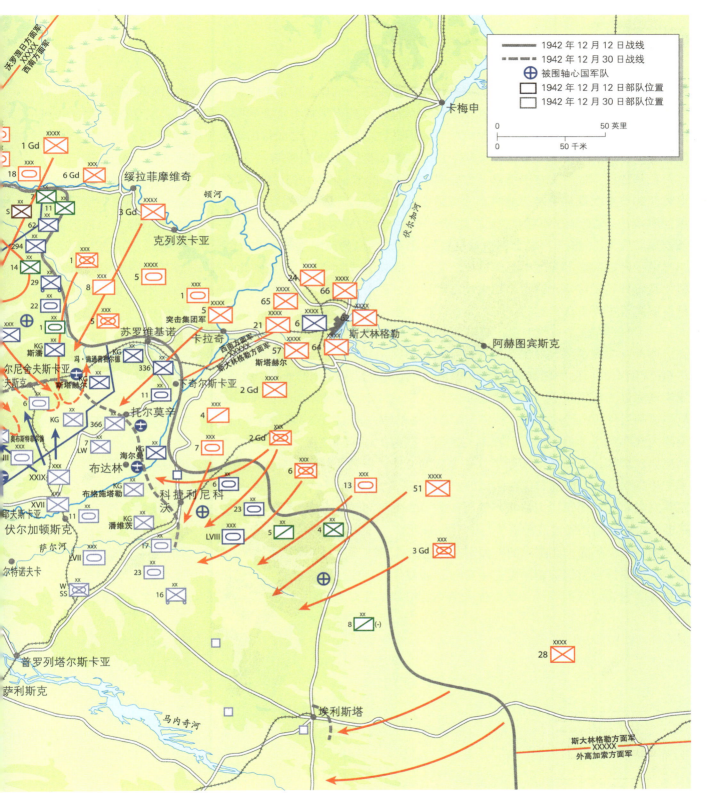

沃罗涅日方面军
西南方面军

卡梅申

1 Gd

18

6 Gd

绥拉菲摩维奇

顿河

3 Gd

克列茨卡亚

24

66

65

21   6   62

5

突击集团军   1   斯大林格勒

苏罗维基诺   西面方面军   斯塔赫尔   57   64

卡拉奇   斯大林格勒方面军

冯·施通普费尔德   下奇尔斯卡亚   2 Gd

336

尔尼舍夫斯卡亚   斯塔赫尔   11   托尔莫辛

阿赫图宾斯克

斯塔赫尔

366   4

奥布利弗斯基   2 Gd

7   海尔曼   7   6

布达林   6   13   51

布格施塔勒   23

科捷利尼科   LVIII   5   4   3 Gd

潘维茨

耶大林卡亚   11   17

伏尔加顿斯克   23

萨尔河

尔特诺夫卡   16

W SS   8(-)

28

普罗列塔尔斯卡亚

萨利斯克   马内奇河

埃利斯塔

斯大林格勒方面军
外高加索方面军

地图57   "小土星"行动，1942年12月16日——1943年1月1日

克第5集团军于12月16日对意大利第8集团军的战线进行猛攻，在沃罗涅日方面军的第6集团军从西面支援下，虽然开局不顺，但24小时内瓦图京的部队就已经歼灭了数个意大利师。在东边，坦克第5集团军很可能席卷霍利特集团军级支队左翼脆弱的奇尔河防线。17日，叶廖缅科出动近卫第2集团军夹击霍利特所部的右翼。曼施泰因在自己的新集团军群中四处搜刮部队，以填补缺口，支撑摇摇欲坠的意大利盟友。

12月19日，瓦图京在伊塔洛·加里博尔迪（Italo Gariboldi）上将指挥的意大利军战线上撕开一道30英里宽、20英里纵深的突破口并将当面之敌击垮①。次日，德军陆军总司令部在关键后勤枢纽米列罗沃紧急组建弗雷特-皮克集团军级支队②。此时苏军骑兵与坦克军正在德军后方纵深地区横冲直撞，已经普遍深入德军防线纵深100英里以上，并且威胁到向斯大林格勒被围德军提供空运补给的机场（其中苏军坦克第24军由于向塔钦斯卡亚前出距离过长，反而一度被德军合围）。考虑到此时苏军对其集团军群构成极大威胁，且希特勒始终不允许保卢斯发动行动代号"霹雳"（Operation Donnerschlag）的突围行动，曼施泰因只得取消了霍特正在实施的接应行动［行动代号"冬季风暴"（Operation Wintergewitter）］。到圣诞节当天，叶廖缅科在这条战线上重新获得了主动权，随后他的部队将继续推进至阿克赛河左岸。

苏军此时已经将其对德军防线的突破口扩展到200英里，其间只遭到了德军的零星抵抗，同时苏军还将第6集团军的包围圈压缩成一个40英里长、20英里纵深的菱形地带。苏军坦克第24军此时仍在塔钦斯卡亚机场附近的包围圈中，但除此之外12月25日—26日的战局都顺应着苏军的希望发展。叶廖缅科发动了解放科捷利尼科沃的行动，由马利诺夫斯基（R. Y. Malinovsky）中将指挥的近卫第2集团军在打退霍特援救包围圈内友军的企图后绕过了其在阿克赛河一线匆忙构筑的防线。马利诺夫斯基的坦克第7军率先进入科捷利尼科沃城区，苏军随即切断了这一地区的交通并占领了德军赖以为生的机场。近卫机械化第2军则占领了位于托尔莫辛以南的布达林的另外2个机场，这2个机场是纳粹空军距离斯大林格勒最近的机场之一。苏军第51与第28集团军协力将霍特的部队赶到萨尔河与马内奇河一线。12月27日，克莱斯特开始命令A集团军群分阶段从高加索地区撤退（在本图的南面）。

到1942年年底，瓦图京的方面军主力已经人困马乏，无力继续推进，坦克第24军则终于跳出了塔钦斯卡亚包围圈——但仍被德军紧追不舍。到1943年元旦，"小土星"行动暂停了数周，德军B集团军群仍旧占领着罗索希、米列罗沃和莫罗佐夫斯克。但苏军此时则将注意力转移到消灭第6集团军与解放斯大林格勒上来。

---

① 同日，红军最高统帅部大本营将苏军第6集团军从西南方面军转隶沃罗涅日方面军。

② 弗雷特-皮克此前刚刚在别雷地域防御苏军"火星"行动的战斗中取得胜利。

地图58、59

"冬季风暴"行动与"指环"行动

地图58："冬季风暴"行动，1942年12月12日—25日

至12月12日，曼施泰因组建了一支由霍特率领的为斯大林格勒解围的部队。德军从科捷利尼科沃发动攻势，打算沿铁路线直插60英里外被围的斯大林格勒[①]。基希纳指挥的第57装甲军以第6与第23装甲师为攻击主力，而罗马尼亚第4集团军则在其右翼负责掩护。这些参战部队都遭受过重创，减员严重。而在他们前方，特鲁法诺夫的第51集团军和马利诺夫斯基的近卫第2集团军正严阵以待。

霍特于12月12日发动进攻，当晚从库尔莫亚尔斯基河逼近阿克赛河。至13日，他的2个师已经渡河完毕，但苏军机械化第4军和机械化第13军在赶来支援的近卫第2集团军到位前便组织了一道严密的防线。在下奇尔一线，苏军突击第5集团军将霍利特指挥的德军第48装甲军的牵制性攻击顶了回去。尽管苏军取得了这些防御作战的胜利，但德军发起的攻势还是让最高统帅部大本营决定在"小土星"行动发起的最初阶段仅投入西南方面军的兵力；斯大林格勒方面军的主要任务仍然是阻击德军的救援行动。12月15日，苏军的防御部署似乎开始奏效，红军在阿克赛河、叶萨洛夫斯基河与梅什科瓦河一线对基希纳的部队展开了一系列反击。两天后，双方都接收到了各自的援军，德军得到了从德国本土赶来的第17装甲师的支援，而苏军方面近卫第2集团军的先头部队则已经开进战区。曼施泰因竭力请求批准保卢斯的部队发动代号"霹雳"的突围行动，但是没有希特勒的准许，这一行动也最终化为泡影。

至12月20日，德军第6装甲师终于突破梅什科瓦河，在瓦西里耶夫卡占据了一座桥头堡。此处是苏军近卫第2集团军的主要防线所在地，德军的攻击掀起了整个"冬季风暴"行动的高潮。2天后，距离斯大林格勒仍有30英里的德军顿河集团军群面对从其他方向传来的威胁，不得不事实上停止了行动。23日，霍特最终决定放弃该方向攻势，第6装甲师则退回了阿克赛河防线。圣诞节当天，苏军近卫第2集团军与第51集团军已经开始威胁科捷利尼科沃的德军。

地图59："指环"行动，1943年1月10日—2月2日

苏军以7个集团军的兵力包围了德军第6集团军的20个德国师与2个罗马尼亚师。11月25日，纳粹空军派

[①] 此时霍利特的部队在下奇尔一线，距离斯大林格勒比霍特近上25英里。

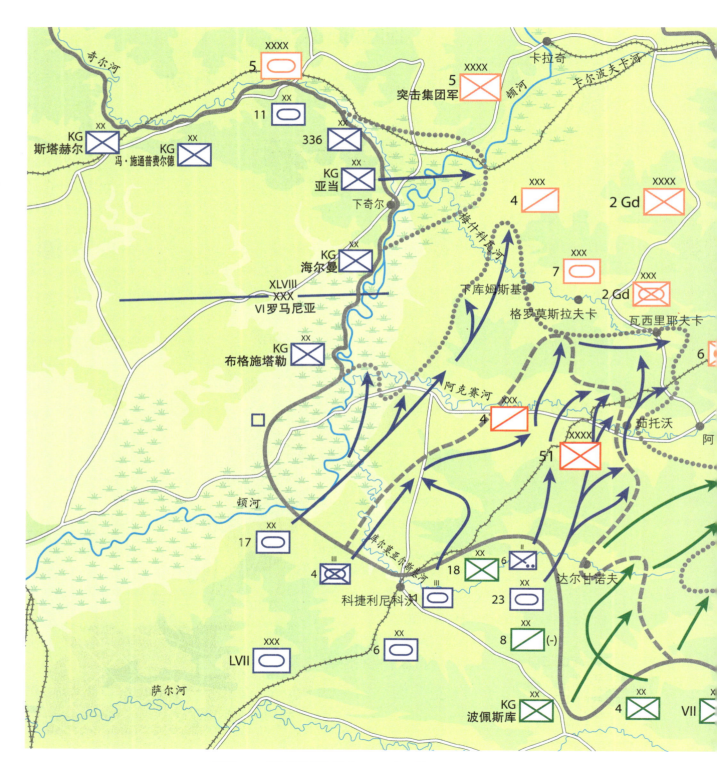

地图58 "冬季风暴"行动，1942年12月12日—25日

"冬季风暴" 行动

斯大林格勒

伏尔加河

斯大林格勒
方面军 XXXXX

萨尔帕湖

察察湖

布加涅罗沃
51 XXXX

巴尔曼察克湖

北

XXX

▬▬▬▬	12 月 12 日战线
▬ ▬ ▬ ▬	12 月 14 日战线
••••••••	12 月 20 日战线
▭	12 月 12 日部队位置
▭	12 月 20 日部队位置

0　　　　　　　　20 英里

0　　　　　　　　20 千米

出了第一批补给飞机，但纳粹空军从未实现戈林夸下的，单日运输600吨补给的海口。保卢斯组织起环形防御，但到11月底时，包围圈的面积已经被苏军压缩了一半，至12月初，苏军对包围圈内德军的挤压终于告一段落。苏军由于发动"小土星"行动与遏制德军"冬季风暴"行动的需要将"指环"行动的主力近卫第2集团军调走，红军方面在战线维持不动的情况下继续以猛烈的炮火炮击包围圈内的德军。不间断的战斗造成包围圈内的德军第6集团军不断遭受着兵力减员和装备物资损耗，战斗力不断被削弱，与纸面上的25万人已经相去甚远。罗科索夫斯基指挥的7个集团军兵力虽然仅略多于包围圈内的德军，但在士气和补给上仍大大优于德军。

1月8日，苏军向保卢斯发布最后通牒，要求投降，保卢斯拒绝了这一要求。2天后，苏军第21与第65集团军开始从西面发动"指环"行动，在2天内将德军3个师从包围圈的"鼻部（突出部）"赶到了洛索斯卡（Rossoshka）河下游。经过1周的战斗，苏军第57、第24和第66集团军也加入进攻，他们直接将包括皮托姆尼克机场在内的包围圈的西半部分分割。这对于德军而言不啻于一场灾难，但苏军方面却为这一行动未能达成一击必杀的效果而懊丧不已。被困德军的兵力大大超过了最高统帅部大本营所得到情报的估计。罗科索夫斯基停下来重新组织部队，然后在20日恢复对北部防线的进攻。在"指环"行动发起的2周间，德军第6集团军的可供作战的部队数量从8万下降至不足2万人。

罗科索夫斯基于22日以第57集团军为先导在西南方向恢复了攻势。保卢斯出于人道主义的角度向希特勒请求允许投降，但油盐不进的希特勒根本不理会这一请求。此时第6集团军的大部

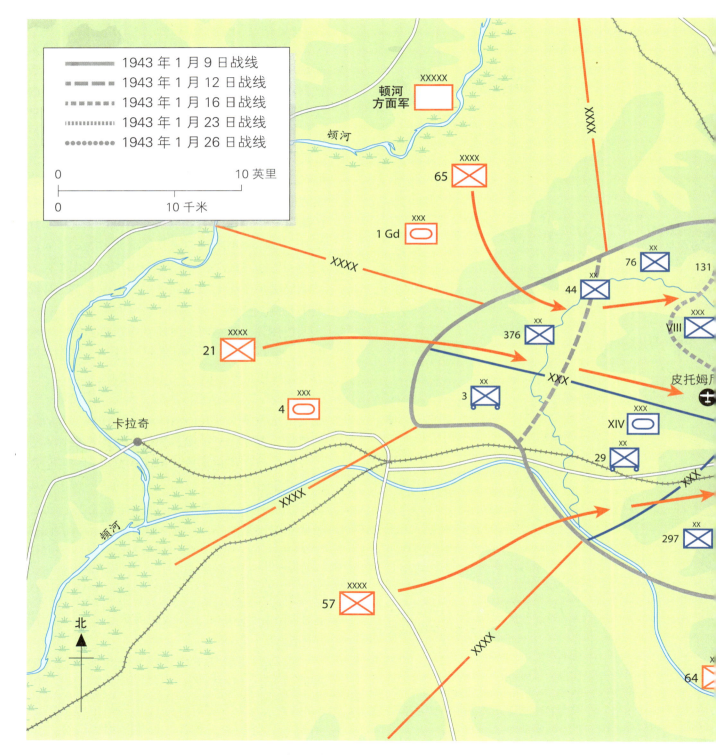

图例

- 1943 年 1 月 9 日战线
- 1943 年 1 月 12 日战线
- 1943 年 1 月 16 日战线
- 1943 年 1 月 23 日战线
- 1943 年 1 月 26 日战线

0　　　　　　　　　10 英里
0　　　　　　10 千米

顿河方面军

顿河

65

1 Gd

76

44

131

21

376

VIII

卡拉奇

4

3

XIV

皮托姆尼

29

57

297

北

64

地图59　"指环"行动，1943年1月10日—2月2日

分部队已经沦为了无人照料的伤兵、病员和饥民。苏军于23日控制了吉姆拉克的机场并于2天后控制了马迈岗；随后第62和第21集团军将包围圈内的德军分割为两部分。至1月29日，被分割的南部德军再度遭到分割。北部德军在30日夜间开始投降，但保卢斯直到该月最后一天才放弃抵抗。直到2月2日，德军第11军的6个师的残部仍据守市区内的拖拉机厂。此战德军的损失可谓惊人——约15万人被打死，另有9万被俘。苏军从斯大林格勒守城战开始的伤亡总计达到110万人，其中有约50万牺牲。

地图60

"火星"行动，1942年11月25日—12月16日

斯大林格勒方向的"天王星"行动并不是那年秋天苏军所规划的唯一一场攻势行动。在德军中央集团军群方向，苏军希望能够歼灭占据着纵深达150英里的、仍旧处于静默中且仍威胁着首都莫斯科安全的勒热夫突出部内的德军第9集团军。除此之外，苏军的战役目标还包括威胁斯摩棱斯克方向的德军。科涅夫为司令员的西方方面军将从东面攻击德军，而普尔卡耶夫上将指挥的加里宁方面军则从西面夹击。在"火星"行动完成歼灭勒热夫方向的第9集团军后，苏军将随即发动"木星"行动，继续歼灭维亚济马以东的德

军第3装甲集团军。普尔卡耶夫麾下的突击第3集团军将对大卢基方向的小规模德军突出部进行牵制攻击。朱可夫亲自制订战役规划并协调攻势，"火星"行动的时间表与斯大林格勒反攻作战高度一致。

苏军在勒热夫两侧集结了庞大的兵力，科涅夫的第30与第21集团军合计有45个师与2个坦克军，在别雷方向，普尔卡耶夫的部队则有25个师和2个机械化军。莫德尔的第9集团军下辖有第41装甲军、第22军、第28军和第39装甲军，合计15个步兵师、1个党卫军骑兵师、2个摩托化步兵师和3个装甲师。莫德尔的情报部门准确地预计到了苏军将对勒热夫展开攻势，因此德军做好了准备。11月25日，在斯大林格勒周围的包围圈封闭2天后，朱可夫在勒热夫突出部两侧和大卢基展开了进攻，实际上确保了在苏德战场南线的胜利。在勒热夫方向，苏军在发起进攻当日的突破较为顺利，在别雷附近，机械化第1军和机械化第3军的500多辆坦克开始从突破口深入展开穿插。尽管科涅夫经验丰富，但他的表现不如基柳欣（N.I. Kiriukhin）少将指挥的第20集团军。德军第39装甲军以第5与第9装甲师将苏军的第一波冲击击败，该军的第102步兵师独立击退了苏军第31集团军的进攻。2天后，苏军第20集团军才以坦克第6军的装甲部队为先导，在近卫骑兵第2军的支援下突破了莫德尔的防线，但突入纵深仅6英里。到28日，德军就以第5与第9装甲师前出直接将苏军整个近卫骑兵第2军的3个师又4个坦克—机械化旅分割合围。朱可夫当即命令被围苏军立即突围。在此后的2天中苏军对德军的坚固设防阵地进行多次冲击试图突破，但除了丢下数万具人与马的尸体与数以百计的坦克残骸之外，并没能取得更多的成果。

加里宁方面军的进攻至少在最初几天比较能够按照计划进行。到11月底该方面军的坦克—机械化部队已经对德军阵地实现两次突破。在北面，苏军第22集团军沿着卢切萨河谷推进了近10英里，楔入德军第41装甲军与第23军的防区中。在别雷以南，塔拉索夫（G. F. Tarasov）少将的第41集团军深入莫德尔的防线纵深约20英里。德军部队不顾一切地发起反击，以2个空军野战师在内的兵力从南面守住了狭长的突破口，阻止苏军继续扩大突破口的企图[①]。德军的拼死防守让刚刚从国内调来的第1装甲师与"大德意志"摩托化步兵师能够相对从容地发动反击：除此之外，中央集团军群预备队的第12、第19和第20装甲师也加入了反攻。弗雷特–皮克的第30军军部也在此时赶回来接管了这一系列实力强大的部队。12月的第1周，

---

① 随着"巴巴罗萨"行动以来纳粹空军飞机数量的不断缩减，其人员构成中地面部队的数量逐渐登上首位（同时还因为执行国土防空任务新组建了大量高射炮部队）。因此希特勒希望戈林"自愿"交出相当于7个师的人员给陆军以补充损失。至1942年下半年，戈林以折中的办法成立了空军野战师，成员来自没有飞机可飞的领航员、航空机械师、通信部队与机场建设部队等。

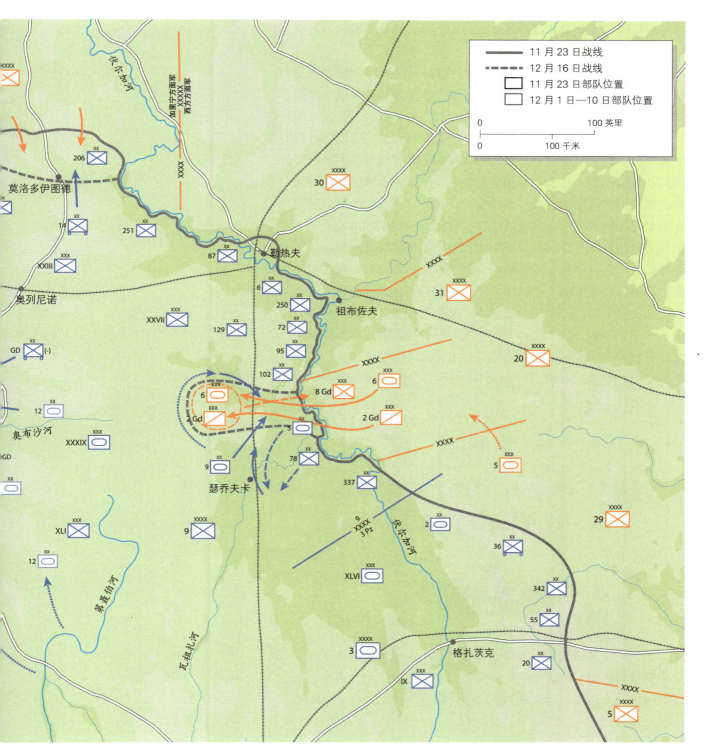

地图60 "火星"行动，1942年11月25日—12月16日

德军基本遏制了苏军的攻势并逐渐将苏军先头部队击退，而弗雷特–皮克则开始组织反击。

　　德军的反攻主力第19装甲师于12月7日从突破口南侧直插别雷，到第2天该师便与德军在该城南部的守军会师，一口气合围了苏军机械化第1军与步兵第6军的9个旅大部，合计4万人。一周后，莫德尔将"口袋"封死并击退了苏军软弱无力的突围与解围尝试。至14日，朱可夫解除了塔拉索夫的职务，亲自指挥第41集团军。仅有不到1万苏军从包围圈中撤出，整场攻势彻底沦为灾难。随着德军援军的到来，到月中，卢切萨河一线的攻势也偃旗息鼓，苏军第22集团军司令员因此被解职。苏军整场战役中唯一的亮点在战场中线的突击第3集团军，该集团军在大卢基取得了一定的战术胜利（地图以外的西北面）。至12月16日，虎头蛇尾的"火星"行动迎来了不光彩的结尾，成为了朱可夫指挥生涯中最大的失败[1]。在为期3周的战役中，红军付出了高昂的代价：损失合计30余万人，其中10万人阵亡或失踪，投入战役的2000辆坦克中有1800—1900辆被击毁。莫德尔也付出了相当的代价，当年冬天结束的时候，第9集团军将撤离尸横遍野的勒热夫突出部。

地图61

"齐膝"行动，撤离杰米扬斯克，
1943年1月3日—2月26日

　　受到斯大林格勒城下惨败的刺激，1943年年初德军高层终于意识到他们此时无法继续向莫斯科方向推进，更遑论合围实力尚存的加里宁方面军，因此勒热夫与杰米扬斯克突出部就变得一文

---

① 朱可夫于12月20日正式承认战役失败。

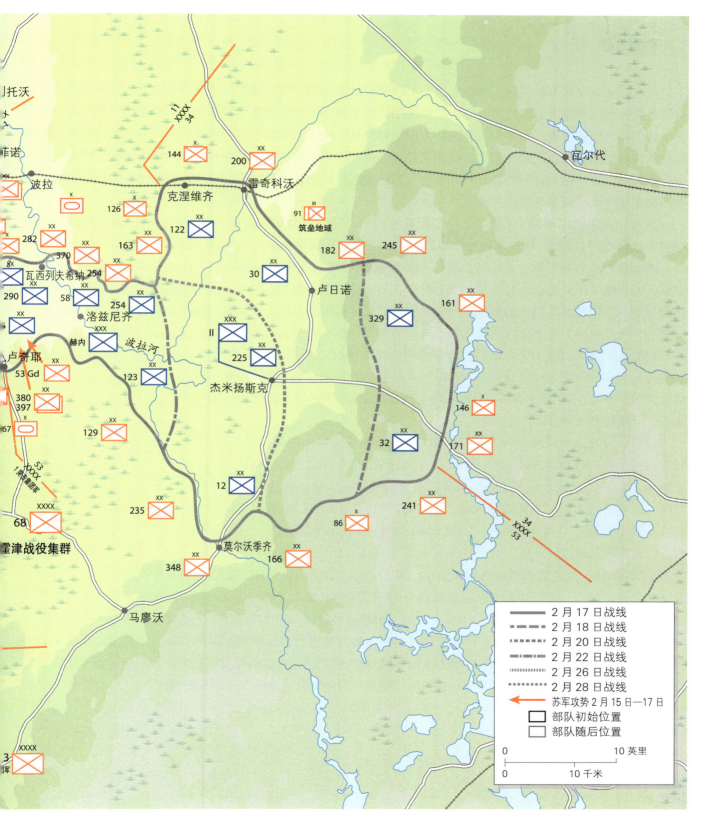

地图61　"齐滕"行动，撤离杰米扬斯克，1943年1月3日—2月26日

不值。此时北方集团军群在苏军的全面反击下承受着巨大压力，而南线的战事又处于崩溃边缘，两面都急需预备队支持。如果收缩防线，驻守在已经无用的突出部中的大量部队（勒热夫方向29个师，杰米扬斯克方向12个师）就能被释放出来投入急需的方向。1月2日，铁木辛哥的部队开始从三面进攻杰米扬斯克，苏军着重进攻突出部薄弱的颈部意图直接斩断其与其他战线的连接，但苏军面对德军的坚固防御并没能找到适合突破的地点。至1月的第2周，双方的伤亡都已经超过1万人。1月31日，希特勒终于缓和了他的态度，批准德军从杰米扬斯克与勒热夫后撤。

德军北方集团军群和第2军在希特勒批准撤退令之前便开始做各项准备工作，此时已经准备好了。撤退作战从2月1日开始，第2军依照作战计划对从突出部撤离进行了周密部署。德军的撤退必须果断而审慎：既要赶在希特勒反悔之前完成撤退，又不能在慌乱中丢失重要的物资与装备。第2军军长、步兵上将保罗·劳克斯（Paul Laux）让该军的工兵部队在突出部的颈部狭长走廊中开辟新的通道，并开始逐步撤出物资与装备。他的部队则仍旧表现出坚守的姿态，误导苏军让其认为突出部内德军的行动只是正常的换防与整补。与此同时，作为北线更大规模攻势的一部分，铁木辛哥又对突出部发动了一系列进攻，北面的第11与第27集团军和南面的突击第1集团军夹击突出部的根部。苏军以14个步兵师，包括空降兵部队与1个坦克旅的兵力夹击德军4个师，德军只能维持6英里宽的突出部走廊。10万红军部队在北方和南方各占一半，对北面的德军第290、第58和第254步兵师与南面的第126步兵师发起夹击。苏军在多处位置渗透进了德军防线，但没能形成突破。

17日，劳克斯正式发起"齐膝"行动，杰米扬斯克方向的撤退行动正式开始。他将第329步兵师和第32步兵师撤到7条道防御阵地中的第一条，在接下来的1个星期里——每天后撤一道——第16集团军将撤出突出部。19日，发觉对面阵地已经被德军放弃的苏军部队意识到他们被德军欺骗，苏军立即出动骑兵与滑雪部队展开追击。但强烈的暴风雪，尤其是2月19日—20日的大暴风雪让他们的努力前功尽弃。最激烈的战斗发生在被德军称为"角柱"的突出部两个根部基点的位置上——德军以第30与第122步兵师防守北面，以第12步兵师防守南面。

至2月26日，劳克斯的部队终于在洛比亚溪一带停下脚步，此时德军正在他们身后的洛瓦季河一带构筑新的防线。27日，为期10天的撤退作战终于迎来了尾声：铁木辛哥的部队解放了1200平方英里的俄罗斯国土，而布施则从突出部中撤出了8000吨装备、5000辆马车与1500台机动车。之前需要11个师的兵力才能守住的突出部此时只需要3个师防御。被释放出来的兵力将成为北方集团军群的预备队，甚至能投入乌克兰战场。苏军也因战线缩短而得利，释放出来的部队迅速被调往库尔斯克及周边方向，那里是德军正在发动的"反手一击"行动（地图67和68）与未来"城堡"行动攻势（地图72—74）的战场。

地图62

"水牛"行动，撤离勒热夫，1943年1月31日—3月31日

至1月底，德军中央集团军群暴露的勒热夫突出部已经成为了挟胜利之威的苏军的下一个目标。虽然此前的"火星"行动对苏军来说是一场不折不扣的灾难，但德军也为此付出了高昂的代价。在1943年年初的寒风中，为了策应在南部发动的"飞驰"与"星"行动，苏联红军已经将德军中央集团军群南翼的德军第2集团军击退，将其赶到库尔斯克以西25英里的地带。此时德军第2装甲集团军仍然控制着以奥廖尔为中心的暴露的突出部，这样的战略态势让勒热夫守军承受着远比最高统帅部情报部门所预计的大得多的风险，一旦苏军加里宁方面军与西方方面军卷土重来，勒热夫突出部必将面临灭顶之灾。1月末，克卢格仍按照原定的计划坚持向希特勒汇报了从勒热夫撤出第4与第9集团军的作战计划。2月6日，希特勒不情愿地批准了撤退计划，这意味着战线将后退100英里并放弃勒热夫与维亚济马，二者都是"巴巴罗萨"行动辉煌战果的象征。2周后，克卢格又想碰碰运气，建议放弃奥廖尔突出部，撤出第2装甲集团军，但希特勒对此置若罔闻。

与"齐藤"行动一样，德军在"水牛"行动中也实施了焦土战略对希特勒而言，德军在撤退过程中破坏或者掠走一切有价值的东西，包括尽可能多地裹挟走当地身体健全的平民，几乎与让第9集团军和第4集团军尽可能携带大量武器装备安全撤退同等重要。莫德尔征发了29000人在突出部的根部修建新的筑垒化防线，其走向大致是从杜霍夫希纳（Dukhovshchina）到多罗戈布日再到斯帕斯—杰缅斯克。德军工兵与帝国劳工组织的建筑团队也从勒热夫向南修建了新的公路与铁路。

撤退行动从3月1日正式开始，2天后的晚上德军第129步兵师的后卫炸毁了勒热夫的伏尔加河大桥；苏军第30集团军没有意识到当面德军已经撤退。德军再一次按照一系列周密规划的步骤分阶段后撤，第1阶段德军战线在3天内向后撤退了30英里。苏军随即从东面发起追击，3月5日，苏军第5集团军解放了格扎茨克，12日，第33集团军又解放了维亚济马。此时，季节交替引发的气候变化如约而至，泥泞同时迟滞了德军按照时间表进行的撤退与苏军的追击。双方围绕着众多被德军用于掩护撤退的筑垒化村庄进行激烈的争夺。苏军发起了多次坦克支援下的冲击，试图打乱第9集团军的撤退计划，但该集团军在23天后的25日仍完成了撤退；此前330英里宽的战线最后只剩下三分之一的长度，德军由此腾出4个军部、15个步兵师、3个装甲师和2个装甲掷弹兵师的兵力到其他方向使用。然而撤退行动已经来不及挽救沃罗涅日和库尔斯克，不过"城堡"行动可以解决这个问题，尤其是有了从"水牛"行动中撤出来的部队。当然战线的缩短也意味着苏军此前聚集在突出部方向的10个集团军中的大部分都能被抽调到更需要的方向。德军第3装甲集团军与第4集团军接管了这个新的战区，而莫德尔的指挥部则搬到了斯摩棱斯克并开始准备德军1943年

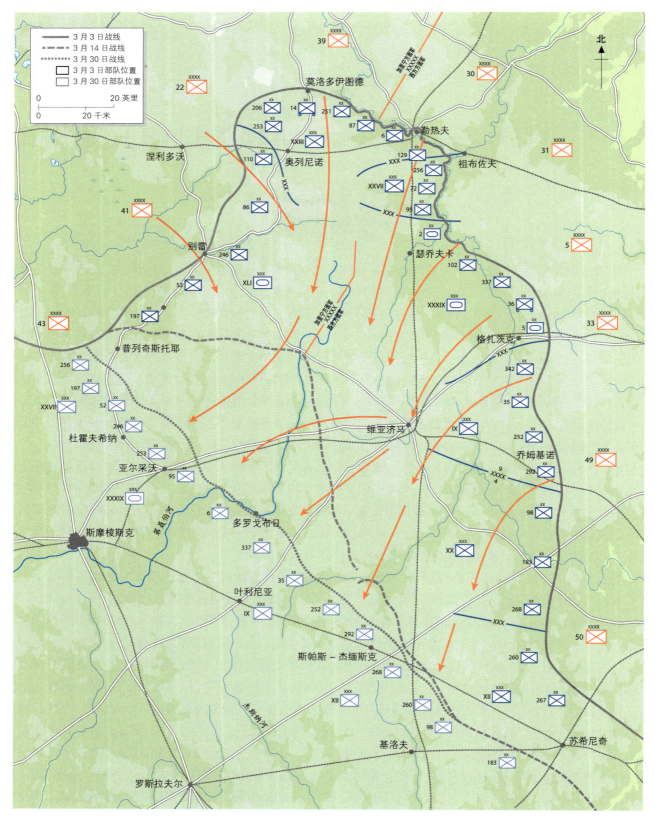

夏季的攻势。随着德军向西退去，这片国土解放后的凋敝惨景让苏联军民直观地认识到了纳粹在苏联的领土上所做出的野蛮行径。除此之外，红军最高统帅部大本营则认识到要加强对德军动向的了解，在未来德军的撤退过程中要及时追击。

地图63

罗斯托夫、库班半岛和米乌斯河，
1942年12月29日—1943年2月18日

位于罗斯托夫的顿河大桥对于苏德双方而言都有着极大的战略意义。在"小土星"行动即将结束时，苏军西南方面军已经推进到距离米列罗沃125英里的地带；德军第4装甲集团军与斯大林格勒南面的罗马尼亚军则距离该城250英里，而高加索山麓的德军第1装甲集团军更是距离这一撤离通道足足375英里远。不仅如此，在沃罗涅日到罗斯托夫之间的德军只有顿河集团军群，只剩下一群基本被打残的部队，诸如霍利特与弗雷特-皮克的两支已经不堪再战的战斗群，德军只能用这些部队来拦截正向着罗斯托夫进发的瓦图京和他的部队。曼施泰因需要设法将霍特和克莱斯特的部队从已经事不可为的境地中拯救出来，以免出现"另一个斯大林格勒"，同时这些部队在撤出之后还能够被用来阻挡苏军在乌克兰方向的进攻。

随着"冬季风暴"行动的失败，希特勒不得不向现实低头，于12月29日批准第1装甲集团军退回皮亚季戈尔斯克与库马河一线。在库马，克莱斯特的部队可以与霍特的第16装甲掷弹兵师在马内奇河上游会合。第4装甲集团军与霍利特集团军级支队奉命维持至关重要的罗斯托夫生命线畅通，然而一旦西南方面军、顿河方面军和南方方面军在"小土星"行动之后恢复元气，德军的2个集团军级指挥部和部队势必面临苏军的猛烈攻击。在苏军第44集团军的追击下，克莱斯特于1月7日抵达库马河一线，他的部队在此停留4天。与此同时德军山地部队开始沿着高加索的山地道路向北撤出，苏军北高加索方面军1月10日发起的攻势，将德军第1装甲集团军驱离了库马河一线并赶到了卡劳斯河（一条季节性的河流）对岸。克莱斯特的部队此时已经人困马乏，无法进行有力的抵抗。

与此同时苏军距离罗斯托夫更近的近卫第2集团军与第51集团军改变方向，沿铁路线从科捷利尼科沃向萨利斯克推进，并摆出将消灭德军第16装甲掷弹兵师的姿态。1月的第3周间，在普罗列塔尔斯卡亚的马内奇河大桥一带，德军第57装甲军以及党卫军第5"维京"装甲掷弹兵师对苏军近卫第2集团军发动一系列反攻。通过熟练地运用他手中数量有限但部署位置准确的机动预备队不断发动反冲击，霍特一直让苏军在

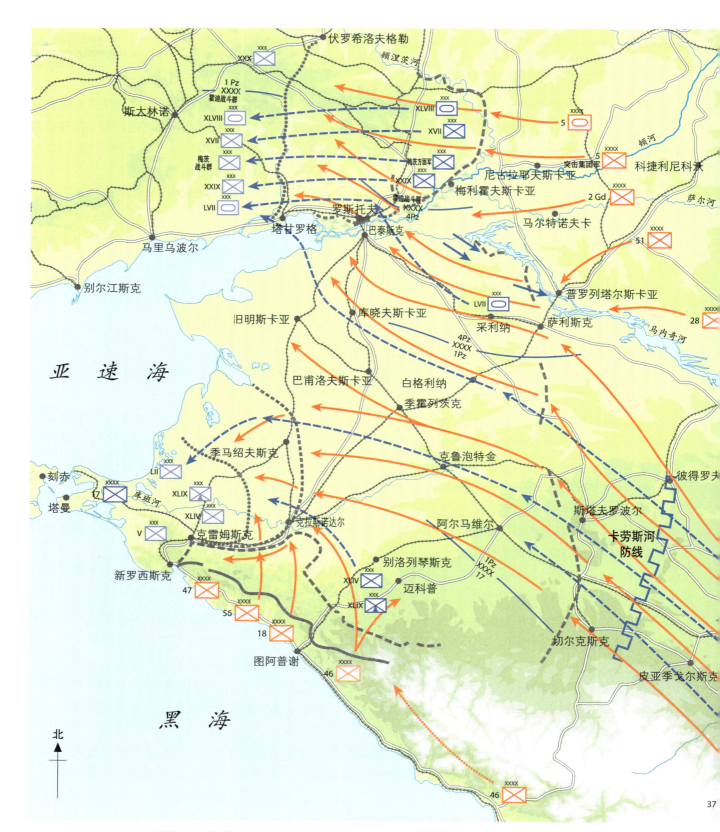

伏罗希洛夫格勒

斯太林诺

1 Pz
XXXX
霍迪战斗群

XLVIII

XVII
梅茨
战斗群

XXIX

LVII

塔甘罗格

马里乌波尔

别尔江斯克

XLVIII

XVII

梅茨方面军

XXIX

霍迪战斗群
XXXX
4Pz

罗斯托夫

巴泰斯克

尼古拉耶夫斯卡亚

梅利霍夫斯卡亚

马尔特诺夫卡

5

突击集团军

科捷利尼科沃

2 Gd

51

旧明斯卡亚

库晓夫斯卡亚

采利纳

LVII

普罗列塔尔斯卡亚

萨利斯克

28

亚　速　海

巴甫洛夫斯卡亚

白格利纳

季霍列茨克

4Pz
XXXX
1Pz

刻赤

塔曼

17

库班河

LII

XLIX

XLIV

V

克雷姆斯克

克拉斯诺达尔

克鲁泡特金

阿尔马维尔

斯塔夫罗波尔

彼得罗夫

卡劳斯河
防线

新罗西斯克

47

55

18

图阿普谢

XLIV

XLIX

别洛列琴斯克

迈科普

1Pz
XXXX
17

切尔克斯克

皮亚季戈尔斯

46

46

北

黑　海

地图63　罗斯托夫、库班半岛和米乌斯河，1942年12月29日—1943年2月18日

37

距离罗斯托夫触手可及的距离上，但始终无法威胁到克莱斯特的部队通过一条在已经结冻的亚速海最东端的冰面上开辟出来的道路撤离。来自两个方向的德军军列在罗斯托夫川流不息；至1月中旬希特勒命令A集团军群建制内的大量部队、第17集团军以及第4装甲集团军一部撤退到物资储备较为充足的塔曼半岛（戈滕桥头堡）。集结在此的40万德军发现其遭到分割，失去了与主力的联系①。而苏军则在从沃罗涅日到高加索的广阔战线上全面出击。1月23日，红军解放了阿尔马维尔，6天后解放迈科普，2月12日解放克拉斯诺达尔。德军第17集团军、第5军和第44军的10个师与第49山地军以及3个罗马尼亚师和1个斯洛文尼亚师，将在当年10月从刻赤海峡败走前在塔曼半岛被围困7个月。

在1月下半月，德军第4装甲集团军大体上稳定了罗斯托夫周围的局势。苏军南方方面军在此方向并未投入太多兵力，但1月20日，苏军以4个军的兵力对罗斯托夫的主要机场进行了试探性进攻。希特勒1月22日签发命令不仅设立了戈滕桥头堡，同时也将第1装甲集团军撤回了罗斯托夫②。从2月1日起，在得到霍特的第57装甲军后，曼施泰因得以在这至关重要的顿河渡口坚守尽可能久。第1装甲集团军继续向西，加入曼施泰因正在伊久姆以南集结的反攻部队。而苏军在保卢斯投降的同时，部署了一支警戒部队负责监视库班桥头堡的德军，并在罗斯托夫周边集结大量兵力，其中包括保卢斯在斯大林格勒最终投降之后腾出手来的部队。至2月初，马利诺夫斯基③在伏罗希洛夫格勒对弗雷特–皮克的部队发起了一系列新的攻势，开始从北面威胁罗斯托夫。

2月6日，曼施泰因在希特勒位于东普鲁士的大本营内向希特勒面呈了战况，并得到了进一步向顿涅茨河与米乌斯河进行

---

① 不过纳粹空军的一支运输部队在2月至3月间一直在该地区保持着出动，并将主要是第52军部队的10万人从塔曼半岛撤离到南乌克兰。
② 在克莱斯特接受A集团军群指挥官职务（从希特勒手中！）之后，他进行了一系列指挥人事调动，骑兵上将埃伯哈德·冯·马肯森从第3装甲军军长升任第1装甲集团军指挥官，而第3装甲师师长赫尔曼·布赖特中将则接替了马肯森的职务。
③ 马利诺夫斯基于2月2日接替了叶廖缅科的方面军司令职务。

后撤的允许。2天后，弗雷特–皮克和霍利特以及霍特的部队开始向后撤退。苏军西南方面军则持续对德军正面保持着压力，德军再度采取焦土战术。2月15日，苏军近卫机械化第4军短暂突破了德军的米乌斯河防线，但被德军第16装甲掷弹兵师与第23装甲师的反击所击退。德军的撤退行动持续至当月18日，当霍利特的人最终抵达米乌斯河一线的阵地时，他们刚好退回8个月前"蓝色"行动的攻击出发地。

地图64

沃罗涅日到库尔斯克，
1943年1月12日—3月12日

早在12月22日，苏军最高统帅部大本营就签署命令责成沃罗涅日方面军准备在"天王星"与"土星"行动胜利后继续发起一场攻势以扩大战果。由戈利科夫（F. I.Golikov）中将指挥的该方面军此时正对逃窜的意大利第8集团军展开追击，同时还在对匈牙利第2集团军发起新的进攻。随后将要展开的新一轮攻势的目标为德军第2集团军，该攻势将是粉碎德军南线战场的作战计划的一部分。不过，和其他地方一样，苏军低估了德军的防御，尤其是斯大林格勒包围圈内德军防御的坚固，这将为苏军实现作战计划带来极大的阻力。

从1月12日到14日，戈利科夫的第40集团军与坦克第3集团军对匈牙利军发起了毁灭性的打击，毙伤俘敌达15万人，并打散了德军第24装甲军的军部①。在1周内苏军的狂飙猛进将意大利军残部彻底歼灭，在造成法西斯军队超过10万人伤

① 该装甲军在4天内有2任军长（汪戴尔和艾布尔）被苏军打死。

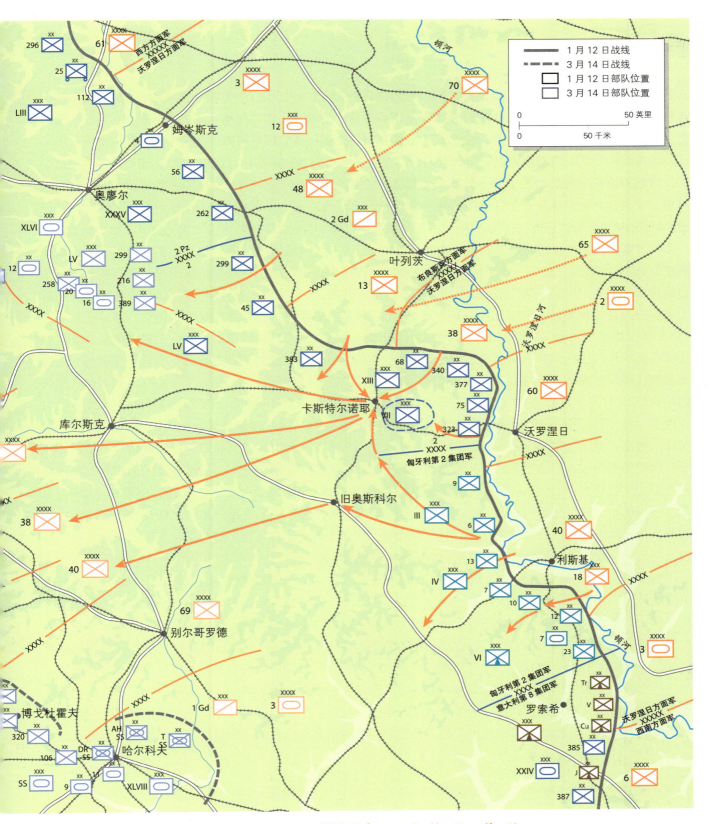

亡的同时，在轴心国的防线上形成了一个从利斯基到伏罗希洛夫格勒的150英里宽的巨大突破口。随后苏军将目标转向了德军，1月24日—25日，苏军布良斯克方面军的第48、第13与第38集团军会同戈利科夫的第60集团军，从沃罗涅日的两侧对德军第2集团军的侧翼进行夹击，该集团军指挥官汉斯·冯·扎尔穆特（Hans von Salmuth）大将几天前刚刚放弃了沃罗涅日[①]。苏军的左右钳形进攻在4天后于卡斯特尔诺耶的铁路枢纽会师，将德军第7军军部和7个步兵师合围。红军最高统帅部大本营代表华西列夫斯基大将仅用了几天时间就提出了建议，斯大林也批准了针对德军薄弱防线的后续行动，这一行动将演化为规模更为庞大的"星"行动（地图65），"星"行动更大的作战目标是苏联长期以来一直坚持但始终未能实现的解放斯摩棱斯克。

沃罗涅日方面军从2月2日开始恢复攻势，将攻击矛头转向库尔斯克，苏军第60集团军对已经严重减员的德军第2集团军展开追击。10天后，苏军布良斯克方面军以第48集团军与第13集团军对防守在奥廖尔周边地区的德军第2装甲集团军的南翼发动突击，但进展甚微。2月中旬，罗科索夫斯基将2个从刚结束的斯大林格勒战役中抽调出来的集团军与坦克第2集团军以及第65集团军部署在沃罗涅日周边，同时还有新近由NKVD（内务委员会）边防军部队组建而来，尚未经历战斗的第70集团军，为下一个任务做好了准备；这些部队的作战目标非常明确：拿下布良斯克城，同时会同从南面推进的西方方面军部队对当面德军进行大范围包抄。在攻击发起的第一日，也就是2月25日至26日间，罗金（A. G. Rodin）中将指挥的、经过加强的坦克第2集团军，在降雪天气下突入德军第2装甲集团军防线纵深20英里。苏军如此高的推进速度，很大程度上得益于红军空军强大的近距离空中支援，但他们无法保持这样的推进速度，所以到3月初德军重新站稳了脚跟。此时德军第2装甲集团军建制内只剩下一个相对较新组建的第46装甲军，所谓的"装甲集团军"已经名不副实，但施密特的士兵熟悉他们的防区。至3月7日罗科索夫斯基将罗金部的战役目标从波切普变更为卡拉切夫。2天后，苏军坦克第2集团军对德军第45与第72步兵师展开了攻击，但被德军阻滞[②]。苏军增援的近卫骑兵第2军绕过了罗金停滞不前的坦克部队，向诺夫哥罗德—谢韦尔斯基的杰斯纳河大桥进发，从大范围上穿插分割德军第2装甲集团军和第2集团军的部队。在这个过程中，夺取杰斯纳河桥头堡以备将来的作战是红军最高统帅部大本营交付的重要战役任务。

到3月10日，罗科索夫斯基的骑兵部队已经沿着德军2个集团军的接合部推进到了库尔斯克以西175英里的地域。大本营代表华西列夫斯基已经预料到了德军不可能对这一穿插部队造成的威胁置之不理，但克卢格从中央集团军群调动了比他预想中要多得多的预备队前往受威胁地域。第2装甲集团军以第4装甲师为先头部队，动用6个师的兵力向南面发起攻击，而德军第2集团军则向北夹击。3月12日左右，红军最高统帅部大本营试图对整个作战行动进行调整，奥廖尔周边的战役行动由罗科索夫斯基进行统一指挥。与此同时，德军两路夹击的压力迫使罗科索夫斯基将穿插部队向东后撤了近80英里。随着双方物资都告罄且春季泥泞来临，从谢夫斯克到雷利斯克的整条战线逐渐趋于稳定。苏军的反攻行动让德军又回到了上一年攻势的出发点，但他们并没能获得期望中的决定性胜利。此时这条战线开始逐渐趋于平静，直到夏季到来时成为"城堡"行动战场的北线部分。

---

① 希特勒于2月3日将扎尔穆特解职，由步兵上将沃尔特·魏斯接替其职务。少数德军部队从包围圈中逃出，避免了遭到全歼的命运。
② 第72步兵师此前刚刚从勒热夫突出部中撤出，证明了"水牛"行动的必要性。

地图65

"飞驰"行动，1943年1月12日—2月19日

经过一年多战争的磨炼，苏军在制订"天王星"与"小土星"行动计划时，已经清楚地了解了自身不断增长但仍存在缺陷和短板的作战能力。在奥廖尔以南战线上取得的阶段性胜利得到了继续发展，罗斯托夫与沃罗涅日方向的攻势都以显著的战术性胜利告终，南线苏军此时已经推进到库尔斯克以西，米乌斯河与塔曼半岛一线。但1月下半月，被眼前的巨大胜利冲昏头脑的斯大林和红军最高统帅部大本营再次高估了自身的实力和德军的弱点，并开始规划更为冒进的作战计划。"飞驰"行动定于月底开始，苏军意图携胜利之威从顿涅茨河一线推进至第聂伯河甚至以西。此时的德军方面，曼施泰因仍面临着一个棘手的局面，但第1与第4装甲集团军主力从罗斯托夫安然撤出与希特勒在此前承诺的大量战略预备队的到位，还是让他有底气对战局保持谨慎乐观态度。

1月29日，瓦图京指挥的西南方面军在从兹米约夫到顿涅茨河与顿河交汇处的宽大正面上对德军发起突击，苏军的进攻兵力包括第6集团军、近卫第1和近卫第3集团军、坦克第5集团军与波波夫快速集群，这些部队在此前3个月的奋战中实力遭到严重削弱。当面的德军顿河集团军群的战线被苏军的全线突破行动戳得岌岌可危，2月1日，苏军第6集团军与近卫第1集团军中间的波波夫快速集群，在利西昌斯克附近强渡顿涅茨河。次日，在西南方向，近卫第3集团军在伏罗希洛夫格勒后方渡过顿涅茨河。4天后，苏军坦克第3军和坦克第4军插入曼施泰因薄弱的后方地域，解放了伊久姆。在顿涅茨河防线被苏军逐步粉碎的同时，出于对南线战场全面崩溃的担忧，曼施泰因于当月8日开始将霍利特集团军级支队撤退至米乌斯河一线（地图64）。1周后，德军从兹米约夫到红利曼一线的防线被苏军突破，除了零星的团和残余部队散布在乌克兰的乡间之外，这里已经没有任何德军了。

战局发展到这一步，希特勒似乎开始采纳曼施泰因的建议，并采取了额外的积极措施来稳定局势。在认识到其手下的士兵已经再也无法重返顿河流域之后，希特勒将顿河集团军群更名为南方集团军群，同时他还调整了集团军群之间的分界线，将哈尔科夫一带的兰茨集团军级支队从中央集团军群转调给南方集团军群（地图66），基本上将整个乌克兰危局的前线指挥权集中到曼施泰因的手中。而在苏军这边，瓦图京决定保持攻势并扩大胜利，他派出生力军近卫第1集团军与坦克第25军投入到突破作战中，至2月中旬苏军已经推进至巴甫洛格勒，距离第聂伯河河岸只有30英里。在北面，苏军第6集团军接近了哈尔科夫西南部的克拉斯诺格勒，并能直接向波尔塔瓦发动攻击。与此同时，波波夫集群在南面占领了从第聂伯罗彼得罗夫斯克到顿涅茨克的铁路线中间的红军城；只有党卫军第5"维京"装甲掷弹兵师的部队挡在该集群通往斯大林诺与霍利

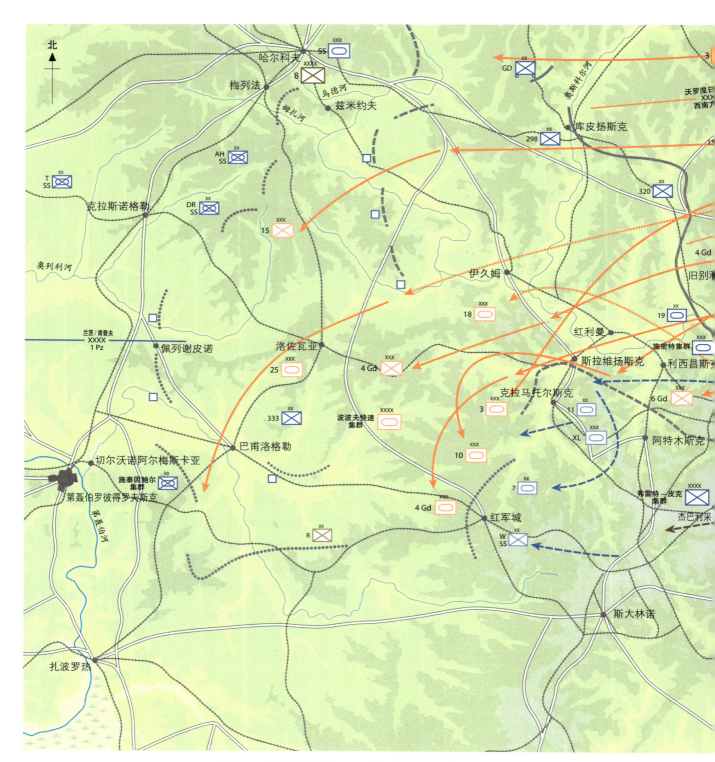

北

哈尔科夫 SS XXX
XXXX
8
梅列法
乌德河
兹米约夫
姆扎河

GD XX 3
沃罗涅日
XXX
西南方

库皮扬斯克
298 XX
奥斯科尔河

AH SS XX
320 XX

T SS XX
克拉斯诺格勒
DR SS XX
15 XXX

4 Gd

奥列利河
伊久姆
18 XXX
旧别尔
19 XXX
红利曼
施密特集群
利西昌斯克

兰茨/肯普夫
XXXX
1 Pz
佩列谢皮诺
洛佐瓦亚
25 XXX
4 Gd XXX
斯拉维扬斯克
6 Gd XXX

克拉马托尔斯克
3 XXX
11 XXX
XL XXX
阿特木斯克

333 XX
波波夫快速集群 XXXX
10 XXX

施泰因鲍尔集群 XX
切尔沃诺阿尔梅斯卡亚
巴甫洛格勒
7 XXX

第聂伯罗彼得罗夫斯克
4 Gd XXX
红军城
弗雷特-皮克集群 XXXX
杰巴利采
第聂伯河

R XX
W SS XX

斯大林诺

扎波罗热

地图65　"飞驰"行动，1943年1月12日—2月19日

1 Gd

25

波波夫快速
集群

6 Gd

18

1 Gd
XXXX
3 Gd

星茨河

304

伏罗希洛夫格勒

335

8

3

1 Pz
XXXX
霍利特集团军级支队

XLVIII

1月29日战线
2月9日战线
2月17日战线
1月29日部队位置
2月17日部队位置

0　　　　　20英里

0　　　　　20千米

特集团军级支队后方的米乌斯河防线的道路上。

　　希特勒再次对不断恶化的局势作出反应。2月17日，他在约德尔和蔡茨勒的陪同下飞赴南方集团军群设在扎波罗热的指挥部，这可能是为了接触曼施泰因的指挥权。正如此前3周他所做的那样，曼施泰因向希特勒描绘了一个悲惨的图景，即便是远在拉斯滕堡的希特勒大本营的地图上，同样显示了一条80英里宽的巨大突破口横亘在肯普夫集团军级支队与第1装甲集团军之间。与此同时，苏军坦克第111旅的履带已经碾过了切尔沃诺阿尔梅斯卡亚，距离这位自称"有史以来最伟大的战场指挥官"[1]的元首只有不到20英里了，希特勒终于清楚地认识到了来势汹汹的苏军对东线德军所造成的危机。他最终同意曼施泰因的意见，以退为进，让过度延伸战线的苏军成为强弩之末后再发动大规模反击（地图67—68）。红军情报部门这次对德军的企图有了及时的反应，同时波波夫与其他一线指挥员也开始向上级汇报称部队已经筋疲力尽且敌军阻力越来越强。苏军坦克第5集团军与突击第3集团军在南面向霍利特的米乌斯河阵地发动了新的攻势并取得若干突破。但斯大林仍然相信苏军可以将胜利继续发展下去。在2月19日希特勒离开扎波罗热时，他批准了曼施泰因大胆的作战计划，从20日起，纳粹德军将迎来苏德战争中的最后一场胜利。

地图66

"星"行动，1943年2月2日—28日

　　随着攻势的继续，苏军高层决心把支离破碎的德军一路打到第聂伯河畔。由于戈利科夫的沃罗涅日方面军已经将一个集团军投入了库尔斯克方向的战斗中（地图64），红军最高统帅部大本营命令该方面军以第69集团

───────────

[1]　1940年7月，在法国被德军攻陷后，凯特尔以该称呼奉承希特勒，并且该称谓以Gröfaz的缩写形式而广为人知，不过这一称谓开始流传之后，尤其是在斯大林格勒的惨败后，变成了一个揶揄元首的隐晦笑话。

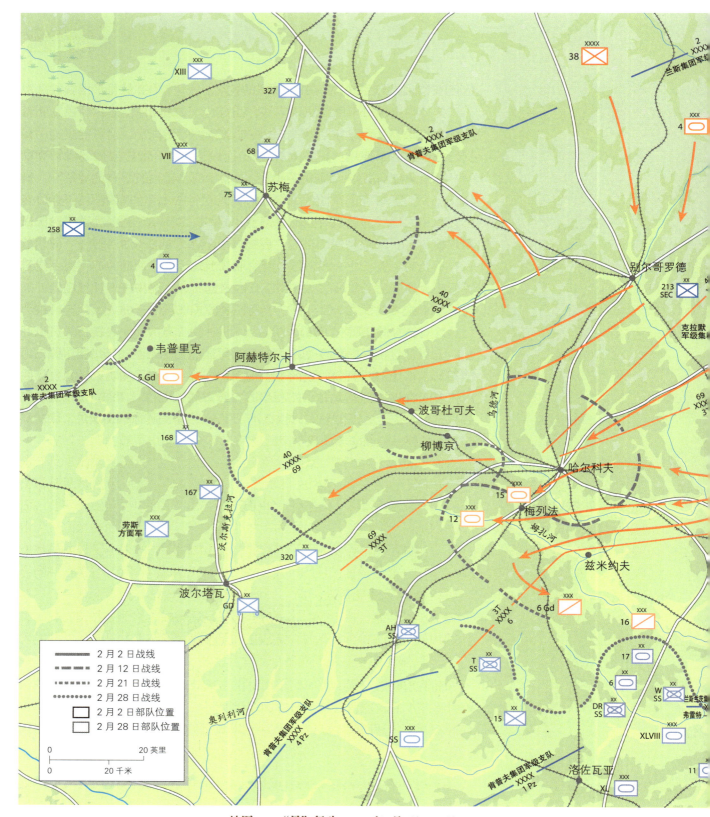

地图66 "星"行动，1943年2月2日—28日

军与坦克第3集团军对哈尔科夫发动新的攻势[1]。而德军防守别尔哥罗德与哈尔科夫的部队则是兰茨集团军级支队（兰茨战役集群）[2]，该集群虽然是为了顺应战役局势紧急组建的，但是该集群手中掌握着一柄撒手锏——新组建的党卫军装甲军。哈尔科夫，这座苏联第4大城市再度成为了斯大林与希特勒两位最高统帅眼中胜利的象征。

苏军沃罗涅日方面军于2月2日发动其新一轮攻势，两个集团军的分界线将哈尔科夫一分为二。雷巴尔科（S. Rybalko）中将的坦克第3集团军（下辖2个坦克军、1个骑兵军和4个步兵师）2天内在2天内走完了奥斯科尔河和顿涅茨河之间50英里的路程，德军党卫军第2"帝国"装甲掷弹兵师在防御方面并不比第298步兵师强多少。别尔哥罗德以南的克拉默军级集群（下辖"大德意志"摩托化步兵师和第168步兵师）[3]也在苏军攻势下撤回顿涅茨河河畔。进攻发起1周后，兰茨的部队看似能稳定住沿河的战线，不过苏军打算再添一把火，协调"飞驰"与"星"行动的大本营代表华西列夫斯基从库尔斯克方向投入第40集团军威胁兰斯的后方，同时苏军第6集团军从兰茨的右侧绕过了哈尔科夫。苏军的部署收到了成效，2月9日，苏军拿下了别尔哥罗德，第69集团军与坦克第3集团军也以高昂的代价从正面杀出一条血路，于次日跨过了已经封冻的顿涅茨河。在很短的时间内，苏军先头部队已经楔入哈尔科夫的外围防御，并在2月中旬将该城三面包围。在北、东、南三面受敌的态势下，党卫军部队无法发动希特勒对曼施泰因承诺的军级规模反击，但2月11日至12日，党卫军"帝国"装甲掷弹兵师一部还是在梅列法以南对苏军近卫骑兵第6军发动了一次反击。

2月13日，苏军所施加的强大压力，尤其是在哈尔科

---

[1] 第69集团军是一支新组建的部队，集团军司令员为卡扎科夫（M. I. Kazakov）中将，该集团军的主力为独立步兵第18军，下辖4个步兵师。坦克第3集团军在"星"行动发起时拥有165辆坦克。

[2] 第1山地师师长胡贝特·兰茨（Hubert Lanz）担任集团军级支队指挥官职务，并于1月28日升任山地兵上将。但他在这个职位上只待了2个星期。

[3] 该装甲军由第48装甲军副军长、汉斯·克拉默中将指挥至2月10日，随后克拉默被调往非洲军团，英军在10个星期后将其俘虏。

夫以北发动的猛烈攻势让希特勒不得不又一次签署"战至最后一人"的命令，作为对希特勒要求的回应，兰茨随即命令党卫队全国副总指挥兼武装党卫军上将保罗·豪塞尔（Paul Hausser）死守哈尔科夫。豪塞尔请求撤退，但兰茨拒绝了这一要求，不过这位党卫军指挥官在一系列虚与委蛇之后仍在16日不由分说地放弃了哈尔科夫。由于通往西南方向的唯一逃生路线被苏军压缩到仅有1英里宽，撤退行动挽救了大量有价值的部队和装备，但着实令希特勒大为光火。像豪塞尔这样的半职业党卫队高级指挥官一般与军队上层有着良好的关系，不过党卫军的此次公然抗命还是让兰茨丢掉了指挥官职务[1]；次日，第48装甲军军长肯普夫接手了以他的名字重新命名的集团军级支队。与此同时，2月17日，戈利科夫命令雷巴尔科的坦克集团军继续向波尔塔瓦方向发动进攻，并在可能的情况下向第聂伯河河畔的克列缅丘格推进。24小时后，苏军沃罗涅日方面军便已经突破了德军的乌德河防线并向姆扎河方向逼近，19日拿下了梅列法，22日收复了阿赫特尔卡。最后的这几个日期与希特勒视察曼施泰因在扎波罗热的总部以及德军决定反击被削弱和过度扩张的红军先头部队相吻合（地图65）。但是，当瓦图京的坦克与骑兵穿插部队立即遭到攻击的时候，沃罗涅日方面军仍会推进一段时间。

　　2月21日，戈利科夫甚至认为他可以对威胁西南方面军的德军装甲部队发动一场反击。在两天之内，红军步兵在新解放的民兵部队的增援下，对德军"大德意志"师发动了攻击，但行动失败了。到2月的最后一天，红军最高统帅部大本营将坦克第3集团军从戈利科夫麾下调给了瓦图京，又一次徒劳地试图挡住霍特的部队（图68）。同日，近卫坦克第5军的前卫部队攻占了韦普里克（Vepryk），危险地切断了中央集团军群第2集团军和南方集团军群肯普夫集团军级支队的联系。从红军最高统帅部大本营的地图上看，扑向波尔塔瓦的红军似乎打得很漂亮，但那些分散且缺乏补给的部队都是曼施泰因发展中的反击行动的可口目标。

---

[1]　时年62岁的豪塞尔曾在第一次世界大战期间作为参谋任职，在魏玛共和国期间官拜少将，并于1932年以中将军衔退役。1934年，豪塞尔加入了冲锋队并被任命为党卫队旗队长（相当于上校），不过他很快被转调到党卫军并获得了与自己退役前相同的军衔。

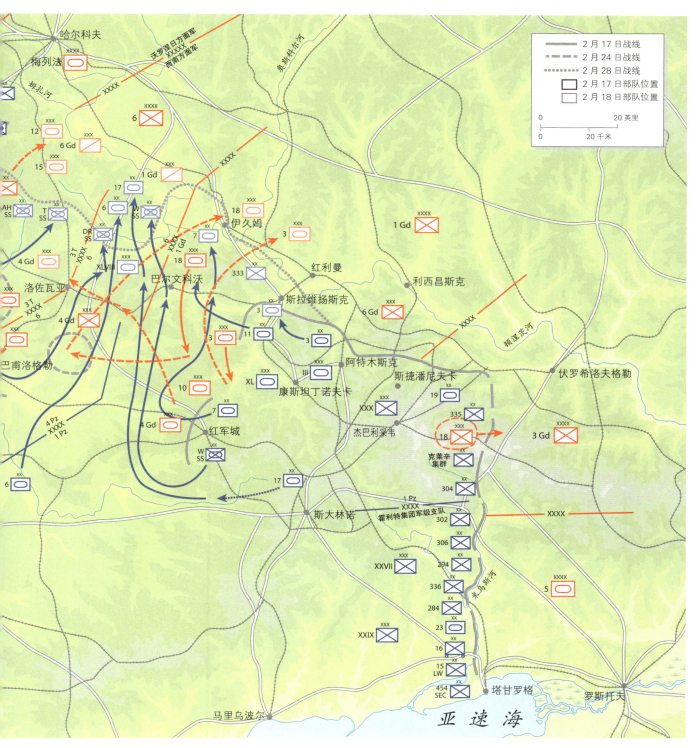

地图67 "反手一击"行动（I），顿巴斯，1943年2月15日—24日

地图67

"反手一击"行动（I），顿巴斯，
1943年2月15日—24日

　　对于德军来说，从1942年11月中旬到1943年2月中旬的3个月可以说是由一连串灾难组成的。而对于苏军来说，这3个月中无疑取得了战略上、战役上和战术上的彻底胜利。在之后的1个月内，希特勒将会再赢得一场战役的胜利，而斯大林将会蒙受他在这场战争中的最后一次失败。此后对第三帝国来说，失败不再是一个是否会发生的问题，而只是一个时间问题。

　　从"天王星"行动发起开始，德军就在一直试图重新扳回局势并取得战场主动权，但徒劳无功。2月11日，希特勒命令兰茨向南发起攻击[①]，与曼施泰因的部队会合并切断瓦图京进攻部队的退路。但此时兰茨手中只有3个机械化师：党卫军"阿道夫·希特勒警卫旗队"师与"帝国"师以及国防军的"大德意志"师，且缺乏给养油料。次日，希特勒签署第4号战役指令，命令德军2个集团军群封闭突破口并沿着顿涅茨河与米乌斯河建立防线，除了下达更多的命令外，他还将7个师从国内调至乌克兰，这些师预计在3月初便能完成部署。在苏联红军为连战连捷与国土解放而庆祝之时，德军则开始集结反攻部队；除了上述3个机械化师之外，第1和第4装甲集团军的指挥部以及随同它们渡过顿河的机动部队将成为曼施泰因重建一条堪用防线的机动力量。

　　从2月11日起，在马肯森的指挥下，第1装甲集团军（第30军以及第3与第40装甲军）一直防守着利西昌斯克两侧的顿涅茨河中游河段。集团军此时下辖有6个兵力严重损耗的装甲师与5个步兵师，以及刚刚抵达的党卫军"维京"装甲掷弹兵师。10天后，马肯森的集团军与兰茨部队的联系被苏军切断，在瓦图京的第6集团军、近卫第1集团军与第3集团军的持续压迫下，该集团军的战线在斯大林诺一带呈伞状的弧形。到该月中，苏军骑兵第8军已经设法绕到了德军第30军的侧后的杰巴利采韦，而党卫军"维京"师则在红军城附近与波波夫快速集群的近卫坦克第4军陷入僵持；这些苏军部队此时相距仍有60英里。在1周后，波波夫认为自己已经已经把马肯森的部队逼到了绝境，并准备给他以致命一击。

　　但是令苏军西南方面军的指挥员们没有料到的是，几天前，德军第1装甲集团军便已经被曼施泰因用作计划中为反击波波夫突击矛头而准备的"反手一击"（Backhand Blow）作战行动的南路，而且已经开始行动了。"维京"师在接触后坚守红军城的同时，马肯森的部队则切断了波波夫快速集群与后方的联

---

① 兰茨集团军级支队至2月14日仍然是B集团军群的一部分。

系。德军第40装甲军则以第7与第11装甲师自东向西朝斯捷潘尼夫卡（Stepanivka）发起攻击，在局部地区完成了这项任务。几天后德军第48装甲军准备就绪，并封闭了包围圈的西侧，苏军在包围圈内的部队包括第18、第3和坦克第10军以及近卫坦克第4军。波波夫此时认为他仍占据上风，所以并不急于突围。但到了23日，随着补给耗尽，手头仅剩下50辆可以出动的坦克并且部队面临崩溃，波波夫终于意识到情况不妙，但为时已晚，瓦图京拒绝了其撤退的请求。波波夫的部队最终进行了分散突围。由于德军兵力不足以形成严密的包围圈，该快速集群分散成小股部队后大量人员逃脱了被俘的命运。至2月24日，少数仍保持建制的苏军部队开始向北撤退至顿涅茨河一线，德军以第48装甲军（此时转隶第4装甲集团军）、第40、第3装甲军的兵力穷追不舍。

瓦图京终于承认了自己的失败，近卫第1集团军的部队在巴尔文科沃与斯拉维扬斯克耗尽了油料，只能暂停攻势原地建立防御。几天后该集团军饱受打击的团和师又开始后撤，至当月月底，苏军放弃了顿涅茨河南岸自伊久姆以南到伏罗希洛夫格勒的大部分一度被收回的国土。苏军趁着河水仍封冻之际或徒步或乘车撤到了顿涅茨河北岸沿河据守；马肯森的部队此时也人困马乏，不具备继续追击的条件。除此之外，东南方向的霍利特所部也巩固了米乌斯河一线的防御。得益于准确地抓住苏军自身没有意识到的弱点，曼施泰因的战术行动为双方自伏尔加河流域持续了近半年的白热化战斗画上了一个短暂的休止符。

地图68

"反手一击"行动（Ⅱ），哈尔科夫，
1943年2月20日—3月14日

随着2月18日夜，"老爹"霍特的指挥专列被牵引进扎波罗热，曼施泰因的反攻行动的最后一片拼图终于完成。希特勒仍在该城中，曼施泰因随即知会了霍特，他用新的装甲军军部和机械化师重组第4装甲集团军的计划。霍特接到了两个任务：第一，在马肯森的协助下消灭已经进入第聂伯河河曲的苏军近卫第1集团军与第6集团军；第二，推进至顿涅茨河之后立即转向，会同肯普夫的战役集群重夺哈尔科夫，如果可能的话继续向北推进攻占别尔哥罗德。在他的上空，里希特霍芬的第4航空队在遭受冬季的重创后已经恢复元气，能够提供支援。

霍特的行动从2月19日开始，他的部队一上来便直冲向第聂伯河推进的苏军第6集团军前卫部队和右翼。

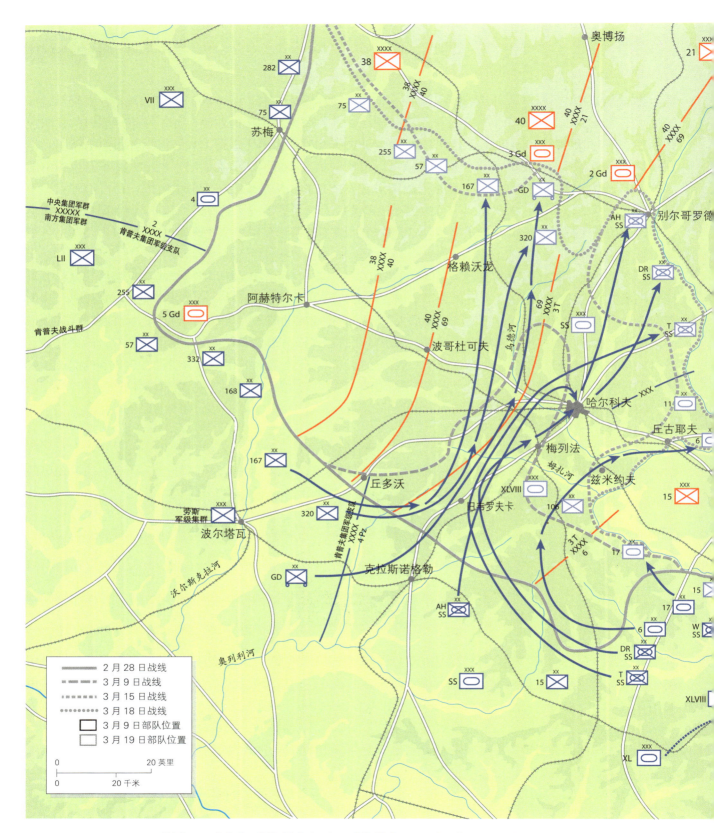

地图68 "反手一击"行动（Ⅱ），哈尔科夫，1943年2月20日—3月14日

党卫军装甲军此时下辖"帝国"师与"骷髅"师，从克拉斯诺格勒向南推进至距离第聂伯河只有几英里的新莫斯科斯克，并与另一支德军部队会师——此举消除了苏军对第聂伯罗彼得罗夫斯克的直接威胁。党卫军装甲军在那里沿着萨马拉河向东转向90度，并于次日攻下巴甫洛格勒，将向扎波罗热孤军穿插的苏军坦克第25军的后路切断。党卫军装甲军随即向北转向90度，与右面的德军第48装甲军呈平行之势向顿涅茨河方向推进。在与第1装甲集团军所部协同之下，第48装甲军的第6和第17装甲师追击着溃散的波波夫快速集群主力，将坦克军的残部推到了他们面前。在曼施泰因反击的头5天之中，第1与第4装甲集团军在一个60英里直径的盒形区域中歼灭了苏军6个军的部队，并消除了苏军对南方集团军群侧后和第聂伯河渡口的直接威胁。在2月的最后几天里，霍特和马肯森对苏军西南方面军第6集团军与近卫第1集团军的残部进行追击，并渡过了顿涅茨河。曼施泰因的战役时间表此时面临着巨大的压力，季节更替所带来的泥泞已经迫在眉睫。

在北面，苏军沃罗涅日方面军仍在对肯普夫集团军级支队发动攻势，2月底，该方面军持续逼退劳斯集群[①]至丘多沃，距离波尔塔瓦仅25英里，后者是德军集团军群指挥部、重要指挥和后勤节点的所在地。不过苏军的进展只保持了很短的时间，几天后，在霍特的部队完成最后一次90度转弯向戈利科夫的部队发起猛攻后，苏军便开始逐渐向顿涅茨河方向溃散。德军第48装甲军追至顿涅茨河右岸，与左翼的党卫军装甲军一起向哈尔科夫的南部大门：兹米约夫与梅列法方向推进。在里希特霍芬的"斯图卡"与党卫军"阿道夫·希特勒警卫旗队"师的支援下，豪塞尔的装甲军在旧维里夫卡（Starovirivka）附近钳住了雷巴尔科过度延伸的攻击矛头，德军一举劈开了苏军好几个师的战线并对另外几个师形成了合围。随着融雪将大地化为一片泥沼，双方的机动都受到极大影响，不过3月7日冷空气的再度降临还是让靠近梅列法的霍特部队再次出击。

肯普夫所部在西北方向持续向苏军正面施加压力，至3月9日，德军第4装甲集团军已经将戈利科夫的第69集团军与坦克第

---

① 　第6装甲师师长、中将埃哈德·劳斯于2月13日接替被调职的克拉默成为集群指挥官，克拉默军级集群由此被更名为劳斯军级集群。

3集团军的接合部撕开。第48装甲军从西南方向攻击哈尔科夫，党卫军装甲军则从西北方向攻击。豪塞尔的部队会同"骷髅"师合围了城市，并寻机在霍特的协同下对城市发起突击。此次豪塞尔与他的上司再次意见相左，党卫军装甲军于11日开始向市区发起攻击。豪塞尔在3月发起的重夺哈尔科夫的战斗，与其在2月下令放弃该城的决定一样饱受争议。许多历史学家认为该决定将大量宝贵的机械化部队浪费在了血腥的巷战中，"阿道夫·希特勒警卫旗队"师与"帝国"师在进行了3天激烈的逐屋争夺后，于3月14日重新拿下了该城。

　　曼施泰因此时还有最后一项任务——夺回别尔哥罗德。在3月的上半月，随着霍特向哈尔科夫推进，肯普夫一直瞄准着东北面的别尔哥罗德。德军以"大德意志"摩托化步兵师为先导，向已经溃不成军的苏军第69集团军发起攻击，当德军重夺哈尔科夫的时候，他们的前锋已打到离别尔哥罗德不到25英里的地方。此时寒冷气候仍在持续，在拿下哈尔科夫后，党卫军装甲军重新向北进军，并在3天内打进了别尔哥罗德。此时曼施泰因认为他的反攻已经结束了。据相关统计，曼施泰因的反击作战歼灭了52个苏军师旅级单位，其中包括25个坦克旅。南方集团军群在顿涅茨河—米乌斯河一线基本恢复了与9个月前"蓝色"行动发起时大致相当的战线——不过比起9个月前更糟糕的是，德军要面对的是一支茁壮成长且更为自信的苏联红军。

地图69、70

第3与第4次哈尔科夫会战

　　很少有苏联城市像哈尔科夫一样经历过如此多的争夺。纳粹德军与苏联红军已经在1941年10月、1942年5月（地图21及地图37—41）为争夺该地区而战，并将在1943年8月（地图76）再次交战，而在1943年年初的冬末时节中，这个城市居然在短短1个月之间易手两次（地图69—70）。下文的组合地图分别展现的是第3与第4次哈尔科夫会战，分别是苏军"星"行动与德军"反手一击"行动的一部分。

地图69：1943年2月2日—16日，短暂解放

　　红军最高统帅部大本营希望沃罗涅日方面军在冲垮顿涅茨河一线德军防御的同时，控制哈尔科夫并分散德军的预备队，这一战役决心同时还意味着戈利科夫需要合围哈尔科夫并将城内的敌人全部消灭。在第69集团军的支援下，雷巴尔科的坦克第3集团军将穿过丘古耶夫在该城南部扫荡至柳博京，在那里与南下的第40集团军会合。德军的防御力量很分散，以村庄为支撑点，哈尔科夫城内则有2个党卫军的装甲掷弹兵师作为机动力量。

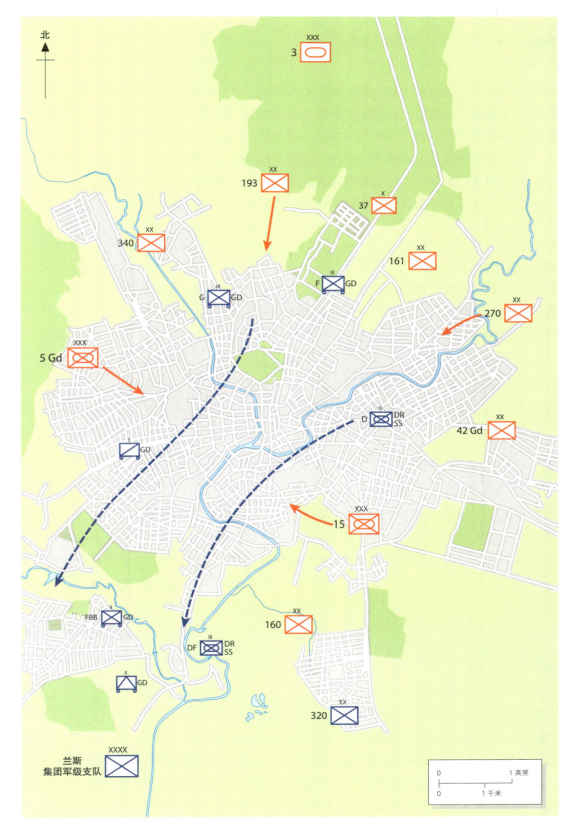

北

3

193

37

340

161

F GD

G GD

270

5 Gd

GD

D DR SS

42 Gd

15

FBB GD

DF DR SS

160

GD

320

兰斯
集团军级支队

0   1 英里

0   1 千米

地图69　1943年2月2日—16日，短暂解放

苏军坦克第3集团军于2月2日开始攻击，但其开局不顺；在攻势的第一天，党卫军"阿道夫·希特勒警卫旗队"师与"帝国"师的部队便持续在战线上进行防御。苏军第40集团军于2月3日发动攻击并按照战役计划推进。雷巴尔科随即调整了计划，决定渡过顿涅茨河后于2月6日再恢复进攻。德军的抵抗于2月9日逐渐减弱，兰茨命令两个党卫军师退回哈尔科夫城内。与此同时，苏军第69集团军面对德军"大德意志"摩托化步兵师的防御进展受阻，于是戈利科夫命令第40集团军加快步伐；2月8日，苏军收复别尔哥罗德。这导致了兰茨的左翼出现了混乱，也标志着德军全面撤退的开始。

沮丧的雷巴尔科终于放弃了打出一个漂亮的合围的想法，并于2月10日对哈尔科夫城进行了直接突击。坦克第3集团军和第69集团军的主力，包括坦克第12军和坦克第15军，终于在12日与城内的2个党卫军师发生战斗，同时撤退中的德军"大德意志"师也参加了进来。双方在随后2天中进行了惨烈的巷战。至2月14日，苏军第40集团军各师开始威胁哈尔科夫北郊，城内德军与兰茨所部侧后之间的联系受到威胁。不管豪塞尔认不认为靠着自己身上的黑色党卫军制服便有底气直接违抗希特勒的命令，到16日中午，德军在城内的防守都不可避免地陷入了混乱，随着德军撤出，哈尔科夫易手。

地图70：再度易手，1943年3月5日—14日

3月上旬，曼施泰因的反攻作战已经开始了一周多，苏军被打得猝不及防。瓦图京的第6集团军与近卫第1集团军正掉头回撤，而戈利科夫则只能眼睁睁地看着自己的坦克第3集团军在旧维里夫卡被德军吃干抹净，而他的第40集团军与第69集团军很快也将遭受同样"待遇"。沃罗涅日方面军已经转攻为守，甚至分步组织了撤退。至3月5日，德军第48装甲军与党卫军装甲军攻击了被曼施泰因选作重点突破地域的梅列法以南地区，肯普夫集团军级支队则准备在霍特的支援下发动进攻。3月6日至9日间，德军第4装甲集团军开始打击分散和消耗殆尽的苏军部队。苏军高级战地指挥员的举棋不定让德军的发挥更为游刃有余。很快德军部队就抵达了哈尔科夫城外的最后一道天然屏障——姆扎河与乌德河，党卫军装甲军与"大德意志"师的强大部队随即渡河并分割了苏军第69集团军与坦克第3集团军。至当月9日，苏军第40集团军在波哥杜可夫发动了小规模的反击作战，但并未能够迟滞此时劲头正足的德军装甲部队。

1天后，纳粹德军战斗序列内编制最庞大的4个师在哈尔科夫北面排成并排之势，在戈利科夫最南端的2个集团军之间撕开了一个30英里宽的突破口。在"大德意志"师向别尔哥罗德推进（对苏军第69集团军形成包围之势）的同时，"骷髅"师负责对哈尔科夫的大范围包抄，"阿道夫·希特勒警卫旗队"师从北面进入城区，而"帝国"师则从西面向城内发动攻势。德军第48装甲军的第11装甲师从南面向城区进攻的同时，还在对梅列法与兹米约夫一带已经被打散的苏军坦克第3集团军残部进行阻击。在哈尔科夫城内，苏军指挥官别洛夫（E. E. Belov）少将以他手中的步兵第19师、内务人民委员部第17旅与坦克第86旅等兵力构筑了防线。里希特霍芬航空队的打击对苏军的防御而言无疑是雪上加霜。3月13日—14日间，党卫军"骷髅"师继续在哈尔科夫以东方向对苏军进行合围，而德军第11装甲师则以逆时针方向朝南面机动配合合围行动。至14日夜，哈尔科夫城与外界的联络全部被切断。同日，党卫军"阿道夫·希特勒警卫旗队"师与"帝国"师打穿了此时已经几近废墟的哈尔科夫城，从城东面穿城而出，标志着城市的再度易手。

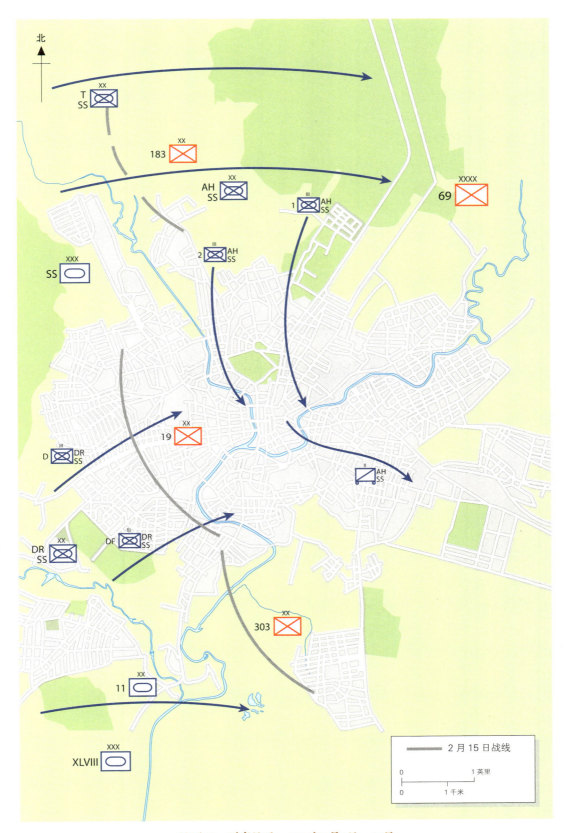

北

T
SS

183

AH
SS

1 AH
SS

69

2 AH
SS

SS

D DR
SS

19

AH
SS

DF DR
SS

DR
SS

303

11

XLVIII

2月15日战线

0   1 英里

0   1 千米

地图70　再度易手，1943年3月5日—14日

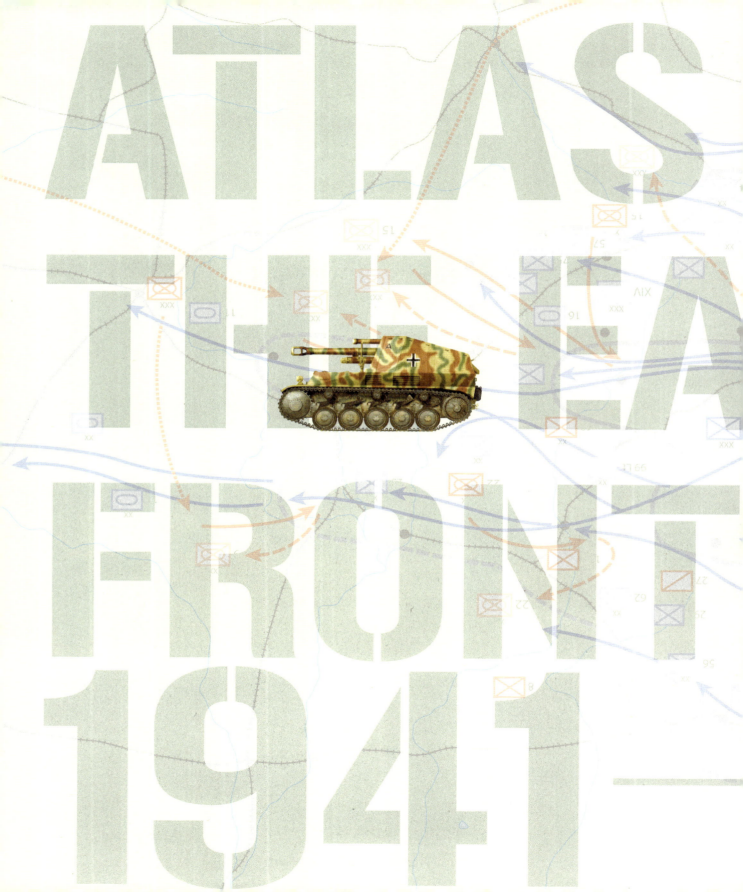

夏与秋
（1943 年）

SUMMER AND AUTUMN
1943

　　传统观点认为，如果纳粹德国和日本想要赢得战争，就必须在1942年取得完全胜利，或者至少在1942年为1943年上半年彻底战胜打下基础。但是轴心国在协同上、在战略思维上、在资源上、在经济上和工业上都不足以实现这一目标，丧心病狂的占领政策无从利用沦陷区的人口，一个苏联便已经是无法一击摆倒的巨人，此时又加上了美国，德日两大法西斯轴心均已经无力独力击败自己面对的对手。轴心国军队的高歌猛进已经成为过去时，从斯大林格勒到数个月后的太平洋，各个战场的战局先后迎来转折点。在欧洲战场上，苏军从斯大林格勒会战开始便一直掌握战略主动权，在作战方面，德国人除了在哈尔科夫战役短暂取得胜利后，再也没有占据过上风。当时双方都不知道，1943年3月是苏联红军最后一次遭遇重大失败，德军也是最后一次取得重大胜利。

　　在冬春季节惨烈厮杀的双方已无力再战，库尔斯克周边春季的泥泞让双方都选择在1943年春休养生息，苏军此时在战线上形成一个巨大的突出部。在被曼施泰因的"反手一击"行动打了个猝不及防后，红军最高统帅部大本营决定收缩防御，一面加强当面的防御，一面组织大规模的预备队，并等待希特勒已经在酝酿中的下一轮夏季攻势。苏军此时的收缩并非建立在如同1941年与1942年一样的节节败退上，而是建立在己方的实力优势之上。苏军在库尔斯克依托地形防守的同时还保持着绝对的情报优势，不管是无线电破译、战略侦察还是游击队活动都为苏军提供了大量关于德军部署与动向的有效信息。在从斯大林格勒战事开始遭受一连串严重的损失后，东线德军的数量于1943年年中才得到恢复。不过此时苏军不管是数量还是质量上都开始取得更长足的进步，虽然曼施泰因在冬春季节的战事中向苏军展示了弹性防御配合防守反击所带来的战术优势[①]。此外苏军的指挥与控制协调能力在不断得到提升；集团军、军、师等单位的编制不断优化，步兵、炮兵、坦克兵、空中支援与其他支援分队的协同能力不断增强，战役学说愈发完善，人力资源与装备的改善，这一切都无疑在解决这支军队从战争开始便遭遇的问题，并在这种细微调整中不断提升红军的战斗力，成长中的红军将最终攻克柏林。苏军最高统帅部大本营将他们最好的指挥员、最精锐的部队和装备都投入到库尔斯克突出部的至少8个防御地域，同样重要的是，在其背后还有准备就绪的预备队。

---

①　德军防御能力的增强贯穿整场战争始终，在获得诸如单兵聚能装药反坦克发射器"铁拳"（Panzerfaust）等装备后，德军部队能够更有效地在攻击和防御中稀释苏军部队的数量优势。

对于德军而言，库尔斯克会战带来的最大问题并非战役失利，而是其宝贵的装甲车辆与飞机被"打了水漂"。尽管德军在某些地域缩短了战线并将当面苏军打退，但是相对于整个广阔战线而言，在某些次要地段取得的成就只能算是杯水车薪。纳粹德军即便认为自己取得了"皮洛士"式的胜利，但其惨重的损失也使得部队无力招架接踵而来的苏军反击。正如笔者此前在其他书目中所提到的那样①，错误的理论学说和指挥上的错误，导致曼施泰因的"反手一击"行动成为德军在东线亮眼战役表现的绝唱。对于轴心国而言更为祸不单行的是，盟军又在地中海战区发动攻势，西西里登陆与2周后墨索里尼灰头土脸的下台让德国人的资源更显捉襟见肘。到1943年年中，为了挽救轴心国同盟岌岌可危的关系，希特勒的第三帝国急需一场胜利，这也意味着即将发起的夏季攻势，可能并非最佳的作战方案。在遭受斯大林格勒的惨败后，德国国防军的潜意识中仍然存在着挥之不去的傲慢，在此役的战役决心中，它进一步要求德军攻击并摧毁苏联红军在战场上最优秀的部队。库尔斯克发动的"城堡"行动，是那年夏天德军计划在整个东线发动的一系列大规模进攻中规模最大的一次，它将为实现这一目标发挥最大作用。

为了此次大规模攻势，德军集结了43万部队与超过3100辆坦克和自行火炮，而当面苏军则云集了150万部队与4800辆坦克和自行火炮。众所周知，希特勒还一直推迟战役发起时间，等待新式的"豹"式与"虎"式坦克以及"费迪南德"坦克歼击车下线参战。在阿尔伯特·施佩尔的统筹下，德国军工产能得到较大增长，这些新型的坦克装甲车辆旨在消除从"巴巴罗萨"行动发起以来德军面对苏军T-34等坦克时所面临的性能劣势。当面苏军也在此期间紧锣密鼓地加强自身的防御。到6月末时，希特勒的不少幕僚都强烈建议他们的元首取消"城堡"行动。按照战役计划，从7月5日起，中央集团军群将从突出部北面发起进攻，而南方集团军群则在南部向突出部攻击②。而此时当面苏军的情况相对于其4月份时也有了天翻地覆的变化。苏军在库尔斯克当面部署了2个方面军，后方还有一个待命，3个方面军均做好了战斗准备且齐装满员，指挥员也分别是技能娴熟且富有经验的"后巴巴罗萨"时代将星：瓦图京、罗科索夫斯基和科涅夫。

由于德军机械化作战理论的衰落和被忽视的现状，德军中央方面军群的进攻行动基本上可以看作是一场步兵为主的攻势，而中央集团军群手中那支自"巴巴罗萨"发起24个月以来规模最大、实力最强的装甲集团军却被部署到集团军群侧后担任防御任务。尽管在希特勒所青睐的优秀指挥官瓦尔特·莫德尔大将的指挥下，北线的攻势仍进展缓慢，德军在多日的争夺后只进展了10英里。南面的攻击矛头的指挥官，也是德军装甲兵将领中最出色的人之一赫尔曼·霍特大将（他本人为步兵出身）的部队，拥有更好的武器装备，也理所应当地取得了更大的进展。纵观整场战争，纳粹德军的胜利离不开纳粹空军的有效近距离空中支援与战斗机掩护。在库尔斯克，新型坦克因可靠性问题导致战斗力大打折扣。在1周的攻坚后，霍特的部队在右翼的步兵集团军掩护下逐步突破了苏军5道防线。7月10日至13日，双方在普罗霍罗夫卡一带展开了整个第二次世界大战中规模最大的一次坦克战。虽然苏联人在战斗中损失的坦克数足足有德军的两倍，但苏军装甲部队的实力尚存。7月14日，曼施泰因（以及中央集团军群指挥官）在位于文尼察附近的大本

---

① 罗伯特·吉尔楚贝尔：《希特勒的东线装甲部队》（*Hitler's Panzer Armies on the Eastern Front*）。
② 从1942年、1943年夏季攻势战役发起时间上也能看出德军实力的不断衰退："蓝色"行动比"巴巴罗萨"行动晚了一周发动，"城堡"行动则比起"蓝色"行动又晚了一周。

营面见希特勒，希特勒提出取消此次行动，但曼施泰因表示拒绝，并认为他的部队还在继续推进，或许已经胜利在望。德军迎来了"城堡"行动的高潮，但是这台已经饱餐了人命和物资的血肉战争机器在10天后却逐渐偃旗息鼓。

　　从某种意义上说，"城堡"行动无法像此前的"巴巴罗萨"与"蓝色"行动一样将苏军直接击溃，从苏军还有兵力对库尔斯克当面的德军2个集团军群发起反击这一点上便可以表现出来。在德军中央集团军群当面，苏军发动的"库图佐夫"行动并没能对已经做好准备的德军防御形成明显的突破，但该行动在几个小时内就为莫德尔的"城堡"行动画上了休止符，并在5周后消灭了德军在奥廖尔的突出部。在德军南方集团军群当面，苏军攻击了德军坚守了6个月的米乌斯河防线。德军对这一威胁做出了过度反应，派出了相当于1个装甲集团军的兵力前往顿巴斯方向防御[①]。这一举动正中红军最高统帅部大本营下怀，虽然德军装甲部队暂时恢复了米乌斯河防线，但这意味着德军最重要的部队在真正需要他们的时候却不在合适的位置上。

　　"城堡"行动达到高潮后不久，曼施泰因推测苏军的进攻要比德军更为艰难，他认为苏军不可能迅速或者轻松转入进攻。事实证明，他并不像自己认为的那样有先见之明。在曼施泰因做出推测的第2天，苏军以十余个未参加库尔斯克战役防御阶段战斗的集团军，近100个师的兵力对德军南方集团军群展开了一系列复杂的合成突击行动。首当其冲的是重新占领"城堡"行动开始前阵地的德军步兵（这些阵地在春季和初夏同样得到了加强）。从那时起，"鲁缅采夫"行动开始向南北两侧扩展，苏军最高统帅部大本营巧妙的指挥让德军在顾此失彼的同时，无法摸清苏军的下一步行动。德军的机动预备队此时又面临给养不足的问题；除了已经在"城堡"行动中损兵折将的德军部队外，此时曼施泰因手上最好的部队要么被填入了千疮百孔的前线，要么离主要战区有数百英里之遥，比如被不明智地派到顿巴斯方向的3个装甲军。曼施泰因仓促发动的一系列反击都无法明显地减缓苏军的脚步。"鲁缅采夫"行动如同一个放大且更具破坏性的"天王星"行动一般，夏季天候更适宜作战，苏军的指挥也更加纯熟，而且这次德军没有罗马尼亚仆从军可供推脱责任，而且危险的是它离德国更近。而诸如"鲁缅采夫"行动等作战已经不再是对德军"闪击战"的拙劣模仿，成熟的"大纵深"作战理论已经成为了苏联军事艺术的独特体现形式。红军在接下来的时间中将继续单调而无情地在广阔的战线上将德军逼退，直至1944年年初；此期间南方集团军群将不会得到丝毫喘息之机。

　　苏军的攻势从夏季延续至秋季，其间只为了进行后勤补充短暂停顿过，曼施泰因基本没有打乱过苏军的进攻节奏。天然屏障对于苏军的阻拦作用也并不明显，即便是泥泞季节与第聂伯河之类的大河流也无法阻挡苏军的脚步。苏军的推进方式并没有展现出过于高超的战争艺术，而是用绝对的兵力火力优势将对方压垮。此时红军空军已经夺取了制空权，而德军地面部队的士兵们则只能眼巴巴地望着被敌军飞机所统治的天空，从布列塔尼到柏林再到白俄罗斯，天空中已经很难见到分身乏术的纳粹空军的身影。不过此时苏军的大纵深攻势仍缺乏技巧，没能达成对敌军重兵集团的突破穿插，甚至一度与德军中央集团军群失去了

---

① 　德军调动了2个集团军以及1个党卫军装甲军。

芬兰　赫尔辛基

爱沙尼亚

塔林

拉脱维亚

里加

普斯科夫

立陶宛

考纳斯

维尔纽斯

涅曼河

波兰

布列斯特

普里皮亚季沼泽

利沃夫

列宁格勒

旧鲁萨

明斯克

1943年6月战线（非国界）

列宁格勒方面军

18

沃尔霍夫方面军

西北方面军

加里宁

加里宁方面军

勒热夫

莫斯科

伏尔加河

伏尔加河

16

北方
中央

维捷布斯克

斯摩棱斯克

3

3

西方方面军

布良斯克

奥廖尔

布良斯克方面军

戈梅利

白俄罗斯方面军
乌克兰第1方面军

苏联

库尔斯克

中央方面军

沃罗涅日

9

2

2

草原方面军

西方方面军
白俄罗斯方面军

9

4

4

9

4

2

中央
南方

基辅

日托米尔

4

8

乌曼

1

乌克兰第1方面军
乌克兰第2方面军

切尔卡瑟

波尔塔瓦

哈尔科夫

沃罗涅日方面军

肯普夫集群

中央
南方

沃罗涅日方面军

罗索希

顿河

4

第聂伯罗彼得罗夫斯克

西南方面军

乌克兰第2方面军
乌克兰第3方面军

1

伏罗希洛夫格勒

斯大林诺

克里沃伊罗格

扎波罗热

6

乌克兰第3方面军
乌克兰第4方面军

南方
A

6

敖德萨

1943年12月22日战线（非国界）

1943年6月战线（非国界）

北高加索方面军

黑海

17

塞瓦斯托波尔

17

克拉斯诺达尔

新罗西斯克

罗斯托夫

南方方面军

顿河

北

	1943年6月战线
	1943年12月22日战线
	1943年11月战线

0　　　　　　100 英里

0　　　　　　100 千米

地图71　苏军反攻，1943年

接触，曼施泰因尽可能地让苏军部队基本保持在他的正面，防止自己的部队被大范围包抄。德军的成功主要在于面对猛烈的进攻时仍能保证自己从战场上全身而退，并偶尔发动装甲军规模的反突击行动。

希特勒一直想收入囊中的哈尔科夫在苏军夏秋反击中第4度易手，且最终于1944年8月22日被苏军彻底收复[1]。与此同时，苏军还从米乌斯河方向向南撬动了德军的防御。失去了两端防御支点的南方集团军群在广阔的乌克兰平原上彻底失去了适宜防守的有利地形。而机械化部队数量的不足更是令德军擅长的"弹性防御"或机动防御战术无从施展。当红军最高统帅部大本营将兵力集中在南部战区时，希特勒的东部德军所能做的就是撤退，其中包括最遥远的南方：希特勒于9月下旬同意放弃已经毫无意义的库班桥头堡，并允许部队沿刻赤海峡退至克里米亚。不过这对于库班守军来说只是暂时的解脱，短短1个月后，随着苏军的推进，彼列科普地峡被向第聂伯河河口推进的苏军封闭，克里米亚半岛上的德军再度成为瓮中之鳖。希特勒也明知第聂伯河左岸无险可守，允许德军向西撤退并设想在东线建立起一道稳固的防线。

夏末，红军仍对德军穷追不舍，把德军逼到第聂伯河边，然后又赶过河去。德军此时对已经收缩的战线的坚固程度、撤退中实行"焦土战术"的有效性、苏军的损失与其过分延伸的补给线等因素进行了过于理想的推测，同时其部署还受到各种错误情报与暂时因素的影响。尽管河面宽阔，但在1943年，第聂伯河给德军带来的防御便利之处和"巴巴罗萨"行动期间给苏联人带来的好处一样少。到1943年9月下半月，苏军各方面军以兵力大小不等的规模在多个地段实施了渡河行动，大大地出乎了德军的预料。强渡第聂伯河成功的苏军随即在广阔的战线上全面推进。1个月后，曼施泰因在克里沃伊罗格地域组织了一次数个军规模的反击行动，这场在当时规模浩大的反击为德军赢得了一些回旋的余地，但这点余地实际上也仅仅聊胜于无。他的部队仍无力阻挡苏军在11月6日解放基辅，并于12月向西乌克兰高歌猛进。随后德军在日托米尔与法斯托夫方向集结了2个装甲军的兵力对苏军发动反击，并在11月的第3周间一度逆转形势。除此之外，德军中央集团军群于当年深秋放弃了戈梅利周边的地域，北方集团军群则放弃了右翼涅韦尔附近的阵地。

在"巴巴罗萨"行动发起2周后，希特勒曾告诉戈培尔，说如果能更早知道苏联军队真正的实力和规模，那他对是否开战会做出不一样的决策。尽管我们有许多理由可以认为希特勒这是在放马后炮，但有一些知名历史研究者[2]也认为，如果在1943年夏天他能够提前得知苏军在库尔斯克的防御部署，那他将不会发动"城堡"行动。对于这种说法当然也有驳斥的声音，主要是因为希特勒不是那种允许逻辑和统计数据影响其决策的人。红军在1943年下半年的攻势残酷无情，但希特勒如果认为1943年是整个战争中最糟糕的一年，那到了1944年他便会改变这一想法。

①　该次战斗通常被称作第4次哈尔科夫会战，但作者将1942年5月苏军未能进入哈尔科夫的那次战斗也列入统计之中。
②　威尔莫特：《大十字军东征》，第304页。格兰茨和豪斯：《巨人的碰撞》，第165页。

地图72

"城堡" 行动（Ⅰ），南线，1943年7月5日—10日

　　在此前的4年中，对于希特勒而言，德军的春夏攻势总是无往不利。1943年的冬季与春初对于他和德军而言无疑是个灾难，斯大林格勒与北非的战事相继失利，德军此时已经处于劣势且转入战略防守。第三帝国此时已经无法养精蓄锐，准备下一波攻势，因为实力增长的苏联和美国不会留给德国人翻盘的机会。因此德军高层于1943年的三四月间开始筹划以曼施泰因此前刚刚获胜的战术态势与还能动用的预备队，如同1942年冬季的"水牛"行动一样，在整个东线战场通过机动防御来打开局面。根据德军的计划，随着春天结束，路面条件恢复，德军将消灭包括库尔斯克突出部在内的苏军南线部队，同时北面彻底攻克列宁格勒，随后静待斯大林的下一步行动。

　　将信将疑的高级将领、新型武器的生产、天气因素和对红军的情报工作都让行动一再拖延。希特勒差一点就取消了"城堡"行动，但他是一名政治家，证明第三帝国能力的政治需要压倒了军事逻辑。德军的作战计划非常直截了当：以霍特的第4装甲集团军（曼施泰因的攻击主力，下辖6个机械化师）与肯普夫战役集群（3个装甲师）从南面攻击，以莫德尔的第9集团军从北攻击（地图74）。霍特与肯普夫的部队共计168000人，装备了3600门火炮与1700辆坦克装甲车。为德军南方集团军提供空中掩护的第4航空队也集结了兵力，该航空队拥有2300架飞机，其中1071架是"斯图卡"。在曼施泰因当面的，是瓦图京的沃罗涅日方面军（6个集团军），该方面军在巨大的纵深内构筑了多道精心布置的以支撑点为核心的防线，兵力总计1087000人，拥有13013门火炮和3275辆坦克与自行火炮。在命运的残酷逆转中，苏军还集结了5个诸兵种合成集团军与3个坦克集团军作为预备队。从战役伊始，苏军最高统帅部大本营便开始谋划在德军精疲力竭之时放出预备队一举将其击溃；朱可夫与华西列夫斯基将负责协调整个战役的实施。

　　苏军于当年4月了解到德军将发动"城堡"行动，并于7月5日抢在德军行动前以猛烈的炮兵火力对敌军实施了大规模的炮火反准备。当天德军以超过1000架战机的猛烈空袭拉开其进攻的序幕，至当天结束，德军的装甲攻击矛头已经穿破了苏军第一道防御带。苏军以密集的雷区与支撑点构成的交叉火网对德军进行了"热烈欢迎"。德军次日又取得了2—3英里的进展，其第48装甲军还分兵准备夺取奥博扬的普肖尔河大桥。当日，瓦图京将他的方面军预备队机械化第3军、坦克第6军、坦克第5军以及近卫坦克第2军，派往受到威胁的地域。至7月6日日落，豪塞尔的党卫军第4元首装甲掷弹兵团抵达了卢奇基（Luchki）村，已经楔入苏军防线20英里，但该团随即遭到苏军坦克第5军与近卫坦克第2军的反击。在西面，靠近佩纳河上的阿列克谢耶夫卡（Alekseyevka）的地带，德军"大德意志"装甲掷弹兵师也遭到苏军坦克第6军的反冲

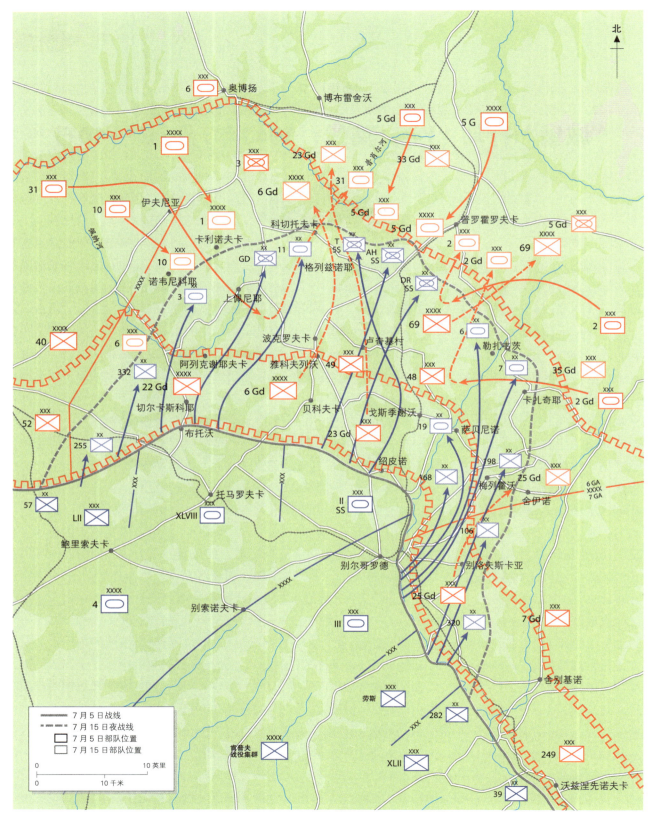

地图72 "城堡"行动（I），南线，1943年7月5日—10日

图例：
- 7月5日战线
- 7月15日夜战线
- 7月5日部队位置
- 7月15日部队位置

0 —— 10 英里
0 —— 10 千米

地名标注：
奥博扬、博布雷舍沃、伊夫尼亚、卡利诺夫卡、科切托夫卡、格列兹诺耶、普罗霍罗夫卡、诺韦尼科耶、上佩尼耶、波克罗夫卡、卢奇基村、勒扎韦茨、卡扎奇耶、阿列克谢耶夫卡、雅科夫列沃、贝科夫卡、戈斯季谢沃、萨贝尼诺、梅列霍沃、舍伊诺、切尔卡斯科耶、布托沃、绍皮诺、托马罗夫卡、鲍里索夫卡、别尔哥罗德、别格列夫斯卡亚、别索诺夫卡、舍别基诺、劳斯、沃兹涅先诺夫卡

部队编号标注：6、1、31、10、3、23 Gd、6 Gd、31、5 Gd、33 Gd、5 Gd、5 Gd、2、2 Gd、69、5 Gd、GD、11、T SS、AH SS、DR SS、69、6、40、6、332、22 Gd、52、6 Gd、49、48、7、35 Gd、2 Gd、255、23 Gd、19、198、25 Gd、6 GA、7 GA、57、LII、XLVIII、II SS、168、106、4、III、25 Gd、320、7 Gd、282、249、XLII、39、肯普夫战役集群

击。在该师的右侧，肯普夫战役集群必须全力以赴才能跟上其他部队的推进速度。

至7月7日，党卫军第2装甲军已经击破了苏军近卫第6集团军的防线，在夺下卢奇基村后，党卫军"阿道夫·希特勒警卫旗队"师与"骷髅"师展开了部队。瓦图京开始担心起距离其设在博布雷舍沃的指挥所只有6英里的奥博扬以及该地大桥的安危。8日，苏军近卫坦克第2军继续对豪塞尔右翼的"骷髅"师进行骚扰，直到德军引导来空中打击为止。次日苏军近卫坦克第2军继续骚扰豪塞尔右翼的"骷髅"师，直到德国空军负责对地支援的攻击机群赶到。9日，苏军的坦克攻击终于压制住了"骷髅"师。不过此时所有人的关注点都在德军的突破主力——第4装甲集团军上，该集团军内的国防军第3、第11装甲师、"大德意志"装甲掷弹兵师、党卫军"阿道夫·希特勒警卫旗队"师与"帝国"师以及负责侧翼掩护的4个步兵师，沿着从别尔哥罗德到奥博扬的公路推进。而此时苏军则派出生力军坦克第1集团军在卡利诺夫卡（Kalinovka）附近与近卫第6集团军残部会合，并在科切托夫卡（Kochetovka）附近阻击德军。

在这个关键时刻，德军犯下了一个致命错误：将其主攻力量分兵行动，第48装甲军继续向奥博扬方向推进的同时，党卫军第2装甲军将转向东北和普罗霍罗夫卡（地图73）。装甲兵上将奥托·冯·克诺贝尔斯多夫催促他的部队继续前进，7月10日，"大德意志"师在上佩尼耶（Verkhopenye）跨过了浅窄的佩纳河，并和第11装甲师攻击了将佩纳河与普肖尔河分隔开的高地，但在距离奥博扬7英里处被苏军阻滞，随着普罗霍罗夫卡方向战斗的白热化，该师最后准备被调去增援。在战场的另一端，德军第3装甲军终于开始保持与党卫军平行的方向进行推进，但该军随后发现自己走到了顿涅茨河的错误一侧，距离普罗霍罗夫卡还有十几英里。赫尔曼·布赖特装甲兵上将的部队在勒扎韦茨（Rzhavets）渡河，但苏军近卫坦克第2军随即缠上了他的部队。除此之外，就在7月10日当天，盟军在西西里岛发起了登陆作战。

地图73

"城堡"行动（Ⅱ），普罗霍罗夫卡，
1943年7月10日—13日

瓦图京大将此时已经注意到正杀向普罗霍罗夫卡的豪塞尔装甲军，7月10日夜，他向斯大林汇报了自己的作战计划。他打算让手上的2个近卫集团军：罗特米斯特罗夫（P. A. Rotmistrov）坦克兵中将的近卫坦克第5集团军（拥有约850辆坦克和装甲车）以及扎多夫（A. S. Zhadov）中将的近卫第5集团军从南面进入

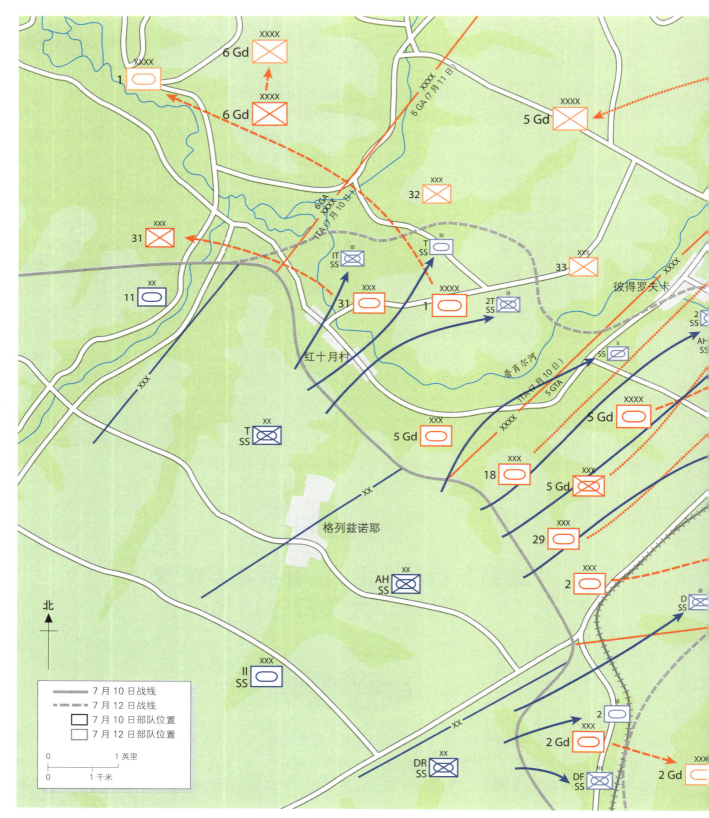

北

	7月10日战线
	7月12日战线
	7月10日部队位置
	7月12日部队位置

0   1英里
0   1千米

6 Gd
6 Gd
1
5 GA（7月11日）
5 Gd
32
5 GA（7月11日）
31
6 GA（7月10日）
IT SS
T SS
T SS
31
11
1
2T SS
33
彼得罗夫卡
普肖尔河
1TA（7月10日）
5 GTA
2 AH SS
5 Gd
红十月村
5 Gd
18
5 Gd
T SS
29
2
AH SS
格列兹诺耶
D SS
2
2 Gd
II SS
2
DF SS
2 Gd
DR SS
DF SS

地图73　"城堡"行动（Ⅱ），普罗霍罗夫卡，1943年7月10日—13日

普罗霍罗夫卡并阻挡党卫军装甲军的前进。苏军2个集团军赶到得正是时候，此时近卫第6集团军与德军激战了近一周之久，而近卫坦克第1集团军也在遭受德军的猛攻。在一些地域德军已经突破了苏军3道集团军级防线，不过在此之后苏军还有2道防线保卫着库尔斯克。

与此同时，霍特认为"城堡"行动终于到了他的装甲部队即将打开局面的时候；他预计12日会有一场决战。党卫军"骷髅"师已经在普肖尔河对岸建立起桥头堡，曼施泰因命令第24装甲军（下辖第23装甲师与党卫军"维京"师，共计约100辆坦克和自行火炮）向北从第1装甲集团军开辟的通道继续扩大胜利（在地图外的南侧）。在东南方向，肯普夫的部队加倍努力地保持推进，只差一天就能渡过顿涅茨河，该战斗群以第6装甲师为先导，第7与第19装甲师紧随其后（共有约300辆坦克与自行火炮，同样在地图外的南侧）。如果运气好的话，几天后曼施泰因的装甲部队将在数量上决定性地超过瓦图京的坦克。然而，曼施泰因预想不到的是，整个库尔斯克战场上没有一块"开阔地"存在，苏联红军将整个突出部都打造成了设防严密的筑垒地域。

7月11日霍特对苏军近卫坦克第1集团军发动了猛攻，试图在罗特米斯特罗夫与扎多夫采取措施前将该集团军击溃。德军第48装甲军负责突出部的西侧，而撕开主要突破口的任务则交给了豪塞尔的3个党卫军师（共计拥有约600辆坦克和突击炮）。7月12日因为两个原因成为整个"城堡"行动的高潮：第一，此时苏军在奥廖尔方向对德军中央集团军群发动了大规模攻势，迫使由第9集团军组成的北部攻击矛头取消了攻击计划（地图74—75）；第二，瓦图京的2个新锐的近卫集团军直接对党卫军装甲军发动了反冲击。到12日，德军南翼的2个攻击矛头之间已经有了10余英里的间隙，而瓦图京则抓住这个机会将罗特米斯特罗夫的装甲部队插入了德军第4装甲集团军与肯普夫战役集群之间的空隙中，阻止德军部队会合。11日夜，苏军近卫坦克第5集团军已经在普罗霍罗夫卡完成集结，其建制内的3个坦克军并排布置在西南面通往卢奇基村的道路上，机械化第5军则位于3个坦克军的

后方。该集团军坦克第18军和坦克第29军从东北方向向党卫军"阿道夫·希特勒警卫旗队"师的正面发起突击，而坦克第2军则对加里宁附近的党卫军"帝国"师发动进攻。苏军近卫坦克第2军则插入"帝国"师的右翼，得到兵力加强的该军的任务是确保此时相距不到10英里的豪塞尔与布赖特两部无法会合。

当天最为激烈的战斗，也是有史以来规模最大的坦克大会战，爆发在普肖尔河与从普罗霍罗夫卡延伸出来的铁路线之间的一个4×6英里宽的平坦矩形区域内。"阿道夫·希特勒警卫旗队"师的3个团与苏军坦克第18军和坦克第29军展开了惊心动魄的生死搏杀，而近卫坦克第5集团军的先头部队则在行进间投入战斗，阻止德军"骷髅"师扩大在普肖尔河上的桥头堡。德军集中了400余辆坦克，其中包括约30辆"虎"式，与苏军以T-34为主力的多达800余辆坦克在这个狭窄的地域内展开了战斗。这是一场钢铁对钢铁的无情屠戮，苏军近卫空降兵第9师则在镇外1.5英里处构筑阵地，守卫着通向普罗霍罗夫卡的道路，阻止"警卫旗队"师的先头部队向该镇推进。双方的对地攻击机布满了天空，向对方的装甲部队发起猛烈的空中打击。布赖特的第3装甲军于当日下午渡过顿涅茨河，曼施泰因命令肯普夫集群与布赖特左右夹击，合围处在德军两只铁钳下的苏军第69集团军。

不过此时已经不是1941年或者1942年了，霍特与肯普夫无力对严防死守的苏军发动合围。7月13日，曼施泰因与克卢格飞赴拉斯滕堡面见希特勒，被告知"城堡"行动因为意大利战场与中央集团军群当面战场局势的恶化而将被取消。但此时的曼施泰因高估了己方的实力，且低估了苏军剩余防御带与庞大的预备队，仍执意要求继续攻击。13日，苏德两军还在普罗霍罗夫卡与普肖尔河桥头堡进行反复拉锯战。但此时德军第3装甲军仍未抵达该处战场，这场战役是否继续，希特勒此时已经下定了决心。

地图74

"城堡"行动（Ⅲ），北线，1943年7月5日—12日

莫德尔大将的第9集团军作为战役的北部攻击矛头，在"城堡"行动中的地位很明显并非主攻方向。在参与此次攻势的高级指挥官中，莫德尔可能是最悲观的，他在4、5、6月一直试图劝说希特勒与2个集团军群的指挥官们放弃攻击苏军已经严密设防的库尔斯克突出部的想法。此时的第9集团军可以算作一支强大的重装甲部队，其建制内有3个装甲军（第46、第47、第41）和2个军（第23及第20），且与当面苏军的坦克与突击炮数量比为1455∶1745。不过德军第41装甲军建制内只有1个装甲师（第18装甲师），而第46装甲军的建制内则干脆没有。第47装甲军下辖第6步兵师与第2、第9和第20装甲师，军长为装甲兵上将约

阿希姆·莱梅尔森（Joachim Lemelsen），该军是莫德尔的攻击主力。此外莫德尔还将第4和第12装甲师与第10装甲掷弹兵师留在手中作为预备队。莫德尔拥有266000人和6336门非直瞄火炮。除此之外，德军部署在奥廖尔一带机场的第6航空队有730架飞机[①]，将为莫德尔提供空中掩护与支援。

同南面的沃罗涅日方面军一样，罗科索夫斯基的中央方面军此时也是兵强马壮，并在前线修筑了坚固的防御工事。他手中拥有5个集团军（第13、第48、第70、第65和第60集团军）与1个坦克集团军（坦克第2集团军），此外集结在库尔斯克以东的、科涅夫指挥的草原方面军也能对中央方面军提供支援。罗科索夫斯基将主力集中于突出部的基部。如同此前（地图72）所提到的一样，苏军在库尔斯克地域的防御包括工兵部队与大量从刚刚解放的沦陷区征召的平民所精心构筑的大规模野战工事群；防御工事密度比莫斯科或斯大林格勒的防御密度高出几个数量级。莫德尔当面的苏军兵力达到667000人、14163门火炮与迫击炮以及苏联空军的3个航空军。苏军游击队也在德军整个"城堡"行动的地幅上为苏军提供情报与敌后破坏等支援行动。同时按照惯例，苏军在战线后方还拥有大量由方面军司令部直接掌握的炮兵，且罗科索夫斯基还在自己的防御地幅后方集结了大量预备队。

同南线一样，北线苏军得益于提前获取的情报，在德军发起攻击前2个小时进行了规模巨大的炮火反准备。7月5日早上，德军第9集团军对加拉宁（I. V. Galanin）中将的苏军第70集团军左翼与普霍夫（N. P. Pukhov）中将的第13集团军右翼发起了攻击，德军的打击目标主要是后者。莫德尔的3个军并列在35英里宽的正面上对苏军发动攻击，德军以第47装甲军作为矛头准备发动纵深穿插，以第23军作为战役预备队。莫德尔与霍特的攻击在战术应用上有很大的区别，前者倾向于使用步兵部队进行攻坚，莫德尔用作第一梯队的10个师中有9个都是步兵师。而第一梯队唯一一个装甲师则用"虎"式坦克与新锐的"费迪南"重型坦克歼击车伴随步兵前进，负责对付苏军的坦克、自行火炮以及支撑点。到当天下午，德军便已经突破苏军第一道防御带的纵深3—4英里，在德军推进的同时，苏军部队则向后撤退到下一处阵地继续进行阻击，虽然苏军防线被打得向内弯曲，但没有被冲破。

当天更晚些时候，莫德尔认为第一梯队已经对苏军防线实现初步突破，并准备放出他的攻击主力，于是他命令莱梅尔森的第47装甲军从集结地域前出并投入战斗。战斗集中在从奥廖尔到库尔斯克的铁路与公路之间的20英里宽的正面上。莫德尔向该方向投入了4个装甲师和2个步兵师，但仅第一日，德军就付出了25000人伤亡、200辆装甲战斗车辆被摧毁的代价，却仅仅推进了8英里。7月6日，莫德尔的部队再度发起对苏军筑垒地域的攻击，苏军依托连绵的工事节节防御，防御同第一天一样准备充分和强大。罗科索夫斯基准确判断出德军攻击主力的出现并放出3个坦克军，分别从莫洛特奇（坦克第19军）、奥利霍瓦特卡（坦克第16军）到波内里火车站（坦克第3军）的这条弧形地带上阻击德军。德军部队在当天仅取得了2—3英里的进展。7月7日，德军在30英里宽、10英里纵深的新月形地带上集中了10个步兵师与4个装甲师，攻击部队根本没有展开的空间。罗科索夫斯基的装甲部队将T–34坦克的车身隐藏在事前挖好的坦克掩体中，在加强的反坦克炮兵旅协同下，成功阻滞了德军的装甲攻势。7月8日，莫德尔又向前先投入了他的预备

[①] 7月初，德军第6航空队拥有约2000架飞机，但并非其中所有飞机都能够出动，该航空队负责掩护与支援中央集团军群，机队中包括647架"斯图卡"。

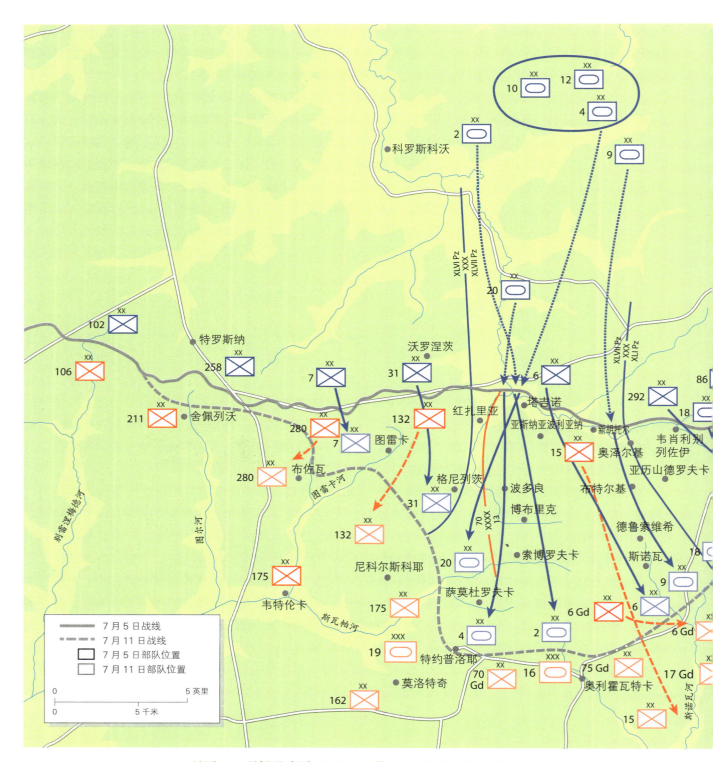

地图74 "城堡"行动（III），北线，1943年7月5日—12日

队——冯·埃塞贝克（von Esebeck）战斗群，但此举除了增加攻击正面的拥挤程度外并没有发挥太大作用。他随后试图将攻击方向转移至奥利霍瓦特卡与波内里火车站之间的地域，但同样没有收到太大的效果。

波内里火车站此时成为争夺的焦点，双方在此处进行了反复的拉锯战。7月10日—11日间，苏德两军的精锐部队在波内里这座小城中展开了如同斯大林格勒一般血腥的逐屋争夺。12日，苏军中央方面军、布良斯克方面军与西方方面军对德军的奥廖尔突出部发动了大规模进攻（地图75），克卢格随即叫停了"城堡"行动的北段进攻。

<h1 style="text-align:center">地图75</h1>

<h1 style="text-align:center">"库图佐夫"行动，
1943年7月14日—8月14日</h1>

1943年春，希特勒与德军最高统帅部、斯大林和红军最高统帅部大本营都知晓，夏秋战事的成败，完全取决于己方是否掌握有更强大且更新锐的预备队。在苏德战争的头两年中，苏德两军都急于用手头所有兵力倾其全力地发动攻击，这种对胜利的病态渴望经常导致攻击行动随后因战线延伸过长且没有预备队，而被敌方发动的反击所挫败。在"城堡"行动中，希特勒在不到两周的时间里就消耗掉了德国的机动预备队，这几乎可以说是第一次世界大战式的对坚固设防阵地的进攻，徒劳无功，这意味着德军在苏军强大的反攻面前，几乎是不设防的。

与1941年和1942年时不同，这次，斯大林没有等待，而是在德军的"城堡"行动达到高潮时直接发动"库图佐夫"

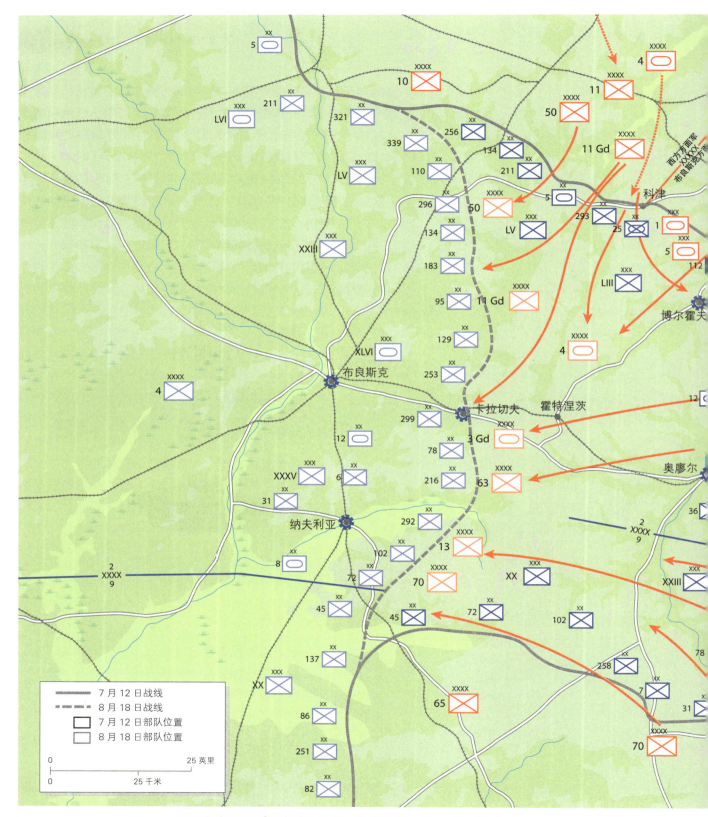

地图75 "库图佐夫"行动，1943年7月14日—8月14日

行动。诚然，德军在库尔斯克北线规模较小的攻势已经接近强弩之末，但其南线的攻势仍在继续。根据红军最高统帅部大本营的计划，西方方面军及布良斯克方面军将从7月12日开始对德军的奥廖尔突出部发动进攻，而罗科索夫斯基的方面军则将在遏制住德军攻势后择机发动反击，相比起曼施泰因对瓦图京的方面军造成的重创，莫德尔对当面的罗科索夫斯基部队造成的损失还是相对较小的，这意味着罗科索夫斯基的部队也会很快加入到攻击之中。索科洛夫斯基（V. D. Sokolovsky）上将指挥的西方方面军（下辖第50与近卫第11集团军）将穿过茂密的布林森林，向霍特涅茨方向发动攻击，而波波夫（M. M. Popov）上将的布良斯克方面军（下辖第61、第3与第63集团军）则将在北面的姆岑斯克周围发动攻击，2个方面军各得到1个空军集团军的支援。苏军2个方面军的兵力总计达到128.7万人，拥有21000门火炮和迫击炮、2400辆坦克与自行火炮以及超过2000架飞机。炮兵元帅沃罗诺夫（N. N. Voronov）出任此役的大本营代表。

　　"库图佐夫"行动瞄准了克卢格的集团军群此时空虚的中央地带：施密特的第2装甲集团军（该装甲集团军建制内1个装甲师都没有！）与莫德尔的第9集团军，该集团军的主力此时仍陷在"城堡"行动北端的攻势之中。德军除了在外围布设了一圈由步兵部队组成的薄弱防线外，在防线纵深的博尔霍夫（Bolkhov）、姆岑斯克、卡拉切夫、奥廖尔与兹米约夫卡（Zmievka）一带还有被要塞化的城市与村镇。苏军情报部门估计，德军在整个战区只有5个师的预备队，且这几个师中只有1个师是装甲师，即没有参加"城堡"行动的第5装甲师。在奥廖尔突出部中，德军约有60万人的兵力，此外还有7000门火炮、1000辆坦克和1100架飞机。7月14日，希特勒下令由莫德尔接管整个北线战斗的指挥。

　　苏军以先发制人的空袭与长达2个半小时的炮兵火力准备拉开了"库图佐夫"行动的序幕。近卫第11集团军，第61、第3和第63集团军各自在狭窄正面上对德军发动了进攻，且在当天结束时推进了10—15英里。近卫第11集团军在科津（Ktsyn）一带对德军阵地形成突破，其建制内的坦克第5军随即利用该突破口发动纵深穿插。与此同时第61集团军在捷利奇耶突破了德军第一道防线。德军的防御此时仍然非常顽强，与此前提到的（地图74）一样，克卢格中止了莫德尔的"城堡"行动并从其建制内抽调第12、第18与第20装甲师用于救火，被其派往博尔霍夫地域。莫德尔于7月14日放弃其取得的所有进展转入撤退，苏军坦克第2集团军则对其进行追击。同日，罗科索夫斯基派出其第13集团军到坦克第2集团军的右翼并进入了相对开阔的地带。至19日，德军第9集团军已经退回其发动"城堡"行动之前的地域并继续向西北方向收缩。

同样在7月19日，苏军又将坦克第4集团军与近卫坦克第3集团军分别加强到西方方面军与布良斯克方面军，但战场上的大雨导致两个集团军投入战斗的时间晚于预期。20日，索科洛夫斯基试图在他的第50集团军和近卫第11集团军之间插入新的第11集团军，但在这种情况下，步兵长达100英里的行军距离同样阻碍了它的使用。1周后的26日，坦克第4集团军终于从博尔霍夫方向投入了战斗，但当面的德军仍设法守住了博尔霍夫城3天之久。由于此时正忙于对意大利与其他战场的指挥，希特勒并未插手库尔斯克北线的战局。同样在26日，德军陆军总司令部命令莫德尔撤退到哈根防线，从31日起，莫德尔对部队只进行了最低限度的指挥干预。由于大雨导致的机动困难，雷巴尔科又花了1周的时间，直到8月5日，近卫坦克第3集团军才解放已经被纳粹烧成一片废墟的奥廖尔，此时在整个战场上苏军都已经处在上风。为彻底压垮克卢格的集团军群，苏军最高统帅部大本营将攻势扩大到德军第4集团军的正面。在游击队的大规模敌后破坏掩护下，苏军在德军进行"焦土"撤退的同时快速跟上德军脚步进行追击，苏军的每一次进攻都遭到了顽强抵抗，一旦突破对德军来说就是灾难性的。8月14日起，莫德尔的部队先后抵达布良斯克以东已经构筑完毕的哈根防线。3天后，德军后卫部队也抵达防线；且该防线此时已经完成了防守准备。红军此时已经解放了大片国土，而德军避免了一场重大灾难。

地图76

"鲁缅采夫"行动，1943年8月3日—24日

按照战役计划，在德军的库尔斯克方向攻势遭到削弱，战线过度延伸，兵力与资源消耗殆尽之后，苏军才会对其发动大规模反击。但7月中旬德军第4装甲集团军同苏军近卫第5集团军及近卫坦克第5集团军，仍在普罗霍罗夫卡一带进行着"火星撞地球"式的激战，不断消耗着德军的兵力与装备。在难以避免的

情况下，7月17日，希特勒命令取消"城堡"行动，放弃此前花费巨大代价攻占的阵地并将党卫军第2装甲军调至意大利战场[1]。8月初，曼施泰因撤退的部队在到达"城堡"行动出发阵地（自3月以来德军一直在加固这些阵地）前被轻率地命令停止后撤。南方集团军群在哈尔科夫一带的兵力约30万人，拥有3000门火炮与600辆坦克。但德军的机动预备队已经在"城堡"行动中严重消耗，且在随着3个党卫军师、"大德意志"师和其他机动部队被抽走，机动预备队遭到了进一步削弱。

7月18日，苏军最高统帅部大本营将科涅夫的草原方面军投入战斗（该方面军此前被用作战役总预备队），并命令其机动至沃罗涅日方面军与西南方面军（马利诺夫斯基）之间的别尔哥罗德方向。至7月底，瓦图京的部队得到了一定程度的补充和加强，而其当面的曼施泰因的部队则遭到了削弱，苏军3个方面军将一道对德军南方集团军群发动攻势。在大本营代表朱可夫的协调下，瓦图京与科涅夫的方面军将分别从北面与东面合围哈尔科夫，而马利诺夫斯基的部队则将劈入霍特与肯普夫两个集群的接合部。朱可夫手头可以动用的集团军数量（11个）已经与霍特与肯普夫手头的师的数量（15个）相差不多，可见兵力对比之悬殊。

苏军以6∶1的数量优势，每英里宽的正面超过100辆坦克与自行火炮的技术兵器密度，于8月3日清晨对德军发动了猛烈攻击。这场突如其来的攻势令曼施泰因颜面尽丧，完全出乎他的预料，最初的战斗极为残酷，苏军对别尔哥罗德东北方向的德军直角形战线发起了最为猛烈的打击。战役发起后几个小时内，苏军近卫第5集团军、近卫第6集团军与第53集团军便取得数英里的突破，并与德军仓促建立的第3道防线发生接触，同时还在德军2个集团军之间撕开一个7英里宽的缺口。此时希特勒又亲自上阵指挥，他将第11军从防线上撤下来回防哈尔科夫倒是为苏军的进攻行动省下了不少麻烦[2]。科涅夫的部队在"鲁缅采夫"行动发起的第2天便解放了别尔哥罗德，此后朱可夫于8月5日再度向西扩大了整个战役的规模，他命令第40、第27集团军加入攻势。当天希特勒又将此前调走的4个强大的装甲师召回，此外还把散布在战线上的第3装甲师和党卫军"维京"师调回哈尔科夫地区，此时霍特与肯普夫之间的缺口已经被撕开到30英里宽。德军一线步兵在苏军强大的炮兵火力下严重减员，直到撤回哈尔科夫周边精心构筑的坚固工事带中后情况才稍有好转。德军的重型师开始逐步抵达战场（其间铁路运输遭受了苏联游击队的大规模破坏），并在抵达战场后立即投入反击，而这些反击作战，以第48装甲军在阿赫特尔卡方向发起的反击为例，无一例外地以惨败收场。如同1943年初冬季攻势中的情形一样，此时在朱可夫的部队与第聂伯河之间，只有波尔塔瓦方向的德军1个师存在了。

8月8日，瓦图京和科涅夫的部队已经对哈尔科夫形成三面合围，只有南面的肯普夫集群还在坚决抵抗被包围的命运。从其他战区运来的重装部队刚从火车上卸载完毕便立即投入战斗，并一度将局势稳定了下来：德军第3装甲师填补了两个集团军之间的缺口，党卫军的"帝国"师、"骷髅"师以及"维京"师在波哥杜可夫方向挡住了苏军坦克第1集团军的先头部队。随着第5次，也是最后一次哈尔科夫会战的临近，近卫坦克第5集团军赶来增援卡图科夫，随即3个党卫军装甲掷弹兵师与苏军2个坦克集团军在8月13日—17

---

① 但实际上只有"阿道夫·希特勒警卫旗队"师被调至意大利，"帝国"师与"骷髅"师仍留在南方集团军群的建制内，驻守在米乌斯河一线。
② 德军原第11军在斯大林格勒会战中已经被苏军歼灭。7月20日，劳斯军级集群被更名为第11军。

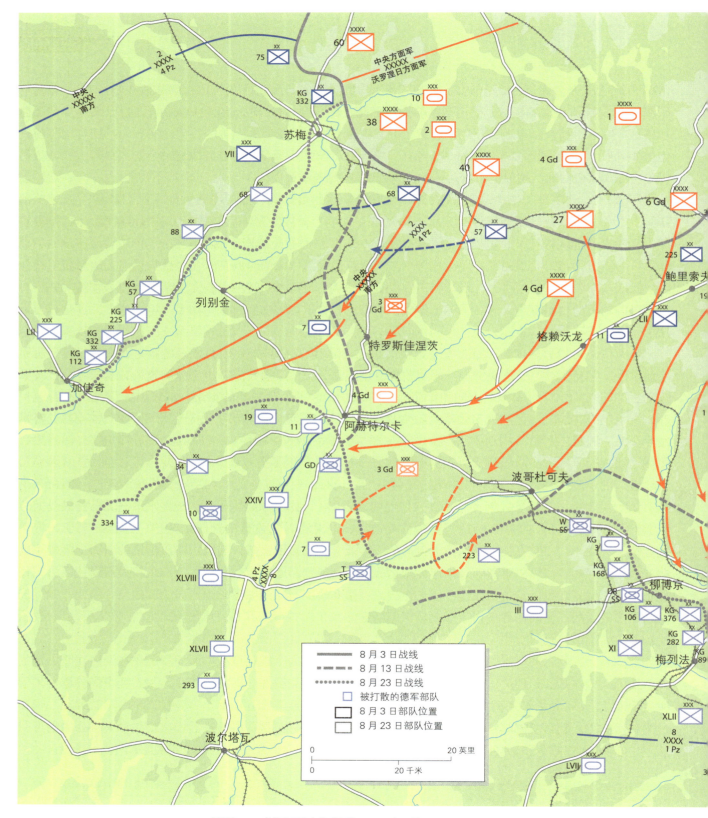

地图76 "鲁缅采夫"行动，1943年8月3日—24日

日间展开了大规模的装甲对攻，并以平局收场。由于肯普夫对此时哈尔科夫的情况进行了草率而悲观的判断，曼施泰因于8月14日解除了其职务，并任命步兵上将奥托·韦勒（Otto Wöhler）接替其职位，并将肯普夫战役集群重新命名为第8集团军[①]。苏德两军整个8月中旬在哈尔科夫南面与西面进行了一连串装甲大战：在阿赫特尔卡，德军第7装甲师与"大德意志"师会同"骷髅"师击退了苏军近卫坦克第4军，在波哥杜可夫，德军第3装甲军会同党卫军"帝国"师、"骷髅"师（一部）和"维京"师与苏军近卫第6集团军、坦克第1集团军及近卫坦克第5集团军展开了殊死搏斗。

这些偶然的战术胜利并不能挽回局面，德军第4装甲集团军的战线逐渐被苏军撕得粉碎，然而，虽然瓦图京的部队在直接通向波尔塔瓦的道路上受挫，但他的第38、第40和第47集团军现在成了直指基辅的匕首。韦勒在到任第8集团军指挥官后请求放弃哈尔科夫，但是这些请求都被曼施泰因，或者是希特勒拒绝。曼施泰因直到8月22日才批准撤退，2天后，德军第11军退出哈尔科夫，苏军在别尔哥罗德—哈尔科夫方向发动的战役由此画上句号。

地图77

解放东乌克兰，北线，1943年8月25日—9月30日

在"鲁缅采夫"行动发起后的几周中，希特勒无比希望他没有将自己宝贵的人力和装甲部队浪费在此时看来已经毫无意义的"城堡"行动中。对于斯大林而言，夺回哈尔科夫是一个不错的成绩，

但此时他还有更大的目标。在1943年夏季的战斗中，红军将目标逐步锁定在前两次冬季反击中未能达成的目标：第聂伯河。而此时由于缺乏足够的机动预备队，希特勒决定将他的希望寄托在构筑一道坚固的筑垒防御带上；他计划中的"东墙"防线将从亚速海边的梅利托波尔延伸至扎波罗热，沿着第聂伯河与杰斯纳河延伸，随后防线将向西北方向穿越俄罗斯北方的茂密森林，直至拉脱维亚边境的普斯科夫湖[1]。

8月25日，在历经6度易手后，阿赫特尔卡由于瓦图京的方面军对曼施泰因左翼的持续施压最终落到苏军手中。霍特的部队竭尽全力地在梅列法一带形成了一道并不稳固的防御，并在条件允许的情况下发动一到两个师规模的反击。大体上，在经历6周的厮杀后，双方此时都已经精疲力竭。罗科索夫斯基、瓦图京和科涅夫的部队都需要为下一次的攻击进行重整，并将风头让给马利诺夫斯基和托尔布欣一段时间（地图78）。曼施泰因的部队沿着第聂伯河与当前所处位置开始构筑严密的防线。该防线大体走向为：科诺托普—罗姆内—米尔哥罗德—波尔塔瓦—克拉斯诺格勒，另一条防线沿着切尔尼戈夫—涅任—卢布内一线构筑，守卫着通往基辅的道路。但这条构筑在起伏平缓的丘陵地形上，缺乏建筑密集区来巩固防御，且被多条河流穿过的防线能否抵御住苏军的攻势，不由得令人怀疑。但德军高层更关心的是另两个因素：这些铁路线向西和西南延伸，通往想象中安全的第聂伯河右岸及其主要渡口[2]构筑。曼施泰因的部队主要部署在第聂伯河一线，并能够随时退到铁路线一带。他曾不止一次向希特勒抱怨其当面的苏军兵力多达55个师。

休整完毕的罗科索夫斯基部于8月26日抢先发动攻击，对克卢格的右翼发动了凌厉攻势。德军月底在谢夫斯克一带发动了小规模的反击，但只是暂缓了苏军的攻势。随着苏军第65集团军很快插入了德军中央集团军群与南方集团军群之间，希特勒随即批准2个集团军群撤退至克罗列韦茨一带。9月4日，担纲

---

① 在希特勒认为这样的工事可能让自己的部队撤退得更快后，便对修建"东墙"这一方案举棋不定。此外，从理性的角度上，他也不可能将宝贵的资源投入到修建这样一道防线上去。

② 切尔尼戈夫、基辅、切尔卡瑟、克列缅丘格、第聂伯罗彼得罗夫斯克、扎波罗热、尼科波尔与赫尔松——其中最后2个在本图的南面。

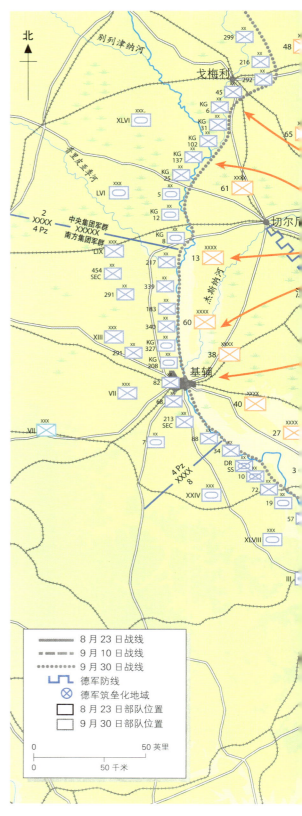

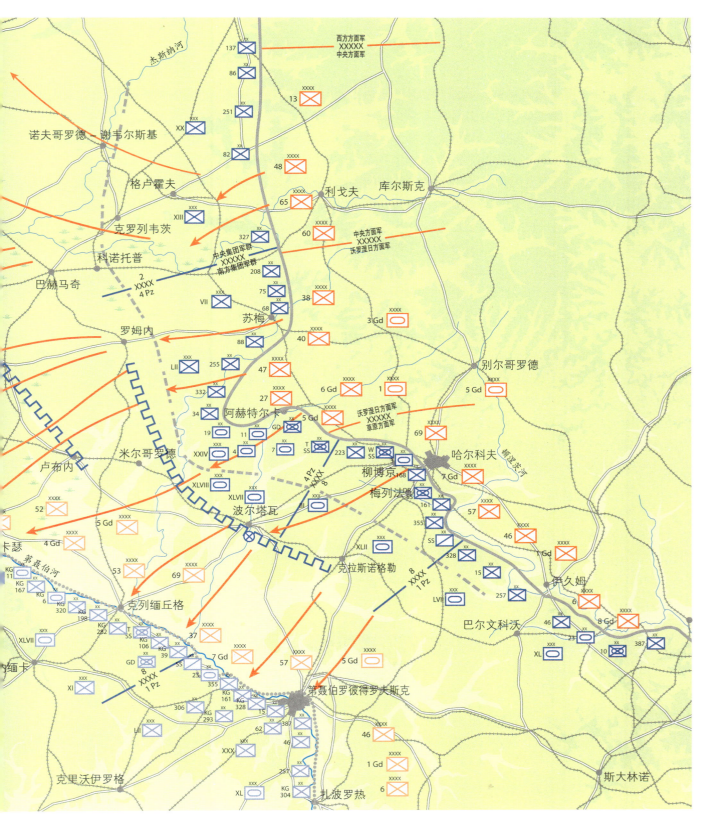

地图77　解放东乌克兰，北线，1943年8月25日—9月30日

此次攻势主力的瓦图京部对曼施泰因的左翼发起了进攻。已经伤及元气的德军第4装甲集团军无力抵抗，被苏军6个坦克军与2个机械化军打得溃不成军。此时罗科索夫斯基的部队加快了进度，先后解放科诺托普（8日）与巴赫马奇，更深地楔入了德军2个集团军群之间，将德军第2集团军挡在西北，将第4装甲集团军分隔在西南。此时希特勒再度飞赴扎波罗热的德军集团军群指挥部，并向克卢格承诺提供援军。但希特勒拒绝了曼施泰因全线撤退至第聂伯河的请求；这将导致此时驻守在克里米亚半岛上的A集团军群被彻底孤立（克莱斯特同时与会）。在希特勒与德军高层仍为是否撤退扯皮时，瓦图京的部队已经逼近罗姆内与波尔塔瓦，消除了德军在哈尔科夫的最后一处阵地，接近了克拉斯诺格勒。苏军游击队也在帮助苏军推进的过程中发挥了重要作用。至9月中旬，苏军中央方面军距离基辅仅有50英里，沃罗涅日方面军距离切尔卡瑟也仅有75英里。

　　9月15日，希特勒不情愿地批准了退往第聂伯河一线的方案。霍特的部队以"两大步"的方式分批撤退，防止苏军紧咬在后并为部队提供少量机动空间。但德军的撤退最终演变成一场向西的溃败；在基辅到第聂伯罗彼得罗夫斯克的5个主要渡河点上，德军就如同巨大沙漏中流过的沙粒，而狭窄的桥面则成为了沙漏的颈口[1]。苏军最高统帅部大本营为了扩大已经明朗的胜局，将第52、第61集团军与坦克第3集团军分别加强给罗科索夫斯基与瓦图京，同时将近卫第5集团军、第37和第46集团军加强给科涅夫。在9月下半月，战事演变成一场双方朝着第聂伯河狂奔的追逐战，在这场竞赛中，红军的渡河行动并不仅限于在主要的桥梁与渡河点进行。至9月的最后一周，苏军已经在第聂伯河右岸长达300英里宽的战线上建立起近40个登陆场，其中一些登陆场规模巨大且仍在不断扩充。

地图78

解放顿巴斯与东乌克兰，南线，
1943年7月17日—10月23日

　　进入苏德战争的新阶段之后，此时战争呈现出的一大特点便是苏军已经有能力在广阔战线上同时发起多道攻势。希特勒刚取消"城堡"，斯大林便对德军中央集团军群发起了"库图佐夫"行动，7月17日南

---

① 除了德军部队外，作为纳粹丧心病狂的"焦土"政策的一部分，德军与纳粹党组织将第聂伯河左岸成千上万的乌克兰民众和数百万头牲畜一道掳走。

方方面军与西南方面军又对曼施泰因的右翼发动了攻击。与此同时，马利诺夫斯基指挥的方面军从熟悉的伊久姆桥头堡战场向德军第1装甲集团军的中央战线发起进攻。在为期10天的战斗中，德军第24装甲军设法将自身的损失控制在可接受的范围内。不过德军对于托尔布欣的部队对米乌斯河一线德军第6集团军的攻击反应强烈得多[①]。由于认为当面的苏军沃罗涅日方面军与草原方面军将要花费数周甚至数个月才能从"城堡"行动造成的损失中恢复元气，曼施泰因将第3装甲军与党卫军装甲军调到了米乌斯河方向。从7月30日到8月2日，这两个军发起了反击并逐步恢复了德军沿河布设的阵地，俘获苏军18000人并摧毁了700辆坦克和自行火炮。不过这场"皮洛士"式的战术胜利却让这两支担任机动预备队的部队被调离了最需要的位置，瓦图京与科涅夫的部队趁此机会，于8月3日开始攻击哈尔科夫。

趁着德军的注意力重新被吸引至哈尔科夫地域，数日后，马利诺夫斯基（8月13日）与托尔布欣（8月16日）在完全相同的地域再次发动攻击。近卫第2集团军与突击第5集团军将德军第6集团军从设防地域中赶了出去，并在几天内在斯大林诺与塔甘罗格之间楔入了20英里纵深的突出部。至8月底，苏军近卫机械化第2军已经解放了大量的沿海城镇，同时合围了德军第19军大部。随着曼施泰因的右翼告急，希特勒组建了"龟"防线（一条供德军撤退后组织防御的防线）以防御斯大林诺。为了与左翼的第8集团军、右翼的第6集团军保持战线稳定，马肯森部于9月的第1周按照命令交替掩护撤退。9月6日，马利诺夫斯基的部队又对马肯森与霍利特两部的接合部发动了新的攻势，其麾下的近卫第3集团军抵达了康斯坦丁诺夫卡，此举对德军第6集团军的侧后产生巨大威胁。苏军南方方面军很快碾过了"龟"防线，并于7日解放了斯大林诺。2天后，托尔布欣的部队解放了马里乌波尔。在此期间，希特勒召见了曼施泰因和克莱斯特（地图77），并最终将南方的部队逐步撤退至扎波罗热至梅利托波尔一线的"沃坦"（Wotan，即北欧神话中的古神奥丁）防线。

9月11日，德军第9装甲师发动了一次突击，成功恢复了马肯森与霍利特部之间的联系，并短暂分隔了向第聂伯河突击的苏军近卫机械化第1军和坦克第23军。至9月中旬，德军第1装甲集团军抵达了第聂伯河河曲并开始向右岸渡河。与此同时德军第6集团军仍防守着名不副实的"黑豹"防线，德军的撤退行动在顿巴斯地区发达的铁路线帮助下进展很快。此时第聂伯河以东的德军，只剩下仍被孤立在克里米亚半岛上的A集团军群。不过对于A集团军群来说还算幸运的是，直到9月17日，托尔布欣的部队距离克里米亚半岛的地峡尚有40英里[②]。在接下来的10天中，苏军南方方面军逼近了德军第6集团军的11个德国师与2个罗马尼亚师。为了突破德军防线，从10月9日起，南方方面军开始了为期两周的战斗。南方方面军此时编制有45个师、2个坦克军、2个近卫机械化军与2个骑兵军，拥有800辆坦克，当面的轴心国兵力仅为13个师与181辆坦克与自行火炮。苏军第51集团军与坦克第12军对梅利托波尔的进攻是整场战斗中最艰难的，持续了2周之久。德军曾在扎波罗热桥头堡发动了一场救援行动，但在3天内便被挫败。10月13日，马利诺夫斯基开始对扎波罗热，即"沃坦"防线的北部支点发动攻击。仅在4天后，该城就从德军第1装甲集团军手中被夺回，苏军随即在第聂伯河中游发起强渡（地图80）。

---

① 原第6集团军已经在斯大林格勒被苏军歼灭。霍利特集团军级支队则于1943年3月6日重新被命名为第6集团军，指挥官不变。

② 9月17日，德军第6集团军转隶克莱斯特的A集团军群。

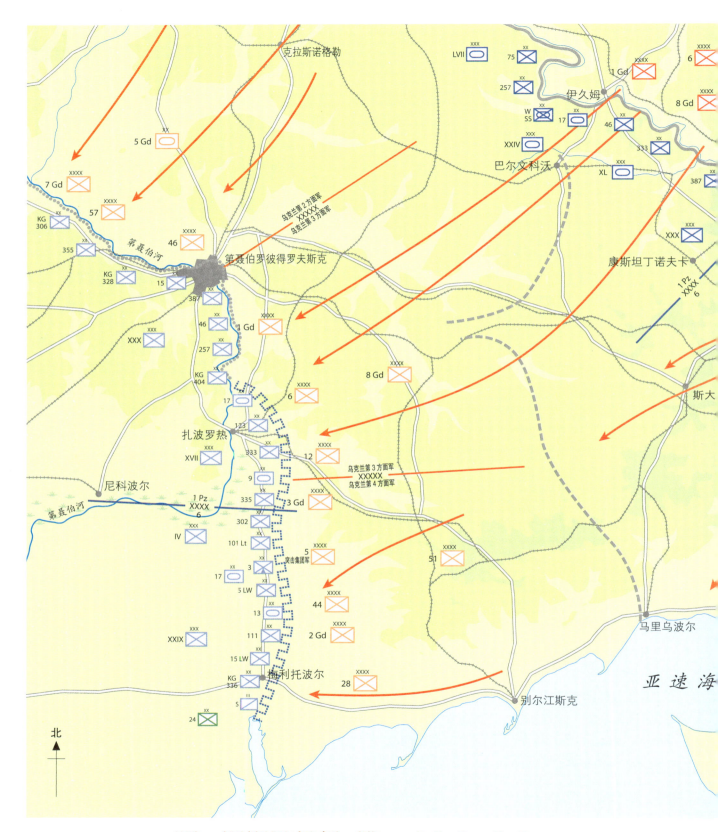

北

地图78 解放顿巴斯与东乌克兰，南线，1943年7月17日—10月23日

由于沿河防线多处被苏军突破，曼施泰因此时已经无力再向霍利特派出援军和预备队。至10月的第4周，苏军已经几近解放梅利托波尔，而随着扎波罗热的失守，德军的"沃坦"防线即将彻底崩溃。托尔布欣的方面军此时被重新命名为乌克兰第4方面军，并于当月22日发动了其最后一次进攻，该方面军于23日解放了梅利托波尔[①]。其第28与第51集团军将德军第6集团军分割为两部分，并将一部向北驱赶至第聂伯河岸边，将另一部向南驱赶至彼列科普地峡一带。苏军近卫第2集团军突破德军防御向赫尔松推进。希特勒的南线战场已经彻底陷入一场灾难之中。

地图79

解放基辅与第聂伯河中游，1943年9月30日—11月26日

除了在扎波罗热—梅利托波尔—赫尔松一线打下的楔子外，至9月底，红军已经解放了东乌克兰并在第聂伯河右岸建立起若干登陆场。在这些新近解放的国土以西，苏军最高统帅部大本营确定了秋季攻势的两个主要目标：挟库尔斯克与哈尔科夫的胜利之势，解放基辅，并创造条件继续向西推进。由于德军南方集团军群已经在所有"可能被苏军利用的"渡口设置了重兵，苏军指挥员必须设法开辟另外的可用渡河点。

渡过第聂伯河的秘诀在于苏联领导人向建立桥头堡的士

① 10月20日，苏军沃罗涅日方面军、草原方面军、西南方面军与南方方面军分别被重新命名为乌克兰第1、2、3、4方面军。

兵和部队许诺了各种奖励。在游击队的情报支援下，苏军能够找准德军疏于防守的地域渡河。至9月的第3周，苏军近卫坦克第3集团军的部分部队便已经在布克林（卡涅夫大桥上游）渡河。从这里，雷巴尔科的集团军既可以向北攻击基辅方向的霍特（这是最有可能的），也可以南下攻击切尔卡瑟的韦勒，或者在两者之间向西突进。韦勒在得知苏军第40与第27集团军已经在布克林渡河，且在两个集团军前方还有苏军3个空降旅落地后，急令第24装甲军向该地域进发。随后韦勒又将第48装甲军投入该方向，力求彻底消灭这个威胁巨大的登陆场。德军的10个师逐渐压缩着布克林登陆场的苏军，面对精锐德军、缺乏弹药、处于不利地形且与左岸的联络一度中断的苏军蒙受了惨重的损失。在10月12日—15日与23日—25日两次突破未果后，瓦图京修改了战役计划：他将雷巴尔科的近卫坦克集团军秘密调离布克林登陆场，并投入其他登陆场中。

　　9月30日，苏军第38集团军在基辅以北的柳捷日（Lyutezh）迎着德军第13军的猛烈火力强渡第聂伯河，夺取了渡口。在战线的更北面，苏军白俄罗斯方面军的第61与第65集团军，一周后在索日河汇入第聂伯河的洛耶夫（Loyew，地图以外的北面）故技重施，建立了新的登陆场。柳捷日的渡河行动相对于洛耶夫的更具重要性，该登陆场持续扩张，至10月下旬，基辅已经进入该登陆场的苏军火炮射程内。此时在布克林登陆场失利多次的瓦图京将雷巴尔科的集团军、方面军独立炮兵与其他部队都转移至柳捷日登陆场。这场经过严格保密与伪装的调动成功地瞒天过海，让德军情报部门误判了该坦克集团军的动向。由于斯大林想要以基辅作为1943年"十月革命节"的献礼，瓦图京为夺取基辅集结了强大的攻击部队①。11月3日，德军第4装甲集团军的第13军（下辖第208步兵师）与第7军（下辖第68与第88步兵师）首先遭到苏军近3000门身管火炮的猛烈火力攻击，随后又遭到苏军步兵的冲击。霍特将

① 由于格里高利历与朱利安历的不同，"十月革命节"在公元纪年中应是每年的11月7日。

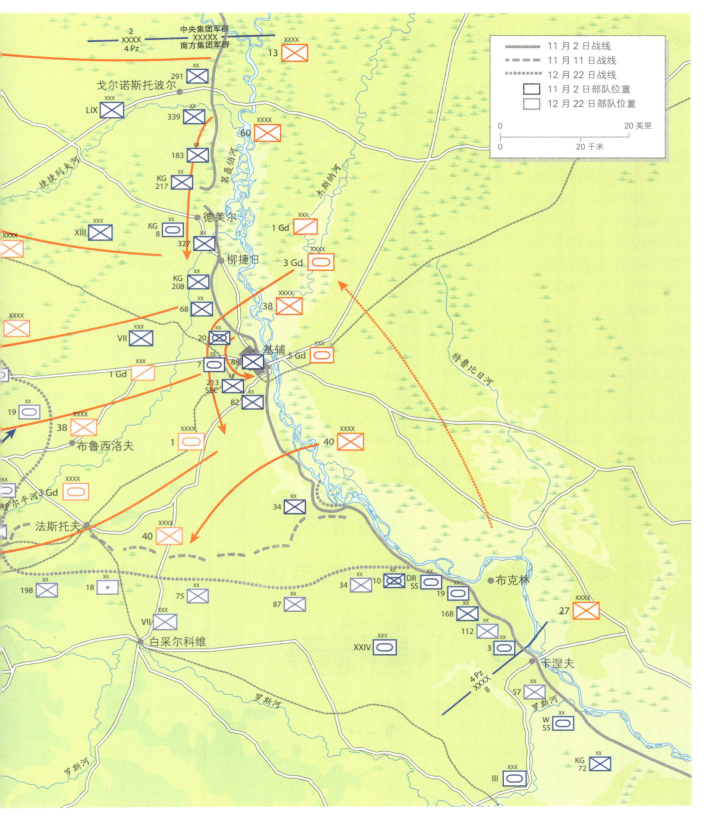

戈尔诺斯托波尔

2
XXXX
4 Pz

中央集团军群
XXXXX
南方集团军群

13

291

LIX

339

60

183

KG
217

捷列夫河

第聂伯河

杰斯纳河

XIII

KG
8

327

德美尔

1 Gd

XXXX

柳捷田

3 Gd

KG
208

38

68

特鲁比日河

VII

20

基辅

5 Gd

7

88

1 Gd

213
SEC

82

布鲁西洛夫

19

40

38

1

伊尔平河 3 Gd

34

法斯托夫

40

198

18

罗斯河

75

34
10

DR
SS

19

布克林

87

168

27

112

VII

XXIV

3

卡涅夫

白采尔科维

4 Pz
XXXX
8

57

罗斯河

W
SS

罗斯河

KG
72

III

11月2日战线
11月11日战线
12月22日战线
11月2日部队位置
12月22日部队位置

0   20 英里
0   20 千米

地图79　解放基辅与第聂伯河中游，1943年9月30日—11月26日

第7、第8装甲师与第20装甲掷弹兵师投入反突击，但也未能封闭苏军已经撕开的6英里纵深、6英里宽度的巨大突破口。苏军第60集团军同时向戈尔诺斯托波尔发动牵制攻击，在2天内，苏军的多路进攻很快彻底压倒了本就实力不济的德军14个师。11月4日，瓦图京命令雷巴尔科越过步兵部队的攻击锋线；霍特判断瓦图京旨在向其战役纵深进行穿插。但实际上，11月5日，近卫坦克第3集团军在基辅后方向南转弯，并从三面对该市形成包围。此时的霍特别无选择，只能从南面仅剩的退路撤出这座城市。苏军于次日克复了乌克兰加盟共和国的首都，同时打死15000德军并俘获6000人，斯大林命令莫斯科市为这一胜利进行了盛大的礼炮鸣放。

　　但瓦图京此时没有工夫停下来享受胜利的喜悦，他随即命令第60、近卫坦克第3、坦克第1及第38集团军分别向西、南两面追击。至11月7日，雷巴尔科的集团军拿下了德军南方集团军群的重要后勤补给基地法斯托夫，坦克第1集团军接近了日托米尔，而第60集团军则推进至科罗斯坚（Korosten）近郊。德军第4装甲集团军此时已经被苏军分割为三部分，曼施泰因只能祈祷他的元首能够尽快移交给他承诺中的机械化部队，然后用这些部队来阻止苏军沿着130英里宽的弧形突破口向外扩张，并确保后方交通线的安全。随着日托米尔的陷落，希特勒终于松了口，霍特开始以第48装甲军为核心集结一支规模客观的反击部队，其中编有6个机械化师与6个步兵师[1]。装甲兵上将赫尔曼·巴尔克（Hermann Balck）作为第48装甲军的最新一任军长，指挥部队于11月14日向苏军发起反击并在5天后重夺日托米尔，但到了20日，苏军的阻击越来越顽强，该装甲军不得不放慢脚步。接下来的几天中，德军的反击仍在继续，不过已经没有可能再接近基辅，更谈不上重夺该城了。11月26日，突如其来的暖空气将已经结冻的土壤变成了泥潭，霍特的反攻行动因此被迫停止。在科罗斯坚，苏军第60集团军与德军59军陷入僵持。瓦图京与霍特的厮杀此时告一段落。

地图80

解放第聂伯河河曲，1943年10月1日—31日

　　在突破"沃坦"防线并解放基辅的同时，苏军也没有忘记此时盘踞在切尔卡瑟到扎波罗热之间第聂伯河大河曲处的曼施泰因第8集团军与第1装甲集团军。韦勒与马肯森的部队在9月的最后一周退到了指定的渡河大桥所在地，同时还携带着大量掳掠的苏联平民和物资，这让渡河成为了非常耗费时间的工作。此时

---

[1]　1943年8月30日至11月间，第48装甲军在短短数月的时间内先后更换了4任军长。

担任后卫的德军机械化部队正在拼死阻击苏军，以便第聂伯河沿河的大桥与渡口能将德军和物资全部渡过河去。但除了来势汹汹的红军地面攻势外，游击队的破坏活动与苏军的空袭都让这一任务不显乐观。

即便逃回到第聂伯河右岸，处境也没有如同德国人预想的一样立刻发生好转。在德军渡河点之间宽广的、疏于防守的河滩成为了苏军的隐秘登陆场[①]，由于缺乏机动预备队，德军无法在苏军上岸后立即将其消灭，只能眼看着苏军站稳脚跟。到10月初，科涅夫与马利诺夫斯基的方面军继续与韦勒和马肯森部对峙，并停下来着手进行渡河作战。德军第1装甲集团军此时仍钉在第聂伯河左岸，其序列内的第40装甲军与第17军仍据守的扎波罗热（此处同时是"沃坦"防线的北部支撑点）成为了乌克兰第3方面军的目标。在10月10日至13日间进行了一连串战斗后，马利诺夫斯基的第12、近卫第8与近卫第3集团军拿下了扎波罗热城。德军第1装甲军随即放弃了第聂伯河左岸的阵地，此时只留下霍利特的部队仍据守在"沃坦"防线上。

在数百英里外的北面，韦勒的部队沿第聂伯河展开，试图阻挡乌克兰第2方面军的渡河尝试。10月10日，科涅夫集结第37和第57集团军以及近卫第5、近卫第7集团军发动突击，同时其突击力量近卫坦克第5集团军，在克列缅丘格下游的米舒林罗格（Mishurin Rog）当面进行攻击。科涅夫于14日对弗雷特–皮克的第30军建制内的4个步兵师发动了最猛烈的进攻，旨在一举分割曼施泰因战线正中的2个集团军。在游击队对德军行动的阻挠下，苏军大部队仅用不到24小时便建立起3个小型登陆场，一天后，科涅夫向克里沃伊罗格的铁矿方向派出了罗特米斯特罗夫指挥的近卫坦克第5集团军。至10月16日，乌克兰第2方面军已经在第聂伯河右岸打开一个近30英里宽的突破口，并向其中投入了3个集团军。与此同时，乌克兰第3方面军再度攻击了盘踞在第聂伯罗彼得罗夫斯克与扎波罗热的德军第1装甲集团军。当天，曼施泰因电告马肯森，德军兵力只剩下18个步兵师、2个装甲师和1个装甲掷弹兵师，准备放弃第聂伯河河曲，因为后者的阵地已经难以维系了。但苏军此时出其不意地从尼科波尔向北机动，直接切断了该集团军5个军中3个的退路。希特勒不想接受，也不会接受这样的失利。至10月19日，科涅夫的先头部队已经抵达第聂伯河以南35英里的位置。正如其所预料的一样，马肯森想立即发动反击，但反击主力——基希纳的第57装甲军已经果断地投入了防御作战之中。马肯森此时必须等待集团军群所承诺的2个装甲师到位才能发动反击，而此时从意大利调来的第14与第24装甲师还在铁路上。

10月的最后1周，马利诺夫斯基的近卫第8集团军刚刚开始在第聂伯罗彼得罗夫斯克与扎波罗热中间的第聂伯河中游渡河，第46集团军也在此时一道渡河。不过此时的苏军势头已尽，无力再向前推进，这使得距离克里沃伊罗格仅十几英里的科涅夫实际上几乎只能在河曲处孤军奋战。随着德军增援的逐步到来，韦勒和马肯森终于能凑到20个师的兵力，沿兹纳缅卡—多林斯卡—克里沃伊罗格—阿波斯托洛沃火车站—尼科波尔构筑新的防线。德军的机动预备队终于开始进入战区，第8集团军随即命令第3装甲军展开反击。罗特米斯特罗夫的先头部队于10月25日攻进了克里沃伊罗格，但此时德军第40装甲军（第14、第24装甲师，党卫军"骷髅"师）却在纳粹空军的支援下将近卫坦克第5集团军打出了该城。在接下来的5天里，已经精疲力竭的近卫坦克第5集团军屡战屡败，一直被击退至因古列茨河一带，足足被打退了20英里。至10月

---

① 举例来说，在克列缅丘格与第聂伯罗彼得罗夫斯克两座德军据守的大桥之间就有足足100英里长的河岸。

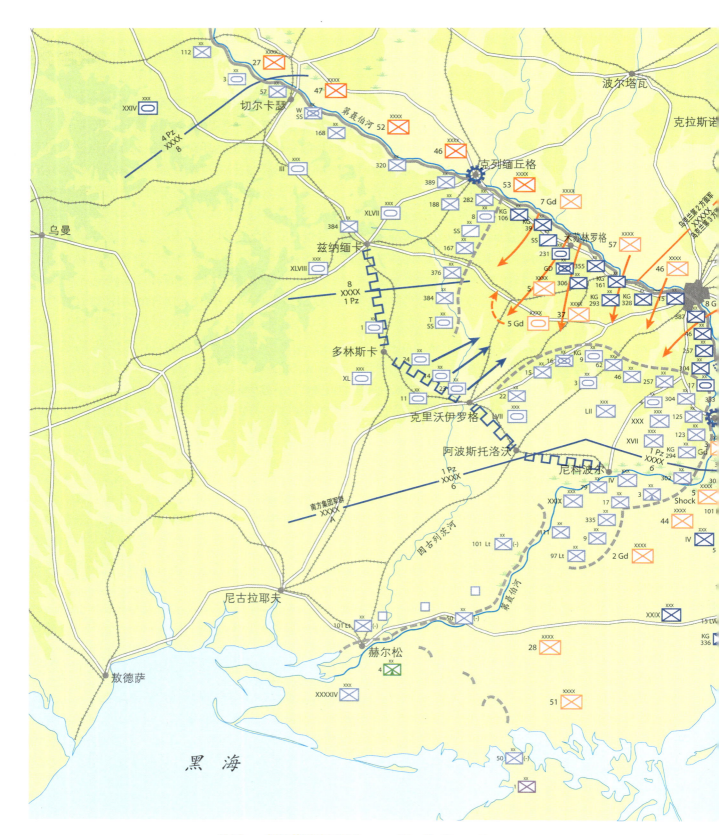

地图80　解放第聂伯河河曲，1943年10月1日—31日

底，曼施泰因的部队仍然坚守着切尔卡瑟附近的第聂伯河一线，扎波罗热以东和锰矿城市尼科波尔。尽管苏军在这两处德军抵抗据点之间开辟了一条宽近200英里、纵深达50英里的巨大"阳台"，但韦勒和马肯森（继任者胡贝）暂时稳定了他们的防线。[①]

地图81

列宁格勒方向，
1943年10月6日—12月23日

　　1942年至1943年的东线北部战场，与其说是第二次世界大战，不如说是对第一次世界大战的"复刻"。除了极少数的大幅度变动（地图29、61和62）外，整条战线一直保持着僵持的状态。芬兰人满足于1941年攻势中所夺取的土地，进入了消极怠战的状态，而德国人受限于兵力和物资的匮乏，也只能偶尔与苏军爆发小规模战斗。芬兰湾、拉多加湖与伊尔门湖在内的密集水域将双方的战线钉在相对固定的位置，双方在近2年的对峙中几乎回到了第一次世界大战式的堑壕战中，在布满弹坑的无人区两边对射，最大的战线波动也不会超过几百码。此时北方集团军群更大程度上成为了德军的兵力预备队，在其他集团军群发起进攻前提供增援或者战役失利后为其补充兵力。不过双方在北线的空战却热闹非凡，德军还对苏军发起了宣传战，但有效性不由得令人怀疑。苏军红旗波罗的海舰队龟缩在喀琅施塔得，由于燃料缺乏很少出动，但该舰队为其他地面战场输送了数量众多的海军步兵旅。

　　格奥尔格·冯·屈希勒尔（Georg von Küchler）元帅此时仍是北方集团军群的指挥官，其建制内有第16集团军〔指挥官克里斯蒂

安·汉森（Christian Hansen）炮兵上将］及第18集团军［指挥官格奥尔格·林德曼（Georg Lindemann）大将］[1]。1943年，北方集团军群仍有40个师，75万人的兵力，其中包括不少新组建的空军野战师与德意志裔党卫军师和旅，技术装备包括约1万门火炮与300—400辆坦克。此外相对平静的北线也成为了纳粹德军培养其空军与党卫军野战部队的军一级指挥部的训练场[2]。除了面对正面战场的敌人，北方集团军群的德军还必须要在广阔地域内与苏军活跃的游击队进行血腥的扫荡与反扫荡。德军北方集团军群当面是戈沃罗夫（L. A. Govorov）大将的列宁格勒方面军、沃尔霍夫方面军和奥拉宁鲍姆筑垒地域，总兵力120万人，拥有10000门火炮和迫击炮、超过1000辆坦克，且苏军北线此时开始被要求采取行动打开局面。1943年1月，苏军第67集团军与突击第2集团军对什利谢利堡方向的德军第26军发起了突击，为被围困的列宁格勒开辟了一条非常狭窄的通道（仅6英里宽）。在被围困500天后，德军对这座城市的围困才彻底终结，1个月后，列宁格勒恢复与外界的铁路交通，不过此时铁路线仍处于德军炮兵的袭扰之下；双方都宣称自己取得了胜利。德军在夏天发起的攻击又一度对该城形成封锁，为"城堡"行动的惨败挽回了一点面子。

随着战事的推进，屈希勒尔和戈沃罗夫都开始为1944年的作战行动作出部署。北方集团军群深陷对列宁格勒的围困中，但此时的围城已经毫无意义，屈希勒尔考虑重新集结并后撤至"黑豹"防线。该防线从纳尔瓦河延伸至佩普西湖，再到普斯科夫与德军中央集团军群会合，整条防线比此时的战线在宽度上缩减了25%，并能够释放兵力到更需要的作战中去。另一方面，苏军在将奥拉宁鲍姆与列宁格勒一线的连接打通后，同时扩大与沃尔霍夫方面军的陆路联系。由于斯大林和希特勒在个性上的不同，不难猜测到，屈希勒尔的提议被希特勒否决，而戈沃罗夫的作战计划则得到了斯大林的批准。列宁格勒方面军将成为苏军此次攻势的主力，该攻势将向在大卢基和维捷布斯克之间靠近拉脱维亚边境的涅韦尔，即德军北方集团军群与中央集团军群的新接合部方向发起突击。该战役的第一阶段计划于10月6日发起，叶廖缅科的加里宁方面军在开始攻击后取得了意想不到的良好进展，在第1天便拿下了涅韦尔。随后的几天中苏军沿着德军2个集团军群的接合部继续扩大突破口至15英里宽、10余英里纵深。屈希勒尔此时的反应却并不积极，他对希特勒的行动要求的回应仅仅是堵住突破口。不过叶廖缅科此时却帮了德军一个忙，他的攻势从10月10日开始速度减缓下来。10月16日，加里宁方面军被重新命名为波罗的海第1方面军，该方面军随后停止了推进，直到11月2日，其已经得到休整的突击第3和突击第4集团军才重新沿着德军2个集团军群的接合部发动突击。此后苏军又向前推进了35英里，2个集团军分别向南北方向延伸，在德军的接合部上形成了一个蘑菇形的突破口，并同时威胁到德军第3装甲集团军与第16集团军的侧后。希特勒（再度）要求德军从所有方向立即发起反击，但德军此时没有兵力实现他的要求。一向优柔寡断的屈希勒尔将反击日期一周又一周地延后，希特勒1个月间将他召回拉斯滕堡的大本营训话3次。至11月底，布施与第3装甲集团军司令莱因哈特仍未对如何阻挡苏军的攻势达成一致。不过随即而来的一轮反季节暖空气让整个战场化为了一个泥

---

① 1943年10月，由于克卢格在一次汽车落水事故中受伤，布施从第16集团军指挥官升任中央集团军群指挥官，汉森则于11月4日由第10军军长升任第16集团军指挥官。

② 本书此前已提及纳粹空军野战师的出现；但空军野战部队的军一级指挥架构一直没能搭建起来。由于德军兵力的匮乏，党卫军放弃了此前所强调的"种族纯正论"，并接收了大量德意志裔（即在欧洲其他国家生活过多代的德意志人）和非日耳曼人人种兵员，这些部队虽然数量庞大，但大多是乌合之众。

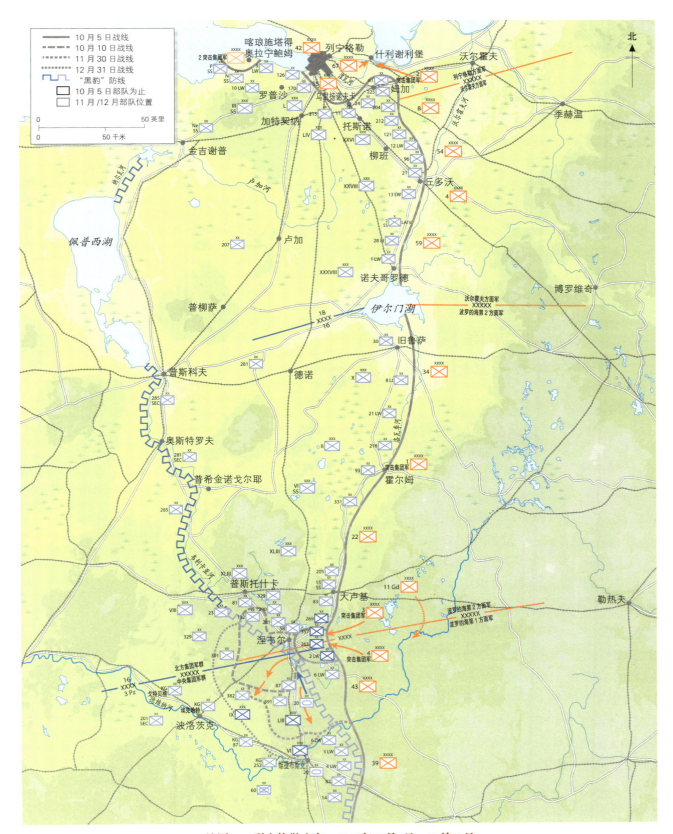

地图81 列宁格勒方向，1943年10月6日—12月23日

塘，某种意义上替德军完成了阻滞任务。12月中旬，冷空气重新回到战场上空，12月23日，苏军突击第4、近卫第11、第39及第43集团军，对莱因哈特的第53军与第6军在维捷布斯克的防线发动了攻击。红军部队取得了巨大进展，但至圣诞节当日，德军已经在战区集结了足够的预备队，能够向维捷布斯克输送增援并避免苏军形成较大突破口。整个北线再度陷入一段时间的"沉寂"之中。

地图82

解放斯摩棱斯克，
1943年8月7日—9月25日

　　斯摩棱斯克作为俄罗斯西部的重要古城，具有极大的历史和文化意义，同时它还位于德维纳河和第聂伯河之间的大陆分水岭上，因此该城还有相当的战略价值。这座城市也是苏联在苏德战争爆发后失陷的第一座大城市——是苏军早期败绩的象征之一。斯大林在1942年与1943年的冬季反击中两度希望夺回这座城市，但均以失败告终。此前的几次收复尝试中，苏军都试图用其他方向的牵制攻势，或者战略佯动掩盖自己的目的，但这些转移德国人注意力的尝试都宣告失败。因此，红军最高统帅部大本营这次决定放弃华而不实的花招，用绝对优势兵力以"硬碰硬"的方式从正面发动大规模进攻夺回这座城市。

　　在此前几个月中，苏军先后消灭了德军在勒热夫与奥廖尔方向的突出部，这为重夺斯摩棱斯克的胜利创造了先决条件。沃罗诺夫再次担任红军最高统帅部大本营代表，协调此次作战行动下，索科洛夫斯基大将的西方方面军将担纲主力，加里宁方面军与布良斯克方面军则在两翼负责掩护。苏军对德军守军

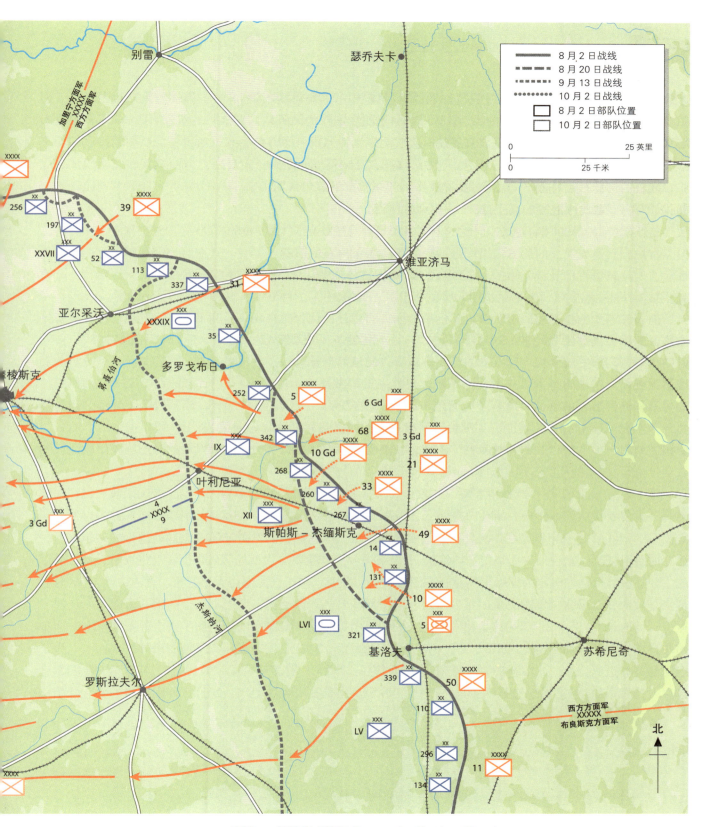

地图82　解放斯摩棱斯克，1943年8月7日—9月25日

Legend:
- 8月2日战线
- 8月20日战线
- 9月13日战线
- 10月2日战线
- 8月2日部队位置
- 10月2日部队位置

0　　　　25 英里
0　　　　25 千米

地名与部队标注：
别雷　瑟乔夫卡　维亚济马　斯摩棱斯克
加里宁方面军　西方方面军
256　197　XXVII　52　113　337　31　39
亚尔采沃　XXXIX　35
第聂伯河　多罗戈布日　252　5　6 Gd　342　68　3 Gd　10 Gd　21　268　33
IX　叶利尼亚　260　267　49　XII　14　131　10　5
4　9　3 Gd　斯帕斯-杰缅斯克
杰斯纳河　LVI　321　基洛夫　苏希尼奇
罗斯拉夫尔　339　50　110　LV　296　134　11
西方方面军　布良斯克方面军
北

形成了10：1的绝对兵力优势。在战役计划的第1阶段中，苏军将动用第5、近卫第10与第33集团军消灭德军在斯帕斯—杰缅斯克以东的小型突出部，第68集团军则作为预备队。在战役的第2阶段，苏军将再投入第31、第49、第10和第50集团军，将战线向南北两侧延伸形成一个以整个第二次世界大战中希特勒的德军第一次被击退的地方——叶利尼亚为中心的、宽度达150英里的正面；布良斯克方面军将在此阶段加入战斗。战役的第3阶段，加里宁方面军投入战斗，苏军将拿下亚尔采沃（Yartsevo）并尽力夺回罗斯拉夫尔，同时苏军将夺取此次战役的真正目标——斯摩棱斯克。

与此前2年的风光时刻相比，此时的中央集团军群已经放弃了大量占领的苏联国土并遭到了多次打击，但一直没有伤及元气。同北方集团军群一样，该集团军群在此前的半年中一直在向饱经苏军痛打的南方战场输送人员和装备。至当年仲夏，该集团军群序列内有55个师，分别隶属第3装甲集团军（莱因哈特）、第4集团军（海因里希）、第2装甲集团军（莫德尔）、第9集团军（莫德尔）[1]和第2集团军（魏斯）。

随着苏军空中打击和游击队袭扰的逐渐加剧，8月7日，认为时机成熟的苏军发起了进攻，在克卢格正面从戈罗多克到基洛夫一带的战线上直接撕开一个突破口。德军第4集团军奋力防守试图维持防线，并于9日宣称击毁苏军214辆坦克。双方的空军都对对方的地面目标进行了大规模打击，但苏军在重型火炮的支援下缓慢而坚定地将德国人逼退，德军则尽可能发动局部反击。苏军于8月13日解放斯帕斯—杰缅斯克，随后索科洛夫斯基的部队继续步步为营地将德军向后逼退了一整周。8月20日，苏军暂缓了攻势，同时最高统帅部大本营对战役计划进行了调整，而德军则趁此机会将部队收缩回第2装甲集团军据守的"哈根"防线（地图75）一带，并抓紧时间巩固阵地。在遭受两周的猛烈打击后，海因里希此时的战斗序列已经缩水到11个师和7个战斗群，他的部队正在等待苏军的下一步行动[2]。

苏军西方方面军于8月28日再度发起了攻势；根据德军统计，红军空军当天出动了2700架次飞机，次日也有一千多架次。苏军在强大的空中支援下又撕开了一个宽12英里、纵深5英里的突破口；30日，近卫第10集团军的部队解放了叶利尼亚，次日解放了多罗戈布日。但克卢格部的防守随着撤退的进行越来越顽强，德军的顽强抵抗让索科洛夫斯基仅继续推进5天就被迫停下来重整。当他的部队再度发动进攻时，该方面军的主要战役目标已经确定为斯摩棱斯克，而罗斯拉夫尔和亚尔采沃已经变得无足轻重。西方方面军于9月14日恢复攻势，几乎将德军中央集团军群压垮。由于部队已经严重减员且地形不利于防御，海因里希选择了撤退，此时第3装甲集团军与第9集团军也加入到撤退中，这两支集团军同样遭到了来自苏军加里宁方面军与布良斯克方面军的追击[3]。苏军于9月16日克复亚尔采沃，17日收复布良斯克（地图以外的南面）。为了迟滞德军的撤退行动，苏军游击队在短短一天时间内便炸毁了一百多座桥梁。9月19日，苏军第39集团军已经切入德军第3装甲集团军与第4集团军的侧翼，并距离杰米多夫近在咫尺；20日，海因里希的部队开始全

---

① 在苏军发动"库图佐夫"行动（地图75）期间，莫德尔在一段时间内同时指挥第2装甲集团军和第9集团军；奥地利步兵上将洛塔尔·伦杜利克（Dr Lothar Rendulic）（他同时是一名法学博士）于8月15日接手该集团军的指挥。

② 此时德军军语中的"战斗群"（Kampfgruppe）有了全新的含义，此时的战斗群已经不是一支为了达成战役目的而编组的合成部队，而是指的一个遭到苏军重创的师的残部，通常只剩下1000人左右，以其指挥官的名字命名。这些残兵败将偶尔有机会能够从战线上撤下来进行重建。

③ 抵达"哈根"防线后，德军第2装甲集团军指挥部便被转调到了南斯拉夫，因此其并未参加这场战役。第2装甲集团军的部队由第4和第9集团军分别接收。

面撤退。9月24日，他的后卫部队在斯摩棱斯克进行了大规模纵火，苏军第5和近卫第10集团军于次日解放该城。至当月月底，战线维持在维捷布斯克，奥尔沙和莫吉廖夫一线以东25英里的地带。

地图83

库班半岛，1943年2月4日—10月9日

妄想着重返高加索产油区，即便苏军一路将德军赶过了顿河，希特勒仍然坚持让部分德军退入库班半岛上的戈滕桥头堡（Gotenkopf position）（地图63）。在1943年的头8个月中，在整个东线战场四处告急，兵力、武器和装备捉襟见肘之时，德军仍有超过25万人、75000匹军马、20000台车辆和2000门火炮以及坦克，被堵在第三帝国最东南端的角落里无所事事。

在1943年的1月底、2月初，德军和罗马尼亚仆从军在4周内狂奔250英里，逃回了这个以库班河而得名的平坦半岛并建立了戈滕桥头堡。克莱斯特的A集团军群负责驻守该半岛以及克里米亚[1]。其中劳夫的第17集团军下辖第49山地军、第44军和第5军，8个德国师和5个罗马尼亚山地师以及一个用作预备队的斯洛伐克摩托化师。而围困库班半岛的苏军，当时番号多达7个集团军、由彼得罗夫（I. E. Petrov）中将指挥的北高加索方面军，下辖有：第58、第9、第37、第46、第56、第47和第18集团军。

苏军在追上德军后，在几天时间内就开始对德军发动袭扰。2月4日，苏军利用黑海舰队在港口城市新罗西斯克以南的梅斯哈科角发动登陆，虽然德军拼死反扑，但未能将苏军赶下海去。3月中旬，苏军第56集团军在第37集团军的支援下，对"劳夫"防线的东南角发起进攻。德军死战不退，而苏军的尝试也持续到了4月。随后苏军再次利用黑海舰队，在半岛的北面和南面滩头发起一系列小规模登陆。这些地段大都由罗马尼亚军防守，必须时刻保持警惕。4月中旬，劳夫再度尝试消灭苏军在梅斯哈科角的登陆场，不过再次以失败告终，这也成了他对该登陆场的最后一次尝试。

在4月底5月初，双方在克雷姆斯克镇一带进行反复拉锯争夺，苏军第56集团军最终占得上风。在几天内，第56集团军便在大戈滕桥头堡上楔入一个30英里宽、10英里纵深的突出部，德军随即退往他们长70英里的"戈滕\蓝色"防线。虽然德军的战线中心向内弯曲，但一直没有被突破[2]。由于克莱斯特无法为已

---

① "戈滕"桥头堡与1944年在意大利建立的"哥特"（Gothic）防线并非同一事物。

② 德军的撤退行动因德国作家维利·海因里希（Willi Heinrich）所著的《铁十字勋章》（Cross of Iron）与萨姆·佩金帕（Sam Peckinpah）根据同名小说改编的电影而闻名于世。

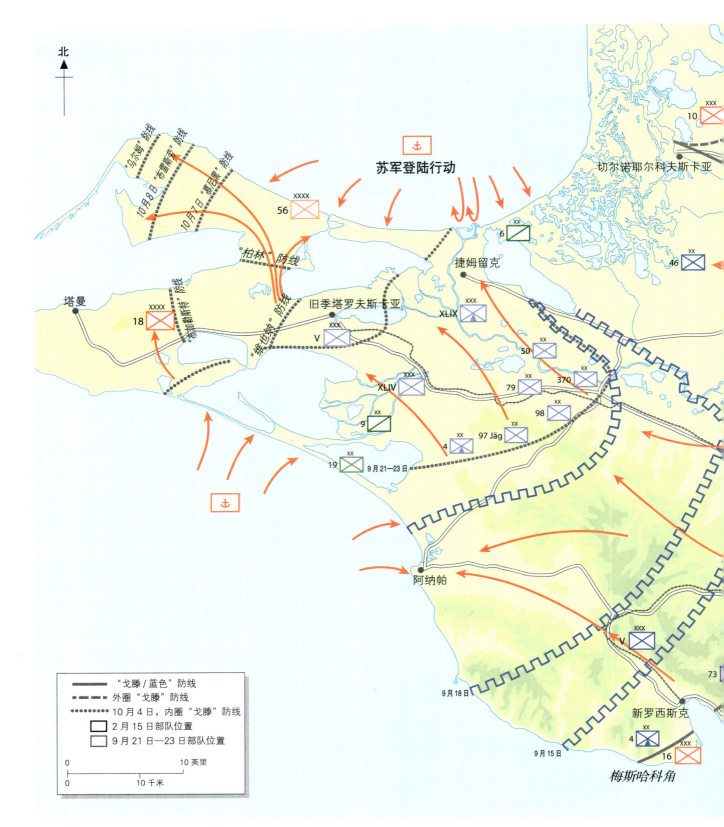

北

苏军登陆行动

切尔诺耶尔科夫斯卡亚

乌尔姆"防线
"布雷斯劳"防线
10月8日
10月7日"慕尼黑"防线

56

46

"柏林"防线

捷姆留克

旧季塔罗夫斯卡亚

塔曼

XLIX

"布加勒斯特"防线

50

18

"维也纳"防线

V

370

79

XLIV

98

9

97 Jäg

4

19 9月21—23日

阿纳帕

V

73

新罗西斯克

9月18日

4

9月15日

16

梅斯哈科角

"戈膝/蓝色"防线
外圈"戈膝"防线
10月4日,内圈"戈膝"防线
2月15日部队位置
9月21—23日部队位置

0   10 英里
0   10 千米

地图83 库班半岛，1943年2月4日—10月9日

经孤悬在海峡对岸的部队提供足够的后勤保障，所有意图击退苏军的尝试都以失败告终。6月1日，工兵上将埃尔温·耶内克接替了劳夫的职务，担任第17集团军指挥官。

随着"城堡"行动的失利与苏军"库图佐夫""鲁缅采夫"等行动的胜利，到仲夏时，整个南线的德军处境已经岌岌可危。包括第17集团军与克里米亚半岛上的部队在内，克莱斯特此时指挥着20个师近40万人，拥有约3000门火炮和100辆坦克与自行火炮。由于这些人员和装备可以在乌克兰派上更大用场，希特勒于8月14日批准了德军从戈滕桥头堡撤出，但他在几天后又出尔反尔，到了9月3日，反复不定的希特勒才终于下定决心批准撤退。彼得罗夫趁着半岛上的轴心国军队尚未全数溜走，赶紧发动追击。9月10日，苏军沿着"蓝色"防线对德军发动总攻，同时在耶内克的侧后多处发起两栖登陆。虽然德军在第一周间进行了较为坚决的抵抗，但苏军第18集团军还是于16日解放了新罗西斯克。

丢掉最主要的港口与半岛上最大城市意味着戈滕桥头堡末日的来临。苏军北高加索方面军全面出击，9月下旬，克莱斯特对库班半岛进行了残暴的"焦土"行动，并加紧让部队通过纳粹海军刻赤海峡分舰队与纳粹空军的运输机撤出半岛。德军后卫在向西撤退的同时节节抵抗，并在"齐格弗里德""福尔克尔""哈根"与"吕迪格"等预先构筑好的防御阵地短暂阻滞了苏军的进攻。在1个星期的全方向围攻后，彼得罗夫的方面军已经将德军挤压至港口城市塔曼及向北连接海滩的通道上。德军最后的防御支撑点分别以城市命名为"维也纳""布加勒斯特"（为提升盟友的荣誉感）"柏林""慕尼黑""布雷斯劳"与"乌尔姆"。至9月底，戈滕桥头堡上仅剩下孤悬的塔曼城，并于10月9日被苏军攻克。与此前的多数德军撤退行动不同，克莱斯特相对完整地撤出了整个集团军及其大部分装备。

ATLAS

THE EA

FRONT

1941

苏军攻势
（1944 年）

SOVIET OFFENSIVES, 1944

　　1944年的东线战局，呈现出与"巴巴罗萨"互为镜像的情况。1941年时希特勒让苏联付出惨痛代价，而到了1944年，斯大林打算对第三帝国如法炮制。两者之间主要的区别在于，经过3年的战争，国力相对弱小的德国，已经没有可供休养生息的余地和复苏的能力。1944年的战事中，希特勒的东线德军将要面临的，将是一连串撤退导致的最终溃败。1944年1月，德军仍据守在列宁格勒周边，同时占领着明斯克与第聂伯河一线。但到12月来临之际，苏军便已经解放了所有国土，踏上东普鲁士的土地，并将纳粹德国的东线盟友与仆从国们逼得或是停战、或是倒戈，甚至直接被占领。此时的纳粹德国在东西南三线遭到围攻的同时还面临着盟军的战略轰炸，但德军在这样的境地下仍然设法苦苦支撑。此时历经战斗洗练的苏联红军一面蒙受着巨大的损失，一面在三个层面（战略、作战和战术）的指挥、火力和技术力量等全方位优势下势不可挡。

　　由于文化差异与冷战时期形成的偏见，西方主流学界对于苏军1944年的大规模攻势的认识仍较为浅显。但实际上，这场规模宏大的行动不管是在技巧的精妙上还是所展现出的破坏力上，都较"巴巴罗萨"行动有过之而无不及。那一年中，苏军在一些地区推进了近500英里，歼灭了数以十计的德军师。苏军的两大战役轴线——一条笔直向西从莫斯科到斯摩棱斯克，再到华沙，最后兵临柏林城下的传统路线，另一条则沿顺时针方向从乌克兰挥出，经罗马尼亚进入匈牙利和南斯拉夫——沿波罗的海、喀尔巴阡山脉和第三帝国与苏联之间不幸的冲突地区内的其他地方都有较小规模的行动。从斯大林格勒开始，由于实力的不断下降，德军面对苏军的逆推所能发动的反制行动越来越稀疏，烈度也越来越弱。苏军开始在数量上占据绝对优势，这成为了第二次世界大战结束后纳粹德军将领为其指挥不力文过饰非的两大借口之一[1]，从战略上讲，苏德两军的数量比接近1.6∶1，不过苏联已经在这场战争中几乎榨干了自己所有的人力。尽管在作战和战术上，在时间、地点和其他关键指标上，作战比例都明显有利于解放者，但这一比例本应完全在一个合格的防御方的能力范围之内。西方盟军在西线开辟的第二战场吸引了德军的注意力，让德军将大量部队，尤其是装甲部队转调到诺曼底方向。苏军的战役协同也越来越精密复杂，将大量炮兵、坦克兵和空中支援配合使用，以此来弥补人力资源的消耗。而此时的希特勒将他的将军与士兵填入已经长到无谓的战线上，直到无力阻挡苏军才（有可能）会发布撤退命令，放弃了此前精妙而有效的弹性防御战术，这加剧了将军

---

① 另一个最大的借口是希特勒，毕竟死人是无法为自己辩护的。

和士兵的痛苦。但是在实力上的压倒性差距面前，寄希望于在梭哈式的战略"豪赌"中逆转局势无异于自寻死路。苏军此时已经拥有成熟的多兵种合成集团军，在武器装备、炮兵火力、工程保障、特种侦察等领域，尤其是在机械化部队的建设上全面压倒了德国人。斯大林的将军们已经可以灵活地运用佯动、战术欺骗来隐藏战役意图和攻击部队，并成为了部署和利用预备队的行家里手。从北极圈到色雷斯的宽广战线上，"俄国绿"在数量上压倒"德国灰"的同时，在质量上也不遑多让，战争初期德军胜局的基础——对敌方素质上的碾压，已经不复存在。历史学家H.P.威尔莫特总结了苏军反攻期间的"10次重大打击[1]"：

1943年12月24日至1944年4月17日	西乌克兰战役
1944年1月14日至3月1日	列宁格勒—诺夫哥罗德战役
1944年4月8日至5月12日	克里米亚战役
1944年6月9日至8月9日	维堡—彼得罗扎沃茨克战役
1944年6月22日至8月29日	白俄罗斯战役（"巴格拉季昂"行动）
1944年7月13日至8月29日	利沃夫—桑多梅日战役
1944年8月19日至10月	罗马尼亚—保加利亚—匈牙利—南斯拉夫
1944年9月14日至11月20日	爱沙尼亚—拉脱维亚战役
1944年10月7日至29日	贝柴摩—希尔克内斯战役
1944年10月20日至1945年2月13日	布达佩斯战役

　　在此前北线相对平静的近1年时间中，德军将该地域的大部分精锐部队调动到了其他区域，该地域的部队战斗力受到影响。当苏军于1月14日发起最终解除列宁格勒围困的战役时，德军守军无法阻止列宁格勒守军同被围困得更加彻底的奥拉宁鲍姆取得联系。1天后，包围圈以外的苏军以1个方面军的兵力从诺夫哥罗德方向对愣在原地的德国守军发动突击，并最终于1月27日打通了与这座不屈的城市之间的联系。这场著名的900天围城战（实际长876天）中，列宁格勒的平民死亡数量超过100万人。德军北方集团军群起先试图沿纳尔瓦—维捷布斯克一线稳住阵脚，随后又退至纳尔瓦—佩普西湖一线，但这是在得到中央集团军群强有力的增援后才实现的。从作战角度上看，从中央集团军群抽调部队很快将对中线的战局造成灾难性影响。从战略角度上看，如果芬兰意识到德军已经到了"拆东墙补西墙"的境地，那么希特勒将很快失去芬兰这个"合作国"[2]。

　　在南线战场上，由于气候更为温和，苏军得以在全年的所有时间内发动攻击，1943年12月发起的攻势一直持续到了1944年初。苏军多个方面军在朱可夫的协调下对德军南方集团军群正面发动了全面打击。在此前苏军进展缓慢的假象与希特勒"就地坚守"命令的双重作用下，德军在第聂伯河河曲的部署演酿成了

---

① 威尔莫特：《大十字军东征》，第369页。
② 芬兰从未真正成为轴心国的一员；该国一直只是保持着作为德国"合作国"的立场同苏军作战。

一场灾难。曼施泰因于2月中旬放弃了整个沿河流域，他的许多部队认为自己很幸运，没有在切尔卡瑟和其他地方的包围圈内被毁灭。德军侵苏过程中占领的最大且最有价值的资源产地——克里沃伊罗格和尼科波尔相继被苏军收复。苏军的骑兵军沿着两个德军集团军群之间的接合部穿过罗基特诺（Rokitno）向前穿插。至2月底，红军在乌克兰方向已经逼近了波兰边境与喀尔巴阡山脉。3月，苏军以3个方面军，下辖19个集团军又6个新锐坦克集团军的兵力横扫德军的新一道防线。苏军在整条战线上不断调整进攻重点，在多处地点摧毁了德军数个军，在当月底之前，苏军就已经攻入了战前的波兰和罗马尼亚境内。希特勒匆忙从法国调来增援部队，一反9个月来的先例。德军整个装甲集团军，包括21个师的残部在内的兵力被苏军合围，不过该集团军随后撤出了不少部队和一些装备，避免了被全歼的命运。4月初，苏军解放敖德萨，红军最高统帅部大本营命令在德涅斯特河和维斯瓦河右岸建立大量登陆场以备发动下一轮攻势。1个月后，已经对希特勒而言毫无意义的克里米亚前哨，又在苏军方面军一级的打击下而告覆灭。此时比萨拉比亚已经被苏军夺取，希特勒最大的盟友，也是德国的最大天然石油供应地——罗马尼亚（该国此前刚刚在克里米亚被苏军歼灭7个师），已经进退维谷。从各种意义上来讲，1944年初在东线战场南北两翼的战斗进一步证明了始于斯大林格勒的持续的两个趋势：苏军的崛起与德军的衰退。

随着春季在南部与北部战线上发起攻势的顺利进行，斯大林、朱可夫和华西列夫斯基开始策划将进攻重点转移到德军中央集团军群所在的向东凸出的巨大突出部上。这个"白俄罗斯阳台"呈弧形从波洛茨克延伸至布列斯特，其中盘踞着50个德军师，平均每个师负责防守20多英里宽的正面。德军的预备队，尤其是机械化预备队此时几乎没有组建。为了消灭这个"阳台"上的德军，苏军集结了4个方面军参加行动，同时苏军在乌克兰方向的行动和盟军的诺曼底登陆都对该攻势形成了策应。"巴格拉季昂"行动中，苏军享有2∶1的兵力优势，火炮、坦克和飞机的数量优势还要更大。德军情报部门再次出现纰漏，他们（在苏军的战术欺骗下）认为苏军上半年在乌克兰方向发动的两次主要攻势，意味着其下半年的进攻重点仍旧放在乌克兰，且无力在其他方向发动大规模进攻。在战役发起后的6月20日至23日间，德军统帅部都没能预料到苏军此次战役的规模之大，攻势之凌厉。短短3天内，德军多个军一级集群被苏军在维捷布斯克、博布鲁伊斯科、明斯克和莫吉廖夫等地包围歼灭，这些重兵集团都沦为了希特勒"战至最后一人"命令的牺牲品。平心而论，此次战役苏军所取得的巨大战果甚至令其领导者都吃惊不已。7月3日，苏军解放明斯克，并消灭了被困其中的超过1个军的德国守军。德军一厢情愿地认为"巴格拉季昂"行动在初期歼灭德军25个师之后很快会势头丧尽，但此时才是苏军宏大攻势的开始。苏军将领们指挥着以坦克与机械化集群为先导的突击部队，头也不回地向西急速挺进。

"巴格拉季昂"行动的第2阶段于7月4日开始，攻势扩大到了拉脱维亚到斯洛文尼亚一带，苏军又增添了4个方面军的兵力，在美国租借卡车的大力帮助下，红军的后勤供给能力已经今非昔比，足以为如此巨大规模的攻势提供保障。在第1阶段战果的基础上，苏军很快席卷波罗的海三国并攻入波兰中南部地区，第2阶段的行动又被分别称为利沃夫—桑多梅日战役和卢布林—布列斯特战役。尽管苏军主力的战役轴线瞄准华沙，但他们在穿插分割间将大量德军部队合围在维尔纽斯、布列斯特和利沃夫等地。德军此时只能以一到两个装甲师或者装甲掷弹兵师的兵力发动孤注一掷的解围行动，面对苏军的优势兵力，效果可想而知。希特勒一怒之下撤了中央集团军群和北方集团军群（两任）的指挥官；此时的他已经解除了曼施泰因、克莱斯特和霍特的职务。官拜元帅的莫德尔又能否利用他的精妙指挥力挽狂澜呢？答案是否定的，7月17日，苏军的战靴踏上了第三帝国领土，并于月底前在许多地方渡过了维斯瓦河上游。在德军开始重新站稳脚跟之前，苏军对华沙的双重包围似乎正在形成，莫德尔随即在华沙以南的谢德尔采（Siedlce）附近和以北的沃沃明（Wołomin）发动了战术反击。但苏军10月中旬的攻势将北方集团军群打退至里加以西，库尔兰的德军几乎陷入孤立境地。8月初，由于损失较大，后勤补给线延伸过长，以及德军的防御越发坚固等因素，苏军一度暂缓了推进。一直以来，史学界都在针对苏军是否有能力在夏末的华沙起义失败前伸出援手，以及到底苏军能不能尽早解放奥斯维辛这样的死亡集中营而争论不已，很多人，包括罗斯福和丘吉尔都卷入其中。

中线战场的暂时平静不代表整条战线上也是如此。在东线的南北两翼，希特勒的盟友都准备跳下行将倾覆的轴心国航船，并且希望离第三帝国及其搞出的烂摊子越远越好。在芬兰前线，红军在6月至8月间发起攻势，将战线从列宁格勒逆推至卡累利阿，芬兰政府起初不情愿地向希特勒求援，但随后很快决定向苏联乞和。苏联与芬兰之间的战争于9月15日以苏联的"压倒性"胜利而结束。在更北面，集结在贝柴摩的德军在苏芬停战后仍滞留在芬兰境内一段时间，随后撤退至挪威北部继续进行抵抗，直至第二次世界大战结束。与此同时，进攻的苏军也发现了德军3年前在北极地区遭遇的机动困难，现在轮到他们为此伤脑筋了。

苏军1944年下半年在南线战场上的攻势将战线推进至亚得里亚海与阿尔卑斯山，深入了巴尔干半岛。苏军的军史中将该攻势称之为雅西—基什尼奥夫战役，该战役于8月20日发起，苏军2个方面军动用了超过100万人与大量技术装备。在几天时间内苏军便合围并歼灭了隶属德军南乌克兰集团军群的1个德国集团军和2个罗马尼亚集团军，这个集团军群最近被其他战线吃紧的友军调走了11个师（其中四分之三是装甲师）。德国的两个法西斯盟国（罗马尼亚和保加利亚）已经不堪苦战，为了各自的国家利益双双准备跳离轴心国的战车。8月23日，罗马尼亚国王解除了独裁者安东内斯库的职务并将其逮捕，2天后该国改换阵营并对德国宣战。这是对德军士兵的严峻考验，他们不得不设法从这个此前4年中曾与其狼狈为奸的"敌国"的土地上杀出一条血路。又经过了1周的战斗，德军失去了至关重要的普洛耶什蒂产油区，这对整个纳粹第三帝国的战时经济而言无异于当头一棒。苏军部队跨过多瑙河，于9月8日进入保加利亚，该国新组建的祖国阵线政府于次日宣布对德宣战。此时匈牙利政府搪塞和谨慎的态度让希特勒在3月中旬向匈牙利派出大量部队，一方面要保证这位盟友的"忠诚"，另一方面还要护住自己的东南侧翼。一直到夏天结束，苏军成功地通过喀尔巴阡山脉与特兰西瓦尼亚阿尔卑斯山脉的隘口，进入了匈牙利和斯洛伐克东部，其间进展缓慢且损失巨大。当红军于10月中旬攻入贝尔格莱德时，看起来德军在希腊、阿尔巴尼亚和南斯拉夫南部等南欧地区执行占领和反游击任务的大量部队有可能会成为瓮中之鳖。但此时苏军的当务之急并非南下，而是北上攻占匈牙利。德军已经在匈牙利构筑了坚固的"玛格丽特"防线并一度在尼赖吉哈佐将苏军击退。但苏军攻势的受挫只是暂时的，2个方面军共同发动了雅西—基什尼奥夫战役的最后一击，于12月下旬合围了布达佩斯。

到1944年底时，仍掌握在希特勒手中的版图已经只比战争爆发前的1939年版图稍稍多那么一点。诚然

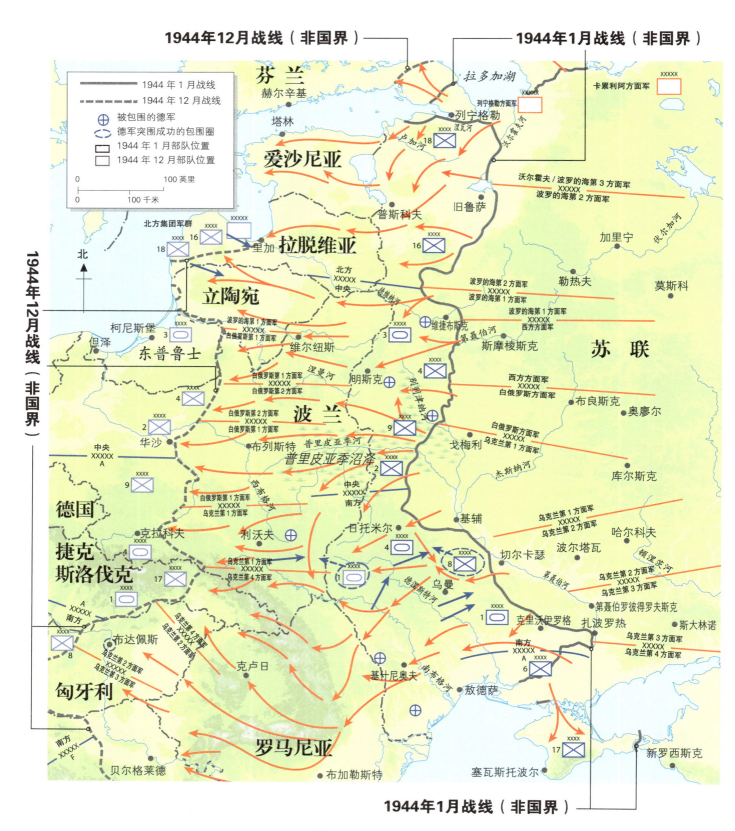

芬兰
赫尔辛基
拉多加湖
塔林
列宁格勒方面军
卡累利阿方面军
列宁格勒
爱沙尼亚
涅瓦河
18
沃尔霍夫
卢加河
普斯科夫
旧鲁萨
沃尔霍夫/波罗的海第3方面军
XXXXX
波罗的海第2方面军
拉脱维亚
北方集团军群
16
里加
16
北方
中央
加里宁
伏尔加河
勒热夫
莫斯科
立陶宛
波罗的海第2方面军
XXXXX
波罗的海第1方面军
XXXXX
西方方面军
苏联
柯尼斯堡
18
波罗的海第1方面军
白俄罗斯第1方面军
维尔纽斯
3
维捷布斯克
第聂伯河
斯摩棱斯克
但泽
东普鲁士
涅曼河
明斯克
别列津纳河
4
西方方面军
白俄罗斯方面军
布良斯克
奥廖尔
白俄罗斯第1方面军
XXXXX
白俄罗斯第2方面军
波兰
9
白俄罗斯方面军
XXXXX
乌克兰第1方面军
2
华沙
布列斯特
普里皮亚季河
戈梅利
杰斯纳河
库尔斯克
普里皮亚季沼泽
中央
XXXXX
南方
基辅
乌克兰第1方面军
XXXXX
乌克兰第2方面军
哈尔科夫
德国
白俄罗斯第1方面军
XXXXX
乌克兰第1方面军
日托米尔
4
切尔卡瑟
波尔塔瓦
顿涅茨河
克拉科夫
利沃夫
8
乌克兰第2方面军
乌克兰第3方面军
捷克
斯洛伐克
乌克兰第1方面军
XXXXX
乌克兰第4方面军
乌曼
德涅斯特河
克里沃伊罗格
第聂伯罗彼得罗夫斯克
斯大林诺
A
南方
1
1
扎波罗热
乌克兰第3方面军
XXXXX
乌克兰第4方面军
8
乌克兰第2方面军
XXXXX
乌克兰第3方面军
布达佩斯
南方
A
6
匈牙利
克卢日
基什尼奥夫
南布格河
敖德萨
塞瓦斯托波尔
新罗西斯克
南方
XXXXX
F
17
罗马尼亚
贝尔格莱德
布加勒斯特

图例：
1944年1月战线
1944年12月战线
被包围的德军
德军突围成功的包围圈
1944年1月部队位置
1944年12月部队位置
0　　　100英里
0　　　100千米
北

地图84　苏军攻势，1944年

美英盟军在法国和意大利战场做出了重大贡献，但苏军才是解放被纳粹侵略土地的最大功臣。随着资源产地的丢失，德国的战争工业难以为继。但更重要的是，在损失了200万作战部队（以及超过25万匹牲畜）和大量技术装备后，德军已经彻底无力扭转局面。而苏军在其中则给予了德军最大的杀伤。德军中央集团军群于1944年夏天遭受了最大程度的损失，其89万有生力量中有一半在苏军数个月的攻势间灰飞烟灭。苏军的损失同样巨大，超过25万人阵亡，81万人受伤，在此期间，苏军指挥员的指挥水平也较他们的德国同行更为出色。可以负责任地说，此阶段的苏德战争中，东线德军的拙劣表现不完全是苏军的数量优势与希特勒瞎指挥导致的。

地图85

列宁格勒解围（I），1944 年1月14日—28日

虽然列宁格勒具有重大的文化、经济和军事意义，且对希特勒和斯大林而言都是重要的政治象征，但双方此前都没有将战略重点放到北线战场上。考虑到此前德军中央及南方集团军群在1943年夏天所面临的不利形势，屈希勒尔及其幕僚认为，此时对列宁格勒的围困对于整个东线战事而言已经沦为鸡肋（虽然此举对于将芬兰拉拢在己方阵营内仍有着战略上的必要性），所以准备将德军后撤至沿爱沙尼亚至拉脱维亚（被吞并前）的苏联国境建设的"黑豹"防线上。希特勒自然不愿意做出这样的决定，但他不断在屈希勒尔面前晃动胡萝卜，说他随时都会批准撤军。此时的北方集团军群尚有40个不满员的师，沿着满是密林和沼泽的500英里宽的战线布防，德军战线后方还有约35000名苏军游击队在活动；整条战线上德军拥有200辆坦克与自行火炮，但没有组织任何较大规模的预备队。在其当面的苏军包括列宁格勒方面军（33个师）和沃尔霍夫方面军（23个师），此外在奥拉宁鲍姆的筑垒地域内还有3个师。苏军兵力超过了100万人，其十多个坦克旅内编制有约1200辆坦克和自行火炮，并有1500架飞机提供掩护。苏军计划在战役的第1阶段，打通列宁格勒与奥拉宁鲍姆之间的陆上联系，同时将德军第18集团军从列宁格勒周边驱赶至卢加河一线，由此完全解除德军对列宁格勒的封锁。战役第2阶段中，从伊尔门湖以南的阵地出击的波罗的海第2方面军（45个师）将加入战斗。苏军该阶段的战役目标是将德军赶到佩普西湖与韦利卡亚河一线，这恰恰是德军"黑豹"防线的部分所在；理论上而言，该线的确是双方的目标。

被分割孤立的奥拉宁鲍姆筑垒地域距离戈沃罗夫在列宁格勒西部最近的阵地不到10英里。在包括红旗波罗的海舰队舰炮在内的炮兵进行火力准备后，1月14日，苏军打响了旨在通过罗普沙连通两地联系的第1

地图85　列宁格勒解围（Ⅰ），1944年1月14日—28日

阶段作战。费久宁斯基中将指挥的突击第2集团军以5个师的兵力快速打垮了当面的德军第9空军野战师，但苏军近卫步兵第30军却在面对德军第50军的精锐部队时陷入苦战。同日，沃尔霍夫方面军的第54和第59集团军对诺夫哥罗德附近德军第18集团军的右翼展开了进攻，苏军部分部队跨过了已经封冻的伊尔门湖。15日，戈沃罗夫的第42集团军从列宁格勒方向加入攻势，其第67集团军则对姆加方向发动牵制攻击。遭受到从奥拉宁鲍姆到伊尔门湖的全线进攻，林德曼的部队只能勉强稳定住局势。1月16日，费久宁斯基和马斯连尼科夫的部队已经接近会师，1天后，德军陆军总司令部建议屈希勒尔准备从列宁格勒地域后撤。在拉多加湖附近，他的部队正在向南撤退。屈希勒尔的第26军防御的柳班此时已经岌岌可危，而第38军如果不尽快撤退，就有被包围的危险。在苏军发起战役后的第5天，1月19日，突击第2集团军与第42集团军在罗普沙会师，将德军2个师的部队困在海岸边。几乎同时，在20日，苏军第54集团军解放了沃尔霍夫，第59集团军解放诺夫哥罗德。在很短的时间内，戈沃罗夫和梅列茨科夫便完成了他们的主要战役目标：解除奥拉宁鲍姆的围困，并将德军北方集团军群从列宁格勒周边地区驱赶出去。此时的德军已经陷入了全面溃退中，戈沃罗夫命令其下辖的各集团军向西南的金吉谢普（突击第2集团军）、加特契纳（第42集团军）和乌里扬诺夫卡—托斯诺（第67集团军）等方向发动追击。总的来说，他希望苏军能推进到卢加河一带并威胁德军第18和第16集团军的接合部。

　　1月20日，德军最后一发炮弹落入列宁格勒城区，此后能威胁到该城的德军炮兵阵地便不复存在。2天后，林德曼命令他的部队从已经暴露在敌人钳形攻势下的姆加突出部撤退，遁入"急造公路"（Rollbahn）防线（沿战前从列宁格勒通往莫斯科的铁路构筑），但苏军此时已经突破了该防线。苏军不给北方集团军群任何喘息之机，在整条战线上都采取着压迫态势。至1月25日，苏军第67和第54集团军从北面威胁德军在卢加河一带的阵地，第59集团军则在南面保持相同态势。在短短的10日内，屈希勒尔的部队便遭受了4万人伤亡。1月28日，他根据希特勒的授权命令其麾下的所有部队退往卢加河。2天后希特勒将他召回拉斯滕堡的大本营并以"意见相左"为由将其解职。1月底，苏军部队已经陆续开始渡过卢加河。

地图86

列宁格勒解围（II），1944年2月4日—3月3日

　　为了取代已经被撤职的屈希勒尔，希特勒提拔了第9集团军指挥官莫德尔，这对于北方集团军群而言无疑是个好消息。在北线德军当面，苏军正全力向西突进，从列宁格勒向波罗的海三国杀去。莫德尔在抵

达北方集团军群设在普斯科夫的指挥部后，在2月的头几天中重新让该指挥部焕发活力，且他本人还将希特勒认为足以翻盘的战法——"剑盾合一"（Schild und Schwert，即防守与反击相配合）推广到了他的部队中。他甚至没有经过希特勒的批准便命令林德曼的集团军退回到卢加河右岸。2月4日，苏军列宁格勒方面军，沃尔霍夫方面军和波罗的海第2方面军已经休整完毕，准备对德军发起又一轮攻势。

苏军此次3个方面军倾巢而出，集中对德军第18集团军发起打击，苏军波罗的海第2方面军的作战行动从1个月前便已经开始，蚕食着德军第16集团军的东南角。相比起在乌克兰原野中纵横捭阖多时的同僚们，列宁格勒前线的指挥员们在指挥技艺上仍然稍逊一筹，但他们麾下的部队此时仍势不可挡。新官上任的莫德尔此时的当务之急是尽快重整好"黑豹"防线，在其左翼，苏军突击第2集团军的部队已经从卢加河下游轻松渡河并向纳尔瓦推进。除此之外，莫德尔的另一个任务是组建一支部队充作在防守反击作战中挥出的"剑"。此时他手中堪用的机动兵力只有第12装甲师，该装甲师刚从为数众多的作战任务（例如2月6日封堵第16与第18集团军之间的防线漏洞）当中脱身出来。戈沃罗夫的第42集团军和第67集团军在步兵、炮兵和工兵的密切协同中突破了卢加河中游的德军防御，梅列茨科夫的第59集团军和第8集团军则在伊尔门湖以西扩展了突出部的范围。2个方面军的部队于2月12日解放了卢加镇[①]。这对于莫德尔而言堪称是一场灾难，因为这就为布施能否继续守住旧鲁萨打上了问号，他只得告诉希特勒他无意放弃这一伊尔门湖一线的骨干支撑点。2月中旬，林德曼的战线已经退至从东面的佩普西湖连接至中央的普斯科夫湖再到其右翼的伊尔门湖一带，虽然防线还算完整，但已经严重减员的部队根本无法将战线填满，但他只能苦苦支撑。

连战连捷的苏军根本不打算停下来，迅雷不及掩耳的新一轮攻势又落在莫德尔头上，让其稳住阵脚、防守反击的如意算盘直接落空，甚至受到了质疑。2月14日，苏军在纳尔瓦市后方发动了两栖登陆，同时滑雪部队从密林间渗透到佩普西湖与普斯科夫之间，苏军一下子威胁到整个"黑豹"防线的稳定。在东面，德军开始放弃旧鲁萨一线的阵地，苏军突击第1集团军没能察觉并追上悄悄溜走的德军，令其逃脱了遭受灭顶之灾的命运。波波夫的波罗的海的2方面军，很快就将其部队从大卢基周边以及与第3装甲集团军交界处徒劳无功的攻击中抽调出来，转移到了北面的伊尔门湖附近。在完成兵力调整后，苏军第22集团军会同突击第1集团军将德军第16集团军击退，于2月21日解放霍尔姆。由于侧翼持续受到威胁，莫德尔担心苏军下一步会直捣其战线中央的普斯科夫，同时苏军游击队的敌后破坏活动也对德军造成越来越大的损失。游击队员杀死落单的德国兵，破坏德军车辆和装备，摧毁基础设施（道路、桥梁、通信线路等）。尽管如此，他还是井然有序地撤退了。出人意料的是，希特勒在当月底要求莫德尔加快撤退行动，这是个几乎闻所未闻的要求。3月初，德军北方集团军群开始逐步后退至"黑豹"防线一带。在北面，苏军在党卫军第3装甲军当面渡过了纳尔瓦河，不过随后苏军的攻势被该装甲军4个不满员的师所阻滞。而在南部，德军退守从普斯科夫到奥斯特罗夫的韦利卡亚河一线，防线大体上朝东南方向延伸到维捷布斯克，至3月中旬，苏军不断对德军发动试探性进攻，但大规模攻势已经告一段落。

从结果上来看，莫德尔满意于回撤到"黑豹"防线的同时己方并未遭受到毁灭性的损失，不过在此阶

---

① 大本营最高统帅部于2月13日撤销了沃尔霍夫方面军的建制，将其中大部分部队划分给了列宁格勒方面军，但突击第1集团军被分给了波罗的海第2方面军。

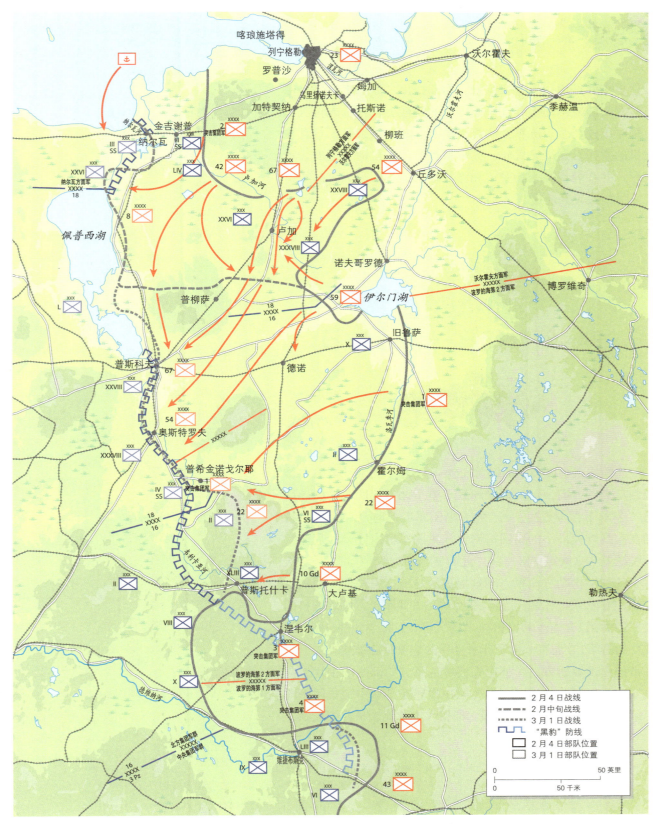

喀琅施塔得

列宁格勒

罗普沙

加特契纳

乌里扬诺夫卡

姆加

托斯诺

季赫温

沃尔霍夫

柳班

纳尔瓦

金吉谢普

佩普西湖

卢加河

卢加

诺夫哥罗德

伊尔门湖

博罗维奇

普柳萨

旧鲁萨

普斯科夫

德诺

霍尔姆

奥斯特罗夫

普希金诺戈尔耶

维捷布斯克

普斯托什卡

大卢基

勒热夫

涅韦尔

23 XXXX

2 XXXX

III SS

III SS

XXVI XXX

XXXX
纳尔瓦方面军
18

LIV XXX

8 XXXX

XXVI XXX

42 XXXX

67 XXXX

54 XXXX

XXVIII XXX

XXXVIII XXX

列宁格勒方面军
XXXXX
沃尔霍夫方面军

沃尔霍夫方面军
XXXXX
波罗的海第2方面军

59 XXXX

L XXX

XXXX
16

67 XXXX

X XXX

XXVIII XXX

突击集团军
XXXX

XXXVIII XXX

54 XXXX

II XXX

突击集团军
1 XXXX

IV SS XXX

22 XXXX

II XXX

VI SS XXX

22 XXXX

XLIII XXX

10 Gd XXXX

18
XXXX
16

II XXXX

VIII XXX

X XXX

波罗的海第2方面军
XXXXX
波罗的海第1方面军

3 XXXX
突击集团军

4 XXXX
突击集团军

11 Gd XXXX

北方集团军群
XXXXX
中央集团军群

16
XXXX
3 Pz

IX XXX

LIII XXX

43 XXXX

VI XXX

	2月4日战线
	2月中旬战线
	3月1日战线
	"黑豹"防线
□	2月4日部队位置
□	3月1日部队位置

0 —— 50 英里

0 —— 50 千米

地图86 列宁格勒解围（II），1944年2月4日—3月3日

段他更多的是用"盾"来掩身，而非挥出"剑"来格挡。德军最喜欢的战术是甩开红军撤到新的阵地上，在敌人再次追上来时以逸待劳。苏军并非毫无缺点，其追击杂乱无章且对战机的掌握总是缺乏火候；苏军指挥员们对目前的进展表示满意，并在静待春季的融雪和泥泞结束。到了夏天，战线将迎来另一次天翻地覆。

地图87

波罗的海三国，
1944年7月5日—10月13日

　　北线的战事因春季的融雪而告一段落。3月底，莫德尔被调到乌克兰方向，他的调职导致了整个北方集团军群领导层的"多米诺骨牌效应"[①]。北方集团军群此时已经沦为希特勒在东线规模最小的集团军群，该集团军群退守爱沙尼亚、拉脱维亚与立陶宛中部一线。此时其当面为4个方面军：戈沃罗夫的列宁格勒方面军，刚被提拔的马斯连尼科夫（他的沃尔霍夫方面军此时更名为波罗的海第3方面军），叶廖缅科的波罗的海第2方面军和巴格拉米扬大将（I. K. Bagramian）的波罗的海第1方面军。由于苏军夏季的战役重心被放在明斯克一带的白俄罗斯方向，苏军在波罗的海方向部队的主攻方向也变为了德军北方集团军群（第16集团军）和中央集团军群（第3装甲集团军）的接合部。根据大本营代表华西列夫斯基

---

① 林德曼卸任第18集团军指挥官，升任集团军群指挥官，炮兵上将赫伯特·洛赫（Herbert Loch）从第28军长提拔为集团军指挥官。林德曼的集团军群指挥官只当到了7月3日，随后纳尔瓦军级集群指挥官约翰内斯·弗里斯纳（Johannes Friessner）接任了集团军群指挥官一职。

图例：
6月22日战线
7月31日战线
9月15日战线
9月30日战线
"黑豹"防线
6月22日部队位置
9月30日部队位置

北

0　　　　50 英里
0　　　　50 千米

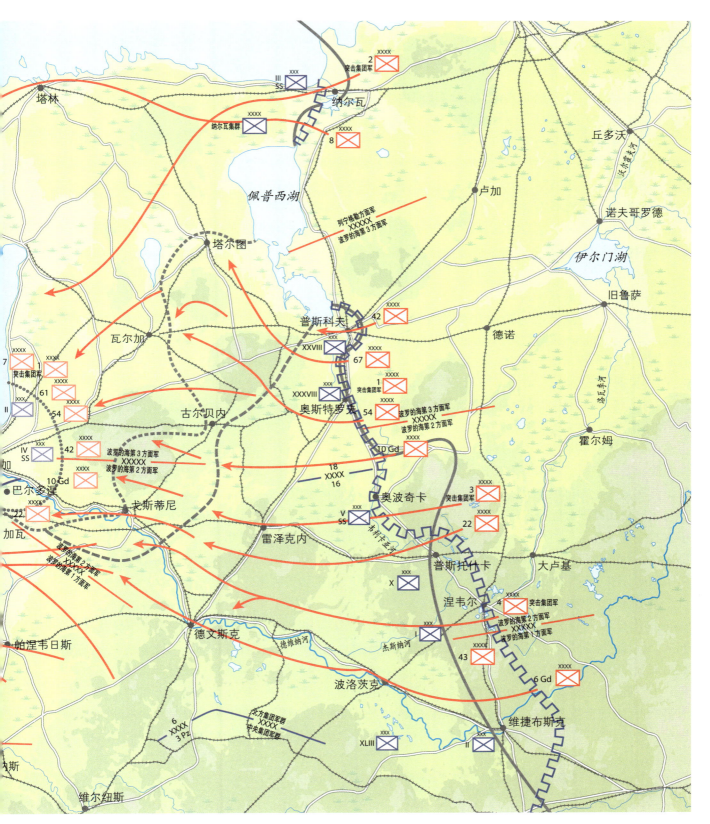

地图87 波罗的海三国，1944年7月5日—10月13日

元帅的作战方案，波罗的海第1方面军将协同白俄罗斯第3方面军发起第一波攻势，波罗的海第2方面军和第3方面军以及列宁格勒方面军将按顺序先后投入进攻。

在对各自的任务进行了激烈争论后，巴格拉米扬的方面军的任务也确定了下来，该方面军将协同友邻的白俄罗斯第3方面军攻下维捷布斯克，随后沿德维纳河朝西北的德文斯克（Dünaburg/杜纳堡）方向推进，策应"巴格拉季昂"行动右翼的发展。巴格拉米扬的近卫第6集团军和第43集团军根据作战计划于7月5日发动攻击，并在1周内解放波洛茨克，深入维捷布斯克后方60英里。德军第16集团军的新任指挥官步兵上将保罗·劳克斯在得知苏军近卫第6集团军逼近后，迅速派遣增援部队至德文斯克。苏军波罗的海第2方面军于7月10日发起进攻，其首要的战役目标为里加，该方面军以4个集团军组成钳形攻势，近卫第10和突击第3集团军在北，第22与突击第4集团军在南。苏军的铁钳在德军第16集团军的战线上撕开一个100英里宽的巨大突破口，并很快兵临韦利卡亚河，于15日解放奥波奇卡（Opochka）。该镇是德军"黑豹"防线上的关键节点，一旦失守，通往拉脱维亚中部的道路便畅通无阻，但此时密集的森林与沼泽成为了防御方的天然盟友。次日，波罗的海第3方面军对德军第18集团军发起打击，同样是4个集团军组成两支钳柄：第42和第67集团军攻击普斯托夫，突击第1集团军和第54集团军则向奥斯特罗夫推进。德军在两座城市都据守了1个星期，随后撤退，并放弃了无险可守的爱沙尼亚西部。

7月下旬，北方集团军群两翼的情况开始急剧恶化[1]。7月25日，苏军列宁格勒方面军发起攻势，其突击第2集团军与第8集团军对德军在纳尔瓦的防御发动了进攻。此时由于其他方向对增援的需求，主要由党卫军部队组成的纳尔瓦战役集群的规模已经严重缩水，5月时该集群尚有12个师，到7月只剩4个师又3个党卫军旅。费久宁斯基的部队于26日攻下该城，并渡过了纳尔瓦河，但无法立即突入爱沙尼亚内陆的开阔地带。苏军最高统帅部大本营此时红军最高统帅部大本营重新组织了在立陶宛西南部的部队，突击第2集团军与第51集团军被分配至巴格拉米扬的战斗序列内并要求他打下希奥利艾（Siauliai），巴格拉米扬的部队于次日完成了任务[2]。同日，在遭受苏军攻击并几乎被苏军合围后，德军部队仓皇逃离被他们点燃的德文斯克。7月底（27日），巴格拉米扬的坦克部队抵达了里加河入海口的图库姆斯（Tukums），将德军2个集团军彻底分割。苏军装甲部队同时拿下了距离梅默尔90英里的希奥利艾，有分割德军整个集团军群之势。

希奥利艾的失守对于德军而言无疑是最为严重的打击。在8月上中旬，费迪南德·舍尔纳（Ferdinand Schörner）大将对希奥利艾方向发动了一系列的反击，后期一度使用了"大德意志"装甲掷弹兵师等精锐部队，但反击全告失败。不过与此同时，舍尔纳还想消灭苏军装甲部队在叶尔加瓦与图库姆斯形成的装甲突出部，以免第18和第16集团军被分割歼灭。他在斯特拉赫维茨装甲集群就位后便立即以该集群发动了攻势，但一开始并未成功，因为此前波罗的海第1、第2方面军已经对里加突出部进行了严密的布防。波罗的海第3方面军随后恢复了攻势，在佩普西湖以西与巴格拉米扬的部队接上了头。尽管苏军不断向前线增调援军，希奥利艾一带的德军防线还是稳定下来，同时舍尔纳仍在不屈不挠地对里加突出部发动装甲攻势。

---

[1] 7月20日，就在希特勒遭到刺杀当天，纳粹党死忠费迪南德·舍尔纳大将，第一次世界大战期间"蓝色马克斯"勋章获得者接手了北方集团军群指挥官的职务。

[2] Ia.G.克赖泽尔（Ia. G. Kreizer）中将指挥的第51集团军此前在5月刚刚参加解放克里米亚半岛的战役，在2个月后被调往北面。

在9月的第3周，舍尔纳为仍在从里加到瓦尔加再到芬兰湾的 500 英里长的狭窄战线上作战的部下开辟了一条艰难的道路。而苏军方面在进行重整后于10月5日恢复了进攻，向西攻击梅默尔，向北攻击里加。当这两个城市已经不可避免地行将陷落（分别于10月10日与13日被苏军收复）之时，德军沿着狭窄的通道且战且退。波罗的海第1方面军沿海岸横扫，彻底封死了德军北方集团军的出路。直到第二次世界大战结束，德军北方集团军群与其残留的26个师都被封堵在库尔兰半岛。

地图88

芬兰和卡累利阿，1944年6月9日—7月15日

　　芬兰对于苏联的领土并没有太大的野心，但1941年该国仍为了夺回在"冬季战争"中失去的国土而追随德国对苏联宣战，并推进至斯维里河北岸。该国在1942—1943年间希特勒再也不能更加抵近列宁格勒，甚至被数度击退期间选择了观望，并对此前夺取的土地感到满意。但到了1944年初，随着苏军列宁格勒方面军与沃尔霍夫方面军解除了列宁格勒的围困，芬兰对于元首和他的第三帝国在这场战争中的失败开始产生焦虑。在苏军发动列宁格勒解围与"巴格拉季昂"行动的间隙，斯大林计划将轴心国军队从列宁格勒北面彻底驱赶出去，并在可能的条件下让芬兰这个比自己小得多的邻国彻底退出战争。红军最高统帅部大本营计划让戈沃罗夫的方面军于6月10日以第21及第23集团军攻击维堡，同时梅列茨科夫（此时转任卡累利阿方面军司令员）则将以第32集团军与独立第7集团军于7月21日起消灭拉多加湖西面的敌人。苏军在兵力、火炮、坦克自行火炮与飞机等方面分别对芬军占有1.5∶1、5∶1、7∶1和5.5∶1的巨大优势，所以战斗的最终结局毋庸置疑。

　　为了避免重蹈1939—1940年间的覆辙，苏军最高统帅部大本营对此次战役进行了周密的规划并建立了绝对的物质优势。苏军炮兵和航空火力从7月9日起便对芬军的阵地进行火力打击准备，让芬军措手不及；他们从来没有想过自己会遭到苏军的攻击。戈沃罗夫的战术——以绝对优势火力消灭对方有生力量——更是令芬兰人闻所未闻，他们似乎没有关注德国人在过去的一年里一直在打的仗。此时苏军集结了10个步兵师和3个坦克师对仅仅3个半师的芬兰军队发起"泰山压顶"式的碾压。芬兰军队前沿阵地构筑马虎，且机械化程度非常低，军队谈不上现代化。他们在主要防线后方构筑了3道后备防线，作战部署上似乎没有学习到苏德3年血腥厮杀中凝练的分毫教训，这些阵地都未经加强或者现代化。沿海岸部署的苏军第21集团军对芬军第4军首发突击，在48小时内便把芬军驱赶到第2道防线。芬军指挥官卡尔·曼纳林（Carl Mannerheim）

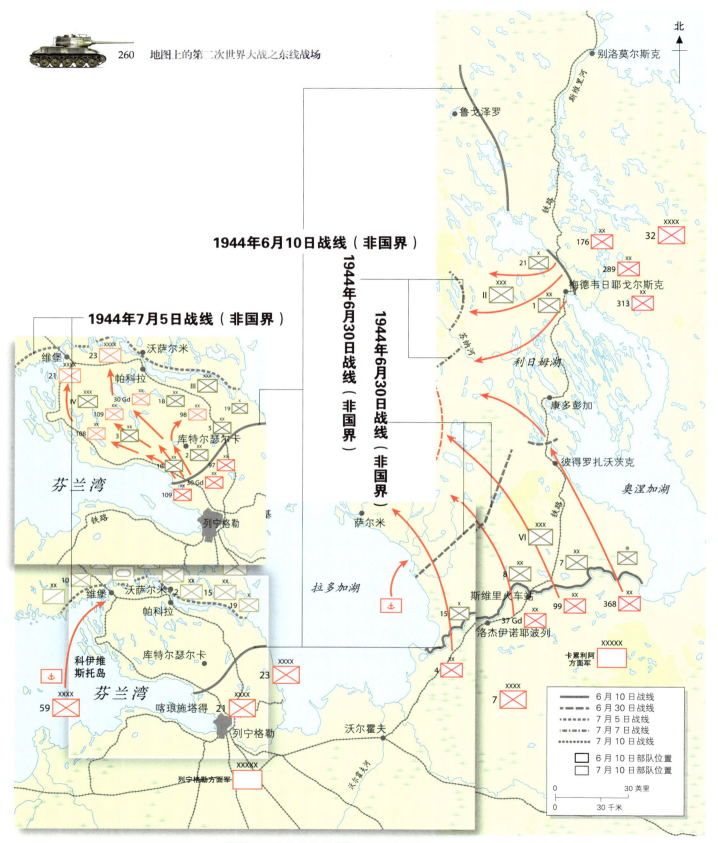

北

1944年6月10日战线（非国界）

1944年6月30日战线（非国界）

1944年6月30日战线（非国界）

1944年7月5日战线（非国界）

别洛莫尔斯克

鲁戈泽罗

梅德韦日耶戈尔斯克

利日姆湖

康多彭加

彼得罗扎沃茨克

奥涅加湖

维堡

沃萨尔米

帕科拉

库特尔瑟尔卡

芬兰湾

列宁格勒

铁路

萨尔米

拉多加湖

斯维里火车站

洛杰伊诺耶波列

卡累利阿方面军

科伊维斯托岛

芬兰湾

帕科拉

库特尔瑟尔卡

喀琅施塔得

列宁格勒

沃尔霍夫

列宁格勒方面军

6月10日战线
6月30日战线
7月5日战线
7月7日战线
7月10日战线
6月10日部队位置
7月10日部队位置

0 ---- 30 英里
0 ---- 30 千米

地图88 芬兰和卡累利阿，1944年6月9日—7月15日

元帅尽其所能集结预备队，并将第4军北部相邻的第3军撤回，不顾一切地维持防线完整。芬军告知驻芬兰德军的指挥官大将爱德华·迪特尔，如果苏军突破其第2道防线（所有防线中最坚固的一道），那么芬军将被迫从斯维里河一线撤退。事实上，在芬军向德方通气后仅仅不到24小时，戈沃罗夫的部队便在强大的炮兵、坦克和空中支援下打穿了芬军的第2道防线。1天后芬军第3和第4军由于在库特尔瑟尔卡一带的防御被苏军撕开宽8英里的突破口而再度撤退。苏军坦克和卡车相对于芬军的徒步行进机动力更强，曼纳林担心苏军在他的部队撤到第3道防线前便捷足先登。果然，在6月20日当天，双方几乎同时抵达芬军的第3道防线。大约在此时，芬兰政府开始与斯大林进行秘密协商，同时他们还向希特勒求援，请求他为芬军空运武器装备。6月21日，芬军放弃维堡，戈沃罗夫的第59集团军从水路占领该城。

　　6月16日，曼纳林下令芬军全面从斯维里河及奥涅加湖以北一线撤退。在卡累利阿东部，苏军对其的兵力比达到了11个师6个旅对4个师2个旅。芬军于18日开始撤退，梅列茨科夫则于次日才发动进攻。苏军炮兵对着已经空无一人的芬军阵地乱射一通，但苏军独立第7集团军很快追上去咬住了芬军的尾巴。2周后，独立第7集团军从撤退的芬军第6军手中解放了萨尔米。又进行一周的战斗后，整个战线呈现一个深"U形"，实际上又退回了两国的传统国境。芬兰人此时仍在游说希特勒，要求得到更好的武器和更多的德军部队，尤其是在防御作战中效果良好的突击炮旅；但希特勒只给了芬兰人他认为的可以接受的最低限度的支援。苏军在曼纳林防线上一直保持着微妙的压力，直到7月中旬，苏军的攻势才开始减弱。双方此时都精疲力尽：芬兰人已经没有部队可以用来补充他们的防线，而苏军则希望将大量人员装备投入到南方更为主要的战场上。

地图89

撤离芬兰与贝柴摩—希尔克内斯战役，
1944年10月1日—11月3日

　　1944年，芬军目睹苏军的强势崛起，列宁格勒围困的解除，将德军推回战前边境并最终于夏末将德军北方集团军群在波罗的海三国肢解，芬兰人必须做出决断。7月中旬，为了自保的芬兰政府一面向希特勒求援，另一方面从长远考虑开始秘密向斯大林提出议和。8月4日，芬兰国会通过由曼纳林接任总统的提案，此后不久，他宣布废除前总统1942年6月26日达成的不寻求与苏联单独媾和的协议。1个月后，随着在中立的瑞典进行的苏芬密谈结束，斯大林知会曼纳林，两国的和平首先要建立在芬兰中断与希特勒和纳粹

地图89　撤离芬兰与贝柴摩—希尔克内斯战役，1944年10月1日—11月3日

德国的一切关系，并在9月15日前驱逐其国内所有德军的基础上。德军此时在芬兰仍有3个山地军军部，指挥着2个步兵师，3个山地师，1个党卫军山地师与1个要塞师，以及2个特设"师级集群"。

芬兰给出的通牒时间日益临近，但此时驻扎芬兰的德军只是表面上保持着撤离的姿态，芬兰人似乎在催促他们快走，而苏联方面则对这2个此前的"协作国"之间的龃龉选择了视而不见。根据"君子协定"式的规约，德军将在9月底向北抵达拉普兰并逐渐进入挪威。德军在后撤中同样对基础设施进行了破坏，以防止尾随芬军太过靠近，但是没有对芬兰民众和财产造成太大破坏。双方在此期间爆发的战斗，只有在10月1日至8日间，发生在靠近瑞典边境的托尔尼奥海军基地。占有兵力优势的芬军4个师攻击德军克罗伊特勒师级集群并将其向北驱赶。此后德军在向拉普兰北撤的过程中，一路彻底实施"焦土战略"。10月3日，希特勒决定将北极圈内所有尚在苏联领土据守的德军部队收缩至挪威境内。不单是向挪威奔逃的德军第19山地军的部队要经受凛冽的极地气候的洗礼，紧追其后的谢尔巴科夫（V. I. Shcherbakov's）中将的第14集团军同样要在酷寒中作战。

苏军对德军形成了113000:45000的优势数量比，同时装备上还多出2000门非直瞄火炮、110辆坦克和装甲车以及750架飞机，梅列茨科夫的卡累利阿方面军于10月7日开始对德军第2山地师的右翼发动攻击步兵第131军和步兵第99军突破了德军的阵地，而轻山地步兵第126军和轻山地步兵第127军的滑雪部队则开始向德军纵深穿插。1个月后，苏军将德军2个师分割，而苏军北方舰队的海军步兵则以旅级兵力在德军山地军的后方发起登陆。德军第20山地集团军急忙命令其第36山地军（含军部与第163步兵师）立即撤离萨拉防线，向西北穿过芬兰逃入挪威，而非通过东北方向已经被苏军威胁的贝柴摩地域。在发起攻势1周后，苏军已经将德军整个极圈防御摧毁。德军范德胡普（van der Hoop）师级集群企图据守贝柴摩，阻挡苏军轻山地步兵第126军的总攻，但该镇仍于10月15日落到苏军手中。到10月的最后1周时，德军已经退至挪威的希尔克内斯，并且在10月25日放弃该镇。而苏军基本上放弃了对塔纳（Tana）之敌的追击。

到10月底，德军仍然没有彻底退出芬兰，德军第18山地军退回到了芬兰、挪威、瑞典三国交界处的"风暴"防线，并在此地驻守至1945年1月12日。德军第36山地军则一直在"防卫墙"防线停留至10月底。11月初该军退至挪威境内的拉克塞尔夫（Lakselv），与第19山地军会合。从拉克尔塞夫，2个军又退至灵恩（Lyngen）；德军第20山地军在此地驻扎下来，并一直无所事事地待到战败投降。得益于气候温和，苏军的不主动以及各种各样的运气成分，在秋冬的极地战线上，德军成功地组织了一次长达数百英里的撤退。对所有相关方而言，第二次世界大战在芬兰战场已经结束了。

地图90

白俄罗斯方向，双方部队与
作战计划，1944年春

　　1944年年初的冬春战事证明了红军有能力在所有气候和地形下遂行战役任务。北翼的德军从佩普西湖以东一直到维捷布斯克都已被肃清，南翼德军已经被驱逐出除加里西亚以外的乌克兰地域。罗基特诺沼泽像往常一样起着决定性的作用，把战区一分为二。在其上方，德军中央集团军仍盘踞在东面的"白俄罗斯阳台"。苏军最高统帅部大本营对此制定了诸多作战方案，但最终的定夺仍然由斯大林完成，被选定的方案是建立在最适合此时苏联红军的战役能力基础上的，即在整条战线的大部分地区对德军实施一系列大规模正面突击。德军中央集团军群即将遭到最严重的打击，因为它既位于突出部内，又守卫着通往柏林的直接路线，但是对于德军而言，整条战线上并没有所谓"安全"的地段。

　　在南线战场上，苏军几周前刚刚解放第聂伯河与德涅斯特河之间的广大地域，在发起新的攻势前仍需要进行休整和补给。因此斯大林决定夏季攻势的第一击选在北面的卡累利阿，此举或许还能将希特勒的注意力从中部战线上转移过去（地图88）。红军的主力部队则将如同1812年反击拿破仑入侵与1941年冬季反击时一样，利用地势从明斯克杀向比亚韦斯托克，直取华沙——这便是苏军夏季战役的重头戏："巴格拉季昂"行动。苏军编成的3个白俄罗斯方面军将攻击从维捷布斯克到普里皮亚季河之间的德军正面，彻底粉碎德军的第一道防线。第一波攻势的目标为越过明斯克，随后的攻击中则要求向东普鲁士方向发展。除了解放土地之外，苏军指

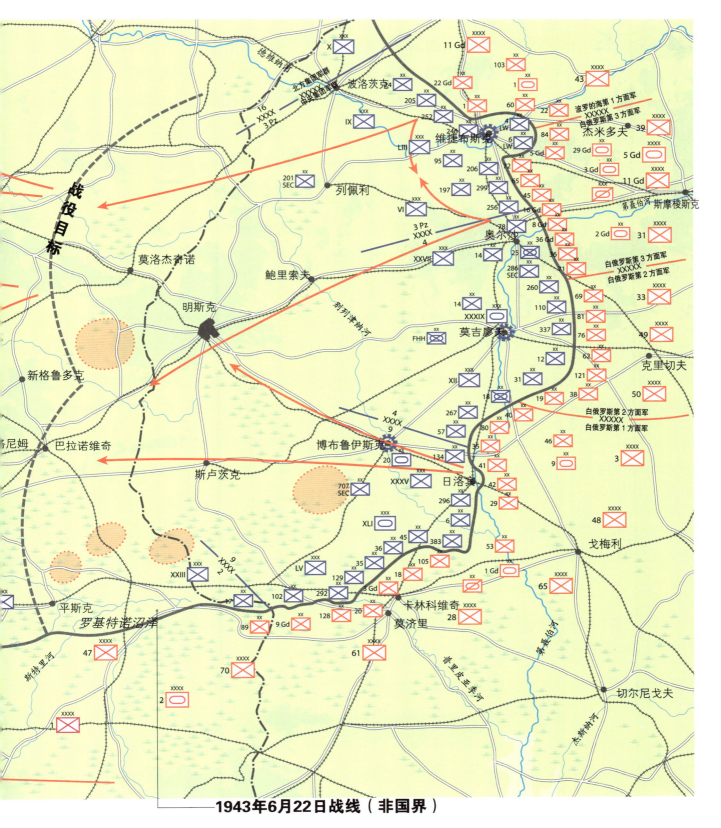

1943年6月22日战线（非国界）

地图90　白俄罗斯方向，双方部队与作战计划，1944年春

挥员们还有另一项任务：对德军有生力量造成"重大"杀伤。苏军的战役规划者们在克里姆林宫商讨着第一击之后的下一轮攻势，他们很快决定次一轮攻势在北面从波罗的海三国南下的同时南线越过喀尔巴阡山脉，这一轮攻击将由波罗的海方向和乌克兰方向的方面军完成，并且将在夏季结束前将战线推进至华沙。此时红军中最出色的军事家——朱可夫和华西列夫斯基，将分别担纲南北两记重拳的大本营代表。在夏季一套组合拳式的连续攻势后，苏军将在南线发动新的攻击，深入希特勒的盟国匈牙利与罗马尼亚境内。

　　"巴格拉季昂"行动发起阶段的目标被定为维捷布斯克、莫吉廖夫和博布鲁伊斯克，在夺占这些目标后，苏军的坦克集团军将合围明斯克。经过了周密的准备和考虑，最终进攻命令于5月的最后一日下达，这意味着"巴格拉季昂"行动将在2到3周内发起。红军最优秀的战地指挥官们，如巴格拉米扬、切尔尼亚霍夫斯基（I. D. Cherniakhovsky）、罗科索夫斯基和科涅夫等，均受命指挥各自的方面军。苏军总共集结了15个集团军共计118个步兵师、13个炮兵师、8个机械化军和坦克军、2个骑兵军的庞大部队，总兵力达125万人，拥有25000门火炮（另有2300门"喀秋莎"火箭炮），超过2000辆坦克和5300架飞机。由于在此前的战争中屡遭关键时刻后勤不继的折磨，苏军为此次战役进行了充分的后勤准备。与此阶段的所有苏军攻势一样，敌后活动的游击队也将在"巴格拉季昂"中扮演重要角色。

　　1943年下半年和1944年年初这段时间对于德军南方集团军群而言可不好过，而北方集团军群也在此前遭受到苏军的重创，此时德军只剩下中央集团军群因苏军解放斯摩棱斯克（地图82）后并未对其采取太多措施而实力相对完整。布施于上一年10月接替因车祸受伤的克卢格出任集团军群指挥官，他此前在东线平静的北部战区指挥集团军级的部队长达两年半的战场经历，让他对即将到来的风暴毫无准备。此时该集团军群建制内下辖4个集团军、42个师（其中34个为步兵师），拥有约70万兵力、接近1万门火炮和550辆坦克与自行火炮，并有830架飞机提供增援。如同此前的诸多战事一样，德军的情报工作仍一团糟，不仅没能判明苏军的战略意图，在前线单位察觉对方动向异常后仍未对苏军的反常产生足够重视，让苏军彻底达成了"巴格拉季昂"的战役突然性。此时的中央集团军群不仅前线薄弱，且没有构筑后备防线，布施手中更没有机动预备队（实际上整个东线的德军都没有多余的兵力组织战役级别的、无论能否机动的预备队）。此外，希特勒还对该集团军群下了死命令，必须守住别列津纳河至第聂伯河一线，这就束缚了布施的手脚。

　　从"巴格拉季昂"行动到诺曼底登陆，再到菲律宾海海战，1944年6月，可以算是各个战场上反法西斯盟国积蓄已久的反击行动的总爆发。

地图91

"巴格拉季昂" 行动（I），1944年6月22日—7月3日

出于斯大林的报复心态，"巴格拉季昂"行动的发动日期被定为了1944年6月22日，"巴巴罗萨"行动发起3周年当天。当苏军以猛烈火力准备拉开战役序幕时，某些地段的德军全然猝不及防，而在另一些地段，德军在苏军的攻势发起前察觉到了一丝征兆。但直到第2天，整场攻势的宏大场面才彻底清晰地展现在世人眼前：白俄罗斯第3方面军的第39和第5集团军开始在友邻的第43集团军支援下合围维捷布斯克，该方面军的近卫第11及第31集团军则从南北两侧夹击奥尔沙；白俄罗斯第2方面军的第49及第50集团军在莫吉廖夫周边展开行动；白俄罗斯第1方面军的第3和第65集团军则对博布鲁伊斯克进行分割。德军第3装甲、第4及第9集团军立即发动局部反击，试图封堵突破口，突击炮部队和"统帅堂"装甲掷弹兵师（拥有28辆坦克）徒劳地试图维持战线稳定。仅在次日，维捷布斯克便被切断与德军主力的联系，奥尔沙周边的防御被苏军撕开10英里纵深的突破口，第4和第9集团军的接合部也被苏军劈开。在北面，德军第53军从6月25日起便被围在维捷布斯克（德军工兵为了确保安全自行破坏了撤退道路），在该军南面的德军第35军也在博布鲁伊斯克遭受了同样的命令。如同往常一样，希特勒命令这些"战线重要支撑点"继续死守。此时待在集团军群指挥部内的布施，已经完全成为了希特勒指挥链中负责上传下达的通气人偶。

在希特勒发出空洞无物的宣言，如将某地命名为"要塞"，却对战斗产生不了任何实际影响的同时，时针正在无情地划过表盘；被包围的维捷布斯克、奥尔沙和莫吉廖夫等城市全部于6月27日被苏军收复，在每一个包围圈内都俘获了成千上万的德军。苏军部队，尤其是骑兵部队与坦克/机械化军快速跨过第聂伯河，向别列津纳河方向推进。此时德军从别处调集的机动预备队开始抵达中央集团军群的战区，如第5和第12装甲师（前者直接从铁路平板车上卸载后便加入了战斗），但这些部队的反击只是在战术层面上阻滞了苏军一会儿，对于整个战役局势并没造成太大影响。更令德军雪上加霜的是，当德军的机械化预备队终于投入战斗时，本应等待援救的"要塞"城镇都已经被攻克，反击只是白费力气。苏军从1943年的乌克兰战场开始使用的、崭新而致命的"大纵深"战术，此时在"巴格拉季昂"中再度奏效，苏军指挥技艺的提高与希特勒及德军的迟钝反应，让此时的较量呈现出与战争前期完全相反的态势：此时的德国人不管是在指挥水平上还是在战场控制上都被苏军全面反超。6月28日，希特勒解除了布施和第9集团军指挥官步兵上将汉斯·约尔丹的职务。陆军元帅莫德尔接过了中央集团军群的指挥权（此时他已经接手了北乌克兰集

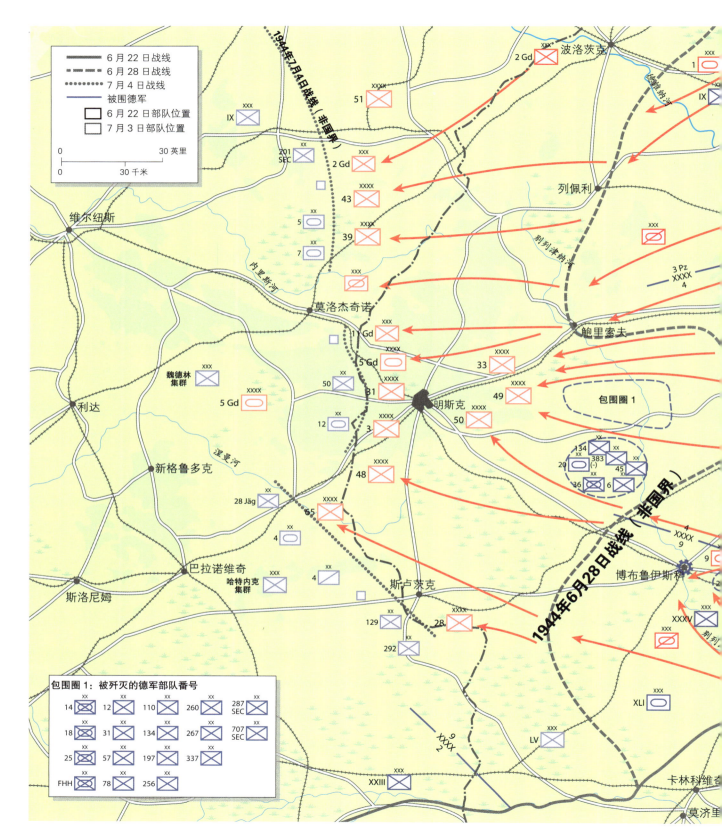

图例说明（图内）:

- 6月22日战线
- 6月28日战线
- 7月4日战线
- 被围德军
- 6月22日部队位置
- 7月3日部队位置

0　　30 英里
0　　30 千米

1944年7月4日战线（非国界）

波洛茨克
2 Gd

列佩利

鲍里索夫

3 Pz XXXX 4

列列津纳河

包围圈 1

明斯克

莫洛杰奇诺

维尔纽斯

内里斯河

魏德林集群

利达

5 Gd

新格鲁多克

涅曼河

巴拉诺维奇

哈特内克集群

斯洛尼姆

斯卢茨克

博布鲁伊斯科

1944年6月28日战线（非国界）

卡林科维奇

莫济里

包围圈1：被歼灭的德军部队番号

14	12	110	260	287 SEC
18	31	134	267	707 SEC
25	57	197	337	
FHH	78	256		

地图91　"巴格拉季昂"行动（I），1944年6月22日—7月3日

团军群的指挥），并被希望能够重现此前所施展的"防守奇迹"[1]。一天后，苏军白俄罗斯第3和第1方面军已经在不到1周的时间内推进上百英里，并形成对明斯克的钳形攻势；近卫坦克第5集团军击退了德军第39装甲军，并沿着古老的邮路解放了鲍里索夫。

苏军在别列津纳河畔几乎没有任何停顿，因为尽管元首又下达了命令，但德军仍无法进行任何有力的抵抗。此时北方集团军群和中央集团军群的联系微乎其微，切尔尼亚霍夫斯基的前卫部队正是利用了这一点。6月底，切尔尼亚霍夫斯基命令罗特米斯特罗夫的坦克部队突向维尔纽斯，并最终向考纳斯方向推进。苏军最高统帅部大本营在明斯克被包围后不急于命令强攻，而是将其留给推进中的步兵集团军解决。与此同时，德军第4集团军的处境变得岌岌可危；苏军对明斯克伸出的两柄铁钳将其建制内的1个装甲师、5个装甲掷弹兵师和17个步兵师的主力部队合围在两个大规模包围圈中，德军此役便有超过10万人被俘。在7月的头几天，德军第3装甲集团军，第4和第9集团军近乎面临灭顶之灾，每个集团军指挥部此时手头都只剩下几个被打得支离破碎的师的残部。在苏军无情的打击下，几个集团军只能绝望地进行后卫作战并尽力逃离已经张开的包围圈。德军第5和第12装甲师在南北两翼分别发动了仓促组织的反击作战，但都收效甚微。苏军对德军造成了触目惊心的损失：德军的6个军中已经有大半被歼灭。

被希特勒宣布为"要塞"的明斯克无疑又在纳粹国防军的耻辱柱上添上一笔。德军已经占据了有利的防守地形，虽然作战部队的人手不足以填满战线，但成千上万的后方梯队部队此时却龟缩在城里，大量伤患使城中的医院人满为患。7月2日，在苏军已经着手从西面完成合围时，希特勒批准放弃明斯克。苏军近卫坦克第2军的先头部队于次日入城，近卫坦克第1军紧随其后。7月3日晚些时候，苏军的血盆大口终于在西面封闭，形成了规模巨大的包围圈。

---

[1] 装甲兵上将尼古劳斯·冯·福曼从第47装甲军军长升任第9集团军指挥官，但仅在该职位上任职了两个月。

地图92

"巴格拉季昂"行动（Ⅱ），1944年7月3日—8月29日

　　白俄罗斯第3和第1方面军沿着1941年霍特和古德里安的进攻路线推进，当然，这次的方向反了过来。近卫第11集团军以及第33、第49和第50集团军在行进间解放了明斯克，几乎没有遭遇德军有组织的抵抗，只有极少数战斗群和几个师的残部侥幸逃脱了覆灭的命运。彻底消灭包围圈中的敌人还是让白俄罗斯第2方面军和游击队花了1周多的时间，战后清点中德军有近6万人被俘（另有近4万人被打死）。仅在"巴格拉季昂"行动发起后短短1周多时间内，苏军便对德军造成了超过30万人伤亡（其中包括30名将军）并击毁了超过900辆坦克和自行火炮；德军有25个师遭到整建制歼灭。到7月的第一周结束时，红军部队已经将德军中央集团军群击退至德文斯克至明斯克以西30英里、斯卢茨克以西30英里一线。莫德尔接任集团军群指挥官10天以来一直殚精竭虑，但并没对局势做出多大改善。

　　对于斯大林而言，明斯克，一个加盟共和国首都的解放，是重大的政治胜利，但是对于朱可夫和华西列夫斯基而言，这只不过是一个战役目标的达成，攻击仍在继续；步兵集团军以每日10—15英里的速度推进。莫德尔组织的防御在莫洛杰奇诺（Molodochino）和斯托尔布齐存在着明显的巨大漏洞，苏军则找准漏洞向西推进。在右翼，苏军近卫坦克第5集团军与第5集团军于7月7日推进至被划为"要塞"的维尔纽斯。之前一直被当作救火队四处救火的德军第5装甲师同样发动了反击，但毫无效果。德军的反击无法解围，不到24小时，这座城市就被苏军包围了。在纳粹空军高射炮兵指挥官赖

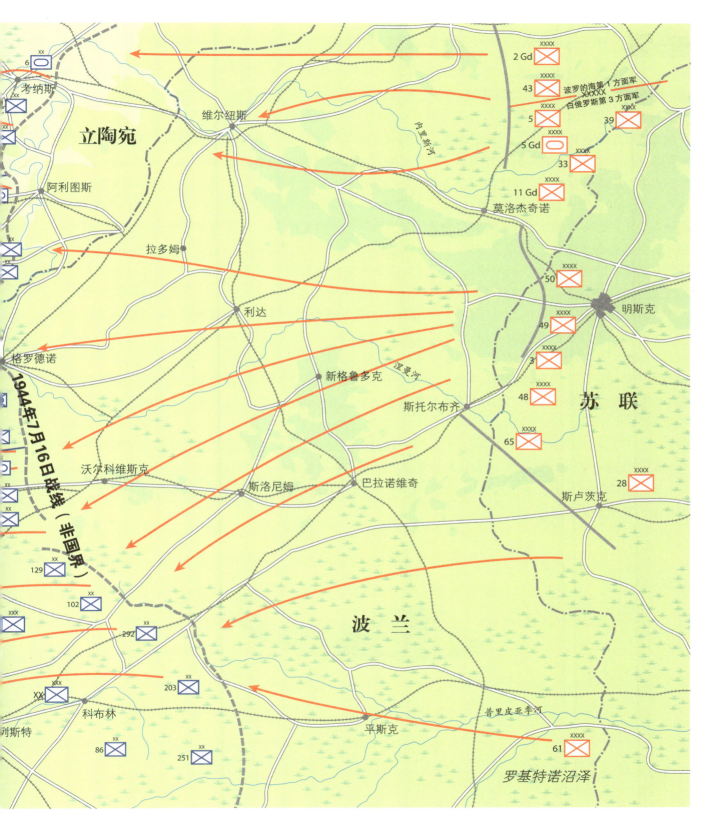

地图92 "巴格拉季昂"行动（II），1944年7月3日—8月29日

纳·施塔尔（Rainer Stahl）中将的指挥下，德军师级规模的守军抵抗了3天，但随后这支部队要么逃离，要么投降了。近卫坦克第5集团军随即向下一个目标——考纳斯推进，罗特米斯特罗夫的部队与右翼的波罗的海第1方面军并驾齐驱[①]。战场中部，在解决明斯克的敌人后，苏军白俄罗斯第2方面军的部队继续向西推进，于7月中旬推进至格罗德诺，27日占领比亚韦斯托克。在更南面的战场上，罗科索夫斯基的白俄罗斯第1方面军沿涅曼河左岸向华沙方向推进，并很快夺取了德军中央集团军群在巴拉诺维奇的后勤基地[②]。7月16日，苏军已经推进至阿利图斯—格罗德诺—平斯克一线，较3周前的战役发起线已经推进了200英里以上[③]。此时在师的数量上苏军对德军的优势数量比达到了10∶1，且此时苏军的推进速度已经超过了德军后卫的退却速度。

　　从发起"巴格拉季昂"行动开始，苏军最高统帅部大本营便考虑重新在大沼泽地以南发动攻势，而这便是在"巴格拉季昂"发起后2周开始的利沃夫—桑多梅日战役（地图93）。北线，德军北方和中央集团军群在德文斯克与考纳斯之间形成了一个危险的波罗的海缺口，德军第16集团军不得不撤往里加（地图90）。巴格拉米扬的波罗的海第1方面军的近卫第2集团军冲入了缺口，并准备掉头南下，绕到莱因哈特的第3装甲集团军［下辖4个步兵师、1个装甲师、1个战斗群和1个阻击群（Sperrgruppen），兵力仍算雄厚］的侧后，该集团军当时奉希特勒与莫德尔的命令在考纳斯以东段涅曼河沿线布防。切尔尼亚霍夫斯基的部队于7月28日在莱因哈特的右翼发动了新一轮攻击，并在48小时内击垮了涅曼河一带的德军防御。近卫坦克第2军于29日通过了第29和第5集团军撕开的突破口，并于次日冲进了考纳斯。此时红军距离第三帝国的国境已经只剩40英里。苏军的左翼也越过了格罗德诺。到8月下旬，苏军的南北两路都已经逼近了东普鲁士。8月的最后一天，北路苏军在贡宾嫩以东踏上了第三帝国的领土。"巴格拉季昂"行动被公认于8月29日结束，该战役标志着德军中央集团军群的覆灭，在苏军获取巨大胜利的同时，德军遭受到前所未有的重大打击，其损失甚至超过了斯大林格勒惨败。

[①]　斯大林于8月8日解除了罗特米斯特罗夫的坦克集团军司令员职务，他被调任红军装甲坦克与机械化兵副司令员。在短暂的空缺后，沃尔斯基坦克兵中将接替了他的职务。

[②]　罗科索夫斯基因解放明斯克而晋升元帅。

[③]　在罗基特诺沼泽以南，白俄罗斯第1方面军也占领了北乌克兰的科韦利。

地图93

卢布林—布列斯特战役，1944年7月18日—8月2日

　　"巴格拉季昂"行动发起不到1个星期，从其良好的进展苏军最高统帅部大本营便可推断行动将取得胜利。在"巴格拉季昂"的胜利，以及此前冬春季节乌克兰北部的良好形势（地图99）的基础上，红军最高统帅部大本营开始制订作战方案，让该方向的白俄罗斯第1方面军在承接"巴格拉季昂"的最后阶段作战后发起突击，并策应科涅夫的方面军正在实施的利沃夫—桑多梅日战役（地图94）。

　　此时白俄罗斯第1方面军的左翼各集团军仍在博布鲁伊斯克一带驱赶德军第9集团军（地图91），罗科索夫斯基的其他部队此时也没有闲着。7月的第2周间，其麾下的第61集团军从平斯克方向沿着第聂伯—布格运河向科布林和布列斯特方向推进。该方面军中央的第70和第47集团军此时已经推进到1939年的边境，穿过了罗基特诺沼泽，继续向西。该方面军左翼的近卫第8、波兰第1、第69集团军和波格丹诺夫（S. I. Bogdanov）坦克兵上将指挥的坦克第2集团军，在解放科韦利（Kovel）后完成了对卢布林发起攻击的准备，与友邻的乌克兰第1方面军呈并驾齐驱之势。在苏军2个方面军当面的，是由魏斯指挥的德军第2集团军，此时的该集团军同整个东线的德军一样缺兵少将，但相比起已经连续作战的罗科索夫斯基和科涅夫部队仍算是以逸待劳。在德军整个防区内，苏军游击队的活动都异常活跃。

　　罗科索夫斯基于7月18日从科韦利地区出击发动其第2轮攻势，直指德军第2集团军与第4装甲集团军的接合部。对德军第1道防御实施突破的任务被交给了第47、近卫第8与第69集团军。在24小时内，崔可夫的近卫第8集团军便强行突破，渡过西布格河，在2天后推进至海乌姆（Chełm）。22日，罗科索夫斯基的部队便突破了德军第2集团军的防御，并在布列斯特南北两面的多个地段突入德军防线纵深35英里，在乌尔舒林一带甚至达到了40英里。在布列斯特一带，德军战线也在后退，那里德军第23军和第20军进行了激烈的抵抗。苏军坦克第2集团军从乌尔舒林突出部出击向西南的卢布林推进，而另一个由近卫骑兵第2军和坦克第11军组成的骑兵机械化集群则向西北朝华沙突击。卢布林于24日被苏军坦克第2集团军与近卫第2集团军攻克，波格丹诺夫的坦克部队在登布林一带抵达维斯瓦河，波兰第1集团军紧随其后。

　　7月的最后1周中战局中有两个重大的变动。首先，希特勒命令莫德尔死守布列斯特，不得放弃，这令苏军的行动轻松许多；其次，罗科索夫斯基决定暂时不渡过维斯瓦河而是继续向西北和华沙方向挺进。被围在布列斯特一带的德军8个师在7月26日遭到苏军第65、第28、第61和第70集团军的三面合围。2天后，布列斯特守军大部投降，但其中3个师选择向谢德尔采突围。苏军第70集团军追上并围歼了逃跑的德军，并在比亚瓦–波德拉斯卡附近为期10天的战斗中打死15000名德军。

地图93　卢布林—布列斯特战役，1944年7月18日—8月2日

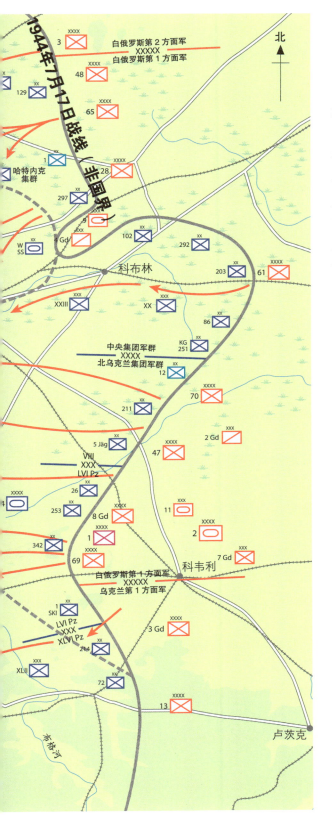

　　在100英里外的西面，坦克第2集团军和骑兵机械化集群已经兵临华沙城下[①]。崔可夫的部队在维斯瓦河对岸的马格努谢夫与普瓦维建立起两个登陆场，苏军的战役目标被定为华沙城。7月底，莫德尔将已经几乎打光的第9集团军从一线撤了下来，残存的战斗部队被交给第2集团军，随后他命令重建的第9集团军负责华沙的城防；该集团军在华沙城内驻有第39装甲军，还有第8军和党卫军第4装甲军分别驻扎在城南和城东。罗科索夫斯基的部队于29日推进到华沙外围，距离城区仅有约10—12英里。在突入华沙东郊的布拉格（Praga）地区时，拉济耶夫斯基将他的坦克集团军下辖的3个坦克军拆开使用。到7月31日时，苏军距离准备发动起义的"波兰国内军"（Polish Home Army）战士之间，只有一道铁路桥阻隔。

　　不过对于"国内军"战士而言不幸的是，此时德军新赶来的第19装甲师、党卫军"维京"装甲师和"赫尔曼·戈林"第1伞兵装甲师等部队对苏军发动了反击。莫德尔正确地判断出了苏军的薄弱之处，强大的德军反击部队将罗科索夫斯基的攻击矛头挫败，并成功阻滞了此前6周间不停向前的苏军攻势。行进间占领华沙是不可能的，而是需要精心部署之后再发动全面进攻。苏军方面认为卢布林—布列斯特战役在8月2日正式结束。8月3日，莫德尔向希特勒汇报，称他已经在从立陶宛的希奥利艾到普拉维一带建立起了虽然脆弱，但已经大体稳定的防线。

———————

① 波格丹诺夫于7月底受伤，A.I.拉济耶夫斯基少将接替了他的职务。

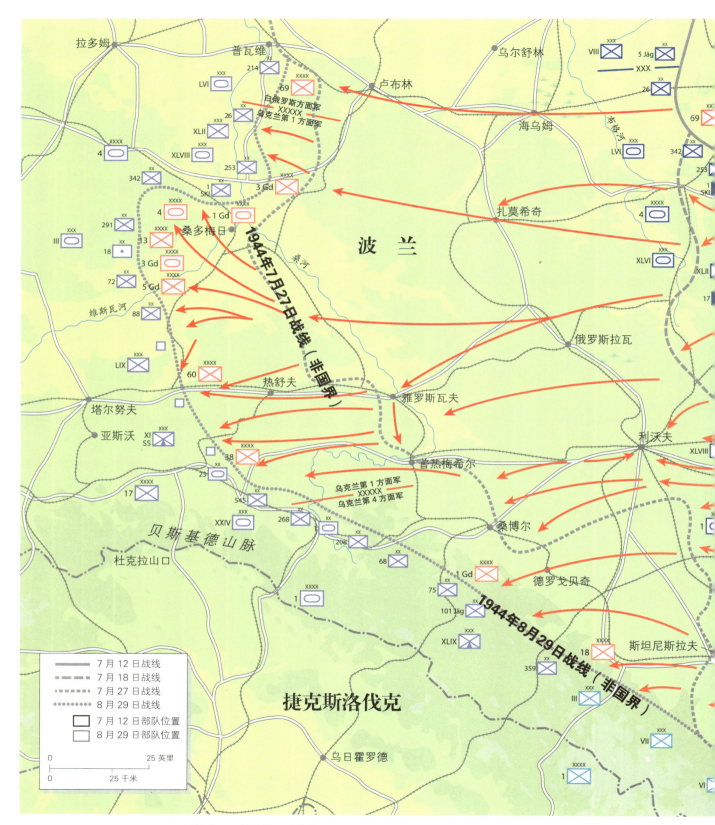

地图94 利沃夫—桑多梅日战役，1944年7月13日—8月31日

地图94

利沃夫—桑多梅日战役，
1944年7月13日—8月31日

　　北乌克兰集团军群在苏军的"巴格拉季昂"行动（地图91）中没有遭到波及，在没有挨打的3个月内，莫德尔得以调整防御部署，在某些地段防线纵深达到25—30英里。该集团军群的第4集团军和第1装甲集团军建制内各有十余个步兵师守在前线，在其后方是由三四个装甲师或装甲掷弹兵师组成的机动预备队[1]。由于白俄罗斯和诺曼底方向的接连打击，沮丧的希特勒甚至允许哈尔佩[2]略微收缩，减小防线的长度。在北乌克兰集团军群225英里长的战线当面的，是科涅夫的乌克兰第1方面军。据历史学家约翰·埃里克森（John Erickson）的说法，此时的乌克兰第1方面军是整个红军中实力最为雄厚的方面军，下辖4个诸兵种合成集团军、3个近卫集团军和3个坦克集团军，此外还拥有2个骑兵机械化集群，配属的空军集团军也多达2个。科涅夫在侧翼只布置了很少的兵力，他将攻击的主力集结在布罗德当面的卢茨克和捷尔诺波尔之间。双方此时的兵力相差不大（均为100万人左右），但苏军拥有极大的技术装备优势：坦克和自行火炮1600∶900、身管火炮14000∶6000、飞机2800∶700。

　　科涅夫的部队于7月13日发起攻击，他的北线集群以俄罗斯拉瓦（Rava-Russkaya）作为第一个战役目标，南线集群的攻击于次日发起，目标为利沃夫。成千上万的苏联与波兰游击队员对德军的防御阵地、指挥所和后勤补给线进行了大规模破坏。苏军右翼的近卫第3集团军和第13集团军遭遇德军第46装甲军的阻击，右路被迟滞3天后，科涅夫不得不放

---

[1]　德军第1装甲集团军此时战斗序列内还包括匈牙利第1集团军，因此该集团军理论上应被称作劳斯集团军级集群。

[2]　在莫德尔于6月28日兼任中央集团军群指挥官后，德军第4装甲集团军指挥官约瑟夫·哈尔佩（Josef Harpe）大将成为其副手，承担额外的重任。随着战斗进入高潮，赫尔曼·巴尔克（Hermann Balck）于8月5日从第48装甲军军长升任第4装甲集团军指挥官。

出自己的第2梯队。在战线中部，苏军第60与第30集团军的情况也较类似，在推进了约5英里之后，中路苏军被德军第3装甲军从南面发起的反击所迟滞。但红军步兵部队很快挫败了德军的反击并开辟了一个突破口，科涅夫随即将近卫坦克第3集团军和坦克第4集团军放出进行纵深穿插。德军第48装甲军对苏军的远战兵团发动了反击，但是并没有减缓雷巴尔科和列柳申科（D. D. Lelyushenko）上将的坦克部队的推进速度，苏军远战部队向利沃夫穿插的同时，第60集团军与索科洛夫（S. V. Sokolov）中将指挥的骑兵机械化集群绕了个弯，在布罗德背后向北迂回。7月17日，科涅夫的北翼已经基本穿透德军防线，德军防线被巴拉诺夫的部队撕开一个大口，苏军近卫坦克第1集团军乘虚而入。苏军连续几招重拳让被划为"要塞"的布罗德城内守军彻底成了瓮中之鳖，此时该城内还有第13军的6个师5万德军防守。来自4个苏军集团军的部队于18日封闭了包围圈，德军第48装甲军再度发动反击意图解围，但未果。德军在包围圈内的抵抗于22日结束，被围德军非死即伤。

在布罗德以西50英里，2个坦克集团军已经兵临利沃夫。7月18日，巴拉诺夫的部队绕过了德军第4装甲集团军在布格河一线的防御。德军第1装甲集团军开始逐步撤离沿河防线，南面的德匈混合部队也开始小心后撤。列柳申科的部队于21日进入利沃夫郊区，但仓促间无法攻下该城，在苏军4个集团军围城完毕后，攻城战才正式开始。利沃夫于25日被完全合围，两天后被苏军解放。此时科涅夫的左翼部队已经向喀尔巴阡山脉山麓前进，中路部队正在围攻利沃夫，他的右翼穿过波兰东南部的开阔原野，总体上与北面的罗科索夫斯基的部队保持同步（地图93）。至7月27日，科涅夫的部队已经在斯科沃舒夫（Skołoszów）和普热梅希尔等多处地点渡过了桑河。

7月的最后几天中，乌克兰第1方面军的攻击方向又被调整为西北，向桑多梅日和巴拉努夫附近的维斯瓦河河段推进。在雅罗斯瓦夫，苏军近卫坦克第3集团军和坦克第4集团军在近卫第5集团军的引导向该方向转了90度；该路部队随后很快加入到由近卫第3集团军、近卫坦克第1集团军和索科洛夫的骑兵机械化集群组成的大兵团中。德军第4装甲集团军在得到了近20个师和大量坦克装甲车辆的补充后，又不自量力地凭装甲部队对这支庞大的坦克集群以及此前刚刚肃清卢布林的白俄罗斯第1方面军发起了反击。双方为即将到来的战斗重新进行部署，并从克里米亚（地图103）调兵遣将。乌克兰第4方面军司令部从科涅夫的方面军手中接管了南面斯洛伐克—匈牙利边境的战区，德军方面同样用经过补充的第17集团军补充了第4装甲集团军与第1装甲集团军之间克拉科夫一线的阵地[1]。8月初，苏军在维斯瓦河西岸建立的登陆场已经扩展至20英里宽、15英里纵深，至8月底其面积还将再扩大一倍。此时的苏军已经无力继续向前，而德国人则正忙着修补他们千疮百孔的防线。

---

① 获胜的乌克兰第4方面军于8月5日抵达，此前遭受重创的德军第17集团军于5月12日撤出前线整补，7月26日接管了加利西亚。

地图95、96

华沙起义（Ⅰ），1944年8月2日—6日

　　几个世纪以来，波兰人、俄罗斯人、立陶宛人和乌克兰人之间的恩怨便错综纠葛。随着1939年《苏德互不侵犯条约》[1]的签订，德国人也掺了进来，问题进一步复杂化。第二次世界大战中，大多数被纳粹德国占领的国家至少有两个民族解放运动，一个是由美英资助的亲西方组织，另一个则以莫斯科为中心，这又进一步增加了问题的复杂性。1943年4月，德国人在斯摩棱斯克以西的卡廷发掘出掩埋了4500名波兰前军官的大型尸骨坑。在苏联占领波兰东部期间，苏联人秘密处决了这些潜在的亲西方的同情者，以加强波兰亲苏合作者的实力。在这一可怕的发现之后，1942年2月为领导波兰抵抗运动而成立，由英国资助的"波兰国内军"（Armia Krajowa, AK），决定不再与苏联人合作。1944年1月，"国内军"同时面对着两个敌人：纳粹德国和苏联。而苏联人则组建了亲苏的"波兰人民军"（Armia Ludowa, AL）进行反击[2]。

　　1944年初，"国内军"的规模已经膨胀至25万—30万人（但其中仅有32000人拥有武器），分布在波兰全境6000—9000个小队或"排"中。当红军开始向波兰推进时，"国内军"在整个波兰国土上对德军展开游击战。7月下旬，苏军白俄罗斯第1方面军接近了华沙，但此时苏军最高统帅部大本营并不打算急于渡过维斯瓦河展开攻城。这让德军中央集团军群有机会稳住阵脚。在罗科索夫斯基的部队距离华沙城只有几英里时，8月1日，"国内军"在华沙发起了大规模起义。起义军并不知道，此时近在咫尺的苏军，将无法给予其太多的帮助。

　　"国内军"的起义者必须在起义中拿捏住微妙的尺度，此时这座城市中仍有上百万平民，他们既要给予德国人杀伤，又要避免引发过于激进的报复。据粗略估计，城内的"国内军"成员数量为25000到35000人，其中还包括数千女性起义者，但他们中只有约10%的人拥有武器。不仅如此，德军情报部门大约从7月29日起就获悉了城内将发动起义，且得知了起义总指挥部的具体位置（①）。起义于8月1日17时正式发起，波兰起义者使用冲锋枪、手榴弹和小口径迫击炮等轻型武器攻击了整个内城区和部分郊区的德军据点、行政设施、兵营、仓库和医院等目标（②）。在发起多次攻击后，起义军始终没能够控制维斯瓦河上的桥梁（③）（控制桥梁不仅能让城内的起义者与东面的战友取得联系，也是为了让红军加入战斗）。德军第1日便在空军中将施塔尔（Stahel）的指挥下，将起义者分割包围在多个小规模且无法相互支援的包围

---

① 又称《莫洛托夫—里宾特洛甫条约》。
② 甚至有少量波兰抵抗者为了反共而成立了"波兰反共阵线"同德国人一道对抗苏联。斯大林扶植了一个亲苏的波兰政府"波兰解放委员会"（最初位于卢布林），该委员会有波兰人民军的支持，但人民军的规模仅有国内军的1/10。

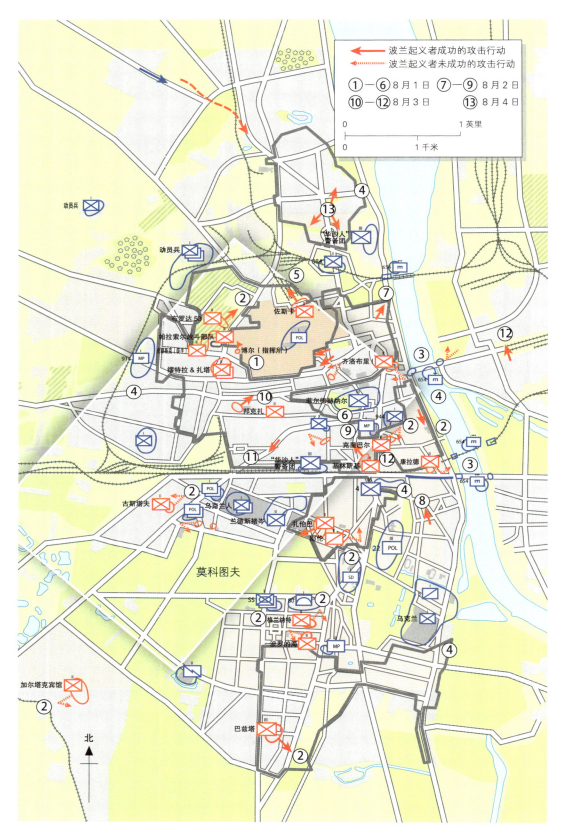

地图95　华沙起义（Ⅰ），1944年8月2日—4日

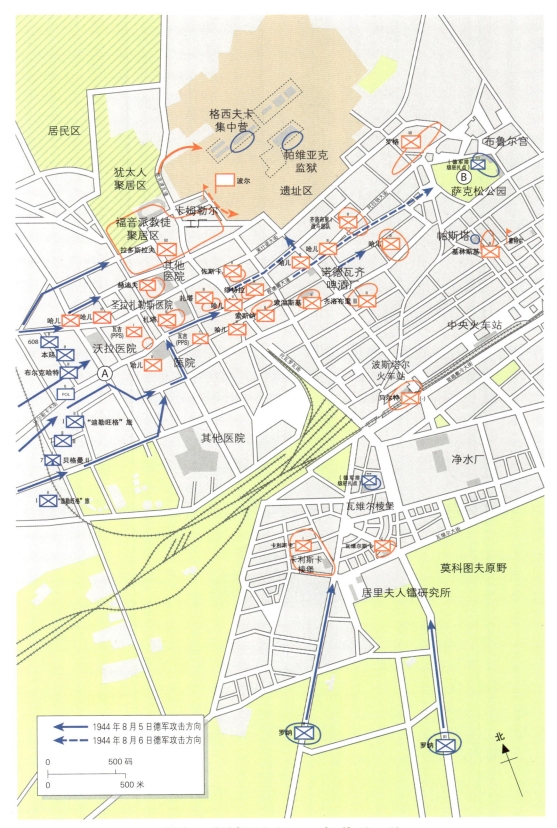

居民区

格西夫卡
集中营

犹太人
聚居区

帕维亚克
监狱

波尔

遗址区

罗格

布鲁尔宫

德军排
级鞋扎点

B

萨克松公园

福音派教徒
聚居区

卡姆勒尔
工厂

圣行革大街

齐齐布里
战斗部队

哈儿

哈儿

诺德瓦齐
啤酒厂

帕斯塔

基林斯基

蒙纷尔

拉多斯拉夫

其他
医院

佐斯卡

绸特拉

哈儿

索温斯基

赫迪夫

扎塔

哈儿

索斯纳

齐洛布里 II

中央火车站

圣拉扎勒斯医院

扎塔

瓦吉
(PPS)

瓦吉
(PPS)

608

哈儿

哈儿

本廷

沃拉医院

哈儿

哈儿

医院

波斯塔尔
火车站

布尔克哈特

A

贝尔特

(-)

POL

"迪勒旺格"旅

其他医院

净水厂

贝格曼 II

瓦维尔棱堡

德军排
级鞋扎点

"迪勒旺格"旅

莫科图夫原野

卡利斯卡
棱堡

瓦维尔斯卡

居里夫人镭研究所

罗纳

罗纳

北

1944年8月5日德军攻击方向

1944年8月6日德军攻击方向

0   500 码

0   500 米

地图96　华沙起义（Ⅰ），1944年8月5日—6日

圈中（④）。起义军当天的主要战果是夺取了斯塔夫基（Stawki Street）上的党卫军仓库（⑤）和保诚集团总部大楼（⑥）。当天，华沙的起义者损失了2000人，是德军伤亡人数的4倍。当晚许多"国内军"小队从城中撤出并遁入郊外的森林中。敌我对比悬殊，火力差距巨大且毫无突然性，起义从一开始便被蒙上阴影。

尽管存在这些不利因素，起义者在8月2日仍取得了许多成果，例如控制了老城区的大部分地区（⑦），切尼亚科夫（Czerniakow）（⑧）和邮政总局（⑨）。次日，起义者夺取了诺德瓦希（Nordwache）的警察局（⑩）和理工学院（⑪）的一部分，并扩大了在老城区的控制范围；起义者还在新世界街（Nowy Swiat）（⑫）建立起路障。8月4日，"国内军"向北郊的若利博什（Zoliborz）（13）推进，但此时德军已经开始调集重兵残酷镇压。8月3日，纳粹德军陆军部队开始开进城区支援城内守军和警察部队，但镇压过程并不十分顺利，德军的"斯图卡"还轰炸了起义军位于邮政总局的阵地。次日，纳粹党卫队头子希姆莱接手指挥，党卫队全国副总指挥兼武装党卫军上将埃里希·尤利乌斯·冯·德姆·巴赫–泽勒夫斯基（Erich Julius von dem Bach-Zelewski）负责直接指挥臭名昭著的党卫队镇暴武装：反游击队部队、惩戒部队、集中营看守和被策反的苏联战俘。德军从8月5日开始对城内的起义者发起全面反扑，其主攻方向为老城区（A），在纳粹空军的扫射投弹和"震慑炸弹"的支援下推进。一天后，德军增援部队抵达了斯塔赫此前被围攻的布鲁尔宫（Bruhl Palace）指挥所（B）。被分割的"国内军"起义者仍然不屈地对抗着巴赫–泽勒夫斯基东拼西凑的杂牌部队。双方在此时都构筑了大量街垒，准备进行长期对抗。

地图97、98

华沙起义（Ⅱ），1944年8月4日—9月30日

在"波兰国内军"发动起义后，德国人进行了反击，进入第2周后双方在华沙城内形成了僵局，苏军在相对安全的距离外维持着观望。最后一点至关重要：正因为苏军此时没有全力攻城，波兰起义军与纳粹之间的战斗已经变成了牧童大卫与巨人歌利亚之间的悬殊较量。从起义开始后，"国内军"在取得相当胜利的同时，也在蒙受着同样惨痛的失败。德军的镇压显得脱节而混乱。除了几个隶属于第9集团军的国防军营团单位之外，大多数华沙守军都是警察部队、守备部队、军事素养可疑的德国空军机场工作人员或纳粹党行政人员和铁路工人。在起义之初，德国守军只能守住孤立的建筑和桥梁（并对城内居民犯下滔天暴行），除此之外就做不了什么了。直到8月4日，随着在一线负责直接指挥部队的党卫军将领巴赫–泽勒夫斯基赶到华沙接手镇压行动，以及"赖内法特"战斗群、臭名昭著的党卫军"迪勒旺格"旅以及大量后备

与准军事部队陆续抵达德国人的强烈镇压手段才开始发挥①。赶来的德军部队中还包括2个各700人的，由被策反的哥萨克人、匈牙利人和穆斯林组成的阿塞拜疆营，一个由4000名犯人组成的惩戒旅和一个由6000名被策反的苏联战俘组成的战俘旅。这种编成不仅充满了纳粹德国色彩，还导致了指挥上的混乱和滞塞。

虽然"国内军"的起义者士气高昂且对华沙城的地下了如指掌，但他们毕竟大多是缺乏战术素养的平民。德国人投入了诸如"歌利亚"遥控自爆车等专门的巷战装备，并利用火焰喷射器对下水道排污沟等抵抗者的藏身之处发起火攻。在起义进行2周后，战斗主要集中在两个区域：老城区［有7000名男女起义者在塔德乌什·博尔—科莫罗夫斯基（Tadeusz Bor-Komorowski）将军的领导下抵抗］和城郊及外围的树林。德军以各种正规和非正规的部队从各方向向市中心发起攻击，甚至用上了在塞瓦斯托波尔攻城战后基本没有派上用场的攻城炮兵部队。希特勒特别要求使用重磅炸弹和炮弹以及各种武器对华沙城造成最大程度的破坏。在该阶段，德军的作战着重于"肃清"（cleansing）城郊的波兰抵抗者。巴赫—泽勒夫斯基此时手头拥有约21000人，而博尔—科莫罗夫斯基则号召全波兰的"国内军"抵抗者赶赴华沙增援。雪上加霜的是，10万平民在战斗期间涌入市中心。除此之外，"国内军"的抵抗者还扩展了战斗的范围，频繁袭击德军在城区外围的哨所，对德军造成了3800人的伤亡。

到8月底，起义者在市中心的防御已经无法维持，起义指挥者们开始策划从下水道或者其他任何可能的方式撤离城市。德国人很快察觉"国内军"有组织的战斗愈发微弱，而是各自为战。9月4日，博尔—科莫罗夫斯基通知伦敦的流亡政府，起义基本上失败了。一周后，罗科索夫斯基的第47集团军对德军在华沙城东布拉格地区的桥头堡发动攻势，于12日将德军第9集团军逼退至维斯瓦河西岸。撤退过程中德军炸毁了维斯瓦河上的所有桥梁，"国内军"残部与接近之中的之间取得联系的可能被彻底掐灭。也许是感觉己方很快便会被赶出华沙城，纳粹镇压部队于9月12日恢复了对切尔尼亚科夫街区的进攻，从北面将该街区与老城区分割（①）。随着该街区被分割，德军开始从南面与西面挤压（②）。"国内军"指挥官撤退至距维斯瓦河不远的工业建筑中，苏军部队能从该方向与其接触（③）。9月15日至16日，1200名波兰人民军第1集团军的士兵渡过维斯瓦河，进入陷入困境的"国内军"控制区支援（④）。至21日，"国内军"只剩下两栋建筑仍在坚守（⑤），德军于4天后消灭了所有抵抗者。

随着市中心的失守，战斗主要转移到了莫科图夫（Mokotow）和若利博什。9月24日—27日间，在华沙以南的莫科图夫，以第19装甲师的几个营为主的德军扑灭了当地残存的"国内军"起义者。9月29日—30日，在城市北面，第19装甲师对若利博什发起围攻，德军工兵营从东南面发起的攻击取得了尤为显著的成果（A）。德军于30日早上发动的奇袭占领了"国内军"西侧的阵地（B），并将起义者压缩进了一个狭小的区域内（C）。波兰人期盼苏军按照约定派来援兵，但实际上苏军并没有派出救援部队。至当夜，博尔—科莫罗夫斯基命令残存的起义者投降，这也是整个起义过程中唯一一次纳粹国防军士兵给予起义者战俘待遇。在2个月的战斗中，"国内军"起义者中有16000人牺牲或失踪，6000人受伤，另有9000人被俘，整个华沙城内的平民死亡则近20万人之巨。德军被打死2000人，另有9000人受伤。

① 即便在肮脏的纳粹第三帝国当中，党卫队区队长奥斯卡·迪勒旺格也能称得上是最臭名昭著的人渣。

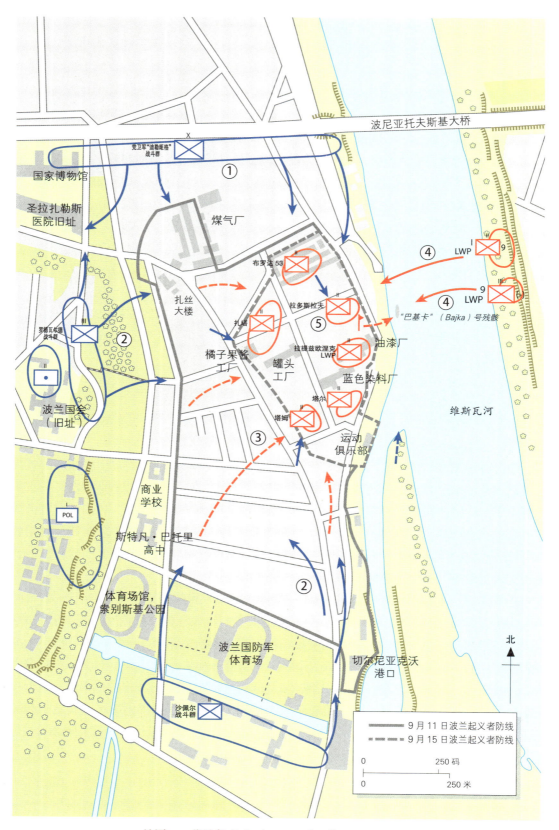

波尼亚托夫斯基大桥

国家博物馆

圣拉扎勒斯医院旧址

党卫军"迪勒旺格"战斗群

煤气厂

① X

布罗达 53

扎丝大楼

罗穆瓦航逊战斗群

② III

橙子果酱工厂

波兰国会（旧址）

扎塔

拉多斯拉夫 ⑤

拉提兹欧涅克 LWP

罐头工厂

塔尔

塔姆

油漆厂

蓝色染料厂

运动俱乐部

"巴基卡"（Bajka）号残骸

④ LWP 9

9 LWP ④

维斯瓦河

商业学校

POL

斯特凡·巴托里高中

③

②

体育场馆，索别斯基公园

波兰国防军体育场

切尔尼亚克沃港口

北

沙佩尔战斗群

9月11日波兰起义者防线
9月15日波兰起义者防线

0　　　250 码
0　　　250 米

地图97　华沙起义（II），1944年8月4日—9月16日

地图98　华沙起义（Ⅱ），1944年9月24日—9月30日

地图99

解放西乌克兰（I），
1944年1月24日—3月21日

　　随着1943年夏秋季反击的顺利实施，苏军最高统帅部大本营开始着手乌克兰方向的下一轮攻势。苏军集结了大量步兵与机械化部队，编成乌克兰第1—第4方面军。下面4幅地图（地图100—103）中所勾勒的超大规模攻势需要极其复杂的精密协同，战役地幅的广阔与纵深的巨大彰显着红军在战役规划、执行和后勤保障能力上的长足进步。曼施泰因的南方集团军群几乎无法再像1943年那样存活一年（地图79-80）。希特勒对苏军的应对方案还是一成不变：死守防线的每一处直到被迫撤退，然后随机应变。

　　虽然从技术上讲，乌克兰第1和第2方面军在科尔孙（Korsun）的行动并不是该系列进攻的序幕，但这次战役却因为摧毁了德军在乌克兰的中心阵地而引人注目。希特勒一直坚决要求德军守住位于卡涅夫（Kanev）的第聂伯河左岸立足点，1943年12月至次年1月间，这里已经成为整条战线上一个向东北延伸的危险的突出部。雪上加霜的是，该突出部还是德军第1装甲集团军和第8集团军防区的接合部，这是苏军最青睐的目标类型，也使得该处成为了瓦图京和科涅夫共同的目标[①]。虽然最高统帅部大本营为2个方面军暴露在德军突出部前的侧翼感到不安，但德军有实力发动如同"反手一击"行动的时期已经是过去式，现在根本不必为此担心。苏联2个方面军将对基部宽75英里的突出部进行协同突击，瓦图京的第6集团

---

① 1944年1月1日，曼施泰因将第1装甲集团军从第聂伯河河曲撤出，塞进了第4装甲集团军和第8集团军之间。

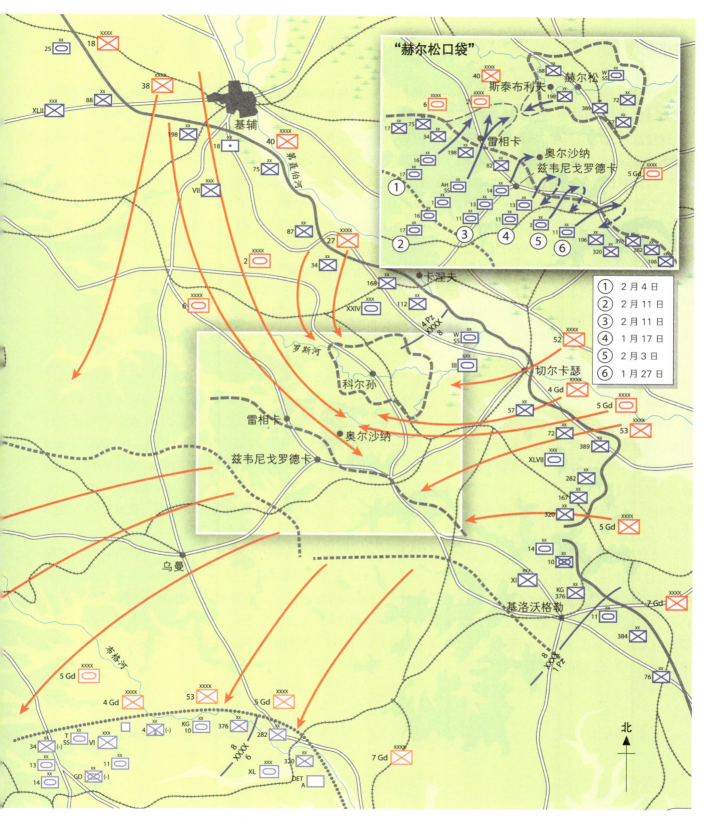

"赫尔松口袋"

斯泰布利夫　赫尔松

雷相卡

奥尔沙纳
兹韦尼戈罗德卡

①	2 月 4 日
②	2 月 11 日
③	2 月 11 日
④	1 月 17 日
⑤	2 月 3 日
⑥	1 月 27 日

基辅

第聂伯河

卡涅夫

罗斯河

科尔孙

雷相卡

奥尔沙纳

兹韦尼戈罗德卡

切尔卡瑟

乌曼

基洛沃格勒

布格河

北

地图99　解放西乌克兰（I），1944年1月24日—3月21日

军和坦克第2集团军，以及科涅夫的近卫第4集团军和近卫坦克第5集团军将构筑外层包围圈，而第27集团军和第52集团军将负责彻底解决包围圈内的德军。

1月24日，苏军以第27集团军为西路，近卫第4集团军和第53集团军为东路对德军第8集团军和第1装甲集团军的防线发起突击。苏军很快穿透了德军薄弱的防线，坦克集团军迅速超越负责突破的步兵部队发起穿插。1月28日，随着罗特米斯特罗夫和克拉夫琴科（A. G. Kravchenko）坦克兵中将（坦克第6集团军）的2个坦克集团军于兹韦尼戈罗德卡（Zveningorodka）会师，苏军严密封闭了包围圈；坦克第2集团军和近卫第4集团军在奥尔沙纳（Ol'shana）的会师则进一步扎紧了"口袋"。苏军在"科尔孙口袋"中包围了德军第11军与第42军的6个师、56000余人，且苏军在逐步压缩包围圈的范围。希特勒严令曼施泰因不得批准任何撤退行动，这样就束缚了曼施泰因的手脚，此时他能做的就是集结一支解围部队并拼死冲入包围圈中。

当德国空军的运输机将补给品空运到另一个包围圈时，韦勒的第47装甲军（军长福曼，下辖第11、第13及第14装甲师）和胡贝的第3装甲军（军长布赖特，下辖第1、第16及第17装甲师以及党卫军"警卫旗队"师）沿着苏军近卫坦克第5集团军和坦克第6集团军的南翼集结。德军第3装甲军于2月4日首先发起解围，当日便涉过泥泞，突破苏军阵地6英里。福曼的部队则一头撞到苏军2个坦克集团军的攻击锋线上，一寸未进。2月7日，在"科尔孙口袋"内的德军开始向西南面布赖特的装甲部队开进方向靠拢。包围圈内德军在第42军军长，炮兵上将威廉·施特默尔曼（Wilhelm Stemmermann）的指挥下，艰难地向舍甫琴柯夫斯基和斯泰布利夫（Stebliv）靠拢，1周后，布赖特的部队已经推进至雷相卡（Lysyanka）北面很近的地方；但包围圈内外德军之间仍相隔10英里。17日，第3装甲军仍距离包围圈内部队有5英里之遥，包围圈内的德军数量已经缩减至45000人。施特默尔曼命令全面突围，德军以小股部队分散开向南穿越泥泞和积雪，在苏军炮兵和轻武器火力下仓皇逃命。这道命令为被围德军下达了死刑判决，暴露在开阔地的德军被苏军大量杀伤，上万人被打死，施特默尔曼本人也在18日的战斗中被打死，大量士兵负伤被俘，只有少数人跳出了苏军的包围。

希特勒再次将本就匮乏的机动预备队浪费在他"坚守原地"的错误中。在休整了2周后，科涅夫的部队于3月4日恢复了攻势，其坦克第6集团军、近卫第4和近卫坦克第5集团军直接冲向韦勒的部队并杀向乌曼。德军第8集团军被打崩溃了，3月9日，随着小股德军向西南逃窜，乌曼被苏军收复，德军显然没有对乌曼失守做出过任何计划。2天后，红军将德军小股部队赶到了布格河西岸；希特勒命令德军停止后退，但此时这道命令显然已经不可能实施了。3月的第3周，克拉夫琴科的坦克部队打头，科涅夫的方面军一路推进到莫吉廖夫—波多利斯基和扬波尔一线的德涅斯特河河岸，并很快在右岸建立起大型的登陆场。

地图100

解放西乌克兰（Ⅱ），1944年1月4日—3月21日

　　在发起科尔孙战役之前，"基辅（地图79）的解放者"——瓦图京，便已经在策划下一步的攻击。曼施泰因的装甲部队此前于法斯托夫发起的反击，对于乌克兰第1方面军的攻势只造成了轻微的阻碍。随着1943年的结束，瓦图京的部队再度出击，而这次劳斯甚至已经无力打乱苏军的进攻节奏。在瓦图京的左翼与中路，乌克兰第1方面军在科罗斯坚到布鲁斯洛夫（Bruislov）再到白采尔科维（Belaya Tserkov 乌克兰语意为"白教堂"）一带很快取得了进展。苏军第13、第18和第27集团军迅速攻陷这三座城市，德军第4装甲集团军则拼死维持着其摇摇欲坠的右翼，竭力打通45英里的缺口与第8集团军保持联系。后者由于希特勒的偏执而被无谓地部署在卡涅夫桥头堡消耗宝贵的资源。

　　1944年新年刚过，苏军第13集团军便已经推进至1939年斯卢奇河畔的苏波边界，并从德军第13军的一个团手中解放了戈罗德尼察（Gorodnitsa）。德军第46装甲军的残部试图守卫别尔季切夫的铁路枢纽，但很快被苏军击退。劳斯只能将手中的机械化部队拆散，分别投入苏军在整条战线上撕开的多处突破口中。曼施泰因试图维持一支编成相对稳定的机械化预备队，但由于整个集团军群前线四处告急，他根本无法筹措到所需的部队。瓦图京意识到对手这一弱点，并迅速向白采尔科维以南的德军防守空档中投入坦克第1集团军和第40集团军进行纵深突破。此时曼施泰因只得饮鸩止渴，从战线上撤下第1装甲集团军的第3装甲军，并将四处搜罗来的零散部队通通塞入第46装甲军的作战序列，勉强拼凑出一支机动预备队。2个军都由胡贝指挥，并于1月中旬向文尼察和乌曼之间的地域发起反击，第3装甲军于15日发起反击，第46装甲军于24日开始行动。但德军的反击行动来得太晚，规模也太小，同时还受到严冬多变气候的阻碍，只对战局形成了短暂的缓解。不过与此同时，德军第4装甲集团军左翼的第13军短暂地稳住了阵脚，确保了整个集团军群的后勤补给中心罗夫诺（Rovno）的暂时安全。

　　1月下旬与2月初，世人的目光可能更多聚焦在"科尔孙口袋"上，但此时的瓦图京也没有闲着；2月2日，苏军击破当面的德军第13军，拿下了罗夫诺，1周后，瓦图京的近卫骑兵第6军兵临杜布诺。到2月中旬，其他红军骑兵已从卢茨克到科韦利畅通无阻地遍布整个加利西亚。面对苏军的纵深突破，曼施泰因一面加强第13军的防御部队，一面以第7和第8装甲师的残部在第48装甲军军部下组织起一支反击部队。2月22日，巴尔克的骑兵部队在大雪中发起攻击从杜布诺附近向西北进攻，并沿着斯特里河河谷穿过罗夫诺，一直攻向科韦利。此时只剩下少数支撑点勉强维持的第4装甲集团军左翼终于获得了喘息之机，不过曼施泰因知道苏军打算杀个回马枪。此时曼施泰因认为专注于清理"科尔孙口袋"的苏军将不会在战线上再

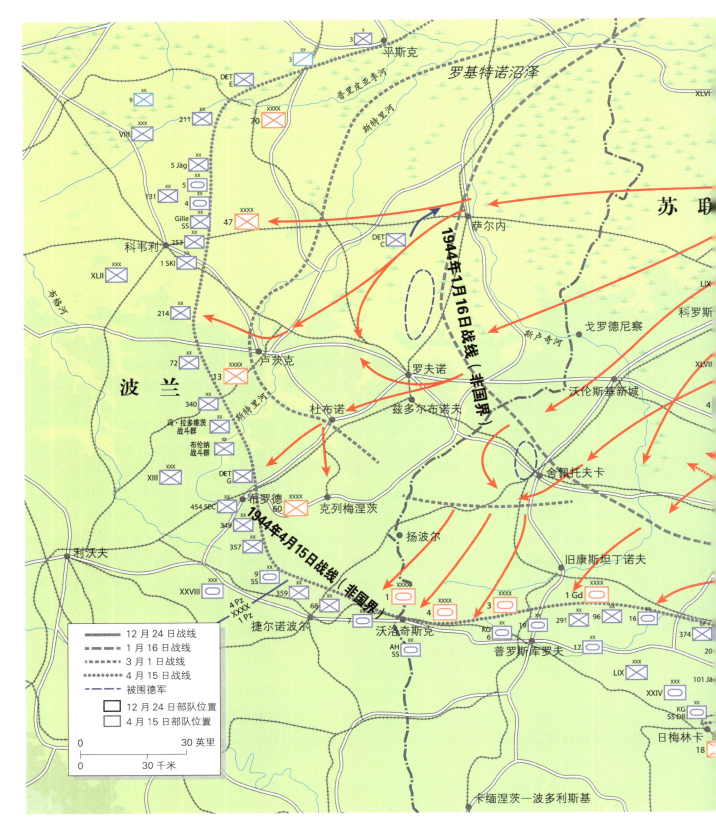

地图100 解放西乌克兰（II），1944年1月4日—3月21日

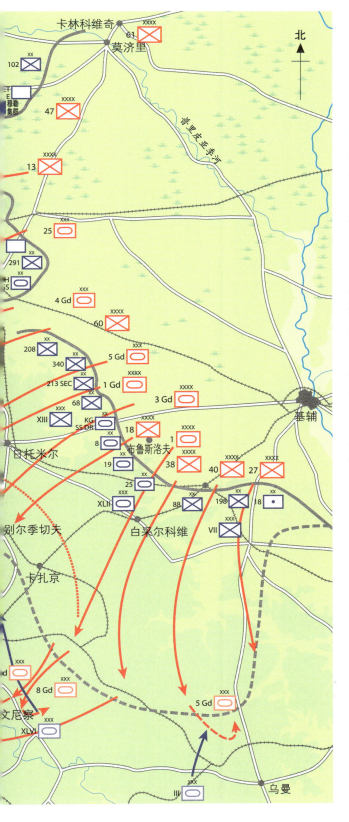

有更大的动作，并有机会腾出手来整顿已经乱成一团的战线。不过此时乌克兰第1方面军在接手指挥的朱可夫的手下却在摩拳擦掌，近卫坦克第3集团军和坦克第4集团军在罗夫诺以南地域完成集结，准备给予德军雷霆一击。①

　　苏军的攻击于3月4日发起，其指向的扬波尔和舍佩托夫卡（Shepetovka）一线德军近乎无人防守。第60集团军轻松地在德军战线上撕开突破口，2个坦克集团军随即深入三个方向发起纵深穿插。苏军的三路攻势不但威胁从利沃夫到曼施泰因右翼的铁路线，还威胁着克莱斯特的A集团军群以及匈牙利、罗马尼亚和斯洛伐克的边境。几天内，苏军的坦克部队便兵临捷尔诺波尔、沃洛奇斯克（Volochysk）和普罗斯库罗夫（Proskurov）。德军南方集团军群的第48装甲军对头两路敌人发动了反击，第3装甲军对苏军第三路攻势也进行了反击，但是德军的反击行动除了短暂迟滞了苏军的推进外并没起到其他作用。在攻势的北翼，苏军第13集团军收复了杜布诺，逼近了布罗德；在南面，苏军第30集团军试图与乌克兰第2方面军保持同步，解放了文尼察。在此前几年的战事中，德军尚能倚靠战役上的弹性部署，坐等苏军后勤过度延伸以及春季泥泞的来临而取得防御战的胜利。但到了1944年，手段愈发成熟的红军指挥员已经解决了前2个短板，根据《租借法案》大量获得的美制卡车则解决了第3个问题。至3月20日，苏军已经准备完毕，行将发动对德涅斯特河一线德军的全面攻势。

————————

① 2月29日，乌克兰独立分子的游击队伏击了瓦图京大将的车队，他于6周后重伤不治逝世。

地图101

解放西乌克兰（Ⅲ），
1944年1月4日—3月28日

到1943年年底时，苏军在南线战场的南部的乌克兰第3和第4方面军，已经推进至第聂伯河河曲到下游入海口一线。这2个方面军的任务是一路向西推进，并歼灭沿线的所有轴心国军队。由于自身的偏执，此时的希特勒不容许所夺占的任何1平方英里土地被苏联人夺回，所有的部队都必须原地坚守。此时在南部，希特勒尚有25万部队被困在克里米亚，南面的战线因德军必须把守尼科波尔的锰矿而被拖得很长。1944年前几个月的攻势中，苏军还顾不上解决克里米亚，但将对第聂伯河下游的德军使出一招瞒天过海之技。

此时韦勒的右翼以及此前刚刚得到扩充的第6集团军正驻守在一道几乎没有自然地形特征的锯齿状的漫长防线上。苏军的6个集团军（每个方面军3个集团军）已经从三面将尼科波尔东面的德军阵地包围，在这个突出部的南侧，即第聂伯河以南德军仅存的地区，希特勒派出了他最喜欢的麻烦解决者之一舍尔纳。舍尔纳以第40装甲军军部为基础搭建起自己的指挥构架，并通过元首的直接命令接管了从第17、第4和第29军抽调来的6个师。在大本营代表华西列夫斯基的协调下，1月初，苏军乌克兰第3和第4方面军发动了新的进攻，但两个方面军之间的配合却严重脱节。2月10日，马利诺夫斯基的近卫第8集团军沿布祖卢克河向洛什卡列夫卡发动攻击，德军30军对其进行阻击，遏制住了苏军的攻势并对其装甲力量造成极大的损失。在坦

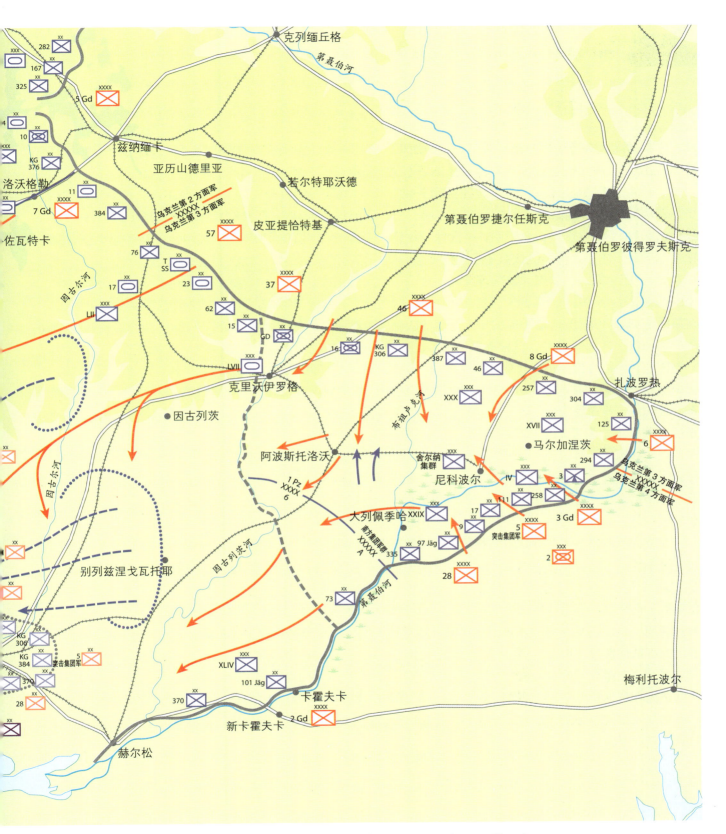

地图101 解放西乌克兰（III），1944年1月4日—3月28日

克兵、步兵和炮兵的协同突破下，苏军只向前推进了5英里，随后苏军取消了该方向的攻势以避免进一步的损失。几天后在南面，托尔布欣的突击第5集团军对舍尔纳的德军第4军占据的桥头堡当面阵地发动了进攻。苏军的此次攻势同样只取得微不足道的战果，苏军再次认为继续进攻毫无意义，攻势于16日陷入停滞。至此霍利特的部队已经从苏军两轮较小规模的攻势中挺了下来。

此时的德军第6集团军，建制内拥有20个减员严重的师，还有1个实力大损的装甲师，该装甲师被用作预备队。此时德军第6集团军的运气到了头，1月下半月，华西列夫斯基的部队调整完毕（51个师、2个机械化军和2个坦克军），并于30日再次发动攻势。弗雷特–皮克的第20军首当其冲，在苏军连续2天的凶猛攻击下毫无还手之力，但该军还是扛住了马利诺夫斯基的部队最凶猛攻击，这是第2次。与此同时，乌克兰第4方面军则对舍尔纳的部队再度发动攻击，此次的主攻方向选在舍尔纳的最西侧，位于大列佩季哈（Bol'shaya Lepetikha）的第29军。然而，在48小时之内，苏军近卫第8集团军就击溃了德军第30军的防御，在战线上撕开一道6英里宽的突破口。德军部队受到春季融雪泥泞的影响而动弹不得，但此时崔可夫的部队面临的情况却要好得多。霍利特竭尽全力，试图集结一支4个师规模的反击部队，如此规模的反击的确有可能逆转局势，但苏军持续施加的巨大压力让霍利特无法如此奢侈地挤出兵力。2月4日，随着左翼的防御出现崩溃态势，霍利特告知在他右翼的舍尔纳，自己将撤退至第聂伯河以北，托尔布欣的部队扰乱着霍利特的每一步撤退行动。苏军第46集团军于次日夺取了阿波斯托洛沃的火车站，切断了舍尔纳集群的退路。随着火车站失守，霍利特的后方正中被苏军打进了一个楔子，随即马利诺夫斯基的各个师分头向北面、东面和南面展开。德军第6集团军则尽力撤出部队并重新建立防线，2月12日，克莱斯特请求希特勒准许，退过布格河；他多次向希特勒发出请示，但没有回应，随着战事的吃紧，他于3月26日自行下令部队退过布格河。由于合围第6集团军的行动随着敌军撤退而失败，21日，马利诺夫斯基将重心转向克里沃伊罗格，1天后，该地在苏军第37、第46和第6集团军的围攻下被解放。

克里沃伊罗格的失守导致霍利特的集团军被击溃，该集团军在苏军6周的攻势中已经遭受了4万人的伤亡。该集团军一路退至因古列茨河畔，但这条狭窄的河流并不适合进行长期防守。华西列夫斯基已经准备好了进行下一轮进攻，现在它的作战序列中还添上了由普利耶夫（I. A. Pliev）中将指挥的大规模骑兵机械化集群。由来自红军最高统帅部大本营的元帅所协调的两个方面军的攻势从3月6日发起，并很快越过了因古列茨河一线。骑兵在崎岖地形上的机动性优势被苏军发挥得淋漓尽致，在不到2天的时间内，普利耶夫的骑兵部队便渡过了因古尔河，距离德涅斯特河只剩下一半路程。苏军第28集团军在第聂伯河右岸呈左右方向展开，在解放了赫尔松后对被击败后退往尼古拉耶夫的德军第6集团军发起了追击。霍利特的部队有7个师被困在别列兹涅戈瓦托耶（Bereznegovatoe）附近，距离尼古拉耶夫这座大港口城市还有50英里。托尔布欣的部队将德军分割成小块，但其中仍有相当数量的第6集团军部队通过尼古拉耶夫逃脱，该地于3月28日被苏军解放。

地图102

解放西乌克兰（Ⅳ），1944年3月21日—4月6日

　　1944年冬季，南线战场的雪崩式败局让克莱斯特和曼施泰因——两位当时最为知名的纳粹国防军元帅，永远地离开了战场[1]。几天后，A集团军群和南方集团军群的番号被取消，其部队被编入新组建的北乌克兰集团军群和南乌克兰集团军群，指挥官也变成了固执而顽强的纳粹党死忠——莫德尔和舍尔纳。与此同时，苏军方面，红军最高统帅部大本营已经了解到此前的攻势对希特勒的南部战线造成了极大创伤，苏军决定继续施加压力，将纳粹侵略者彻底赶出自己的国土。在3月20日至4月20日的一个月间，烽火将燃遍从捷尔诺波尔到黑海的东线南部战区。

乌克兰第1方面军

　　朱可夫此时手头握有3个诸兵种合成集团军、3个坦克集团军和1个近卫集团军，他的攻势从3月21日开始发起。当面的胡贝第1装甲集团军在普罗斯库罗夫形成了一个突出部，而第4装甲集团军则在沃洛奇斯克以北构筑了防线。苏军坦克部队毫不费力便将第48装甲军的各个师从防线上赶了出去，并向南推进至乔尔特科夫，随后于23日攻破该城，此时苏军坦克部队前进道路上有着区域重要城市切尔尼夫齐（切尔诺夫策），乌克兰第1方面军将在该处与科涅夫的部队会合。在先头部队通过乔尔特科夫后，朱可夫将他的部队分成两部分，分别向西面的斯坦尼斯拉夫和东面的卡缅涅茨—波多利斯基推进。苏军第38和第40集团军在日梅林卡附近与德军第24装甲军爆发激战[2]。3月26日，苏军坦克第4集团军和第38集团军在卡缅涅茨—波多利斯基会师，在普罗斯库罗夫以南合围了德军第1装甲集团军21个不满员的师中的一部。在南方集团军群指挥官任期的最后时刻，曼施泰因说服了希特勒允许胡贝的部队撤退，这也是他能为南线战场所做的最后努力。但是接下来的问题是，向哪儿撤退？胡贝希望直接向南渡过德涅斯特河，但曼施泰因以军衔压人，强令胡贝直接向西撤退；党卫军第2装甲军将为其提供掩护。德军的撤离行动出乎了朱可夫的预料，因为他已经准备好了向南进攻。至3月底，德军第1装甲集团军已经撤至卡缅涅茨—波多利斯基，胡贝随后命令部队向西撤退，并于29日成功夺取渡口，渡过兹布鲁奇河。由于可怕的暴风雨阻碍了双方的行动，朱可夫的反应有些后知后觉，他将坦克第4集团军调回了乔尔特科夫。暴风雨直到4月3日才逐渐减小，朱可

---

① 希特勒于3月31日将二人双双解职且此后再也没有起用他们。

② 第40集团军隶属于乌克兰第2方面军。

夫随即投入所有兵力追击胡贝的残兵，但德军后卫阻挡了苏军的攻势。2天后，党卫军装甲军完成了集结并通过德军第4集团军的防区向正在后撤的第1装甲集团军靠拢，6日，两支部队接上了头。虽然德军将灾难变成了失败，而不是胜利，但他们的确挡住了朱可夫的兵锋：此时乌克兰第1方面军已经站在斯洛伐克、匈牙利和罗马尼亚北部的大门口。

乌克兰第2和第3方面军①

乌克兰第2方面军此时在从莫吉廖夫—波多利斯基到五一城的广阔战线上向南发展。科涅夫此时同样握有4个诸兵种合成集团军、2个近卫集团军和3个坦克集团军在内的雄厚兵力。该方面军在攻击第1装甲集团军的作战中同样做出了很大贡献，并在韦勒的当面也造成了相当的压力。相比起合围德军第8集团军（或者第6集团军），科涅夫对向罗马尼亚推进抱有更大的热情。正如韦勒和霍利特此前发现的那样，科涅夫深知罗马尼亚糟糕的基础设施对于大纵深作战尤为不利。他将1个近卫集团军和2个坦克集团军塞进索罗基方向的德涅斯特河两岸突出部，目标直指比萨拉比亚城市别利齐。苏军机械化部队于3月21日渡过德涅斯特河，并沿着德军两个集团军的接合部发起攻击，意图切断德军第1装甲集团军和第8集团军之间的联系。别利齐于26日被苏军攻克，几天后科涅夫的部队已经在多处抵达普鲁特河。这里距离罗马尼亚城市雅西只有几英里之遥。

马利诺夫斯基指挥的乌克兰第3方面军最后一个发起攻势，在渡过布格河后直接追上了韦勒和霍利特正在撤退的后卫部队。4月2日，德军第6集团军和罗马尼亚第3集团军在敖德萨会合，希特勒严令不惜一切代价死守敖德萨。利用一场像冬天一样猛烈的风暴的掩护，普利耶夫的骑兵部队渗透过德—罗联军薄弱且充满漏洞的防线，突然出现在敖德萨后方。至4月中旬，德军在德涅斯特河以东已经没有一兵一卒，而苏军则着眼于未来，在河西抢占了大量登陆场。在马利诺

---

① 乌克兰第4方面军此时正在进行解放克里米亚的战斗行动。

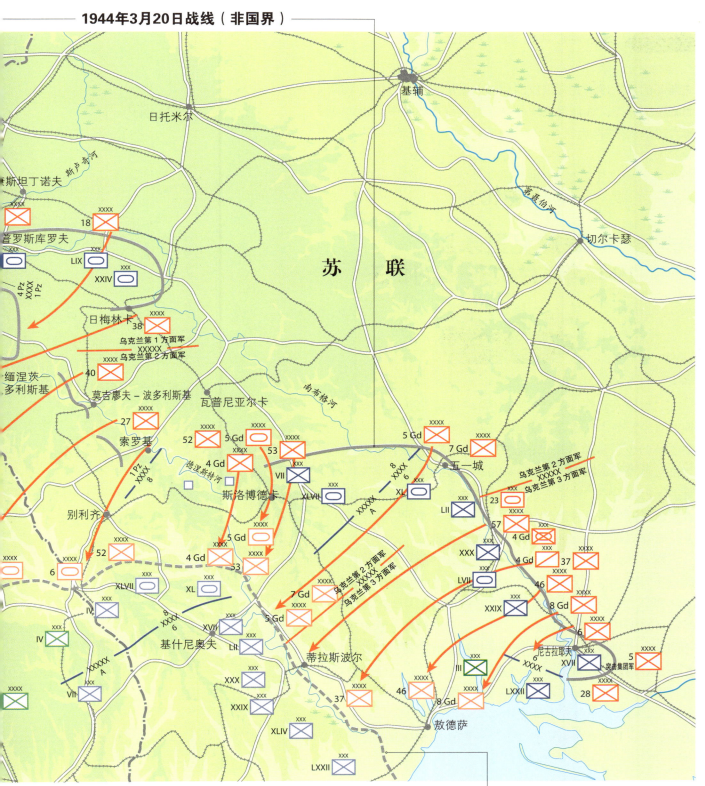

基辅

日托米尔

切尔卡瑟

斯坦丁诺夫

苏 联

普罗斯库罗夫

18

4 Pz / XXXX / 1 Pz

LIX

XXIV

日梅林卡

38

乌克兰第1方面军
乌克兰第2方面军

缅涅茨 –
多利斯基

40

莫吉廖夫 – 波多利斯基

瓦普尼亚尔卡

南布格河

27

索罗基

52

5 Gd

5 Gd

7 Gd

五一城

乌克兰第2方面军
乌克兰第3方面军

德涅斯特河

53

4 Gd

VII

8

XL

23

57

1 Pz / 8

斯洛博德卡

XLVII

A

LII

4 Gd

别利齐

5 Gd

4 Gd

37

6

52

4 Gd

XXXX

XLVII

XL

53

7 Gd

乌克兰第2方面军
乌克兰第3方面军

LVII

46

IV

8 / 6

XVII

LII

5 Gd

XXIX

8 Gd

6

IV

基什尼奥夫

蒂拉斯波尔

尼古拉耶夫

突击集团军

5

A

III

XVII

LXXII

28

VII

XXIX

37

46

8 Gd

XLIV

敖德萨

LXXII

夫斯基的部队逐渐无力进攻的同时，德军南乌克兰集团军群也面临两大问题：如何保证罗马尼亚盟友留在战争中，和如何保障自己的后勤补给。

地图103

解放克里米亚，
1944年4月8日—5月9日

　　对德国人而言，1943年末和1944年初是形势急转直下的时期，对希特勒本人而言，此时黑海周边的局势已经不是他所最关心的问题了。随着托尔布欣的乌克兰第4方面军在梅利托波尔击败德军第6集团军，1943年10月的最后几天，扎卡罗夫的近卫第2集团军已经推进至彼列科普地峡，德军第17集团军遁入克里米亚，但已经退无可退。几周内，红军的部队已经在锡瓦什湾和刻赤半岛北部建立起若干滩头阵地。

　　随着1944年初苏军在乌克兰的冬季攻势顺利发展，托尔布欣也开始着手拿下克里米亚。乌克兰第4方面军此时下辖有近卫第2集团军（彼列科普地峡）和第51集团军（锡瓦什湾），与由叶廖缅科（A. I. Yeremenko）大将指挥的独立滨海集团军（刻赤）协同行动。苏军总计部队规模达到47万，拥有包括海军步兵在内的30个师，编制内拥有6000门火炮、560辆坦克和自行火炮以及1200架飞机，而德军第17集团军则在半岛上构筑了层层防线[①]。耶内克本计划让部队就地建立防线，但如此一来他手中将无法掌握任何预备队，于是他决定让部队退回辛菲

---

① 库班战役时期的第82军军长、陆军大将埃尔温·耶内克（Erwin Jaenecke）于1943年6月25日从劳夫手中接过第17集团军指挥官职务。

亚 速 海

锡瓦什湾

锡瓦什湾

占科伊

独立滨海集团军

刻赤

51

V

独立滨海集团军

费奥多西亚

16

6

辛菲罗波尔

2

黑 海

雅尔塔

北

地图103　解放克里米亚，1944年4月8日—5月9日

罗波尔，该城两翼已经构筑好，被称作"格奈泽瑙"防线的大量筑垒化工事群。在战斗愈演愈烈之后，他甚至打算撤回塞瓦斯托波尔，并寄希望于希特勒允许他的部队在陷入绝境时通过海路撤退。耶内克此时手头有6个德国师和7个罗马尼亚师，约20万人，此外还有约3000门火炮、200辆突击炮和约600架飞机。此外纳粹海军与纳粹空军还向已经被孤立的克里米亚半岛输送了较为充足的补给。

托尔布欣于4月8日发起攻击，在进行了两个半小时的炮兵与空中火力准备后，苏军以克赖泽尔的第51集团军为先导，对防守锡瓦什防线一半长度的罗马尼亚军发起突击。苏军的选择出乎了耶内克的预料，他本以为苏军会从彼列科普地峡发起进攻。托尔布欣对攻击的进展表示满意，并将坦克第19军的500余辆坦克加强到近卫第2集团军方向，对曼施泰因数年前攻击过的"鞑靼"防线发起突击，这次躲在战壕里挨炸的换成了德国人。德军第49山地军在山地兵上将鲁道夫·康拉德（Rudolf Konrad）的指挥下顽强坚守了大约2天。随着锡瓦什防线的快速崩溃，克赖泽尔的部队迅速从后方威胁到了彼列科普的德军阵地。9日，叶廖缅科的部队开始从滩头阵地对德军第5军的阵地发动攻击，并很快突破德军防御包围了刻赤。到10日早上，法西斯军队的锡瓦什防线已经彻底被粉碎了，当晚苏军坦克夺取了位于占科伊（Dzhankoy）的德军通信枢纽，并抓获2000名战俘。与此同时彼列科普一带的防御也变得摇摇欲坠，苏军在正面强攻的同时还在后方发动包抄，康拉德的部队抵挡不住，向伊苏恩溃退。

攻势发起后仅仅3天，苏军便已经突破了耶内克的第一道防线，距离克里米亚中部只差临门一脚，甚至可能一路打到塞瓦斯托波尔。此时唯一还能对苏军构成威胁的德军：第5军的2个德国师和2个罗马尼亚师尚在差不多100英里之外的东面。4月10日，耶内克命令该军向塞瓦斯托波尔推进，叶廖缅科的部队则开始对德军发动追击[①]。次日，法西斯军队抵达"格奈泽瑙"防线，苏军紧随其后。托尔布欣的2个集团军无情地对撤退中的德军第49军发起攻击。此时的苏军在机械化程度上已经优于法西斯军队，耶内克所部的撤军速度在苏军的坦克履带面前着实太慢。苏军坦克第19军于4月12日轻松在多处突破"格奈泽瑙"防线，并于24小时后解放辛菲罗波尔（Simferpol）。希特勒此前反复重申不允许在克里米亚进行大规模撤退，但此时德国海军和空军已经开始迅速撤离克里米亚半岛上的部队。4月14日，德军部队开始逐步收拢至塞瓦斯托波尔的外围防线；德军的伤亡此时已经近7万人。托尔布欣于15日开始对塞瓦斯托波尔展开攻坚，叶廖缅科也于17日从东面推进至塞瓦斯托波尔。此时所有罗马尼亚军部队都已被打散建制，无力再战，尚存的德军6个师级"战斗群"面对着苏军29个步兵师和一个坦克军。4月下旬，希特勒拒绝批准德军第17集团军撤离克里米亚。5月初，他解除了耶内克与另外2名军长的职务。苏军于5月5日以密集的炮兵和空中火力准备为先导，对塞瓦斯托波尔发起总攻。3天后，希特勒勉强同意部队撤离。塞瓦斯托波尔于5月9日被苏军解放，残存德军退至赫尔松涅斯角继续从海路撤离，共有约5万名轴心国官兵从海路离开克里米亚（其中很多被空袭打死在海上）。

---

① 独立滨海集团军于4月12日彻底解放了费奥多西亚。

地图104

罗马尼亚，1944年8月20日—9月21日

在"巴巴罗萨"行动、斯大林格勒会战、乌克兰的全线溃退与克里米亚的失守过程中，罗马尼亚人都付出了巨大的代价。战局发展到1944年年中，罗军在战场上的得不偿失让希特勒开始担心起安东内斯库独裁政府的稳定与存续。8月5日，希特勒与安东内斯库在拉斯滕堡会面时，这位罗马尼亚的独裁者让希特勒相信，他所统治的这个法西斯国家和国内的法西斯党徒将始终站在纳粹这边；第三帝国的元首则开始担心罗马尼亚国内的反对势力将会阻挠罗马尼亚继续留在战争中[①]。军事上，此时第三帝国在巴尔干半岛的防御正变得岌岌可危。自从斯大林格勒惨败后，丧失精华的罗马尼亚军已经退化为一支"前巴巴罗萨"时代的军队。罗马尼亚军此时尚存的2个集团军糟糕的人员素质和战斗意志（第3、第4集团军，23个师，拥有兵力40万人，但仅有150辆坦克和自行火炮），让德军不由得担心罗马尼亚军能否担负防御自己国土的任务。弗里斯纳指挥的德军南乌克兰集团军群情况也好不了多少[②]。其麾下的第8和第6集团军（23个师，50万人）中，能用于机动作战的仅有2个机械化师（170辆坦克和自行火炮）以及不到300架飞机。德军在罗马尼亚方向的作战计划很简单：一旦苏军发动进攻，便（在没有知会希特勒的情况下）立即撤退。

此时陈兵罗马尼亚国境的当面苏军，是分别由马利诺夫斯基和托尔布欣指挥的乌克兰第2、第3方面军。乌克兰第2方面军拥有6个诸兵种合成集团军和克拉夫琴科指挥的坦克第6集团军，而乌克兰第3方面军则拥有4个诸兵种合成集团军和2个机械化军，总兵力达到130万人、1400辆坦克和自行火炮以及1700架飞机。苏军黑海舰队还为苏军在滨海方向的行动提供了便利。在攻占雅西之后，马利诺夫斯基便开始制订作战计划，准备从两个方向直接突破法西斯军队的防御，并对德军第6集团军进行包抄，同时向布加勒斯特和普洛耶什蒂的方向进军。托尔布欣的方面军将从蒂拉斯波尔桥头堡发起突击，并在随后兵分两路：右路部队将协同马利诺夫斯基完成对弗雷特–皮克的合围，左路则会将罗马尼亚第3集团军牵制在黑海沿岸。在左右两路完成各自的任务后，托尔布欣的方面军将穿过多瑙河三角洲并向保加利亚方向挺进。

正如弗里斯纳的参谋部门所预测的那样，苏军于8月20日以强大的炮兵火力拉开进攻的序幕。德军在多数地域都成功阻挡住了苏军的首轮冲击，但罗马尼亚军却一触即溃。德军经常将部队打散编入罗马尼亚（或意大利/匈牙利）军的部队中作为骨干，以提高后者在遭受打击时的韧性，但此时罗马尼亚人已经溜之

[①]　从7月起，罗马尼亚国内的部分势力便开始与苏联进行私下接洽。

[②]　弗里斯纳和舍尔纳于7月23日对调职位。弗雷特–皮克于7月17日开始任第6集团军指挥官。

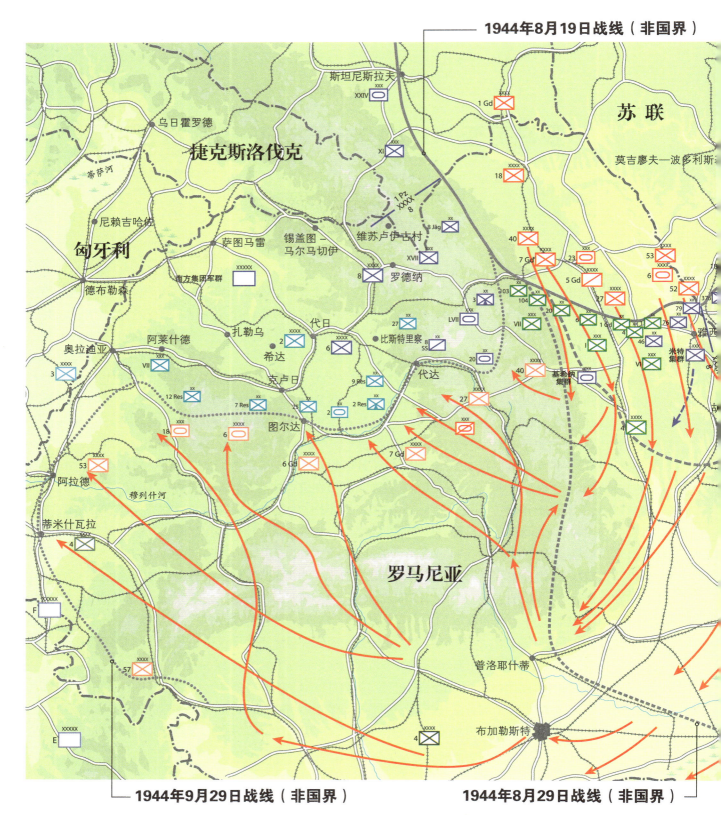

苏 联

斯坦尼斯拉夫

乌日霍罗德

捷克斯洛伐克

莫吉廖夫—波多利斯

蒂萨河

尼赖吉哈拉

萨图马雷

锡盖图—
马尔马切伊

维苏卢伊古村

匈牙利

南方集团军群

罗德纳

德布勒森

代日

比斯特里察

奥拉迪亚

阿莱什德

扎勒乌

雅西

希达

代达

克卢日

米特
集群

图尔达

基希纳
集群

阿拉德

穆列什河

蒂米什瓦拉

罗马尼亚

普洛耶什蒂

布加勒斯特

地图104　罗马尼亚，1944年8月20日—9月21日

1944年8月24日战线（非国界）

一空，将德军的左翼完全暴露在苏军面前。在战争的这个阶段，投入进攻的红军机械化部队和卡车运载的步兵推进的速度甚至超过了德军退却的速度，由于两翼的罗马尼亚军队都跑了，局势一片混乱，德军第6集团军已经成为瓮中之鳖。到第2天，德军的防线也只剩下极少数地域仍在抵抗，绝大多数罗马尼亚军已经溃退，此时德军需要考虑的是如何自救。马利诺夫斯基和托尔布欣将远战部队投入德军侧后，以极大的纵深对其进行穿插包抄，而德军经常对此一无所知。韦勒和弗雷特–皮克也曾发布命令试图重整防御，尽其所能稳住摇摇欲坠的防线。

苏军攻势发起48小时后，米哈伊一世国王就下令逮捕安东内斯库元帅和其他法西斯高级领导人，国王还宣布退出战争并给予德国人2周时间从该国撤离。8月24日，苏军2个方面军在胡希会师，在基什尼奥夫一带一举合围了德军18个师（其中大部分为第6集团军的部队），在收紧口袋的过程中苏军宣称打死10万德军，另有差不多数量的德军被俘。令弗里斯纳的处境更为雪上加霜的是，25日，纳粹空军轰炸了布加勒斯特，新成立的罗马尼亚政府随即向德国宣战，此时德国尚有许多公民在罗马尼亚境内，但弗里斯纳对他们的死活鞭长莫及，在罗德国平民的生还只能寄希望于罗马尼亚人的善意。军事方面，多瑙河平原的战况对德军而言已经一败涂地，第8集团军一路退入西北面的喀尔巴阡山脉，而苏军则像推门一样顺时针旋转，碾碎任何试图抵抗的德军部队。在这种情况下，希特勒还是只能发布与往常一样的命令：就地固守，禁止撤退。此时苏军前方已经没有任何成建制的抵抗，苏军各集团军几乎兵不血刃地占领了罗马尼亚中部和西部。

大多数德军残存部队，不论规模大小（甚至包括第6集团军指挥部），只要能保持建制的，都在向特兰西瓦尼亚阿尔卑斯山山口撤退。因此战斗在这一阶段并不存在连贯的战线，9月初，双方的战斗已经演变成了各个纵队在每处山口的争夺战。在翻过阿尔卑斯山进入特兰西瓦尼亚后，大规模战斗再度爆发，从克卢日向西，罗马尼亚人和匈牙利人打成一团。到9月的第3周，希特勒向该方向派出的援兵陆续到位，而此时的苏军也陷入疲惫状态，双方的战线在穆列什河一线稳定下来。

地图105

匈牙利（I），1944年9月16日—10月31日

　　在之前3年中，安东内斯库一直是希特勒最忠实的盟友，罗马尼亚在苏德战争中为纳粹提供的仆从军的数量也远超其他轴心国盟友。因此，可以说罗马尼亚战场的崩溃彻底破坏了希特勒的巴尔干战略。9月的第1周，保加利亚也改换阵营加入苏联一方。这意味着由亚历山大·勒尔空军大将指挥的驻希腊的E集团军群，只能通过游击队活动如火如荼的南斯拉夫取得补给；该集团军群于10月下旬最终撤离了希腊。

　　随着安东内斯库的下台，匈牙利成为了第三帝国在巴尔干战场上不甚牢固的最后堡垒。此前3月希特勒发动的"玛格丽特"行动以及8月份数个党卫军师的抵达，让该国从周期性的动荡中暂时恢复平稳。此时匈牙利第1、第2集团军（还有随后新组建的第3集团军）在特兰西瓦尼亚平原上，与弗里斯纳手中已经被打残的第6集团军和同样遭受重创的第8集团军并肩作战。在"铁门"（Iron Gate[①]）以西是魏克斯的F集团军群，该集团军群建制内只有一半是陆军作战部队，另一半则是反游击战部队。苏军的乌克兰第2方面军此时仍是一支重兵，建制内拥有4个诸兵种合成集团军（其中1个是近卫集团军，此外还有两个从托尔布欣手里调来的集团军的增援正在路上）、近卫坦克第6集团军和戈尔什科夫的近卫第1骑兵机械化集群。乌克兰第3方面军则会在稍后从保加利亚西部加入战斗，随着乌克兰第4方面军被调动至加里西亚方向，苏军的战略目标是逼迫匈牙利退出战争，而战役目标则是合围德军2个集团军。马利诺夫斯基的部队在喀尔巴阡山东南麓与敌军的周旋中已经急不可耐，他抓住机会，提出从罗马尼亚西部直接向匈牙利边境发起冲击。因此，根据红军最高统帅部大本营的指示，马利诺夫斯基将主力部队转移到蒂米什瓦拉到克卢日一线。乌克兰第2方面军的部队将首先向北朝德布勒森方向推进，并与从杜克拉山口杀出的乌克兰第4方面军会师。在消灭弗里斯纳的部队后，苏军将转向布达佩斯。

　　9月16日，苏军从克卢日一线发动了大规模攻势，苏军此前的侦察认为该区域是匈—德联军防线上唯一的薄弱点，但该处的顽强防御仍让苏军碰了个钉子。于是马利诺夫斯基将主力再度向西调动，并于21日从猝不及防的匈牙利第3集团军手中夺占了阿拉德。25日，乌克兰第2方面军已经突入奥拉迪亚市一带，并与弗雷特–皮克的部队遭遇，此时这个集团军只剩下约20个营规模的成建制部队，以及规模或大或小的分队与"战斗群"[②]。德军于9月28日成功夺回了奥拉迪亚，但此时弗里斯纳迫切需要在布达佩斯周围地区部署几个"重

---

①　多瑙河上一处峡口，匈牙利语为Vaskapu-szoros。

②　9月23日，因为某些"显而易见"的原因，弗里斯纳的北乌克兰集团军群被重新命名为南集团军群。

地图105　匈牙利（Ⅰ），1944年9月16日—10月31日

新装备"的德军机械化师，"加强"布达佩斯一线的防御（或者说是为了"确保"匈牙利站在德国这边），反击不了了之。大本营代表、久经战阵的铁木辛哥元帅，此时决定重新启用之前的方案，动用包括彼得罗夫上将的乌克兰第4方面军在内的部队，在匈牙利东部合围德军第1装甲集团军、第8集团军和第6集团军。巴尔干地区糟糕的道路设施让马利诺夫斯基的后勤补给遇到了麻烦，不得不停止攻势，囤积所需的补给，海因里希的第1装甲集团军①仍把守着喀尔巴阡山上的杜克拉山口，乌克兰第4方面军则在对其发动猛攻。此时匈牙利政府再次加紧了与苏联的和平谈判。

　　10月6日，彼得罗夫的部队终于攻破了杜克拉山口，同日，马利诺夫斯基的主力部队也在塞格德和奥拉迪亚两地发动进攻。东面的攻势此时再度受挫，被德军第23装甲师所阻击，但西面的进展却由于匆忙组建的匈牙利第3集团军迅速后撤而进展顺利。几天内，弗里斯纳便对韦勒后方日益增长的危险感到担忧。马利诺夫斯基此时将普利耶夫的骑兵机械化集群从西面调动至东面，绕到了德军第23装甲师的后方，迫使该师撤退，为近卫坦克第6集团军和戈尔什科夫的骑兵机械化集群打开了道路。在更东面，苏军的反复打击终于撬动了德军在克卢日的顽强防御。弗里斯纳未经请示便命令第8集团军后撤，并在德布勒森一带以1个装甲师的兵力向苏军近卫坦克第6集团军发动反冲击，帮助第8集团军撤退。德军的反冲击迟滞了马利诺夫斯基的中线攻势，使他不得不将主力部队再度调动至西面并向索尔诺克发起攻击。乌克兰第4方面军的两翼在喀尔巴阡山西麓进展缓慢，此时对德军实现大范围合围已经变得困难重重。乌克兰第3方面军则开始从保加利亚方向对德军F集团军群发动攻势，在南斯拉夫东部与德军薄弱的后卫部队发生接触。从10月中旬至10月底，双方的行动再度陷入停滞，不过此时战线已经推移至匈牙利中部和南斯拉夫。

地图106

匈牙利（Ⅱ），1944年10月17日—12月26日

　　对于希特勒来说，匈牙利摄政霍尔蒂·米克洛什（Miklos Horthy）海军上将从来不是个和安东内斯库一样可靠的盟友，因此当他于10月中旬通过广播向全体国民宣告匈牙利退出战争时，希特勒出于政治考虑，于次日命令战线已经后退至匈牙利首都以东100英里的德军调派部队折返布达佩斯，协助自己青睐的箭十字党重新夺取政权，弗里斯纳对此抱怨不已，但希特勒置若罔闻。10月17日，马利诺夫斯基再度将搁

---

① 8月19日，海因里希接替劳斯成为第1装甲集团军指挥官，该集团军和匈牙利第1集团军被合编为海因里希集团军级集群。

置已久的作战方案摆到桌面上，这次苏军将在尼赖吉哈佐一带大范围合围德军。德军第1装甲集团军很难落入"口袋"中，但第8集团军却是一个值得尝试的目标。为了防止苏军的合围计划得逞，弗里斯纳的部队始终维持着一条可供撤退的通道。苏军于10月20日攻占德布勒森，随后马利诺夫斯基派出普利耶夫的骑兵机械化集群向北推进，意图截断韦勒的退路，该集群于两天后占领了尼赖吉哈佐。希特勒此时将大量机动预备队派往匈牙利，弗里斯纳很快组织起一支部队，包括第1、第13、第23和第24装甲师，党卫军"警察"师和"统帅堂"装甲掷弹兵师①。第8集团军在东面自救，新近抵达的布赖特的第3装甲军从西面发起进攻。被夹在中间的是戈尔什科夫和普利耶夫，他们的3个机械化军把步兵落在了后面。10月23日—29日，南方集团军群一度夺回了尼赖吉哈佐，保住了韦勒的生命线并宣称苏军伤亡25000人、坦克被击毁600辆。当乌克兰第2和第4方面军于10月26日在乌日霍罗德会师时，德军第8集团军已经撤走了。马利诺夫斯基急于求成的仓促攻击付出了很大代价。弗里斯纳退过蒂萨河并构筑起一道相对坚固的防线，这是南线从2个月前苏军在德涅斯特河下游发动总攻以来，德军第一次能够构筑起坚固的防御。

不过防线的构筑并不意味着巴尔干一线自此便高枕无忧。在德军努力稳定东部的战局时，马利诺夫斯基却着手在西面避实就虚。在多瑙河至索尔诺克一线，他的第46集团军于10月29日对弗雷特-皮克集团军级集群②的右翼发起了攻势。匈牙利人很快便向后撤退。苏军的近卫机械化第2军和近卫机械化第4军强渡蒂萨河并取得突破，开始向布达佩斯方向快速推进，10月31日，2个军已经推进至凯奇凯梅特，距离匈牙利首都仅有50英里。马利诺夫斯基命令近卫第7集团军紧随其后，准备进行最后的冲刺。11月初，马利诺夫斯基的部队开始对布达佩斯发动攻击，但城内除了大量顽固的党卫军守军外，在城市外围还有数个装甲师构成的环形防线，德军装甲部队不仅击退了苏军，还用反冲击将其逼退了数英里。红军最高统帅部大本营命令马利诺夫斯基在做好充分准备后再攻城。与此同时，托尔布欣的乌克兰第3方面军再度推进，并于10月20日占领贝尔格莱德，苏军的攻势继续向前推进，渡过多瑙河并于11月初占领匈牙利边境城镇包姚。在这个意想不到的方向进行防御的是德军第2装甲集团军（就战斗力而言只是其前身的影子）与匈牙利第2集团军。

马利诺夫斯基将他对布达佩斯的主攻方向从南面转移到了东面，近卫第7集团军、第53、第27和第40集团军则从11月11日起在米什科尔茨附近对韦勒的部队发起攻击，5天后苏军夺取米什科尔茨并拿下豪特万，但此时得到加强和补充的第8集团军变成了一块难啃的硬骨头。马利诺夫斯基再度将他的主攻方向转移到布达佩斯西侧，希特勒命令德军死守布达佩斯。12月初，马利诺夫斯基的近卫第4集团军试图从巴拉顿湖与布达佩斯之间穿过，从西北方向绕过布达佩斯。此时弗雷特-皮克的集团军级集群集结了包括数个装甲掷弹兵师和装甲师在内的15个师防守"玛格丽特"防线，直到12月中旬巴拉顿湖方向防线被苏军攻破为止。马利诺夫斯基于12月8日向西发动了进攻，近卫坦克第6集团军和骑兵机械化集群抵达布达佩斯北部多瑙河河曲处的瓦茨市。双方都在匈牙利战场投入大量增援，到12月中旬，苏军的总兵力逐渐占得上风，从四面八方逼近布达佩斯。

---

① 此时的该师盛名之下已经没有往日凶悍，建制内仅有67辆坦克和58门突击炮。

② 该集群内包含德军第6集团军和匈牙利第1集团军。

　　在对法西斯军队形成较大兵力优势后，乌克兰第2和第3方面军从12月14日开始对布达佩斯发动一连串进攻。德军第6集团军在斯大林格勒和德涅斯特河沿岸战斗之后第三次被苏军合围。希特勒不顾一切地派出相当数量的机动预备队投入匈牙利战场，弗里斯纳就何时发动反击作战与最高统帅部发生争执[①]。26日，苏军部队抵达埃斯泰尔戈姆，完成了对布达佩斯德军的大范围包围；两天后马利诺夫斯基出人意料地停止了攻势。

---

① 与此同时德军发动了阿登反击，即著名的"突出部之战"。

1944年12月31日战线（非国界）

捷克斯洛伐克

1 □

LIX ☒

XI ☒

1 Pz
☒☒☒☒
8

1 ☒

8 ☒☒☒☒

XXIX ☒

☒☒☒☒
8

沙希

瓦茨

埃斯泰尔戈姆

豪特万

米什科尔茨

尼赖吉哈佐

乌克兰第4方面军
乌克兰第2方面军

XXIX ☒

IV ☒

6 Gd □

索尔诺克

VIII ☒

7 Gd ☒☒☒☒

凯奇凯梅特

53 ☒

P ⊘

LVII ☒

乌克兰第2方面军
乌克兰第3方面军

46 ☒

布达佩斯

IX
SS ☒

克什白堡

XXIV □

XI ☒

1 Gd ☒

乌日霍罗德

T8 ☒

XVII ☒

4 ☒

萨图马雷

IX ☒

XXXIX ☒

40 ☒

27 ☒☒☒☒

53 ☒

德布勒森

奥拉迪亚

阿莱什德

扎勒乌

希达

罗马尼亚

匈牙利

北

	10月29日战线
	12月31日战线
□	10月29日部队位置
□	12月21日部队位置

0 —————— 50 英里
0 —————— 50 千米

塞格德

4 Gd ☒

57 ☒

包姚

苏博蒂察

阿拉德

穆列什河

蒂米什瓦拉

1944年10月29日战线（非国界）

地图106　匈牙利（Ⅱ），1944年10月17日—12月26日

ATLAS

THE EA

FRONT

1941

OF
STERN
7
1945

中欧与德国
（1945 年）

CENTRAL EUROPE
AND GERMANY, 1945

　　一直以来，历史学家们就同盟国何时锁定第二次世界大战的胜局而争论不休。但绝大多数人都认同，进入1945年后，二战的结局已是板上钉钉。德国和日本本土以外的任何欧洲或亚洲占领区，对他们来说要么无法进入，要么已经无法利用。此时第三帝国遭受到来自四面八方的围攻，并彻底丧失了制空权。英国皇家空军与美国陆军航空队已经陆续摧毁大多数德国重要工业目标，开始空袭诸如德累斯顿等城市。在德皇时代经历4年多的战乱而饱受痛苦的德国人，他们的下一代又被希特勒和纳粹拖入5年多的战争中。正如苏联在猝不及防的"巴巴罗萨"行动中勉强撑了过来一样，此时面对盟国的反攻，纳粹德国已经在这场马拉松式的推进与逆推中打了30个月。由于战场上已经取胜无望，希特勒的纳粹德国加紧了进行种族灭绝的速度并持续进行着骇人听闻的大屠杀。

　　可以说，苏军的战役指挥技艺在"巴格拉季昂"行动和雅西—基什尼奥夫战役期间达到了顶峰。毕竟1944年时德军至少还有名副其实的"野战集团军"，但是到了1945年，德国的人力资源基本告罄：大量重建的师、军和集团军都战斗力薄弱，再加上几乎没有接受过训练的国民掷弹兵（Volksgrenadier），和根本没有接受过训练的人民冲锋队（Volkssturm）部队这些乌合之众根本无法抵挡满腔复仇怒火的苏联大军[1]。纳粹德国的石油制品生产直接跌落谷底，其装甲车辆、飞机和舰船都逐渐变得动弹不得。1945年的红军甚至可以被认为是某种程度上的失望，因为在柏林和最终胜利在望的情况下，挡在红军前进道路上的只有德军拼凑起来的脆弱却绝望的防御，以往红军严格的军纪时常被嗜血的复仇热忱所取代。一些历史学家由此解释，为何苏军在维斯瓦河一线从1944年末起花费了4个月才得以前进，而1945年3月则在奥得河畔被阻滞了6个星期。抛开这些有争议的历史问题，苏军1945年初在维斯瓦河—奥得河一线与3个侧翼战场的进展，都基本上延续了1944年中断的秋季攻势。

　　汲取了1942—1943年冬季攻势中由于缺乏侧翼掩护而导致穿插部队被敌军反包围的教训，此时的红军最高统帅部大本营对突击柏林的部队提供了周密的侧翼掩护；任何对这场如滔天巨浪般的最终攻势的阻挠都如同隔靴搔痒。3个方面军总计160万兵力在1945年1月13日—14日间从东普鲁士方向发起攻击，此外苏军还在多个方向发起攻击牵制德军部队，但此时在自己国土上作战的德军变得非常顽强。除此之外，大密

---

① 这些重建和重组部队中最合适的例子非第6集团军莫属，该番号的部队在斯大林格勒已经全军覆没过一次，重建后又在乌克兰和罗马尼亚被歼灭，此时该集团军又进行了重建。

度、大纵深的坚固防线，泥泞的乡间地形和诸如柯尼斯堡和但泽之类对守军来说近乎神话般的重要城市都给苏军带来了更多的麻烦。除此之外，德军还能通过海路为波罗的海沿岸守军输送补给和增援，甚至动用舰炮火力支援地面防守。纳粹海军的水面舰艇部队也在该海域完成了他们的谢幕演出。虽然德军在沿海的小块滩头阵地一直坚守到了战争结束，但3月和4月初苏军在东普鲁士的全面突击与波美拉尼亚方向方面军规模的进攻，已经确保了红军右翼的安全。

在南面，随着喀尔巴阡山一带德军被肃清，苏军随即于1月12日向捷克斯洛伐克、匈牙利等地推进。而布达佩斯周边的战斗仍在继续，红军于上一年12月下旬合围了这座多瑙河畔的城市，但在新年的头几个星期，希特勒决意不放手这座城市，派出装备精良的党卫军部队展开解围战斗。苏军指挥员随后花了数周才稳定住局势，经过极端残酷的巷战，直到2月12日才彻底夺下该城。希特勒将大批部队投入匈牙利纯属得不偿失，到3月和4月初，南线苏军也已经开始进入第三帝国的南部边境，维也纳也于4月13日被苏军攻占。从2月8日到3月31日，主攻方向的苏军2个方面军在西里西亚方向发动了两轮攻势。希特勒将布雷斯劳等城市宣布为"要塞"，并严令守军不得投降。此时这座西里西亚地区首府成了苏军面前的拦路虎，同布拉格一样，直到5月战败为止，该城守军都没有投降。

1944—1945年冬季，苏军将精力主要放在了维斯瓦河—奥得河一线的攻势上，作为整场战争中苏军发动的倒数第二场大规模攻势，此役中苏军两个方面军集结了超过200万部队，动用了6400余辆坦克、46000余门火炮，与德军的数量比分别达到了5.5∶1、5.5∶1和夸张的11∶1。领衔两个方面军的分别是斯大林的左膀右臂——朱可夫和科涅夫，两人指挥的部队在上一年10月便突破了维斯瓦河一线，在对岸建立了登陆场。由于苏军此时陷入了慢性的人力不足（尤其是步兵部队）中，攻势已经由此前的依托人力优势转化为依托技术兵器和火力优势为主。在最初的十几天里，防守第三帝国本土的重任落到了彻头彻尾的军事门外汉——党卫队帝国领袖海因里希·希姆莱身上[1]。除了实力不对等外，希特勒还把他的部队部署在无险可守的北欧平原上，他们根本无法利用东普鲁士或者喀尔巴阡山脉地形优势布防。再加上从1940年"巴巴罗萨"行动开始以来，德军糟糕的侦察能力与低下的情报分析水平，让其无法判明苏军的意图、目标与战役发起时间。苏军从东普鲁士与喀尔巴阡山方向发起的攻击，实际上印证了希特勒此前对1945年战局发展的预测，此时这位德军的最高统帅倒成了德军最大的麻烦，他从来都不是一个有条理的思考者，而注意力又始终无法集中在真正要害的问题上，在进攻前夕，他痴迷于阿登攻势（西方盟军领导人同样如此）和布达佩斯及其主要由党卫军部队组成的守军与解围行动，而在东西两线左右开弓之时，希特勒却忽视了正向着他的首都直冲而来的致命危险。

1月12日至14日间，东普鲁士方向苏军依据战役时间表在各个地段依次发动攻势，占据压倒性优势的苏军很快突破了德军所有地段的防御。在一些关键地段上，德军尚能守住阵地几天或者几小时，苏军坦克集团军不予纠缠，直接向纵深地幅发起穿插，将其留给完成突破的步兵部队。两三天之间，德军A集团军群便几乎全军覆没，1月17日，波兰人民军的部队解放了他们的首都华沙。此时德军已经很难通过仍掌

---

[1] 实际上希姆莱主要还是听从他的军事顾问们的建议，在1945年的绝望情形中，他的表现在德国将领的平均水准之上。

握在手中的少数几座城市来构筑起连贯的防线（苏军特意绕过了德军完成了要塞化工作的城市与筑垒化地域），战斗已经演变成了苏军机械化先头部队与已经丧失机械化装备、仓皇逃命的德军残部之间的赛跑。只有在德军发动装甲师或者军一级的反击时，苏军的推进才会稍稍受到阻滞。科涅夫和朱可夫的部队按照战役时间表顺利推进，即便是1月末一场巨大的暴风雪也没能阻挡苏军推进的脚步，甚至比时间表还提前了数日。此时已经没有太多值得专门一提的战斗，穷途末路的德军已经只能在战术层面上对苏军进行最低限度抗击。2月初，苏军的攻势在奥得河沿岸停了下来，并在左岸建立起少量登陆场，下一个目标便是——柏林。

苏军最高统师部大本营为为期3周的最后攻势足足准备了9个星期。如同此前所提到的一样，苏军在波罗的海沿岸、喀尔巴阡山脉和多瑙河流域的侧翼战场上花费了比穿越波兰中部更多的时间。在确保侧翼安全的同时，负责主攻的苏军部队则在紧锣密鼓地重新组织和补充减员的部队，在已经被打成一片焦土的中欧当地筹措补给显然不是明智的选择，这也是苏军推迟向着勃兰登堡门发起最后突击的原因之一。不过在此之前，不论是朱可夫、科涅夫还是其他苏联指挥官，都必须在发起任何攻势前设法管制好手下蠢蠢欲动的梦魇：从踏上德国土地开始，红军士兵们便开始了复仇。

根据盟国领导人在雅尔塔和其他国际会议上的商定，苏联获得了在1945年春攻占德国首都柏林——这座已经饱经轰炸的要塞化城市的荣誉。朱可夫和科涅夫两位高级指挥员此时麾下拥有的部队规模相近，装备相当，2个方面军一道发动的维斯瓦河—奥得河攻势将成为彻底终结希特勒的第三帝国的雷霆一击。白俄罗斯第1方面军与乌克兰第1方面军于4月中完成战役准备并发起突击，在硬啃奥得河以西的德军防御支撑点时，苏军由于自身原因付出了很大代价，但成功渡河之后，苏军距离柏林市郊仅有25英里路程。不管多么不切实际，此时德国人仍将希望寄托在他们于奥得河河畔构筑的3层防线上。失去了河流天堑之后，西岸连绵起伏的乡村并没有给德国守军带来多少便利，德军退入柏林后，战斗再次由战役层面转化为以战术层面为主，这恰好是苏军的短板。这场战争的最后一役在接下来的时间里将是一场近距离内的殊死搏斗，造成了大量负面影响和后遗症。与第一次世界大战最后几周间由他们的父辈组成的军队不同，1945年的纳粹德军基本上一直到最后几天才出现崩溃的情况，却在覆灭前让苏军为每1英里的进展都要付出沉重代价。苏军方面，4月17日，斯大林直截了当地告诉他的两位主攻指挥官，攻克柏林已是定数，但谁先攻进柏林，谁就能获得荣誉。发起对奥得河一线的突击后不到10天，4月25日，朱可夫和科涅夫的坦克部队便在波茨坦会师，对"千年帝国"的首都形成了合围，在战斗的最后关头，希特勒终于承认自己输掉了这场战争，但他仍想保持体面，决定死守柏林。4月26日，战斗正式进入巷战阶段，此时德军的指挥体系已经基本上不复存在，而苏军的强大攻势则将曾经骄傲的德军彻底打得支离破碎，在30平方英里的城区内，80万（进行了充分的防御准备的）德军以团—师—军不等的规模各自为战，拿下这座城市需要苏军动用15个集团军。希特勒于4月30日服毒自杀[①]，负责柏林城防的德军指挥官于次日开始与苏军谈判，并于5月2日宣布投降。战斗此后又持续了1周，主要是在波希米亚地区。5月9日，欧洲战场反法西斯战争迎来胜利。

---

① 与威廉二世于1918年11月仓皇逃离德国类似，希特勒最终也未能以他希望的方式迎来自己的终点（如果他活下来的话很可能被盟国处以绞刑）。

在那场"终结所有战争的战争"（第一次世界大战）结束时，协约国军队作为胜利者没有在柏林市中心进行胜利阅兵，对这种数千年来人类战争传统的破坏似乎导致了悲剧性的结果。而这从某种意义上让被击败的德国人有借口神话化他们在第一次世界大战中的战场表现即德国，尤其是德国军队，并未在战场上被真正击败。但在第二次世界大战后，盟军在柏林进行了无数次阅兵、胜利纪念活动，修建起纪念反法西斯战争胜利的纪念碑和烈士墓，更不用提近半个世纪的军事占领与人为分裂，都让德国人认清，他们确实被彻底打败了。

地图108

库尔兰，1944年10月15日—1945年3月18日

从斯大林格勒开始，希特勒便钟爱"中心开花"战术：在被分割的德军部队绝望地固守待援的同时，派出稀缺的机动预备队发起代价高昂的解围行动，通常这种战术对于被围部队与解围部队都无异于自杀。在盟军转入战略反攻阶段后，数以万计的德军因这一"战术"而无谓地伤亡或者被俘获。乍看之下"中心开花"战术在短时间内的确阻滞了苏军的推进，但其对德军人力的严重浪费却导致了德军的长时间慢性失血。由于希特勒对精神胜利的偏执让他极端厌恶撤退，缺乏回旋空间的德军经常被成建制合围也就不奇怪了。此时已经走火入魔的元首想要他的部队把守住纳粹占据的每一平方英尺土地，而在一定程度上，他又理性地解释称，这些被牺牲的部队拖住了大量苏军，让对方无法将部队投到其

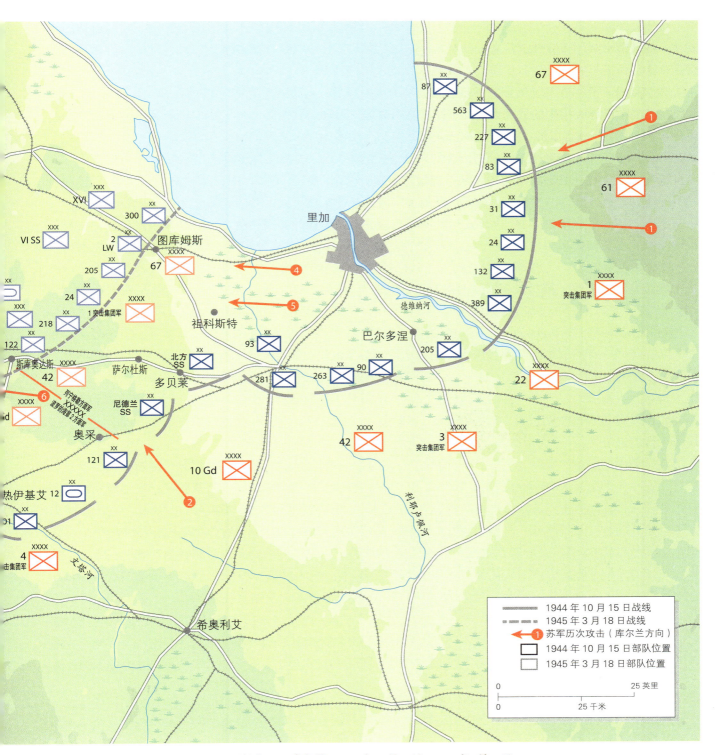

地图108 库尔兰，1944年10月15日—1945年3月18日

他战线上。不过这无异于"竖起靶子打自己"，德军大量重兵集团被敌军合围，无法被用于主要战场的作战中，更不消说为了保证被围部队能够战斗下去，纳粹空军和纳粹海军必须分出大量力量用于为其提供保障。

1944年秋，苏军在从立陶宛方向抵近至波罗的海沿岸后，对拉脱维亚的近50万德军形成了一个巨大的包围圈。德军第3装甲集团军的反击没能打通陆路通道，但还是让纳粹海军的水面舰艇部队能够在战争的最后6个月中派上一点用场。最终，舍尔纳麾下约26个师的残部被波罗的海第1方面军和第2方面军的52个师围困。出于他本人的意愿，并经过下属的劝说后，希特勒批准逐步从海路撤离被困在库尔兰的部队，而与此同时，斯大林也只在库尔兰方向留下了最低限度的部队，保证对德军的合围并偶尔发起攻击对包围圈内德军进行袭扰，削弱并寻机歼灭德军部队；德军将这些苏军攻势称为第1到第6次攻势。

苏军对库尔兰半岛的第1次攻势发起于1944年10月上旬，此时苏军挟夏季攻势之威收复里加，并希望彻底将德军北方集团军群赶到海边，或者干脆迫使其投降（地图88）。不过后一个选项由于没能考虑到希特勒个人的决策而破产，德军的"寸土必争"让巴格拉米扬和叶廖缅科的部队不得不将一场追歼战活活打成一场接一场的围攻。第2轮攻势于10月22日以2000门火炮的炮火准备拉开序幕。罗特米斯特罗夫的近卫坦克第5集团军以超过400辆坦克和自行火炮，对通往利巴瓦［俄语：利耶帕亚（Liepaja）］道路上的斯库奥达斯与瓦伊尼奥代（Vainode）一线盘踞的党卫军第3装甲军与第10军发起突击，苏军近卫第10集团军则对集结在奥采一带的德军部队发起进攻。在多达1800架飞机和大量新锐的"斯大林"重型坦克的支援下，苏军势如破竹，1周后，最激烈的战斗在普列库莱一带爆发。德军防守极其顽强，苏军在损失数以百计的坦克与自行火炮后才终于在11月初停战休整。舍尔纳重整了他的防线，但苏军从19日开始沿着德军第16与第18集团军的接合部发动进攻。双方在其后1周间爆发了激烈的战斗，在双方都损失巨大的同时，苏军仅取得了微弱进展。

在压倒性的空中优势下，苏军2个方面军于12月21日—31日间又进行了第3轮攻势，亦被称为"圣诞攻势"。苏军突击第3集团军和突击第4集团军、近卫第10集团军和第42集团军一道从包围圈南侧对利巴瓦和萨尔杜斯一带发起突击。苏军很快在帕帕里（Pampali）一带冲破德军第1军与第38军的防御，在2天内取得若干进展。随着舍尔纳将他手头屈指可数的机械化预备队投入该方向，形势逐步回到德军的控制之中，近卫第6集团军对防守利巴瓦的德军第2军的进攻以失败告终。苏军本轮攻势付出了惨重的代价，只占领了几平方英里的土地，德军在此前10周的战斗中伤亡也达10万之众。1945年新年前后，希特勒终于认识到将如此多的资源和人力投入库尔兰这个无底洞纯属浪费，并批准了一场大规模的撤退行动。

苏军对库尔兰的第4轮攻势发起于1月24日，主攻方向又一次转移到了萨尔杜斯以西的德军第18集团军防线与波罗的海沿岸，同时对德军在图库姆斯周围的第16集团军阵地发起了牵制性攻击，但在两个方向的战斗中德军不仅挡住了苏军，还对其造成了严重的人员与技术装备损失[1]。苏军于2月20日发动第5轮攻

---

① 库尔兰集团军集群在1月间两度换将：伦杜利克（第20山地集团军指挥官）于18日接替了舍尔纳的职务，而海因里希·冯·菲廷霍夫大将于29日又替换了伦杜利克，菲廷霍夫只在该职位上待到了3月10日。随后库尔兰地域德军的指挥官被换成步兵上将卡尔·希尔珀特并直至战争结束。

势，主攻方向分别为普列库莱（德第18集团军）和祖科斯特（Dzukste）（德第16集团军）。2天后苏军终于攻入普列库莱，并将德军逼退至瓦尔塔雅河以西6英里的地方。在包围圈的北面，红军于3月中旬拿下了祖科斯特，但泥泞季节的到来阻止了他们的进攻。近卫第10集团军随后于3月18日不顾恶劣气候的影响发动了第6次攻势，主攻方向为萨尔杜斯，这场失败的攻势为第二次世界大战的波罗的海战场画上了句号。

地图109

维斯瓦河—奥得河战役（I），1945年1月12日—18日

　　红军成功遂行"巴格拉季昂"行动以及后续的小规模攻势强烈震撼了东线中央战区，红军已经进入东普鲁士，并在维斯瓦河西岸建立起数个登陆场，不过距离柏林还有相当的距离。尽管此时苏军已经直接威胁到了柯尼斯堡、但泽和布雷斯劳等城市，但距离德国的心脏地带仍隔着一个足有200英里纵深的波兰西部。希特勒在波兰中部摆下了2个集团军群，下辖4个集团军——不过其中的第4装甲集团军与第17集团军已经是聊胜于无——波兰中部守军包括约40万部队，拥有约4100门身管火炮、1150辆坦克与自行火炮并有1300架飞机提供掩护[1]。而当面的苏军则云集了4个方面军，其中白俄罗斯第1方面军与乌克兰第1方面军担纲主力：2个方面军合计拥有250万兵员、50000门非直瞄火炮和7000辆坦克，飞机数量更是超过了10000架[2]。在整个波兰前线上，红军对纳粹德军在各方面基本达到了9∶1甚至10∶1的优势，而在实际战斗中，这个优势还会更大。朱可夫的白俄罗斯第1方面军拥有7个合成集团军（另有1个波兰集团军）与1个坦克集团军，该方面军将横扫当面的德军第9集团军，并在宽阔正面上对德军形成多个规模较小的包围圈；科涅夫的方面军则拥有8个合成集团军与2个坦克集团军，该方面军将从规模巨大的桑多梅日登陆场对德军第4装甲集团军发起攻击，对于此时被投入战壕与散兵坑的"德国灰"们而言，苏军的攻势只会带来一个结果。

　　1月12日，科涅夫率先发动进攻，乌克兰第1方面军集结了多达6个突破炮兵师，在弗里茨–胡贝特·格雷泽尔（Fritz–Hubert Gräser）装甲兵上将所指挥的第4装甲集团军当面，苏军炮兵的放列密度达到了420门

---

① 从1942年起，东线德军的集团军群命名方式便不再是按照简单的北、中、南等方向划分。在"巴格拉季昂"行动后，中央集团军群撤往华沙以北，而在其南面的北乌克兰集团军群被更名为A集团军群。1945年1月25日，中央集团军群被更名为维斯瓦集团军群，A集团军群被更名为中央集团军，德军繁复的更名经常令历史研究者们感到头疼。

② 在2个方面军侧翼，白俄罗斯第2和第3方面军将负责攻击东普鲁士德军，乌克兰第4方面军则贴着喀尔巴阡山北麓，继续完成在匈牙利西北的战斗任务。

/英里。苏军猛烈的炮兵火力准备将第48装甲军和第42军部署
在第一线的各个师炸得不知所措，而此时1名德军必须防守15
码宽的阵地，德军第1道防线在数小时内便告失守。在当日晚
些时候，雷巴尔科的近卫坦克第3集团军从步兵与炮兵部队撕
开的多个突破口中蜂拥而入。列柳申科的近卫坦克第4集团
军则直接冲到德军的反击预备队——第24装甲军的集结地，
在对方尚未发起反冲击前便将其蒙头暴打。在25英里宽的正
面上，1天内苏军步兵已经推进了10余英里，坦克部队推进的
距离更达到其两倍。科涅夫的先头部队在次日已经抵达凯尔
采，他随即命令第59集团军前去占领克拉科夫。

　　朱可夫的攻击从1月14日开始，他的主力部队从马格努谢
夫发起突击，同时从普瓦维登陆场发起另一场牵制性攻势。
白俄罗斯第1方面军很快在两个方向分别撕开10英里和15英里
宽的突破口，步兵部队推进了10英里，坦克部队则向前推进
了30英里。此时临阵换将的德军第9集团军在装甲兵上将斯米
洛·冯·吕特维茨的指挥下只能被动挨打：第56装甲军和第8
军的一线各师在24小时内就损失了一半兵力。15日，朱可夫的
两个登陆场逐渐合并成一个75英里宽的大型登陆场。在华沙
北面，其麾下的第47集团军冲破了德军的防线，朱可夫随即投
入波格丹诺夫的近卫坦克第2集团军和第61集团军从南面包围
了华沙。德军第46装甲军在苏军完成对华沙的合围前便直接撤
退。在朱可夫的右侧，罗科索夫斯基的方面军开始席卷波兰中
北部与东普鲁士。乌克兰第1方面军逼近了德军在皮利察河以
西的第3道防线。随着负责掩护科涅夫左翼的乌克兰第4方面军
也推进至克拉科夫南面，苏军对该城形成三面包围。在攻势发
起的4天中，数以十计的德军师、旅和各类战斗群被苏军整建
制消灭或俘虏。

　　1月16日，苏军4个方面军在波兰全境继续向西推进，德军
未能组织起任何有效的反击。希特勒眼睁睁地看着自己最为至
关重要的战线已经陷入了无可救药的境地，忍无可忍的他当天
便解除了哈佩的职务；2天后他让舍尔纳接替了该职务并希冀
于后者能再度上演防御奇迹。但此时的德军已经丢掉了莫德林
以南的整个维斯瓦河一线，朱可夫和科涅夫麾下的苏军各个集

地图109　维斯瓦河—奥得河战役（Ⅰ），1945年1月12日—18日

团军正不断穿插，将德军各个师分割成互不联系的小型包围圈。此时朱可夫的部队已经将华沙城内的德军合围，不过作为顺水人情，解放祖国首都的任务还是交由波兰人民军的第1集团军来完成。波军收复华沙后，希特勒一如既往地怀疑华沙失守是怯懦和背叛行为，随后为了泄愤他解除了吕特维茨的职务，并进一步加强了对各级指挥官的控制①。德军战线被整体向西击退的同时，苏军还沿着德军的结合部将其撕成两块。18日，朱可夫的部队已经合围了罗兹，并向波兹南推进；科涅夫的部队则完成了对克拉科夫的合围并向布雷斯劳推进。不过在一天前的17日，红军最高统帅部大本营便开始催促朱可夫和科涅夫加快速度向奥得河推进。

地图110

维斯瓦河—奥得河战役（Ⅱ）
1945年1月21日—28日

红军最高统帅部大本营于1月19日再度催促朱可夫与科涅夫加快进度，但当日科涅夫的进展已经比战役计划提前了整整5天！德国人要面对的问题则实际得多，挡在苏军与德意志本土之间的2个集团军群中的大部分部队已经被苏军歼灭，随着数以十计的师级建制一起被打掉的，还有德军精心设计的纵深防御体系。希特勒随即又调来数十个野战师和数百支杂牌部队填入正在被苏军快速逼退的战线上。他还希望舍尔纳在接收这批部队后能在波兹南一线形成一道堪用的防线，舍尔纳的A集团军群仓促间能否完成这项任务还需要拭目以待。此时苏军2大方面军的指挥员们正紧锣密

---

① 随后接任第9集团军指挥官的步兵上将特奥多尔·布塞（eodore Busse）曾任曼施泰因的参谋长。吕特维茨战后加入联邦国防军，曾担任军长职务。

1945年1月25日战线（非国界）

德 国

	1月20日战线
	1月25日战线
	2月1日战线
□	1月20日部队位置
□	2月1日部队位置

地图110　维斯瓦河—奥得河战役（Ⅱ），1945年1月21日—28日

鼓地筹划如何突破波兹南防线与德军在其后方50英里处构筑的、被称为"波美拉尼亚壁垒"的防御带，此时德军还没有向该防御带中充实部队。波兹南以东的德军此时仅能进行零星抵抗，苏军各坦克集团军平均每日推进25—30英里，合成集团军平均每日推进20英里，就当时的进展而言，苏军最高统帅部大本营所提出的战役时间表并非毫无根据。

　　白俄罗斯第1方面军于1月的最后一周开始与波兹南防线发生接触，布塞试图沿布祖拉河据守，1939年，波军在此地折戟沉沙。不过波格丹诺夫的近卫坦克第2集团军却绕过德军防守釜底抽薪，将德军击退。23日，波格丹诺夫肃清了布龙贝格（Bromberg）的德军。一天后，卡图科夫指挥的近卫坦克第1集团军逼近波兹南。与此同时，在布雷斯劳的上游，乌克兰第1方面军开始从多处强渡奥得河。在命令列柳申科的坦克第4集团军继续攻打西里西亚首府一带的德军第4装甲集团军的同时，科涅夫命令雷巴尔科的坦克集团军向东南转向120度，并命令近卫骑兵第1军与该坦克集团军一道追击从克拉科夫向西撤退的德军第17集团军。1月22日，列柳申科的一个机械化旅在布雷斯劳西北的施泰瑙建立起一座登陆场，这意味着布雷斯劳包围圈已经形成了一半。随后的几天中，科涅夫的大军在格洛高（Glogau）西北的奥得河畔。舍尔纳命令麾下各集团军趁苏军渡河发起反击，但这些部队要么没有机会，要么兵力不足，都没能执行反击作战。

　　1月26日，希特勒调整了大柏林地区的防御部署，并将第2和第9集团军分别部署到东部和北部，交由海因里希·希姆莱所指挥的，新组建的维斯瓦集团军群指挥。第4装甲集团军与第17集团军则成为了此时的中央集团军群（地图109，注释1）手头仅剩的部队。但此时德军无论采用什么伎俩都已经无法迟滞白俄罗斯第1方面军的推进。斯大林格勒的英雄崔可夫和他指挥的近卫第8集团军被投入波兹南方向，并准备好彻底消灭被围的6万德军。朱可夫的其他部队则在同一时间完成了围攻同样被希特勒划为"要塞"的托伦（Toruń）与施奈德米尔（Schneidemühl）的准备工作。1月底，一场暴风雪袭击了中欧，但这样的天气并没有阻挡来自更寒冷的地方的苏军的脚步。朱可夫急于抵达奥得河，他的部队于勃兰登堡东面正式踏上了第三帝国的土地。白俄罗斯第1方面军的急速推进留下了一个巨大且一度脆弱的右翼，不过到了1945年，这并不会让他有过多担心。很快白俄罗斯第1方面军的2个坦克集团军便开始向西赛跑，并很快突破了布塞的部队，沿着诺泰奇河与瓦尔塔河构筑的薄弱防线。1月31日，波格丹诺夫的坦克部队已经在屈斯特林（Küstrin）抵达了奥得河下游，屈斯特林本身是希特勒要求德军务必在该河右岸扼守的桥头堡。波格丹诺夫的机械化第1军于2天后渡过了奥得河。在奥得河畔法兰克福以南，卡图科夫于2月1日抵达奥得河岸边，并在24小时后在奥得河西岸构筑起一个小规模的登陆场。

　　科涅夫则继续在奥得河中下游对舍尔纳的第4装甲集团军与第17集团军猛烈打击。在从南面赶来的彼得罗夫的乌克兰第4方面军的协同下，1月27日—28日间，2个方面军将德军逐出了西里西亚的工业区（不过就此时德国已经揭不开锅的战时工业而言，这算不得很大的损失）。德军第17集团军不管是在地理上还是在后勤上已经无法再承受苏军的打击；在1月下旬，该集团军开始向南退却并经由喀尔巴阡山脉的小路退入捷克斯洛伐克境内。与此同时，苏军由库罗奇金指挥的第60集团军解放了奥斯威辛，向全世界宣告了纳粹反人类的"最终解决方案"这一滔天大罪。在3周间，红军推进了约350英里，对德军造成50余万的伤亡，歼灭35个师，将另外25个师打得丧失战斗力。苏军先头部队此时距离柏林仅40英里。

地图111

东普鲁士与波美拉尼亚
1944年10月15日—1945年1月22日

东普鲁士

　　1944年10月下旬，白俄罗斯第3方面军已经通过对贡宾嫩与因斯特堡的攻击冲向柯尼斯堡。但德军精心构筑的防御工事，守军的顽强防御与在恰当时机发起的装甲部队反冲击，让切尔尼亚霍夫斯基的部队不得不在取得了略多于50英里的进展后就此止步，并付出了惨重代价。苏军此后对于在德国本土作战都因这个教训而更为谨慎。作为声势浩大的维斯瓦河—奥得河战役的一部分，切尔尼亚霍夫斯基与罗科索夫斯基的新一轮攻势有2大目标，第一，征服极具象征意义的东普鲁士并拿下柯尼斯堡和但泽；第二，阻止该地区的德军部队干扰南面正在推进的朱可夫所部[①]。莱因哈特指挥的德军中央集团军群有20万兵力，下辖30个步兵师、7个装甲师与装甲掷弹兵师，该集团军群负责的360英里长的战线上密布精心构筑的工事和障碍物，构筑如此坚实的防御在1945年的东线局势下实在难能可贵。

　　白俄罗斯第2方面军将在很大程度上避开马祖里湖区，并从湖的左翼向西北进攻，方面军的初步战役目标为姆瓦瓦，而整体战役目标则为拿下整个维斯瓦河河口。切尔尼亚霍夫斯基决定采用毫无花哨的正面强攻，直击德军第4集团军的突出部然后从贡宾嫩—因斯特堡轴线略微偏北的地方直扑柯尼斯堡，他在上个秋天也采用过这样的正面强攻战术。东普鲁士方向的攻势于1月13日发起，进攻日期恰好夹在科涅夫与朱可夫的攻势之间。苏军的南北交织的连续攻势让德军再度没能判明苏军的意图。白俄罗斯第3方面军率先出击，尽管苏军占据绝对的优势兵力，劳斯的第3装甲集团军的防守却极其顽强，许多城镇在一日内易手多次。白俄罗斯第2方面军于1天后发起攻击，不过不走运的是，该方面军的攻击矛头一头戳在了"大德意志"装甲军的阵地上，该装甲军可谓是整个纳粹国防军此时仅存的精华。随着波兰中部战局越来越糟，希特勒将该装甲军调动至该方向，一定程度上减轻了罗科索夫斯基的压力。不过罗科索夫斯基的方面军在推进至姆瓦瓦筑垒区——这座被希特勒宣称为"要塞"的城市时，开始遭受激烈的抵抗。在攻势的北端，切尔尼亚霍夫斯基一度将他的主力部队调离前线以重新获得主动，该方面军最终在被封冻的沼泽中开辟出前进的道路。到1月18日，他的部队已经推进了约30英里，而罗科索夫斯基的部队则推进了50余英里，但2个方面军

---

① 巴格拉米扬的波罗的海第2方面军此时仍在围攻德军库尔兰集群，该方面军分出了2个集团军分别负责进攻梅默尔与蒂尔西特。

在朱可夫和科涅夫的狂飙猛进面前都相形见绌。

苏军潮水般的攻势终于超过了德军防线的承受能力，莱因哈特手中已经没有机动预备队可用。国防军陆军的士兵此时与纳粹海军、纳粹空军，甚至未经训练的民兵和人民冲锋队一道作战。1月19日，白俄罗斯第2方面军在其战线上多处突破德军防御，当日在一些地段已经推进了40余英里；近卫骑兵第3军在姆瓦瓦至阿伦施泰因的公路上越过了东普鲁士边境。在击退第3装甲集团军后，切尔尼亚霍夫斯基的第39集团军夺取了因斯特堡。随后德军全面退却，并直接放弃了大量已经构筑完毕的"筑垒区域"——当然希特勒并不知情。劳斯的部队于20日开始向柯尼斯堡撤退，次日魏斯又丢掉了坦能堡，此处不仅是魏玛共和国总统兴登堡功成名就之地，也是沙俄大量士兵的埋骨场，而此时该处落入了罗科索夫斯基率领的红军手中。与此同时，乌克兰第2方面军的前卫部队抵达了德意志埃劳（Deutsch Eylau），距离但泽湾仅60英里。22日，为避免第4集团军全军覆灭，该集团军指挥官，弗里德里希·霍斯巴赫（Friedrich Hossbach）步兵上将擅自决定从第3装甲集团军与第2集团军之间的突出部中撤离。在沿着边界将整个东普鲁士"铲了"一道之后，苏军近卫坦克第5集团军于1月26日抵达了波罗的海岸边，将德军在东普鲁士尚存的2个半集团军与大部队分割[①]。

波美拉尼亚

在近卫坦克第5集团军攻克了维斯瓦河河口附近的托尔克米特（Tolkemit）的德军指挥部后，德军第2集团军和其建制内的3个军便快速向西退去，并被希姆莱的维斯瓦集团军群接收[②]。德军一直在阻击朱可夫的右翼，但最高统帅部大本营早已预见到这种情况，完成柯尼斯堡围城后的白俄罗斯第

---

① 这意味着德军中央集团军群被重新命名为北方集团军群，该集团军群指挥官莱因哈特（于25日视察前线时头部受伤多处）被伦杜利克取代，霍斯巴赫的职务由步兵上将弗里德里希—威廉·米勒接替。

② 此时的维斯瓦集团军群包括重建的第11集团军，该集团军很多时候还被非正式地称为党卫军第11装甲集团军。

北

柯尼斯堡

11 Gd

GD

5

2 Gd

皮劳

柯尼斯堡

托尔克米特

但泽湾

梅默尔

1月27日
德军撤离

波罗的海

东普鲁士

涅曼河

蒂尔西特

因斯特堡

贡宾嫩

波罗的海第1方面军

白俄罗斯第3方面军

3 Pz
4 Pz

勒岑

马祖里湖

阿伦施泰因

苏瓦乌基

奥古斯图夫

汉尼巴尔战斗群

白俄罗斯第3方面军
白俄罗斯第2方面军

但泽

埃尔宾

马林堡

5 Gd

突击集团军

德意志埃劳

坦能堡

格鲁琼兹

5 Jäg

65

49

252

托伦

波兰

姆瓦瓦

维斯瓦河

4 Pz
2

比亚韦斯托克

5 Gd

突击集团军

3 Gd

8 Gd

白俄罗斯第2方面军

白俄罗斯第1方面军

中央
A

2
9

1945年1月25日战线（非国界）

地图111　东普鲁士与波美拉尼亚，1944年10月15日—1945年1月22日

2方面军很快脱出身来帮助白俄罗斯第1方面军解除了侧翼的威胁。2月10日，罗科索夫斯基发动了以格鲁琼兹为目标的新一轮进攻，但在2周内只推进了25英里。24日，罗科索夫斯基的部队（其中还包括从芬兰调来的援军！）与朱可夫的部队一道在240英里宽的正面展开了大规模进攻，这2个方面军组成的当时世界上最强大的重兵集团合围了位于德意志克罗内（Deutsch Krone）、德拉姆堡与贝尔加德方向来不及逃脱的德军，随后又合围了科尔贝格一带的德军重兵部队。3月4日，罗科索夫斯基的部队开始单独进行波美拉尼亚方向的作战行动，朱可夫的白俄罗斯第1方面军则腾出手专注于攻打柏林。该月底，白俄罗斯第1方面军如入无人之境，进展迅速。科尔贝格于18日被苏军攻克，但泽于28日被苏军拿下。

地图112、113

并非所有希特勒所划定的"要塞"城市都是头脑发热的产物。例如，人们普遍认为，在斯大林格勒被围的德军的确让德军A、B集团军群趁着苏军围歼第6集团军之际成功跑路。此时希特勒决定死守柯尼斯堡与布雷斯劳，这两个分别位于维斯瓦河—奥得河战役地幅南北两端的重要城市，的确极大程度地拖延了苏军向柏林发起最后突击的步伐，可以说，这两座城市的坚守让第二次世界大战欧洲战场足足延长了1个月之久。

地图112：柯尼斯堡，1945年3月13日—4月8日

波罗的海港口城市、条顿骑士团的堡垒、东普鲁士的首府、霍亨索伦王朝诸王的加冕地与陵寝所在，伟大的哲学家伊曼纽

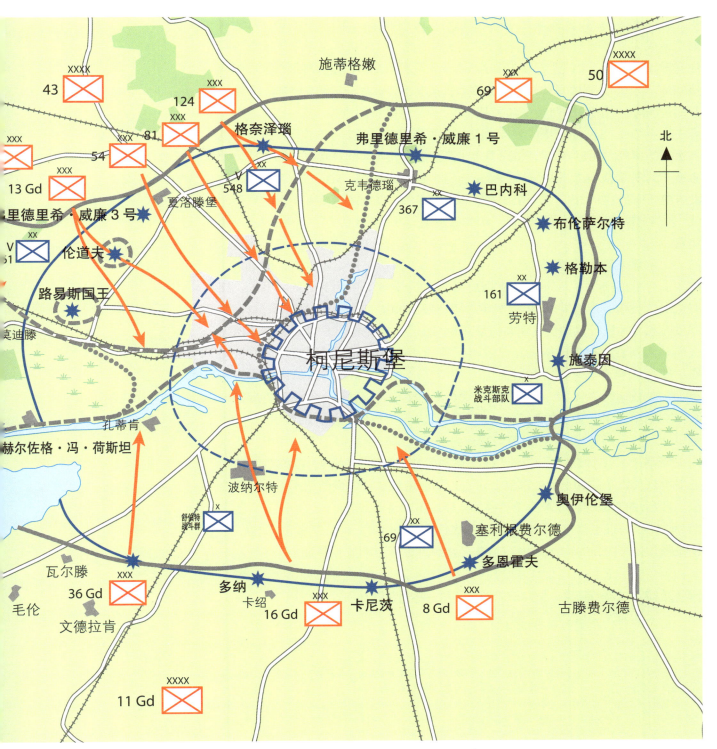

地图112　柯尼斯堡，1945年3月13日—4月8日

尔·康德的家乡，以及德意志人抵抗拿破仑入侵的象征，如此种种头衔，都让柯尼斯堡成为了德意志文化的基石所在。正因为此，这座城市也在双方统帅的眼中变得异常重要：希特勒想要守住这座德国文化的象征，而斯大林则打算征服这座城市。苏军3个方面军首先对该城发动直接攻击，然后分割孤立该城，并逐步收缩包围圈，意图最终彻底攻克这座城市。由于该城市的地形，德军守军不但要守住这座城市，还要掩护附近的。在防守柯尼斯堡的过程中，纳粹海军扮演了极其重要的角色。在1月末苏军将东普鲁士孤立后，希特勒允许德军第28军从梅默尔撤离到皮劳港方向，以萨姆兰集群的番号加强当地防御。此时伦杜利克指挥的北方集团军群建制内拥有2个集团军，合计23个师，防御周长为40英里的环形防线①。柯尼斯堡守军约有10万人、4000门火炮、100辆坦克装甲车辆以及170架飞机。

　　切尔尼亚霍夫斯基此时除了白俄罗斯第3方面军之外，还得到了配属来的波罗的海第1方面军，他奉命攻克柯尼斯堡，2个方面军的总兵力约13万人，拥有5200门火炮、超过500辆坦克装甲车辆以及2100架飞机②。不过苏军在2月间并没有积极地进行攻城。在切断柯尼斯堡与皮劳之间的直接联系后，在华西列夫斯基筹划着对柯尼斯堡发起总攻时，苏军却放任德军通过陆路继续对这两座"要塞"城市进行补给和增援③。3月13日，苏军开始攻击该城南面的海利根贝尔（在地图之外），但苏军在持续5天的攻城中面对德军的顽强防御进展甚微。德军在东普鲁士的撤离行动继续进行，包括该区域仅存的装甲师（第7装甲师）和已经被打残的第4集团军在内的部队都陆续撤离了东普鲁士。华西列夫斯基于4月6日恢复了攻击，在大规模的空袭之后，第39、第43、第50和近卫第11集团军的30个师的部队，对进行了深度筑垒化建设的德军阵地发起攻击，在2天的激战中，苏军战斗工兵部队展现出非比寻常的价值。4月8日，苏军第43集团军与近卫第11集团军会师，彻底孤立了萨姆兰，柯尼斯堡守军于9日午夜投降。另有约22000名德军死守在皮劳港，并坚守至欧战胜利日。

地图113：布雷斯劳，1945年2月14日—5月8日

　　布雷斯劳，西里西亚省的首府，也是腓特烈大帝的发迹地，1740—1741年

---

① 劳斯大将的第3装甲集团军指挥部于2月中被转隶给了波美拉尼亚方向。

② 仕途坎坷的巴格拉米扬再度丢掉了乌纱帽，他麾下的波罗的海第1方面军降级为萨姆兰集群，被配属给白俄罗斯第3方面军，但该方面军司令员，也是斯大林手下唯一一个犹太人大将——切尔尼亚霍夫斯基在2月18日因在前线身先士卒指挥作战而不幸牺牲，华西列夫斯基元帅随即接替了他的职务。

③ 3月10日，伦杜利克转任库尔兰集团军群指挥官，不过2天后便被魏斯取代，后者指挥的第2集团军在波美拉尼亚遭到了苏军的彻底歼灭。

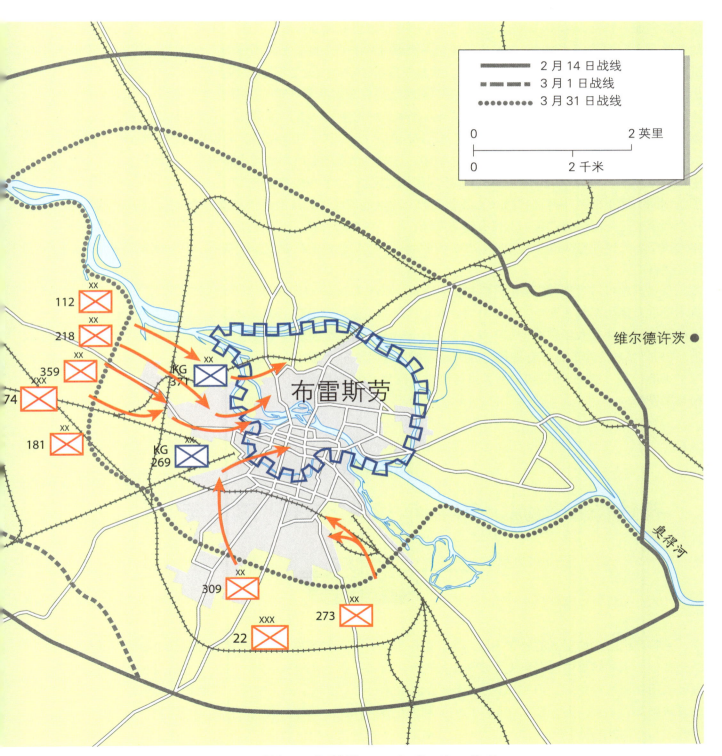

地图113 布雷斯劳，1945年2月14日—5月8日

他从玛利亚·特蕾莎（Maria eresa）女大公手中夺得该省的控制权后，普鲁士才真正走上了成为欧陆列强的道路。在1月下旬，德军第4装甲集团军仍在该城维持着一个桥头堡，不过乌克兰第1方面军的近卫第5与近卫第6集团军于2月14日便将该城包围。科涅夫将雷巴尔科的近卫坦克第3集团军以逆时针方向从施泰瑙出发对德军进行大纵深穿插，将该城合围的同时也确保布雷斯劳守军无法阻挡乌克兰第1方面军向柏林推进的步伐。次日纳粹空军开始向这座有着4万守军的城市空投补给，德军飞行员将该城宽广的林荫道改作跑道，但在3个月的空运中德军一口气损失了165架Ju52运输机。在围城前，布雷斯劳的纳粹党组织疏散了大量的市民，但此时仍有超过10万人留在城中，这些市民在随后的攻城战中将遭受严重的伤亡。尚留在城中的德军2个步兵师，第269师与第371师建制仍相对完整，2个师接到了突围的命令，但只有部分部队冲出了包围圈，剩下的战斗群都在防线上各就各位。除这些部队外，还有仓促组建的第609步兵师加强防御。这个师简直是一群乌合之众：不仅有国防军陆、海、空军的士兵，还有党卫队员、警察、希特勒青年团的半大孩子、人民冲锋队以及其他准军事团体的成员，该师使用的武器更是五花八门，基本可以算是一个欧陆轻武器的大杂烩。

负责围攻布雷斯劳的，是由格鲁兹多夫斯基（V. A. Gluzdovsky）中将指挥的第6集团军。不过科涅夫一直不批准该集团军对布雷斯劳发动总攻，取而代之的是苏军以炮兵与航空火力对这座城市进行猛烈轰炸。冷酷无情的纳粹党大区领袖卡尔·汉克（Karl Hanke）毫不犹豫地将城内滞留的平民也推入火坑之中。他于3月初将城内守军的指挥官撤换，因为此人相比起对红军发起狂热的反击，更专注于如何减轻城内守军与平民的苦难。汉克于5月初逃出了布雷斯劳并接替希姆莱成为党卫队帝国领袖。布雷斯劳于欧战胜利日向苏军投降。

地图114

布达佩斯围城，1944年12月28日—1945年2月11日

希特勒厌恶一切形式的放弃土地，尤其是作为一个前奥匈帝国子民，他根本没有想过要将布达佩斯，这个在他的东线防御中占据至关重要地位的匈牙利首都，拱手让给苏联人。匈牙利政府从10月12日开始与苏联政府秘密协商媾和，但德国人在4天后协助匈牙利箭十字党发动了政变，和谈随即破裂；24日，苏军最高统帅部大本营向苏军将士宣布，将匈牙利人视作同德国人一样的敌人。11月与12月初，马利诺夫斯基与托尔布欣的2个方面军先后发动2次对布达佩斯的草率进攻，但法西斯军队的防御实在太过坚固。12月20

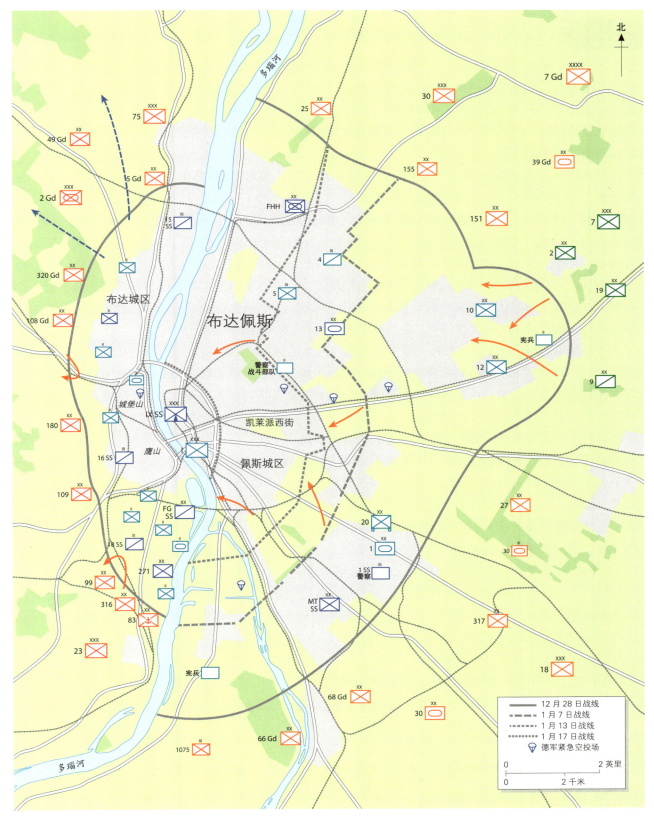

地图114　布达佩斯围城，1944年12月29日—1945年2月11日

日起，苏军发起了精心准备的第3轮攻势，并于当月26日完成了对该城的合围（地图106）。震怒的希特勒于22日将弗里斯纳和弗雷特–皮克双双解职。12月下旬，刚刚接手还未缓过气来的中央集团军群没几天的韦勒便建议希特勒，德军能守住规模更小、地形更崎岖的布达区（布达佩斯西部），但希特勒要的是整个布达佩斯城尽在手中[1]。

法西斯军队在布达佩斯部署的是相对较新组建的党卫军第9山地军军部，下辖国防军第13装甲师、"统帅堂"装甲掷弹兵师、党卫军第8"弗洛里安·盖尔"（Florian Geyer）骑兵师、党卫军第22"玛利亚·特蕾莎"志愿骑兵师、第271人民掷弹兵师一部与大量警察部队；除此之外，城内的匈牙利第1军军部下辖有第10、第12和第20步兵师与第1装甲师，此外还有若干团营级部队、宪兵单位与大量忠于纳粹的匈牙利箭十字党民兵[2]。城内的法西斯军队总规模约13万人，指挥官为党卫队副总指挥兼党卫军上将卡尔·普费弗–维尔登布鲁赫（Paul Pfeffer–Wildenbruch）[3]。此外城内还有被裹挟的80万匈牙利平民。在城外，最初围城的苏军部队包括16个苏联步兵师与2个罗马尼亚步兵师、2个坦克师和其他各种分队。尽管德军发动了旨在从西面解围的救援行动，但马利诺夫斯基的部队仍继续向前推进。

苏军近卫第7集团军的主攻方向为地形更为适合进攻的佩斯城区。在12月的最后几天与1945年初的第1周间，步兵第30军和步兵第18军会同罗马尼亚第7军步步为营，缓慢而稳健地蚕食着城市的东郊。但在多瑙河以西的布达城区，法西斯军队构筑了严密的防线，并让苏军付出了高昂的代价。红军在佩斯城区的损失同样巨大，但1月7日，苏军已经打通了拉科什宫（Rakospalota）和小佩斯（Kispest）两个街区并推进了数英里，将法西斯军队的控制区压缩了一半。随着战事进入停滞阶段，马利诺夫斯基建议成立一个新的统一指挥部来负责布达佩斯的围城战。苏军最高统帅部大本营随后批准了他的建议，第18军军长阿福宁（I. M. Afonin）少将于1月11日正式全盘接手布达佩斯攻城战。根据命令，1月12日，他让部队沿着城内主要干道凯莱派西街（Kerepesi Street）向西推进，直扑多瑙河畔的政府办公区中心。1天后，苏军部队已经沿街道推进了一半路程，最终于1月14日抵达多瑙河岸边。城内法西斯军队被分割成北部和南部佩斯城区与布达城区三块。在这种情形下，失去斗志的匈牙利人开始大批投降，1月18日，马利诺夫斯基宣布佩斯城区的法西斯军队已经被肃清，苏军打死33000人，另有2倍于此的法西斯军队被俘。

1月第3周，红军最高统帅部大本营将攻占布达城区的任务交给了托尔布欣的第75和第37军，此时德军开始从布达佩斯以西发动新一轮解围行动——"康拉德三号"行动，德军的攻势一度咄咄逼人。为了尽快解决战斗，马利诺夫斯基的部队随后也奉命参加夺取布达城区的战斗[4]。新一轮的攻击于1月下旬开始，并在月底前在城北取得了相当的进展。2月初，马纳加罗夫将主力调往南部，并迅速包围了鹰山（Sashegy Hill）的德军，他的部队在48小时内将包围圈中的德军肃清，并在随后向着城堡（Castle）山方向压缩法西斯军队的控制区，一路瓦解敌军的抵抗。在苏军的总攻中，法西斯军队的伤亡达到2万人，负隅顽抗的法

---

① 在劳斯替代弗雷特–皮克后，第6集团军也被更名为劳斯集团军级集群。

② 战役期间"统帅堂"师仍被看作是一个装甲掷弹兵师，但理论上该师于11月27日便被改编为了装甲师。

③ 原文Paul Pfeffer–Wildenbruch有误，实为Karl Pfeffer–Wildenbruch。——译者注

④ 1月下旬，阿福宁在战斗中受伤，第53集团军司令员M.马纳加罗夫中将接手指挥布达佩斯的围攻行动。

西斯分子直到2月11日才被彻底肃清，苏军一共俘获多达7万人。一些德军试图从西北方向顺着利普特迈佐（Lipotmezo）河逃走，但这部分德军均被苏军拦截并消灭。

地图115、116

布达佩斯，德军装甲部队反击，1945年1月1日—27日

如前所述，一旦部队被围，希特勒的反应可以大致归为以下几个步骤：首先，他会命令被围部队原地坚守并撤职几个指挥官；随后，纳粹空军会开始以巨大的损失为包围圈中的守军输送根本不够用的给养；再然后，他会集结一支解围部队并发动胜算无多的反击作战，最后整个流程以包围圈内的部队被歼灭或投降而告终。布达佩斯城的状况也是如此。几乎在苏军乌克兰第2、第3方面军切断这座匈牙利首都与外界联系的同时，希特勒便发动了他的第1次解围作战。12月22日，在他撤销弗雷斯纳与弗雷特-皮克的职务的同时，便命令党卫队副总指挥兼党卫军上将赫伯特·吉勒（Herbert Gille）的党卫军第4装甲军（下辖党卫军第3"骷髅"装甲师和第5"维京"装甲师）通过铁路从布拉迪斯拉发输送至科马罗姆。

地图115："康拉德"行动

吉勒的装甲军于1945年的元旦从陶陶（Tata）东南，距离市中心35英里的位置发起第一轮反击。"骷髅"和"维京"这两个装甲师被用作突破主力，第96步兵师在他们的左翼，帕佩战斗群（第6和第8装甲师各一部）负责掩护党卫军装甲师的右翼。德军很快对当面的近卫第4集团军步兵第31军造成了极大压力，但他们仍没能突破苏军的防御。在4天中德军推进了10余英里，但苏军总能在德军前进的道路上部署足够的阻击部队。此后的48小时内德军仅进展了4—5英里，但距离与城内的普费弗-维尔登布鲁赫所指挥的党卫军第9山地军接上头还有差不多一半的距离。在多瑙河北岸，苏军近卫坦克第6集团军与近卫第7集团军于1月6日对位于吉勒侧后的科马罗姆发起了反击作战；德军第8装甲师的余部试图将苏军击退，在"骷髅"与"维京"2个师的正面，苏军不仅在迟滞德军的进攻，还就地发动反击。党卫军第4装甲军此刻已经是山穷水尽了，只有第96步兵师仍在以团级规模在多瑙河南岸继续向北突击。第96步兵师的攻击于1月8日取得些微进展，但已经无法对苏军形成严重威胁。

在党卫军第4装甲军的右翼，1月7日，德军第1骑兵军从塞克什白堡以北，以第3、第23和第1装甲师发起解围行动。德军希望这次行动能够一击戳中苏军软肋，但德军完全没有料到当面的苏军多达3个近卫步

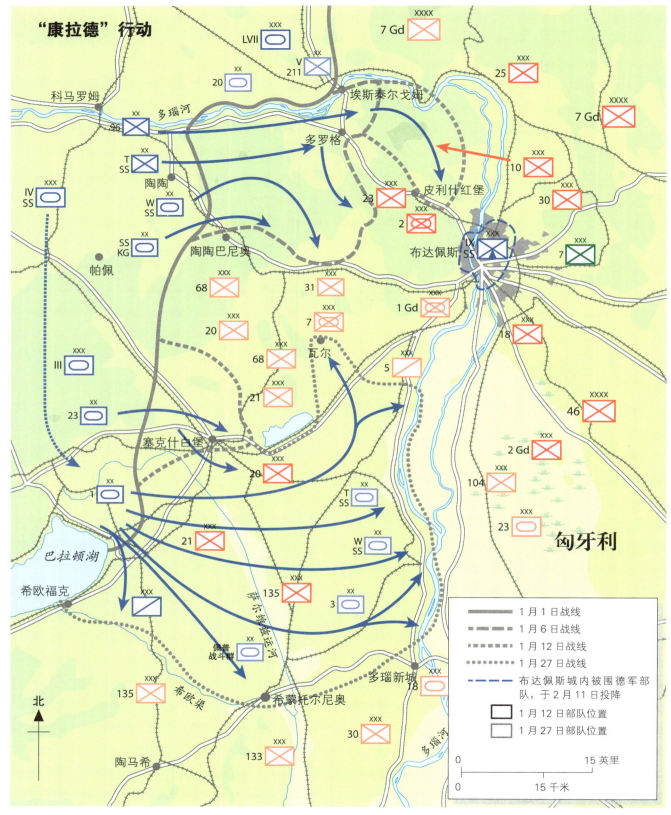

"康拉德"行动

科马罗姆

多瑙河

LVII

V 211

7 Gd

25

7 Gd

96

埃斯泰尔戈姆

多罗格

110

T SS

陶陶

23

皮利什红堡

IV SS

W SS

2

30

SS KG

陶陶巴尼奥

布达佩斯

IX SS

7

帕佩

68

31

1 Gd

18

20

7

III

68

瓦尔

5

23

21

46

塞克什白堡

20

2 Gd

1

104

21

T SS

23

巴拉顿湖

135

W SS

匈牙利

希欧福克

3

佩普 战斗群

135

希欧渠

多瑙新城 18

希蒙托尔尼奥

北

30

陶马希

133

———	1月1日战线
– – –	1月6日战线
‧‧‧‧‧	1月12日战线
········	1月27日战线
– – –	布达佩斯城内被围德军部队，于2月11日投降
▢	1月12日部队位置
▢	1月27日部队位置

0 ————— 15 英里

0 ————— 15 千米

地图115 "康拉德"行动

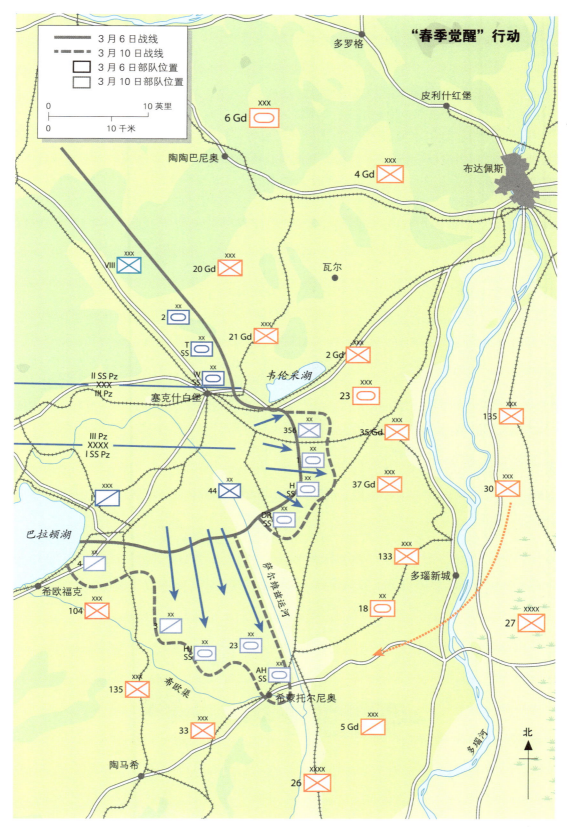

地图116 "春季觉醒"（FRÜHLINGSERWACHEN）行动

兵军与一个机械化军的兵力。德军第23装甲师向前推进了5英里，这也是整场行动中德军所取得的最好进展。希特勒随即将吉勒从突出部中抽调出来，让该部在寒冬中向南公路行军70英里。

　　在塞克什白堡以南，党卫军第4装甲军再度发动了攻势，这次还有第1装甲师和第3装甲师分别从该军左右两翼协同攻击。1月18日攻击开始后，德军在当日日落前便抵达了萨尔维兹运河。到19日下午前，第3装甲师已经在多瑙新城抵达了多瑙河岸边。次日，利用韦伦采湖掩护左翼，第1装甲师距离在布达佩斯城中的友军仅剩下不到20英里。苏军的防御再次加强，在与近卫步兵第2军激战了一周之后，"骷髅"师又向前推进了5英里。此时城内与城外的纳粹党卫军之间只隔着10余英里了，不过德军的两次解围企图都将功亏一篑。

地图116："春季觉醒"（FRÜHLINGSERWACHEN）行动

　　1月下旬2月初，托尔布欣的部队将党卫军部队位于塞克什白堡以南的突出部击退了15英里，使其远离了多瑙河。此时布达佩斯已经被苏军攻克，西线的阿登反击战也以失败告终，希特勒发觉自己手头仍握有一支规模不小的战役预备队，却无处可用。这支预备队——由党卫队总指挥兼党卫军装甲兵大将泽普·迪特里希（Sepp Dietrich）指挥的党卫军第6装甲集团军——下辖党卫军第1装甲军［军长：党卫队地区总队长兼党卫军中将赫尔曼·普里斯（Hermann Priess）］和党卫军第2装甲军［军长：党卫队副总指挥兼党卫军上将威廉·比特里希（Wilhelm Bittrich）］，其右翼还有第1骑兵军协同作战。劳斯的第6集团军也抽调出布赖特的第3装甲军，在塞克什白堡西南与党卫军协同作战。

　　"春季觉醒"行动于3月6日正式开始，党卫军第1装甲军首先发动进攻，党卫军第2装甲军于次日加入攻击。在48小时内，"阿道夫·希特勒警卫旗队"装甲师的装甲部队便不顾泥泞的影响，在萨尔维兹运河以西取得了可观的进展。在运河以东，党卫军第2装甲军和国防军第3装甲军的进展并不如"警卫旗队"师一样可观，在相同的时间里只推进了5英里。托尔布欣随即以3个军的兵力对比特里希发起了反击，反击矛头直指"帝国"师。德军在随后几天中仍保持着推进，沿着韦伦采湖岸边继续向东（第3装甲军），党卫军第1装甲军从巴拉顿湖东岸的道路上向前推进，直逼希欧渠。由于德军过于前出，已经处于非常危险的位置上，于是苏军于3月16日发动了对维也纳的攻击。

地图117

维也纳，1945年3月16日—4月13日

相较于战场指挥官们，红军最高统帅部大本营的眼光更为长远，除了眼前的多瑙河平原之外，还有柏林城要拿下。因此它对于前线各方面军司令员所担心的、迪特里希孤注一掷的反击并不十分在意，毕竟德军的反击并没能阻挡苏军的推进超过24小时。除去布达佩斯正面已经足以打退德军反击的苏军防御部队外，马利诺夫斯基和托尔布欣还拥有合计4个较为新锐的集团军，随时准备向奥地利发动新的攻势：已经恢复元气的第46、近卫第9、近卫第4和近卫坦克第6集团军。除此之外，6个合成集团军（其中1个为近卫集团军），数量众多的罗马尼亚、保加利亚和南斯拉夫军队同苏军近卫第1骑兵机械化集群共同构成了第2梯队。苏军甚至没有等到德军筋疲力尽为止才动手，3月16日，苏军的反击便迎头与德军的装甲先头部队展开对攻。

乌克兰第3方面军作为进攻主力，于3月16日率先对塞克什白堡一线的德军党卫军第6装甲集团军发起攻击，该方面军意图在巴拉顿湖以东打垮党卫军的装甲部队。乌克兰第2方面军于两天后接续攻击；2个方面军的指挥员倾向于将迪特里希的党卫军装甲集团军直接合围在2个方面军之间，此时已是强弩之末的德军无力继续顽强抵抗，匈牙利人更是敷衍了事。在发起攻势之后几天，红军最高统帅部大本营将近卫坦克第6集团军调拨给托尔布欣，并命令他尽快在德军战线上打开突破口。3月22日，正如此前德军在巴拉顿湖一线所遭受的一样，初春的天气与糟糕的道路状况让苏军的推进受到阻碍。虽然苏军的左右两翼之间只有1英里多的空隙，但迪特里希还是设法撤出了党卫军装甲集团军的大部。克拉夫琴科的坦克部队还没完成战斗准备便仓促上阵，最终也没能完成合围。虽然没有围歼德军装甲集团军，但无论如何，3月20日，苏军攻克了塞克什白堡。在北面，马利诺夫斯基延伸自己的右翼，并向科马罗姆和埃斯泰尔戈姆的匈牙利第3集团军发动攻击；前者坚守到3月30日，后者则没坚守那么久。然而，到了23日，德军在整条战线上面临着全线崩溃的风险，他们准备放弃既有阵地退至拉包河一线。3月25日，在多瑙河北岸，马利诺夫斯基以第40和近卫第7集团军发动了一场宽正面进攻，并很快冲破了德军第8集团军位于赫龙河一线的防御。在持续的空中支援下，马利诺夫斯基放出了普利耶夫的近卫第1骑兵机械化集群，沿突破口纵深穿插，并向布拉迪斯拉发推进。

不过苏军取得的进展主要还是集中在南边，托尔布欣的部队开始逐渐将德军压垮。在巴拉顿湖以南，第57集团军将德军第2装甲集团军赶出了瑙吉考尼饶油田，第三帝国的最后一处天然石化燃料产地。在布达佩斯以西的帕波，近卫第4和近卫第9集团军以及近卫坦克第6集团军于3月27日对德军第6集团军和党卫

地图117　维也纳，1945年3月16日—4月13日

军第6装甲集团军的接合部发起了突击，巴尔克与迪特里希试图沿着拉包河建立防线，但很快被苏军的大规模攻势击溃。4月1日，由托尔布欣的3个近卫集团军组成的"重锤"毫不留情地砸碎德军的防御，经肖普朗（Sopron）攻入奥地利。4月2日，这3个集团军向维也纳新城方向推进，马利诺夫斯基的部队则向新锡德尔湖以北、奥地利、捷克斯洛伐克和匈牙利的交界处推进。德军后卫部队除了进行零星袭扰外，对托尔布欣的进攻部队无计可施。4月初，苏军最高统帅部大本营开始筹划在一面向第三帝国本土推进的同时合围并拿下维也纳。希特勒不出所料地宣布将维也纳划为"要塞"。在红海军多瑙河区舰队的配合下，马利诺夫斯基将第46集团军转移到多瑙河北岸，并命令该集团军从北面包围维也纳。托尔布欣的近卫第4集团军从南岸对维也纳发起直接突击，近卫第6集团军则负责对该城实施大范围包抄。

　　近卫第4集团军的苏军士兵在维也纳南郊与顽固的守军爆发了惨烈战斗。4月8日，环城大道已经沦为一片战场，城市中的众多知名地标也陷入一片火光之中，不过所幸这座历史名城并未如同希特勒所划定的众多"要塞"一样变成烧焦的废墟。4月13日，苏军宣布解放该城，并开始准备继续向西推进。韦勒在数日前便告诉过希特勒，在经历了斯大林格勒与布达佩斯两次浩劫后，德军不管是士气上还是心理上都已经无法承受再经历一次"泰坦尼克"式的巷战。4月中旬，战线在圣珀尔滕（St Polten）、格拉茨（Graz）以西到马里博尔（Maribor）一线逐渐趋于稳定，并维持至战争结束。

地图118

波希米亚与摩拉维亚，1945年3月10日—5月9日

　　早在1938年，第二次世界大战欧洲战场的第一枪应该是在捷克斯洛伐克打响的，这个国家同样将见证1945年5月欧洲战场最后的战斗。1944年夏季，苏军首先逼近华沙，然后还攻入了罗马尼亚和匈牙利，希特勒的盟友小国斯洛伐克此时仍对纳粹忠心耿耿。当年秋季，在彼得罗夫的乌克兰第4方面军的追击下，海因里希的第1装甲集团军向西进入斯洛伐克境内，该国险要的地形帮助德军一度挡住了苏军的攻势。不过在其北面，苏军于冬季将战线推进到了奥得河一线，而在南面苏军则绕过了布达佩斯继续向西推进，此时第1装甲集团军的阵地成为了一个危险的突出部，处于苏军南北两翼的包夹之中，随后德军于一二月间缓慢地从突出部中向后撤退。彼得罗夫于3月10日再度发起攻击，但由于苏军的炮兵协同不力且德军顽强防守，苏军在1周内每天只能前进1英里，红军最高统帅部大本营因此以叶廖缅科替换了彼得罗夫。24日，叶廖缅科以第38集团军再度对德军发动攻击，但同样收效甚微。德军在俄斯特拉发工业区一带设置

托尔高

1 Gd

格罗森海恩 3 Gd

莱比锡

25

13

德 国

4 Gd

海尼兴

469

名军战斗群

勃兰特战斗群

XC

德累斯顿战斗部队

弗赖格战斗群

卡门茨

HG LW

269

2

HG

HG LW

德累斯顿

5 Gd

72

V

s45

5 Gd

7 Gd

格尔利茨

28

H15

404

52

6

52

31

21

17

4 PZ XXXX

18

58

20 SS

100

208

VIII

52

31

1 SKI

168

卡罗维发利

3

13

3 Gd

3 Gd

4 Gd

姆拉达－博莱斯拉夫

5月10—11日
被围德军

布拉格

3 US

比尔森

XC

68

59

59

17

1 PZ

LXII

38

118

6 Gd

6 Gd

捷克斯洛伐克

塔博尔

皮塞克

40

XXIV

53

711

奥洛莫兹

15

46

19

7 Gd

10 LW

6

53

6 Gd

1 PZ

XXXX

8

357

9 Gd

奥斯特利茨

7 Gd

FHH

46

1 FHH

KG 211

9 Gd

XLIII

2 FHH

101 Jäg

布尔诺

II SS

KG 96

V

KG 48

V

46

KG 3 SS

8

XXXX

6 SS PZ

4 Gd

2 SS

E

维也纳

奥地利

1945年5月9日战线（非国界）

1945年5月8日战线（非国界）

▬▬▬	5 月 5 日战线
▬ ▬ ▬	5 月 8 日战线
••••••	5 月 9 日战线
▬ ▬ ▬	5 月 10 日—11 日被围德军
▢	5 月 5 日部队位置
▢	5 月 9 日部队位置

0 ————— 30 英里

0 ————— 30 千米

地图118　波希米亚与摩拉维亚，1945年3月10日—5月9日

有精心构筑的防御工事，该地区成为了苏军面前一颗难拔的硬钉子。红军最高统帅部大本营在给叶廖缅科加强第60和第18集团军的同时，强令他立刻攻占俄斯特拉发工业区。在完成该任务后，乌克兰第4方面军将与马利诺夫斯基一起合围德军第1装甲集团军，在奥洛莫乌茨（Olomouc）会师。

4月15日，乌克兰第4方面军以2∶1的建制师数量优势，在6000门火炮的掩护下对当面德军发起突击。第60和第38集团军从东北方向发起攻击，第18集团军则从东南方向进行夹击。红军最高统帅部大本营给了叶廖缅科3天时间解决所有问题，但直到22日他的部队仅占领了奥帕瓦。此时处在装甲兵上将瓦尔特·内林（Walther Nehring）指挥下的德军第1装甲集团军坚守到了24日，但随后他的部队便无法支撑下去。因为当日马利诺夫斯基的第53集团军、近卫坦克第6集团军和普利耶夫的近卫第1骑兵机械化集群从布尔诺杀到了。内林一度以2个装甲师的兵力，在"三皇会战"中拿破仑大败联军的奥斯特利茨（位于布尔诺以东10余英里）暂时击退了克拉夫琴科的坦克先头部队，但德军的阻击无法持续太久。到4月25日，乌克兰第3和第4方面军在奥洛莫乌茨成功会师，但突出部中的德军第1装甲集团军已经溜之大吉。一支留守的德军继续坚守摩拉维亚境内的俄斯特拉发直到4月底。至此，在捷克斯洛伐克境内的战斗已经让苏联损失了18万人。

此时斯大林交给正向柏林挺进的科涅夫另外的任务，其麾下的乌克兰第1方面军一部必须在萨克森向南转向，翻过苏台德山进入波希米亚。红军的最高统帅此刻已经开始着眼战后的世界格局，一心想要率先攻克柏林的科涅夫，不得不将在德国首都作战的部分部队交给朱可夫指挥。此时的乌克兰第1方面军拥有近卫第3、近卫第5和第13集团军，以及近卫坦克第3、近卫坦克第4集团军和配属的5个炮兵师。乌克兰第4方面军从俄斯特拉发方向抽调出4个诸兵种合成集团军，而乌克兰第2方面军则从布尔诺地区派出3个合成集团军和1个近卫坦克集团军。此时位于奥地利东南的乌克兰第3方面军也抽出其近卫第9集团军参加波希米亚攻势。苏军为此次三面围攻集结了多达150个师，拥有24500门火炮、2100辆坦克和自行火炮以及4000架飞机的众多技术兵器，此外苏军还得到了捷克、波兰和罗马尼亚军队的增援。此时美军第3集团军正从西南向波希米亚逼近。在美苏两军的夹击之下，舍尔纳的第8、第9集团军以及第1、第4装甲集团军的处境只能用"绝望"来形容。

—— **1945年5月5日战线（非国界）**

由于不知道第二次世界大战欧洲战场的胜利几天后就会到来，苏军于5月5日开始进攻。常言道：兵贵神速，科涅夫和马利诺夫斯基作为沙场宿将更是深谙此道，2个方面军建制内的3个近卫坦克集团军，以滚筒式的不间断攻击向着布拉格从西北和东南两个方向一路碾轧。叶廖缅科将第60集团军和第38集团军，以2个集团军搭乘卡车的步兵为核心合编为快速集群，以增强该方面军的机动力。红军战士们发现此时的德军已经无意再战。苏军和美军此时都在朝着捷克的首都狂飙猛进，而布拉格城内，捷克国家解放委员会发动了起义，驱赶德国占领军。此时其他方向的德军指挥官大都开始与盟军谈判停战事宜，但狂热的纳粹党徒舍尔纳却坚持继续战斗，不过布拉格城内只有党卫军对盟军进行了真正的抵抗。被四面受敌的布拉格城于5月9日才宣告投降，比欧洲战场上其他方向德军接受无条件投降晚了1天。

地图119

攻克塞洛高地，1945年4月16日—19日

白俄罗斯第1方面军与乌克兰第1方面军于1月31日抵达了奥得河一线，并从2月1日起在奥得河左岸建立起小规模的登陆场。红军在随后花了10周来解决位于侧翼的东普鲁士、波美拉尼亚、西里西亚以及喀尔巴阡山以外的敌人。苏军的后勤列车加班加点地向西运输着物资，指挥员们埋头筹划，准备攻破希特勒建立了12年的"千年帝国"的首都。3月末，白俄罗斯第2方面军抵达奥得河河口，与另外2个方面军并驾齐驱。

在对柏林的最终突击中，罗科索夫斯基、朱可夫、科涅夫3位元帅所指挥的部队加起来多达250万人，拥有超过41000门火炮、6250辆坦克和自行火炮以及7500架飞机。白俄罗斯第1方面军将从其正面宽25英里的屈斯特林登陆场率先发动攻击，朱可夫将第47、突击第3、突击第5、近卫第8和第69集团军一字排开，近卫坦克第1集团军和近卫坦克第2集团军则位于第2梯队，一旦负责突破的合成集团军撕开任何突破口，坦克集团军将立即沿突破口穿插并对柏林形成包抄。在突破阶段，苏军在前沿集中了大量炮兵火力，攻击正面火炮放列密度达到了400门/英里，此外红军空军还有近4000架飞机投入支援。为了彻底粉碎德军在奥得河一线的防御，科涅夫将在朱可夫发起攻击后的次日在南部投入进攻，而罗科索夫斯基的部队则会在4天后在北段发动攻击（该方面军此前刚刚占领了波美拉尼亚）。在苏军的登陆场前布防的是布塞指挥的第9集团军，该集团军辖有第101、第56装甲军与党卫军第11装甲军的12个师：其中7个布置在第一线，3个被充作战术预备队，另有2个部署在后方。这些师中有许多是由来自军校还没完训的军校生、被打残的国民

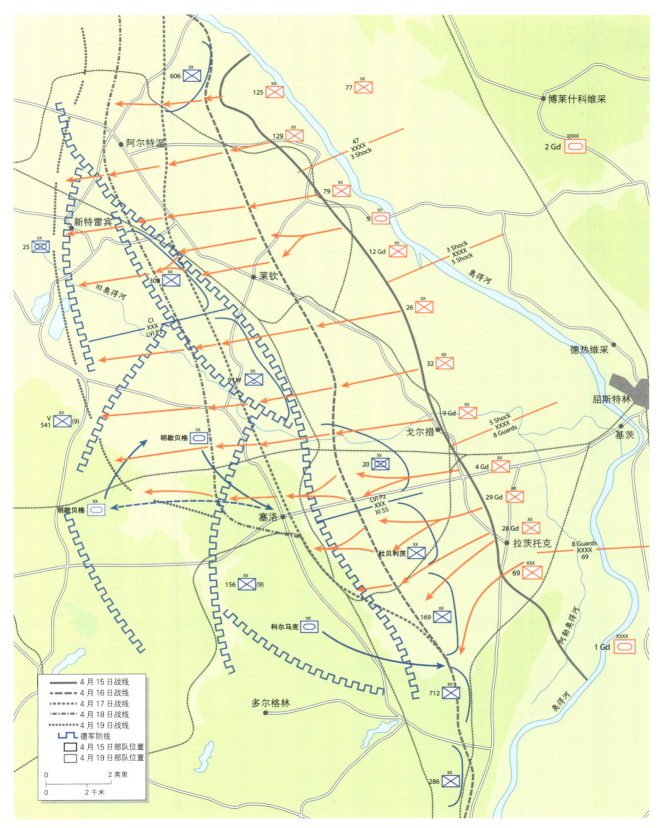

地图119 攻克塞洛高地，1945年4月16日—19日

地图上的标注：

博莱什科维采

606

125

77

2 Gd

129

阿尔特温

47 XXXX 3 Shock

79

9

新特雷宾

12 Gd

3 Shock XXXX 5 Shock

25

309

莱钦

旧奥得河

奥得河

CI XXX LVI PZ

26

德热维采

91W

32

V 541 XX (9)

9 Gd

5 Shock XXXX 8 Guards

屈斯特林

明歇贝格

戈尔措

基茨

明歇贝格

20

4 Gd

LVI PZ XXX XI SS

29 Gd

156 XX (9)

杜贝利茨

28 Gd

拉茨托克

8 Guards XXXX 69

科尔马克

69

169

1 Gd

阿勒奥得河

712

多尔格林

286

奥得河

图例：
- 4月15日战线
- 4月16日战线
- 4月17日战线
- 4月18日战线
- 4月19日战线
- 德军防线
- 4月15日部队位置
- 4月19日部队位置

0 ——— 2 英里
0 ——— 2 千米

掷弹兵师的残兵败将以及其他各类乌合之众组成，不少部队建制内的分队此前根本没一起战斗过。第9集团军此时拥有512辆坦克装甲车辆、344门火炮与数量大致相当的高射武器，德军的技术兵器总数，仅与朱可夫的方面军在1英里宽正面所配属的技术兵器数量差不多。不过对于德军而言相对有利的是，奥得河沿岸的低地被洪水淹没，泥泞不堪，德军构筑有大量坚固支撑点，并得到了从柏林运来的高射炮的平射火力支援。

在进行大范围、大纵深的航空与地面侦察之后，朱可夫于4月16日拂晓前发起了进攻。他别出心裁地动用143具莫斯科防空部队再也用不上的大功率探照灯照亮了战场，在为苏军士兵指示方位和目标的同时，炫目的灯光让攻防双方的士兵同时睁不开眼。德军迅速放弃了一线阵地，让苏军气势磅礴的炮兵火力扑了个空。近卫第8集团军在豪普特运河一带进展缓慢，但突击第5集团军与第69集团军的情况更糟，几乎没能向前一步。此时朱可夫毫无个人风格地将2个坦克集团军投入到突破战斗中来，这几乎是只有初上战场的新丁才会犯下的错误。坦克集团军的加入除了让本就拥挤的登陆场更难以周转腾挪之外，并没起到其他效果。德军在莱钦（Letschin）一带对苏军2个突击集团军快速组织起防御，并在塞洛高地下方将崔可夫的部队死死拦住，"库尔马克"装甲掷弹兵师发动的反击甚至一度将苏军第69集团军击退。红军部队大都打穿了德军1道或者2道防线，但均在德军第3道防线前止住了脚步。朱可夫在入夜后命令部队继续攻击，第二天一早，他催促部队继续前进，但德军在防线上构筑的大量永备工事支撑点实在是难以拔除，战线上的沼泽地与密布的水网也十分利于德军的防守。至4月17日夜，近卫第8集团军终于攻入塞洛，并正向塞洛镇两侧迂回，朱可夫只能不甘心地向斯大林报告自己进展缓慢。这位战功彪炳的苏联元帅此时正担心，自己的最高统帅将攻克柏林这一殊荣拱手让给科涅夫，后者在南面的进展要比自己快上许多。

4月18日，塞洛高地终于在朱可夫的反复突击中陷落。在高地右翼，突击第5集团军迅速在莱钦以南撕开一个突破口。德军凭借坚固支撑点在该方向继续顽抗了一段时间，随后纳粹空军的轰炸机罕见地光顾了苏军头顶。德军"明谢贝格"装甲师和"库尔马克"装甲掷弹兵师发动了反击，这2个师从组建起兵力和装备都严重不足，反击也不够犀利。但当面的苏军空间有限、兵力猬集，德军的反击还是取得了一定战果，但无法扭转整个战局。第9集团军此时已经无力再战，很快德军便退往柏林城外的第4道防线。从战役全局上看，事态的发展比战术上的不利要糟糕得多：科涅夫的部队在南面的迅速进展很有可能对德军第9集团军形成包围之势。白俄罗斯第1方面军最终于4月19日彻底冲破了德军的防线，布塞和党卫军第11装甲军与其他部队向南逃往法兰克福（奥得河畔），而第101军则向西北逃窜。第56装甲军在失去所有侧翼掩护之后退入了柏林。现在，通向柏林的大门已经为朱可夫敞开。

地图120

对柏林的大范围包抄，1945年4月18日—25日

　　没有一个负责任的历史学家会指责朱可夫轻视德军在柏林的防御，尽管德国在塞洛高地的抵抗确实让他感到惊讶。根据战役计划，白俄罗斯第1方面军本应在1天内突破塞洛高地，但实际上却花了将近4天时间。正当朱可夫在屈斯特林桥头堡的指挥所中心急如焚的时候，在南面的乌克兰第1方面军发动了另一轮攻势，科涅夫的部队从福斯特与穆斯考之间尼斯河畔的小型登陆场蜂拥而出。此时的乌克兰第1方面军拥有第13和第52集团军，近卫第3、近卫第5集团军，近卫坦克第3集团军和近卫坦克第4集团军以及其他配属部队，还得到了2100架飞机的掩护。朱可夫奉命对柏林发起直接突击，这比科涅夫的任务相对简单，而科涅夫的任务是向易北河中游推进，与美军会师，防止柏林方向德军逃入波希米亚，并在需要的时候协同白俄罗斯第1方面军攻克柏林。科涅夫的主力将会向西北方向推进，而另一支部队则会向西南方向的德累斯顿推进。在他们面前的是老对手——德军第4装甲集团军，此时由装甲兵上将弗里茨–胡贝特·格雷泽尔指挥的该集团军拥有兵员参差不齐的10个师，可以看作是1945年德国陆军糟糕情境的写照。朱可夫除了指挥自己的白俄罗斯第1方面军外，还作为大本营代表负责统筹攻克柏林的整个行动。

　　4月16日，科涅夫的炮兵开始进行火力准备，此时泥泞时节已经过去，未经翻耕的土壤坚实，且德军由于采用第一次世界大战式的呆板作战方式，被困死在工事中，如此种种原因之下，乌克兰第1方面军的炮击要远好于白俄罗斯第1方面军。除了此前在对岸建立起的小型登陆场之外，此时近卫第3和近卫第5集团军、第13集团军开始全面发起渡河突击行动。沿河的德军部队虽然顽强抵抗，但苏军很快在河对岸建立起6英里纵深的登陆场。至当夜，桥头堡的纵深又延伸了3英里，且宽度也增加到17英里。科涅夫将他的2个坦克集团军通过急造便桥调动到左岸，并准备在次日让坦克部队投入纵深突破中。他同时对第28集团军作出训示：命令该部准备向北直插柏林南部。此时德军发起的反击（第21装甲师，格雷泽尔手头唯一的机动预备队）已经对科涅夫的推进构不成什么威胁了。4月17日，德军凭借科特布斯和施普伦贝格两个城镇周边的坚固支撑点，让科涅夫的部队推进一度受阻，但苏军很快绕过了固守的德军，继续向纵深推进。格雷泽尔随即向施普雷河一线退去，并在红军赶到之前抵达了施普雷河，不过这条小河并没有构成多大的障碍。此时红军最高统帅部大本营急于合围柏林，由于朱可夫的部队在塞洛高地前被挡住去路，红军最高统帅部大本营指示科涅夫，让近卫坦克第3集团军和近卫坦克第4集团军准备好向北急转，向波茨坦方向推进，从而彻底切断希特勒的首都与外界的联系。苏军坦克部队此时开始刻意避开耗时的巷战或者强攻德军有组织的防御工事，向着目的地高速穿插。4月18日，红军部队开始猛烈进攻这条德军通往柏林的最后陆

⎯⎯⎯⎯	4月16日战线
▬ ▬ ▬	4月19日战线
— · — ·	4月25日战线
· · · · · ·	4月30日战线
⚙	被划为"要塞"的城市
⊔⊓	德军外围防线
— — —	德军外围防御区
· · · · ·	德军外围阻滞地域
▢	4月16日部队位置
▢	随后变化的部队位置

0   20 英里

0   20 千米

施特拉尔松德

帕尔希姆

德 国

维滕贝尔格

哈弗尔贝格

施滕达尔

马格德堡

德绍

布吕尔
战斗群

新勃兰登堡

施特雷利茨

普伦茨劳

新鲁平

柏林
战斗群

勃兰登堡

雷曼
战斗群

雅恩

萨克森
战斗群

莱德布尔
战斗群

帕瑟瓦尔克

斯德丁

加尔茨

施韦特

奥得河

艾斯特林

塞洛

法兰克福

贝斯科

措森

吕本

科特布斯

古本

福斯特

穆斯考

托尔高

施普伦贝格

德贝里茨

第9集团军与
第4装甲集团军
被合围的口袋

地图120　对柏林的大范围包抄，1945年4月18日—25日

路通道，朱可夫此时进展缓慢，他甚至知会罗科索夫斯基，如果塞洛高地的德军继续阻挡白俄罗斯第1方面军的推进，白俄罗斯第2方面军必须接替白俄罗斯第1方面军，负责从北面完成对大柏林都市圈的合围。

4月19日，朱可夫的部队终于将德军第9集团军彻底击垮，此时科涅夫的部队已经跨过了施普雷河；两位元帅的部队面前，柏林都已经无险可守。在波罗的海沿岸，罗科索夫斯基的部队于4月20日投入战斗，5个诸兵种合成集团军与1个近卫坦克集团军对当面的德军第3装甲集团军发起了突击。这个由大量党卫军部队，国民掷弹兵师和无船可开的上岸水兵，以及其他曾经骄傲的国防军的残兵败将组成的集团军，此时处在装甲兵上将哈索·冯·曼陀菲尔（Hasso von Manteuffel）指挥下。4月20日，希特勒在总理府的地堡中庆祝了自己的最后一个生日，10余年前，当兴登堡总统任命他为德国总理几周后他迎来生日时，人们走上街头，整个德国的每条大街小巷都会因为他的生日而庆祝。而此时苏军2个方面军则以对他的首都、他的防线进行毁灭性打击而为这位第三帝国的元首送上别样的"生日礼物"：德军第3装甲集团军被牵制在波罗的海岸边动弹不得，第9集团军大部与第4装甲集团军一部在贝斯科（Beeskow）与吕本（Lübben）一带正在被苏军逐渐合围，第4装甲集团军的余部正向萨克森州中部逃窜。同日，随着前线的推进，苏军突击第3集团军的远程炮兵，已经将第三帝国的首都纳入射程，炸响在柏林市区的大口径炮弹成为了红军的另一份生日贺礼。21日，另外4个集团军的部队进入柏林郊区。此时希特勒还在命令第9集团军和第12集团军以及悲喜剧般的施泰纳集群（地图中标注为党卫军第3装甲军），对苏军2大方面军发动反击。4月25日，朱可夫与科涅夫的先头部队在波茨坦会师，正式将柏林彻底包围。同日，苏军与美军在托尔高会师。

地图121

柏林外围，1945年4月21日—26日

德军将柏林外围划为3层防御，最外围是环城防御带，一条周长约65英里的环形防线，在其内部是一条沿城市边沿构筑的50英里周长的防线。在城市内部，德军还以快速轻轨环线（S–Bahn）构筑了第3道防御阵地。德军的防御计划制订者，计划将10个师的部队投入到最外围环形防线之中，另有8个师负责第2道阵地。但德军在前线的迅速崩溃与苏军的快速推进（一方面也归功于希特勒的错误决策，下文中将详细讨论），意味着原本计划之中的守城部队只有一小部分，能够赶在朱可夫开始对柏林城发起突击前进入防御阵地。此外，柏林守军中，经过正式军事训练的军人占的比例很低，大量防守部队都是由各类纳粹准军事组织东拼西凑而成的。安全部队，尤其是党卫队和党卫军，负责鼓动，甚至以武力逼迫退入市中心的落单或者小

股德军重新投入到战斗中。这些督战队经常草率地处决不听从他们命令的"逃兵"和"懦夫"。

　　早在柏林被包围之前，它就面临着致命的危险。4月21日，朱可夫的第47集团军、近卫坦克第2集团军、突击第3和突击第5集团军、近卫第8集团军和近卫坦克第1集团军，便分别推进至了北面的魏森湖和东郊的马察恩（Marzahna），两地距离勃兰登堡门分别不足5英里和9英里。在北面，随着苏军士兵推进到霍亨索伦运河一线，泰格尔也落入苏军手中，苏军此时正着手攻占工业重镇西门子施塔特。同日，在柏林南面，科涅夫的近卫坦克第4集团军拿下了巴伯尔斯贝格这座德国的好莱坞式影城，该方面军的近卫坦克第3集团军则抵达泰尔托（Teltow），并开始向泰尔托运河一线逼近。第47集团军则与近卫坦克第4集团军错开20英里的间距，向波茨坦齐头并进。柏林方向的战斗从一开始便演化为惨烈的巷战。斯大林希望他手下最为善战的两位元帅之间继续保持一种良性的竞争，于是将柏林划分为数个区域，由2个方面军分别负责攻克，但最为重要的各大政府建筑仍然由朱可夫负责攻占。

　　23日，两个突发情况从某种意义上大幅度缩短了柏林战役的时间进程。其一，希特勒命令炮兵上将赫尔穆特·魏德林（Helmuth Weidling）的第56装甲军向西北退入柏林东南部，从而在柏林与德军最大的集结地——东南方向的第9集团军和第4装甲集团军——之间形成了一个缺口。其二，朱可夫当日命令突击第3集团军乘虚而入，当夜朱可夫的近卫第8集团军和近卫坦克第1集团军在施普雷河畔的邦斯多夫（Bohnsdorf）会师，苏军攻城兵力的增加有效地加快了胜利的进程。各步兵军开始深入城市内部，指挥员们则开始筹划对市中心发动总攻。至此，红军集结了464000名士兵、12700门身管火炮、2100部"喀秋莎"与近1500辆坦克和自行火炮，投入最后的突击中。红军空军的2个集团军确保了苏军拥有柏林上空的制空权。当夜，希特勒任命魏德林为柏林卫戍司令，但在24小时之前，他还想以抗命为由处决魏德林。

　　苏军已经在多处接触并越过了城市轻轨环线。4月26日，

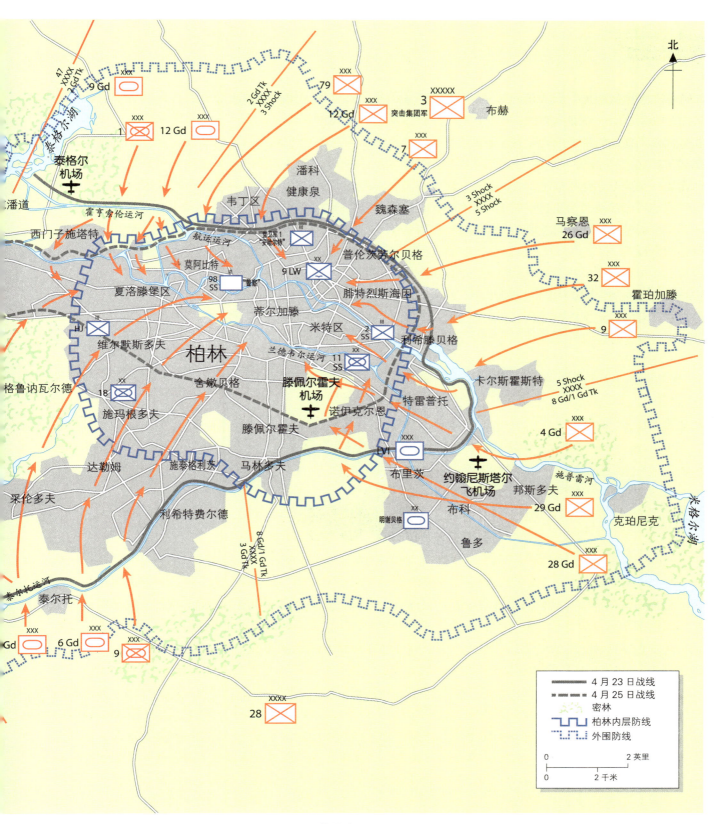

地图121　柏林外围，1945年4月21日—26日

图中标注文字：

北

泰格尔湖
9 Gd
47 XXXX 2 Gd Tk
2 Gd Tk XXXX 3 Shock
79
12 Gd
3 XXXXX
突击集团军
布赫
7
1
12 Gd
泰格尔机场
潘道
霍亨索伦运河
西门子施塔特
韦丁区
潘科
健康泉
魏森塞
3 Shock XXXX 5 Shock
马察恩
26 Gd
航运运河
第1军"安哈尔特"
莫阿比特
9 LW
普伦茨劳尔贝格
32
霍珀加滕
98 SS "警察"
夏洛滕堡区
蒂尔加滕
米特区
腓特烈斯海因
9
维尔默斯多夫
柏林
兰德韦尔运河
2 SS
利希滕贝格
格鲁讷瓦尔德
18
舍嫩贝格
11 SS
卡尔斯霍斯特
5 Shock XXXX 8 Gd/1 Gd Tk
施玛根多夫
滕佩尔霍夫机场
诺伊克尔恩
特雷普托
4 Gd
达勒姆
施泰格利茨
马林多夫
滕佩尔霍夫
LVI
布里茨
约翰尼斯塔尔飞机场
邦斯多夫
施普雷河
采伦多夫
利希特费尔德
8 Gd/1 Gd Tk XXXX 3 Gd Tk
明谢贝格
布科
鲁多
29 Gd
克珀尼克
泰尔托运河
泰尔托
28 Gd
瓦格尔湖
Gd
6 Gd
9
28

图例：
—— 4月23日战线
--- 4月25日战线
密林
柏林内层防线
外围防线
0　　2英里
0　　2千米

希特勒徒劳地发出命令，要求此时已经从柏林东南外围开始向西突围的第9集团军和正在从易北河畔向西进攻的第12集团军（该重兵集团此时仍拥有20万人、2000门火炮和300辆坦克装甲车辆）发动反击，以拯救他和柏林城。但此时并非1941年或者1942年，布塞凭手中这群残兵败将无力回天。除了牵制朱可夫的3个集团军和科涅夫的2个集团军之外，他们对围攻柏林的十来个苏军集团军几乎没有什么影响。希特勒下令向西发动最后一次徒劳无益的解围进攻，这场令苏军猝不及防的攻势在发起之初居然推进了10—15英里，其实第12集团军的攻势主要是为了接应突围的第9集团军所部，希特勒最后的死忠凯特尔和约德尔此时在柏林城中来回奔走，确保元首下达的各项命令能够被不折不扣地执行。除了主要分布在城市东南部的第56装甲军外，希特勒能掌握的守军就是一支杂乱无章、各自为战的部队，这群由党卫军、人民冲锋队、希特勒青年团和警察等准军事组织以及其他狂热的纳粹党徒组成的守军异常顽固。亲历过两场战争的将领们，如曼陀菲尔，都称1945年的德国与1918年不同，充满了癫狂与毁灭。在两个包围圈之外，无心与苏军作战的德军开始争相向西逃窜，以求向美英军队投降。第二次世界大战欧洲战场的厮杀此时只剩下最后1周；4月26日，苏军开始对柏林市中心发起总攻。

地图122

攻克柏林，1945年4月28日—5月8日

1945年4月下旬，第二次世界大战的欧洲战场，还在因为一个人的癫狂而持续着，那个人就是：阿道夫·希特勒。在将想要篡权的戈林和希姆莱双双开除党籍后，只有戈培尔还能获得他的信赖，此时的希特勒仍在地下30英尺的总理府地下室内胡乱指挥着这个国家，继续在战争的深渊中跋涉。而令人吃惊的是，此时仍有数以百万计的德国平民与军人，还在遵从着这个狂人的命令继续战斗，并枉送自己的性命。尽管激战正酣，175万柏林民众却仍待在城内，没有离去。

朱可夫的部队从北面和东面，科涅夫的部队从西面和南面，苏军的两只铁钳以钢铁与烈火开道，在战争的最后1周中逐步将柏林守军的活动范围压缩成一个10英里长、2—3英里宽的狭长条形。德军"明谢贝格"装甲师凭借着该师最后的50余辆坦克和自行火炮，在城市的南端抗击苏军近卫第8集团军与近卫坦克第1集团军混成的强击群，该师在此处一直抵抗至4月28日，随后才撤往安哈尔特火车站[①]。党卫军第

---

① 由于两个集团军都在攻克塞洛高地过程中遭受了严重损失，朱可夫决定将两个集团军暂时合编在一起使用。

11"北欧"志愿装甲掷弹兵师，已经将该火车站和周边街区改造为坚固支撑点，"明谢贝格"装甲师的残部则继续转移至波茨坦火车站，此处距离总理府与政府办公区更近。4月28日，魏德林向希特勒做了最后一次汇报，称柏林守军只剩下可供战斗2天的弹药。此时魏德林守住的范围只剩下从北面的施普雷河到南面的兰德韦尔运河之间的狭窄地带。

由于崔可夫和卡图科夫都需要时间收拢并整顿各自的部队，突破兰德韦尔运河的战斗原先被定在4月28日早上发起，现在被推迟了。朱可夫不仅担心两个方面军的部队稍有不慎就会出现误击，而且还想把柏林的象征性中心（米特区）留给同样具有象征意义的近卫第8集团军的"斯大林格勒英雄们"。在另一个方向，苏军于下午跨过了施普雷河，突击第3集团军的部队拿下了位于莫阿比特的柏林旧监狱（此处还是戈培尔的"总部"），解救出被关押的7000余名囚犯（其中包括很多盟军战俘）。从海关大楼的楼顶看去，库兹涅佐夫的突击第3集团军步兵第79军已经可以远远看到国会大厦。在柏林东部，别尔扎林（N. E. Berzarin）上将指挥的突击第5集团军与纳粹守军展开逐屋争夺。苏军开始以连或者营为单位挨个清理柏林的300余个街区，此时困兽犹斗的德国守军同样以小股规模展开行动，并组成了配备各种反坦克武器的"坦克猎杀"小组。与此同时，斯大林重新划定了朱可夫和科涅夫所部之间的边界线，科涅夫负责夺取的地域现在位于蒂尔加滕以西，乌克兰第1方面军还将负责攻克德军抵抗激烈的夏洛滕堡、格鲁讷瓦尔德、施潘道与波茨坦，但距离最大的荣耀——总理府和国会大厦却越来越远。

"攻克国会大厦所在的国王广场一带"，佩列韦尔特金（S. N. Perevertkin）少将指挥的步兵第79军接到了这个荣耀却同样危险的任务。希特勒出任德国总理之初，国会大厦曾被纳粹为栽赃共产党人而人为纵火，因此这座建筑也被苏联人看作是纳粹第三帝国的象征。佩列韦尔特金的部队必须沿着施普雷河一路突破至河曲处，再通过毛奇大桥过河。此时该桥被德军构筑了重重防御，桥上密布着火力点，并被埋设了炸药。国会大厦、内政部大楼、克罗尔歌剧院以及使馆区，都被纳粹守军布设了大量机枪火力点、堑壕和路障。这些区域都是步兵第79军的主要目标。佩列韦尔特金的部队意图在下午发起突击冲过大桥，但被德军的火力赶了回来，傍晚前，攻势一直没有取得进展。入夜后，步兵第150师和步兵第171师终于冲过大桥抵达了南岸，但德军的反击随即将苏军钉在原地。德军的反击让苏军在4月29日陷入了内政部大楼（也被称作"希姆莱之家国"）和周边区域的战斗。在当夜获得了第207步兵师的支援后，30日，战斗逐渐向使馆区、歌剧院与国会大厦等方向延伸。在勃兰登堡门对面几百码的地方，党卫队旅队长兼党卫军少将威廉·蒙克（Wilhelm Mohnke）率领几百名党卫军士兵，守卫着总理府和已经被焚毁的希特勒尸骸。午夜前一小时，苏军步兵第150师的部队将象征胜利的红旗插上了国会大厦。

4月30日，希特勒自杀的消息开始在守军当中传开。苏军的进攻已经将德军分割为4大群体，每群有数千人。5月1日到2日，在战斗继续进行的同时，双方开始就德军投降的事宜开始进行谈判。苏军的重炮炮口放平，对德军盘踞的建筑物抵近直射，平民们只能躲在地窖与地下室中自求多福，仍在抵抗的狂热分子还对苏军发动了反击。德军拒绝按照斯大林的想法于"五一"劳动节当日投降，不过魏德林随后于5月2日面见崔可

北

航运运河

3 Shock
XXXX
2 Gd Tank

12 Gd

79

莫阿比特
监狱

12 Gd

9 LW

毛奇大桥   内政部

98 SS
警察

施普雷河

克罗尔
歌剧院

国会大厦

勃兰登堡门

7 Gd

HJ

蒂尔加滕公园

总理府

波茨坦
广场

2 Gd Tank
XXXX
3 Gd Tank

18   兰德韦尔运河

28

威廉二世教堂

安哈尔特
火车站

4 Gd

白俄罗斯第 1 方面军
XXXX
乌克兰第 1 方面军

8 Gd

6 Gd

8 Gd/3 Gd Tank
XXXX
3 Gd Tank

地图122   攻克柏林，1945年4月28日—5月8日

夫，并接受柏林守军于当日早上6时45分无条件投降①。此后的几天中，150万仍未放下武器的柏林市民与守军和苏军之间的零星战斗仍时有发生，柏林市区的战斗直至5月8日才真正结束。

---

① 有趣的是，位于滕佩尔霍夫机场边那栋魏德林向崔可夫签字投降的房屋曾是犹太人的财产，纳粹党上台后将该房屋无理没收。

ATLAS
THE EA
FRONT
1941

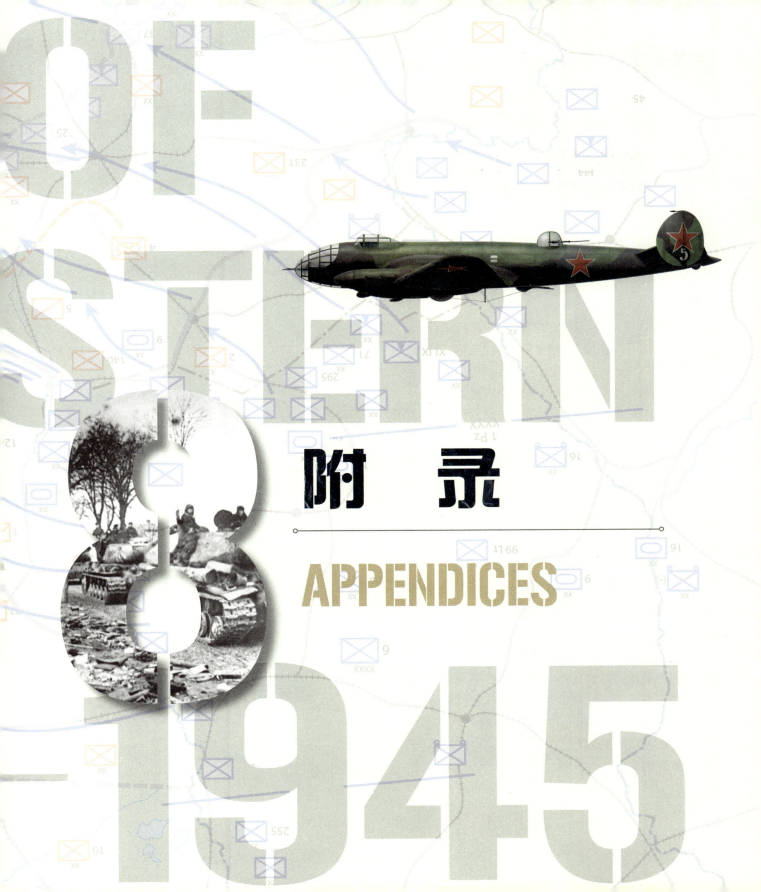

附 录

APPENDICES

附录1 地图123

空中形势（I），
从"巴巴罗萨"到"城堡"

从1941年6月22日，纳粹发动"巴巴罗萨"行动，苏德战争全面爆发开始，纳粹空军的决策者们便将苏军的机场、部队集结地、指挥和控制中心、防御阵地、铁路线以及其他重要设施列入目标列表中，在德军不宣而战后的几分钟内，纳粹空军近半数可出动的飞机便开始空袭上述目标。结果不言而喻，纳粹空军取得了完全的战役突然性并对苏军造成了极大程度的破坏。德军的空勤人员此前已经在西班牙、波兰、法国、不列颠、巴尔干与其他战场上历经了战斗考验，并取得了丰硕的战果。在战争爆发当天，他们便摧毁了苏联红军空军（RAAF/VVS）超过2000架飞机，其中大多数被摧毁在地面上。纳粹空军如入无人之境的情况又持续了几天，但其实从6月22日开始德国人就遭遇了抵抗。据不完全统计，在占据战役突然性并且无论是人员素质还是装备性能上都占据优势的情况下，德军当日损失的飞机数量甚至超过了不列颠空战中的单日最大损失数（78架对61架）。和美国一样，战前苏联就建立起当时规模最大的航空工业，并且很快在产能上彻底压倒德国人。

当时的空中作战行动依照所使用的飞机类型主要被分为4大类：战斗机［制空防御、战斗

列宁格勒
1941
卢加河
1941 1941
1941
旧鲁萨
普斯科夫
1942-3
涅瓦河
沃尔霍夫河
加里宁
勒热夫 1942
1942
维亚济马
1941
维捷布斯克
1942
斯摩棱斯克
叶利尼亚
1941 1942
雅罗斯拉夫尔
伏尔加河
1943
高尔基
1943
莫斯科
1941
1941
梁赞
1941
图拉
苏 联
第聂伯河
戈梅利
布良斯克
杰斯纳河
奥廖尔
1943
普里皮亚季河
别列津纳河
库尔斯克
1943
沃罗涅日
托米尔
基辅
1941
波尔塔瓦
哈尔科夫
罗索希
顿河
1942
1942-3
1942-3
切尔卡瑟
第聂伯河
米列罗沃
1942
斯大林格勒
1942
南布格河
乌曼
1941
第聂伯罗彼得罗夫斯克
顿涅茨河
伏罗希洛夫格勒
科捷利尼科沃
克里沃伊罗格
扎波罗热
斯大林诺
1941
顿河
罗斯托夫
萨利斯克
1942
基什尼奥夫
赫尔松
1943
埃利斯塔
1941
1941
敖德萨
1941
1941
克拉斯诺达尔
1943 1943
1941
1943
迈科普
莫兹多克
1942
黑 海
塞瓦斯托波尔 1942
新罗西斯克
图阿普谢
皮亚季戈尔斯克
北

地图123 空中形势（Ⅰ），从"巴巴罗萨"到"城垒"

空中巡逻（CAP）、截击与驱逐］、战斗轰炸机［近距离空中支援（CAS）、浅近纵深遮断[①]、对空/对地扫荡］、轰炸机（水平轰炸、纵深遮断、"战略"轰炸）以及运输机（运送人员和物资、投放伞兵与机降兵）；其中后3种的部署情况在地图123和124中进行了标注。纳粹空军通常为陆军每个集团军群配属一个航空队（Luftflotte），其下属的各航空军（Fliegerkorps）则分别领受到专门的职责，分别执行攻击或防空任务。其中规模最大，也最为知名的便是第8航空军，这支精锐空中部队被视作重要的战役力量，由希特勒本人直接掌控，通常只会投入最为关键的作战中。与之对应的，苏军通常为方面军配属空军集团军，空军集团军下属有各航空师或飞行团。

"巴巴罗萨"行动的规模在不断扩大，纳粹空军必须将有限规模的部队投入到呈漏斗状不断扩张的战线上，这在一定程度上分散了纳粹空军的战斗力。此时在双方后方，工业产能的较量中苏联人也占得上风；纳粹空军自发起"巴巴罗萨"开始，作战飞机的保有数量便从未恢复到1941年6月的规模，而红军空军却在英国、美国的工业援助下，规模逐渐恢复并扩大。在战争开始的头几周后，规模有限的纳粹空军便在广阔的战场上顾此失彼起来，战场上空很少有他们的身影。德军地面部队甚至经常发生误击事件，因为他们头顶上飞过去的玩意儿十有八九都是苏联人的，因此默认在脑袋上盘旋的都是敌机。随着战争的进行，这种情况会越来越糟。

严格来说，德国人在苏德战争期间并没有发起过几次能够被称得上"战略"的轰炸行动，这不是没有原因的：苏联人从开战之初便开始将重工业设施搬迁到东部；疲于奔命的纳粹空军轰炸机部队也经常要执行其他任务；为在中欧西欧执行任务而设计的轰炸机，航程不足以对俄罗斯东部的工业区进行打击；同时苏联人的空防也非常严密，超过了德军在英国上空遇到的任何防空力量。运输行动在战争之初也主要是用于为冲得过猛、与后勤部队脱节的先头部队空投给养。但随着战事的推进，运输任务逐渐演变成为被围困的德军官兵运送补给，其中纳粹空军规模最大的补给行动，是在斯大林格勒为被围德军输送补给。此后纳粹空军的最主要任务很快转变为近距离空中支援——执行低空攻击任务的有战斗机、俯冲轰炸机（"斯图卡"）和水平轰炸机。对于陆军部队而言，空军的对地支援飞机就是他们的"飞行炮兵"，这某种程度上削弱了空军相对于陆军的独立性。不过即便如此，纳粹空军的大多数任务也变为了近距离空中支援，在使用上，既有可能是因指挥官决心在关键战斗中集中优势火力，也可能是因为装甲部队推进速度过快与炮兵脱节，急需支援火力。

红军空军从"巴巴罗萨"的打击中挣扎爬起时仍有很多要学，无论是战斗机战术还是近距离空中支援的空地协同。但即便是在1941年6月底，距离反击还为时尚早的至暗时刻，红军空军仍不屈不挠地每日出动数千架次发动反击。红军空军甚至还组织了对德国东普鲁士的城市、希特勒的各法西斯盟国的首都，以及罗马尼亚的普洛耶什蒂油田的轰炸行动。苏军还针锋相对地对纳粹空军的机场发动报复打击。作为1942年冬季反攻的一部分，红军空军将数以千计的空降兵部队投送到了德军中央集团军群的内部。与纳粹空军一样，红军空军的主要任务仍为对地支援。在斯摩棱斯克会战、基辅会战、维亚济马—布良斯克战役中，

---

① 执行CAS任务的战机主要攻击与友军地面部队发生接触的敌军地面部队，而浅近纵深遮断中，战机会在敌军部队通过公路或铁路输送过程中，进入战场前便进行攻击，甚至在更大纵深下打击对方在战线后方的集结地。

红军空军出动了数千架次战机提供对地支援，在更小规模的战斗中的出动数更不胜枚举。红军空军还在斯大林格勒会战的"天王星"和"小土星"行动中作出了重大贡献，并在德军发动"城堡"行动时进行了先发制人的打击。

附录2　地图124

空中形势（Ⅱ），从"城堡"行动到柏林战役

到1943年年中，纳粹空军已经遭受了一次重创，而其在其后的时间内还将继续走下坡路，到那时德国空军已经不能被算作一支能够影响东线战局的重要力量。此时的纳粹空军四处分兵，为希特勒援救北非战局与拦截西方盟军愈演愈烈的对德本土战略轰炸而被抽调走了大量兵力。在1942—1943年冬季，为了维持斯大林格勒守军补给而进行的空运行动，也导致了运输机部队惨重损失。随着苏军反攻的快速推进，纳粹空军丢掉了从高加索山麓到第聂伯河一带的众多机场。在阿尔贝特·施佩尔博士的努力下，此时的德国飞机的产量终于获得了提升，但迫于要让尽可能多的飞机投入战场的压力，航空工业无法停止旧机型的生产，转而生产新型喷气式飞机。除此之外，德国石油储备的逐渐缩水也导致新飞行员接受的训练时间大大减少，极大程度地削弱了纳粹空军从开战之初便占有的人员素养优势[1]。但与此同时，苏联的航空工业却从1941—1942年的混乱与破坏中恢复过来，并不断打破自己的产量纪录，且红军空军的飞行员、地勤人员和指挥员的素质都在稳步提升。

"城堡"行动不仅耗尽了德军装甲兵的精锐储备，同样也大量消耗了纳粹空军的近距离空中支援机队。无论是在狭窄的战场上飞行，还是待在简易机场的跑道上，这场战斗的代价都非常高昂。在接下来的9个月里，双方都将空军集中在乌克兰，这其实也反映了地面战斗的情况。由于红军地面部队在这片开阔的原野上迅速推进，德军根本无法及时向西转移机场。德军陆军部队再次落得了空中连续数日甚至数周都无法见到己方飞机的境地。当德军飞机难得地"光临"战场上空并驱散正在德军头顶肆虐的苏军飞机时，欣喜之情溢于言表的德军陆军士兵会高呼"空军万岁！"由此可见，战争的局势已经逆转，苏联人无论是实力上还是决心上都有着长足的进步。事实证明，第聂伯河只是一道暂时的屏障，在1943—1944年的冬季攻势中，红军跨过了第聂伯河，进入西乌克兰。纳粹空军在冬季的主要作用仍是为陆军部队输送补给，并在科尔孙和卡缅涅

---

① 此时不光是飞行员，整个德国的人力储备都是如此，步兵、装甲兵、U艇艇员等等各种兵员的素质都在迅速下降。

地图124 空中形势（Ⅱ），从"城堡"行动到柏林战役

茨—波多利斯基附近的包围圈中付出了惨重的代价。1944年春天，盟军登陆诺曼底之前，英美航空兵就彻底打垮了保卫德国本土和西欧的德国空军部队，德军在东线的空中力量被再度抽空。

6月的"巴格拉季昂"行动中，德国空军和德国陆军都被打了个措手不及，尤其是德国空军的主力都在乌克兰前线。在整个东线，红军空军与纳粹空军的数量比此时达到了13400：2700，且苏军半数以上的飞机都参加了中央战区的这场规模宏大的攻势。在"巴格拉季昂"行动发起的数日内，红军空军便出动了28000架次：纳粹空军只能目睹这场一边倒的空中屠戮而无计可施。红军空军对德军投送急需的预备队的重要铁路线进行了猛烈空袭，随着铁路线瘫痪，德军的撤退逐渐转变为溃败。德军一线部队要么被歼灭，要么被苏军包抄合围。红军空军通过利用被德军抛弃的机场，持续为前线地面部队提供及时的空中支援，其中很多机场是苏军修建并在3年前被德军占领的。"巴格拉季昂"行动只不过是苏军从列宁格勒到克里米亚的全线宏大攻势之中的核心一环，红军空军在1944年苏军的大规模反攻中功不可没。在苏军攻势最为猛烈的几个月中，红军空军声称出动超过15万架次，而德军承认损失超过11000架飞机。1944年秋季，苏军开始在巴尔干地区展开作战，纳粹空军在该地区几乎绝迹。直至当年年末，苏军推进至特兰西瓦尼亚和匈牙利时，德军飞机才再度出现。

时间进入1945年，红军空军已经基本掌握了战场上空的制空权。此时德国的工业和基础设施已经被战略轰炸毁坏殆尽，德国也失去了重要的国外资源产地（尤其是石油产地），大量技术工人也被征召为人民冲锋队。德军地面部队凭借手中不断减少的弹药，仍能偶尔用稀疏的防空火力给红军空军造成损失，但此时纳粹空军的飞机已经很少升空。随着苏军、美军和英军的地面部队攻入德国本土，盟军飞行员们在德国上空积极地寻找可供攻击的目标，但此时已经基本无目标可打的他们，大多数时候只能在空中度过索然无味的飞行时数。

附录3　地图125

德国占领政策（Ⅰ）：政治与种族

　　如同其他每一场战争一样，希特勒发动对苏联的战争，脱不开政治的干系，而苏德战争中，政治的因素大大高于军事因素。在"巴巴罗萨"行动势如破竹之时，他向德国民众所传递的信息便是：德国将奴役"劣等种族"斯拉夫人和犹太人为德意志民族提供生存和殖民空间，同时还将推翻被纳粹所憎恨的布尔什维克主义。"巴巴罗萨"行动（以及其后的整个苏德战争）中，纳粹丑恶的种族主义和军国主义扩张展露无遗；在这场战争中，奴役、殖民掠夺与颠覆破坏被演变成了大规模屠杀、掠夺性开采与可怕的"最终解决"，共同构成了人类历史上最令人发指的罪行。

　　希特勒并没有亲自制订每一项纳粹的罪恶计划或者程序；他的手下有足够多"全身心为'元首'服务"的纳粹高层将他"为德意志种族缔造真正的天堂"这一意志转化为现实的地狱画卷。这些人得到来自他们元首的授意，不用顾忌任何人道主义底线，没有任何组织制衡，元首本人也并没有给他们提出详细的指示。凭借着他们在纳粹党森严等级制度中的超然地位而能够调用巨量的资源（包括奴役的劳工与抢夺来的资金与物资），纳粹党的各个高层领袖们各自制订自己的计划，打造起听命于自己的私人王国，并建立起诸如集中营之类的罪恶设施。正如希特勒本人的病态一样，他所授意的这些计划同样自相矛盾，各个领袖间政出多门，各自为战，有时还会因利益冲突而相互倾轧。

　　从希特勒决心实施"巴巴罗萨"计划开始，纳粹党的高层便开始制订相关的占领计划。希姆莱的"东方总计划"为纳粹组织提供了一个最初的模板。在苏德战争爆发后1个月，希特勒成立了旨在管理占领的东方领土的"东方占领区事务部"，并任命阿尔弗雷德·罗森堡为部长。纳粹党参与占领事务是第二次世界大战与第一次世界大战德国对占领区政策巨大差别的决定性因素，在上一场战争中，完全由军队对被占领区直接实施管制。而第二次世界大战爆发后，纳粹将占得的苏联领土分成两个由纳粹党官员（非军人）管制的"帝国总督区"：奥斯特兰（包括波罗的海沿岸与白俄罗斯）与乌克兰。纳粹对波罗的海三国的管制相对比较成功（因为苏联也是在10余年前吞并的三国）。除了以上两个"总督区"外，纳粹还筹划建立莫斯科、高加索和顿河伏尔加三个总督区。在已有的辖区以东的占领区仍旧实施军事管制。德国的民事机构与纳粹党的组织，包括德国铁路、邮政、内政部、帝国劳工部和"托特"组织等都加入到对占领区的管制中。纳粹国防军在"帝国总督区"内的驻军，主要任务为守卫与维护重要基础设施（铁路、电报/电话线、补给站点等）并清剿当地活动的游击队。纳粹民事机构的首要任务是在占领区内攫取尽可能多的资源，而军方的任务则是维持后方安全。德军上到集团军群，下到军一级，都有被划定的后方责任区。随着

总督区—奥斯特兰（非国界）

塔林
爱沙尼亚
⊘332
⊘351
普斯科夫
旧鲁萨
⊘372
伏尔加河
雅罗斯拉夫尔
加里宁
⊘350 拉脱维亚
里加
⊘347
莫斯科
A
北
⊘340 B
勒热夫
立陶宛 陶格夫匹尔斯
⊘313
考纳斯
维捷布斯克
维亚济马
柯尼斯堡
⊘336 ⊘343 ⊘342
斯摩棱斯克
叶利尼亚
东普鲁士
343 维尔纽斯
⊘361
⊘382
阿利图斯
⊘341
罗斯拉夫尔
⊘352
⊘格罗德诺
明斯克
布良斯克
⊘353
奥廖尔
涅曼河
⊘316
⊘337
戈梅利
⊘373
别列津纳河
⊘371
别列津纳河
普里皮亚季河
B
沃罗涅日
华沙
⊘366
布列斯特
C
库尔斯克
罗兹
波 兰
⊘301 普里皮亚季沼泽
苏 联
⊘380
⊘307
⊘365
基辅
罗索希
⊘319
卢茨克
⊘339
哈尔科夫
⊘325
⊘360
日托米尔
⊘357 ⊘363
顿河
⊘315
舍佩托夫卡
⊘358
⊘346
波尔塔瓦
⊘359
⊘328
米列罗沃
克拉科夫
⊘334
顿涅茨河
⊘369 普热梅希尔
⊘323
⊘355
切尔卡瑟
第聂伯河
⊘305
⊘335
⊘329
⊘349 乌曼
C
D 第聂伯罗彼得罗夫斯克
伏罗希洛夫格勒
德涅斯特河
⊘348
⊘387
克里沃伊罗格
扎波罗热
斯大林诺
南布格河
⊘338
基什尼奥夫
罗斯托夫
⊘364
敖德萨
赫尔松
萨利斯克
纳粹在克里米
亚推行的种族
隔离政策
克拉斯诺达尔
塞瓦斯托波尔
⊘70
新罗西斯克
迈科普

总督区—奥斯特兰（非国界）

——	帝国总督区—奥斯特兰
——	帝国总督区—乌克兰
——	"别动队"辖区分界线
- - -	"蓝色"计划分界线
⊘000	德军第二次世界大战期间建立的战俘营
	德军1941年制造的主要包围圈
	德军1942年制造的主要包围圈

0 — 200 英里
0 — 200 千米

地图125　德国占领政策（Ⅰ）：政治与种族

战争的继续，反游击作战（现代西方军语中称之为"反叛乱作战"）部队的规模越来越大，尤其是德军在战场上节节败退之时。

纳粹的极端种族主义罪行贯穿其"德意志人"对占领区的占领始终。犹太人和共产党员——尤其是纳粹所嫉恨的红军政工人员，都会被当即处死。在1941年攻占基辅后，纳粹便在基辅城外的娘子谷制造了骇人听闻的大屠杀，数以万计的无辜民众在几天内惨遭杀害。在第二次世界大战刚结束的一段时间内，主流舆论仍认为德国在第二次世界大战中的暴行大都是纳粹党卫队所制造的，德国国防军只是本本分分地打仗。至少从20世纪80年代起，众多资料表明，德国国防军也全面参与了纳粹的暴行和屠杀。纳粹专门组织了执行种族灭绝的组织——"特别行动队"（Einsatzgruppen），这个单位被从A到D分为4个分队。此外，纳粹还在集中营内工业化地进行大规模种族屠杀，如世人熟知的奥斯威辛集中营，不过大多数的受害者仍是死于纳粹的"面对面行刑"之下。

苏德双方战俘所遭受到的不人道待遇，都曾被描述为是"战俘管理中的意外疏忽"，但其中的血腥残酷程度同样令人发指，成为双方都曾涉足的"灰色地带"。战争中，许多野战医院已经挤满伤患，但由于部队撤退，伤员被抛弃在医院中，被敌军部队占领的野战医院通常就会变成屠场。"巴巴罗萨"期间，德军自己的后勤供给就已经自顾不暇，因此苏联战俘的待遇极端恶劣也就毫不奇怪了。战前德军制订计划时曾在一定程度上正确地预估到了被俘的苏军人数，但准备工作却严重不足。由于德军自身的后勤相当吃紧，在1941年俘获的绝大部分苏军战俘都被关押在距离战场不远处的临时营地中，处境极其悲惨。据估计，在1941年被俘的370万苏军战俘中，只有110万活到了1942年2月；250万人没有熬过1941年的冬天，战俘死亡的主要原因是饥饿、疾病和寒冷的天气。在"巴巴罗萨"行动失败后，战争演变为一场总体战和消耗战，德国人便开始将苏联战俘用作无偿的劳力，他们将数以十万计的苏联战俘运到德国进行奴役。在总计约570万苏联战俘中，除了有50万人成功逃脱或被苏军解救外，只有100万人活到了1945年，另外的330万人都死于纳粹的屠戮、无节制的劳力压榨、饥饿和疾病。与之对比的，苏军在战争期间共俘虏约330万德军，其中有10%在拘押期间死亡。

附录4　地图126

德国占领政策（Ⅱ）：经济掠夺

　　由于人口与领土面积相对较小，矿产资源也比较匮乏——尤其是具有战略意义的稀有金属与石油——

现代德国必须依赖大量外来的资源才能维持正常运转，当然获取的手段既包括正常的购买，也存在武力掠夺。如果能够全盘接收苏联丰富的经济资源，德国将能成为一个自给自足的国家，与英美相抗衡。没有哪个民族或国家愿意为一个称王称霸的征服者卖命，纳粹为了私利而进行的疯狂攫取更让欧洲沦陷区的经济雪上加霜。即便抛开以上的原因，纳粹占据的苏联领土也从未成为纳粹理论家向希特勒所说的"黄金国"，其农业、矿业与工业产出也不足以满足纳粹战争机器持续进行战争的需要。

希特勒知道，1918年的乌克兰并不像预想的那样喂饱已经开始挨饿的同盟国。不过纳粹的农业专家们测算，通过推广他们的农业技术并利用苏联人建成的集体农庄制度，每年能够保证向德国输送700万吨粮食。但纳粹的暴行、劳动力的缺乏、管理的混乱、游击队的活跃等等因素，让这一想法在短短6个月内便宣告破产；共产党人在和平时期建设的行之有效的集体农庄，到了纳粹分子手中便不再管用。1942年2月，德国人将集体农庄拆分成苏联农业集体化以前的村社，并在之后将东方占领区中的农业私有化，由新的公司托管。后者建立起超过3000个大型农场，这些农场更符合纳粹的殖民种植园概念。1942年底，希特勒要求将身体健康的人（主要是男性）转移到帝国的工业、矿业和农业部门工作，这使得占领区本已非常紧张的人力问题进一步恶化。1年后，由于德国国内的劳动力严重不足，德国人甚至考虑将田地佃租给当地农民以安抚当地普通民众，不过这项计划被最高层的否决了。1941—1944年期间，东方占领区的小麦种植面积达到1到1.1亿公顷，其他农作物的种植面积约1500万公顷，其中绝大部分用于供给德军军需或被运往德国。牲畜方面，共产出1500到2000万头猪和马、4500万头牛以及7000万只山羊与绵羊。到1943年，在连续2年遭遇军事失败后，德军在绝大多数战线上逐渐向后退却。德军在执行"焦土政策"的同时还希望能够带走尽可能多的赃物。不过苏军的坦克集团军要比农民的大车速度快得多，经常能将赃物和被裹挟的民众截住，德国人驱赶的牲畜还堵塞了第聂伯河的几处渡口，妨碍德军部队的通行。

纳粹野蛮的"杀鸡取卵"式的经济政策，同样意味着他们从苏联丰富的矿产资源中获得的利益微乎其微。撤退的苏联人采取了焦土战术，摧毁了大多数矿井、油井和精炼设施，占领资源产地的德军还经常发现工人已经随苏军撤走或是拒不合作。游击队的袭扰和工人的怠工破坏活动也时有发生。不过随着纳粹战靴接踵而至的德国矿业企业却顾不得这些，在德军夺取资源产地后便开始竭力恢复生产。数以十万吨计的铁矿石、铁矿粉和锰矿被运往德国，除此之外还有数千吨铬矿石。当德国人占据了储煤量丰富的顿涅茨盆地（顿巴斯、斯大林诺周边）时，178座煤矿中只有25个可供开采，留下来的煤矿工人更是寥寥无几，采矿机械被破坏殆尽，电力也遭到切断。在1年内产量只有日均2500吨。在大力发掘产能，并投入6万名苏联战俘进行采掘后，又过了一年，产量才达到1万吨/日。然而此时已经是1943年底，前进的红军很快解放了该地区。资源方面的考虑常常推动着军事行动，特别是在1943年末，希特勒坚持保卫扎波罗热周围危险的突出部，因为那里有尼科波尔（的锰矿）和克里沃伊罗格（的铁矿石）矿。

与搬不走的矿山与农田相比，纳粹所取得的苏联工业产能的数量，更是少得可怜。毕竟，将约1400家大型工业企业从苏联西部转移至乌拉尔和更远的地方，可以说是1941年苏联在战争中的一大亮点[1]。亚历山

---

[1] 阿列克谢·柯西金作为疏散行动的功臣，在勃列日涅夫执政期间升任了苏联部长会议主席。

考纳斯

维捷布斯克

维亚济马

第聂伯河

斯摩棱斯克

叶利尼亚

明斯克

别列津纳河

布良斯克

奥廖尔

布列斯特

戈梅利

杰斯纳河

库尔斯克

普里皮亚季河

普里皮亚季沼泽

苏 联

日托米尔

基辅

哈尔科夫

顿涅茨河

切尔卡瑟

第聂伯河

波尔塔瓦

利沃夫

乌曼

南布格河

第聂伯罗彼得罗夫斯克

德涅斯特河

克里沃伊罗格

扎波罗热

克卢日

基什尼奥夫

赫尔松

罗马尼亚

敖德萨

布加勒斯特

塞瓦斯托波尔

地图126　德国占领政策（II）：经济掠夺

图例：
- 油井
- 工业设施
- 煤矿
- 可采掘矿井
- 农业密集区
- 主要农业区

0 ——————— 100 英里
0 ——————— 100 千米

北

梁赞

沃罗涅日

罗索希

顿河

米列罗沃

伏罗希洛夫格勒

斯大林格勒

斯大林诺

顿河

科捷利尼科沃

罗斯托夫

萨利斯克

埃利斯塔

克拉斯诺达尔

新罗西斯克　迈科普

大·达林的书中①记载道"德国人除了一片废墟之外什么都没找到"。德国的大型私有工业企业，诸如大陆石油公司（Continental Oil）、法本公司（I. G.Farben）、弗利克公司、克虏伯公司、曼内斯曼集团等，利用残留的苏联厂房设备开始进行生产。在东方占领区内，很多中小型工业企业逐步开始投入生产，这些企业主要为前线战事服务，生产如靴子、制服或马车等简单产品。电力供应始终不足，开战1年后，德国人费尽全力，终于将占领区发电量恢复至战前水平的20%，但供电网络非常容易故障或被破坏。

附录5　地图127

游击战（I），1941—1942年

盖世太保在"巴巴罗萨"行动前曾预想，苏联民众将会一定程度上支持纳粹入侵苏联，并推翻共产主义制度。在开战后的头几周间，敌后游击行动尚没有真正发展起来，大多数苏联民众选择了作壁上观。德军的快速挺进也令苏联政府暂时无法组织起大

① 亚历山大·达林：《德国在苏联的统治（1941—1945）》（German Rule in Russia, 1941-1945），第376页。

北

爱沙尼亚

拉脱维亚

立陶宛

波兰

塔林
普斯科夫
旧鲁萨
里加
陶格夫匹尔斯
加里宁
勒热夫
莫斯科
雅罗斯拉夫尔
考纳斯
维捷布斯克
维亚济马
梁赞
维尔纽斯
第聂伯河
斯摩棱斯克
叶利尼亚
明斯克
涅曼河
别列津纳河
布良斯克
奥廖尔
戈梅利
杰斯纳河
布列斯特
普里皮亚季河
库尔斯克
沃罗涅日
普里皮亚季沼泽
苏 联
罗索希
日托米尔
基辅
哈尔科夫
西布格河
波尔塔瓦
顿河
乌曼
切尔卡瑟
米列罗沃
第聂伯河
第聂伯罗彼得罗夫斯克
伏罗希洛夫格勒
克里沃伊罗格
扎波罗热
斯大林诺
德涅斯特河
赫尔松
顿河
基什尼奥夫
罗斯托夫
敖德萨

游击队活动区
波兰抵抗力量活动区
游击队根据地
游击队
游击队大规模突袭行动

0   100 英里
0   100 千米

地图127　游击战（Ⅰ），1941—1942年

规模的敌后抵抗运动。在开战之初，德军甚至能从平民处获得向导，探听到苏军的情报。不过随着德军向苏联内陆的推进，他们的残暴行径迅速激起了民众的反抗，苏军的敌后游击战开始愈演愈烈。

躲过德军搜捕的红军战士成为了第一批游击队员，不过他们的首要任务并非消灭敌人——而是挣扎求生：在敌后活动，食物与武器都异常匮乏。在战争爆发1周后，联共（布）中央委员会便命令占领区残存的党政机关立即组织游击战行动。又1周后，7月3日，斯大林在广播中向游击队员发出号召："在沦陷区，要制造使敌人及其所有走狗无法忍受的条件，必须步步紧逼、消灭他们、破坏他们的一切活动。"除了逃过纳粹搜捕的落单士兵和小股部队外，内务人民委员部边防军、党员和民间的志愿者也开始加入到游击队中来。这些人缺乏军事训练，武器和给养也不足，但并不缺乏决心。在开战之初，游击队的指挥和控制权曾混淆不清，内务人民委员部军官、前军队军官和党的干部各自的职责不明确，这对游击队最初的活动产生了消极影响。此外，地域、民族和宗教信仰上的差异也让敌后游击队之间出现了分裂和关系紧张。直到1941年12月，联共与苏军才开始采取有效措施整合在德军后方的游击行动。在战争的头18个月，苏军在正面战场屡败屡战的过程中，游击队却创造了非常丰硕的战果。

从"巴巴罗萨"行动开始后的一个月，德军便意识到自己的后方绝对不会风平浪静，即便以1914—1917年的水平来看，后方的处境也动荡不堪。到1941年底，德军在85万平方英里的被占领区内投入了超过11万人的二线保安师和机动警察营。德军采用臭名昭著的"恐怖战术"对付游击队和支持者，现在游击队员被广泛地定义为几乎所有抵抗德国统治的人。庇护、帮助或对游击队"睁一只眼闭一只眼"的民众，都会被认为是游击队的支持者，不单自己受罚，其他人还会遭受连坐。作为1名德国人被杀死的报复，反游击部队将对无辜民众以50∶1甚至100∶1的比例实施惨无人道的屠杀。到1941年9月，大约有87000名游击队员，但在德军发动4个月的清剿行动后，游击队员减少了30000人。

在"巴巴罗萨"后期的战斗中，尤其是在密林环绕的明斯克与莫斯科周边地区，大量苏联军人与主力部队失散或者落单，这些部队和逃脱的战俘，以及被打散的散兵游勇也加入到游击队中。他们为游击队带来了纪律与作战经验，在苏军1941—1942年的冬季反攻期间，远战穿插部队（主要是骑兵）以及空降兵部队深入敌后，加强了游击队的力量。那年冬天，随着德军向后退却，游击队的规模不断壮大，且开始发动规模越来越大的作战行动。北部的密林与沼泽相比起广阔的乌克兰田野更适合游击队活动，当地民众也对游击队展现出更大程度的支持（游击队在波罗的海三国很少得到当地人的帮助）。

1942年5月30日，斯大林设立了游击战中央参谋部，由波诺马连科（P. K. Ponomarenko）领导，敌后游击活动看似有了统一的协调管理，但实际上敌后活动还是处在杂乱无章的状态下。毕竟自由散漫是游击队骨子里面的印记。德军在占领区内持续不断的暴行、对农业收成的横征暴敛与对劳动力的疯狂掠夺，都让被占领区民众越来越主动地支持游击队。仅6月，游击队人数便恢复至70000人，8月更是增加到93000人。此时游击队已经成为了苏军手中一支重要的辅助力量。每支游击支队的规模不等，小到数十人，大到数百人，是敌后作战的基本单位。4—7支游击支队合编为一个游击旅，规模在500—2000人左右。游击群，这个1942年末1943年初设立的新编制内，一般下辖数个游击旅。游击队的指挥架构也逐渐成形，开始配备部队首长、参谋长、参谋人员和政委。

　　游击队员们偏好各种轻武器，如冲锋枪和手榴弹，轻装的游击队员能够发挥机动性对德军展开伏击和"打了就跑"的袭扰作战。战争进行到1942年时，约有5%的游击队员是女性。游击队针对德军孤立的哨所和检查点进行偷袭，同时破坏被德军利用的设施（尤其是铁路），并烧毁粮食和牲畜。1942年底开始进行的萨布罗夫式突袭，数以千计的游击队员在德军后方数百英里的地幅内进行破坏活动。游击队的活跃激起了德军的强烈反应，德国人将50万苏联战俘用作反游击战部队，这是一种利用民族差异鼓动苏联人自相残杀的战略。

附录6　地图128

游击战（Ⅱ），1943—1944年

　　1943年，随着德军步步败退，敌后游击作战迎来了快速上升期，德国人的反游击行动也愈发没有效果。2月，敌后游击队的规模已经上升至12万人，到8月增加至近14万人，1944年初，游击队已达18万人之巨。其中规模最大的游击队活跃在白俄罗斯地区。这场抵抗运动逐渐变成了"全民运动"，其中包括以前参加人数很少的民族和群体，如犹太人和克里米亚鞑靼人。德国反游击战的保安部队兵力达到了30万人左右，其中包括质量有问题的当地警察部队和被释放的苏联战俘。尽管兵力如此庞大，但他们在很大程度上只能龟缩在驻军城镇，坚固据点和主要交通线一带消极防守。

　　游击队固有的自由散漫本性和大规模战斗所需要的合作精神之间的对立，从很大程度上限制了游击队的作战效率。1943年2月，维捷布斯克地区就出现了一个典型的例子。 在德军的大规模进攻下，两支游击队的指挥官无法就指挥关系达成一致，未能协调行动。此时战争已经迎来转折点，随着德国人渐落下风，许多中立的族群也开始恢复对苏军的支持。苏联政府和军队对这些"墙头草"的动机和忠诚抱着怀疑的态度，对倒向自己的游击队也并不信任。随着战争的结束已经为时不远，许多团体之间的矛盾开始愈演愈烈，乌克兰独立分子与苏联政府之间，波兰人与乌克兰人之间，各自拥有的游击队经常兵戎相见。

　　德国人使用的基础设施此时仍是游击队的主要目标，其中铁道线是所有类型目标中最脆弱的。铁轨、铁路桥、车站、道岔、补水站、信号灯和调车设备等都是游击队下手的对象。在一些森林路段中，德国人烧毁铁道两边足有150英里宽的林地，以防止游击队利用森林躲藏与发动破坏。当然，消灭游击队最为行之有效的方法，还是动用数以千计的士兵和重武器在游击队活动的区域中发起扫荡，不过这些扫荡行动经常动用到前线急需的正规部队。在奥廖尔地区，德国人在发动"城堡"行动前的几周间动用部队对当地游

北

爱沙尼亚

塔林

卢加河

涅瓦河

沃尔霍夫河

普斯科夫

旧鲁萨

拉脱维亚

里加

加里宁

伏尔加河

雅罗斯拉夫尔

陶格夫匹尔斯

勒热夫

莫斯科

立陶宛

维捷布斯克

维亚济马

梁赞

柯尼斯堡

考纳斯

维尔纽斯

第聂伯河

斯摩棱斯克

叶利尼亚

东普鲁士

明斯克

别列津纳河

戈梅利

杰斯纳河

布良斯克

奥廖尔

华沙

布列斯特

普里皮亚季河

库尔斯克

沃罗涅日

罗索希

波 兰

卢布林

西布格河

普里皮亚季沼泽

日托米尔

基辅

苏 联

哈尔科夫

普热梅希尔

利沃夫

波尔塔瓦

顿涅茨河

克拉科夫

南布格河

乌曼

切尔卡瑟

第聂伯河

第聂伯罗彼得罗夫斯克

伏罗希洛夫格勒

捷克斯洛伐克

克里沃伊罗格

斯大林诺

扎波罗热

基什尼奥夫

赫尔松

罗斯托夫

敖德萨

罗马尼亚

图例：
- 游击队活动区
- 波兰抵抗力量活动区
- ★ 游击队根据地
- ● 游击队
- → 游击队大规模突袭行动

0 — 100 英里
0 — 100 千米

地图128 游击战（II），1943—1944年

击队进行了清剿。但当地游击队建立起规模庞大的筑垒地域，地域内有完善的铁丝网/障碍物阻隔带，雷区和防御支撑点，构筑得跟出自正规军之手一样。

1943年夏天，德国人的攻势被逼了回去，在苏军的反击行动中，游击队为配合正规军也开始了大规模行动。9月，超过540个游击支队、96000名游击队员发起了"铁道战争"（rel'soraia voina），并在随后的秋冬季节中发起了"音乐会"（Konsert）行动，持续至12月的两场行动中，游击队总共动员了678个支队、超过12万名游击队员，破坏了超过15万段铁轨。行动主要集中在德军的中央战区，虽然游击队的破坏行动效果低于苏军的预期，但其对德军的铁路运输造成了极大的影响。随着苏军开始反攻，游击队在乡村间的行动也从破坏与销毁作物与牲畜（防止落入德军之手）变为了保护收成（以便解放后供苏军使用）。游击队帮助苏军正规部队确保了第聂伯河、杰斯纳河和普里皮亚季河的大量渡口的安全。游击队还为苏军提供德军情报，袭击德军的后勤补给线，袭扰德军增援部队，甚至直接参加苏军的进攻行动。

1943—1944年的冬季，苏联的俄罗斯领土已经基本解放，苏军于1月13日解散了游击战中央参谋部，白俄罗斯和乌克兰等加盟共和国的政府开始接手各自国境内的游击队指挥事宜。1944年春，苏军甚至建立起规模更为庞大的游击队建制，如乌克兰第1游击师。随着苏军不断推进，游击队开始被吸收进正规部队的行列，到当年8月中旬，游击队的规模减小到了93000人左右。不过此时游击队中寻求将加盟共和国独立出去的叛乱分子也开始露出苗头。为了解决这些潜在的不安定因素，内务人民委员部与国防人民委员会反间谍总局（SMERSH）开始对各个游击旅，游击支队中的"可疑分子"以及进行过反苏活动的敌对分子进行筛查。其中乌克兰独立分子的武装活动最为频繁，苏军平叛部队与乌克兰独立分子之间的战斗一直持续到1945年10月。近9万名乌克兰"土匪"（德国人也这样称呼他们）被苏军打死。

在1944年下半年的几个月中，游击队继续为白俄罗斯和乌克兰的解放做出贡献。在"巴格拉季昂"行动中，游击队顺利完成了其搜集情报和阻断后勤的任务。同时他们还深入德军后方，进入波兰等其他国家境内发动远程袭击。同时忠于苏联的游击队有时与当地的游击队合作，有时则是与其作战。苏军游击队经常与敌对的游击队冲突，为意识形态而大打出手。随着战事的推进，游击队已经成为苏联手中用于巩固和推进社会主义制度在中欧与东欧建立的有力武器。

附录7

战役/战斗对照表

军事研究者和历史研究者们通常将战争中的各组成部分划分为三个等级：战略、战役和战术。这种划分方式对于后来者的了解与研究大有裨益，但因国别差异，划分的方式和内容均存在出入。本书录入的这部两国对照表分别收纳战后德方（www.bundesarchiv.de）与苏方（摘录自格兰茨，《巨人的碰撞》，列表B）对1941—1945年间各战斗的梳理与归纳。

北 线

1941年	
德军	**苏军**
6月22日—29日，立陶宛边境战斗	6月22日—9月7日，波罗的海防御作战
6月27日—7月12日，挺进德维纳河	7月10日—9月30日，列宁格勒防御作战
7月7日—9月5日，夺取爱沙尼亚	10月16日—11月18日，季赫温防御作战
7月8日—9月23日，进入俄罗斯境内，伊尔门湖南线作战	11月10日—12月31日，反攻季赫温
9月8日—10月15日，夺取波罗的海沿岸岛屿	
9月26日—42年6月30日，列宁格勒与奥拉宁鲍姆防御作战	
9月26日—10月15日，拉多加湖—伊尔门湖防御作战	
9月26日—42年1月7日，瓦尔代高地战斗	
10月16日—12月7日，挺进季赫温与沃尔霍夫	
12月8日—27日，季赫温与沃尔霍夫防御作战	
1942年	
德军	**苏军**
1月8日—6月30日，伊尔门湖以南防御作战	柳班战役，1月7日—4月30日
7月1日—12月31日，静态防御	杰米扬斯克战役，1月7日—5月20日
	柳班解围，5月13日—7月10日
	斯尼亚文斯克（Siniavinsk）战役，8月19日—10月10日
	列宁格勒战役，1942年12月—1943年1月

1943年	
德军 静态防御，全年	**苏军** 姆加战役，7月22日—8月22日

1944年	
德军 1月1日—13日，静态防御 1月14日—4月23日，北俄罗斯与波罗的海诸国防御作战 4月24日—7月12日，静态防御 7月13日—10月4日，波罗的海三国防御作战与撤退 10月5日—26日，里加—米陶（叶尔加瓦）战斗 10月27日—1945年5月31日，库尔兰战役	**苏军** 列宁格勒—诺夫哥罗德战役，1月14日—4月1日 雷泽克内—德文斯克战役，7月10日—27日 普斯科夫—奥斯特罗夫战役，7月11日—31日 马多纳（拉脱维亚）战役，8月1日—28日 塔尔图战役，8月10日—9月6日 波罗的海战役，9月14日—10月20日

1945年	
德军 库尔兰静态防御，4月1日—5月10日	

芬兰—极地战线

1941年	
德（芬）军 丽莎河攻势，1月29日，7月5日 萨拉，努尔米，乌图拉一线战斗，1月29日—9月15日 卡累利阿战役，7月10日—12月5日 拉普兰防御战斗，9月16日—1944年9月14日 卡累利阿防御战斗，12月6日—1944年6月9日	**苏军** 北线防御

1942年	
德（芬）军 拉普兰防御，全年 卡累利阿防御，全年	

1943年	
德（芬）军 拉普兰防御，全年 卡累利阿防御，全年	

1944年	
德军	**苏军**
拉普兰防御，1月1日—9月14日	维堡—彼得罗扎沃茨克战役，7月10日—27日
卡累利阿防御，1月1日—6月9日	贝柴摩—希尔克内斯战役，10月7日—29日
从芬兰北部撤离，9月15日—10月30日	
挪威北部防御，9月1日—12月17日	

中　线

1941年	
德军	**苏军**
比亚韦斯托克与明斯克战斗，6月22日—7月10日	白俄罗斯防御作战，6月22日—9月7日
德维纳河与第聂伯河战斗，7月2日—15日	斯摩棱斯克战役，7月10日—9月10日
斯摩棱斯克战役，7月8日—31日	叶利尼亚战役，8月30日—9月8日
挺进并攻占莫吉廖夫，7月12日—28日	莫斯科防御作战，9月30日—12月5日
罗斯拉夫尔战役，8月1日—9日	莫斯科反攻，12月5日—1942年1月7日
叶利尼亚、斯摩棱斯克防御作战，8月10日—10月1日	
别列津纳河、第聂伯河一带防御作战，7月28日—8月11日	
戈梅利、切尔尼戈夫追击战，8月12日—9月8日	
基辅会战，8月21日—9月27日	
维亚济马—布良斯克战役，10月2日—13日	
挺进莫斯科，10月14日—12月3日	
挺进奥廖尔，10月21日—11月18日	
加里宁方向防御作战，11月18日—12月14日	
莫斯科方向防御作战，12月4日—1942年4月18日	
叶列茨—库尔斯克方向防御作战，12月5日—1942年2月4日	
图拉与奥廖尔东部防御作战，12月6日—1942年4月18日	

1942年	
德军	**苏军**
静态防御，4月19日—1943年7月4日	勒热夫—维亚济马战役，1月8日—4月20日
东方攻势（"蓝色"行动），6月28日—11月18日	托罗佩茨—霍尔姆战役，1月9日—2月6日
冬季防御作战，11月19日—1943年2月13日	勒热夫—瑟乔夫卡战役，7月30日—8月23日
	勒热夫—瑟乔夫卡战役（"火星"行动），11月24日—12月16日
	大卢基战役，11月24日—1943年1月20日

1943年	
德军	**苏军**
静态防御，1月1日—7月4日	勒热夫—维亚济马战役，2月—5月31日
防御性战役（包括"城堡"行动），1月1日—12月31日	库尔斯克防御作战，5月—7月23日
白俄罗斯—普里皮亚季沼泽方向防御作战，12月—1944年4月19日	奥廖尔战役，7月12日—8月18日
	斯摩棱斯克战役，8月7日—10月2日
	布良斯克战役，9月1日—10月3日
	涅韦尔—戈罗多克战役，10月6日—12月31日
	戈梅利—雷奇察战役，11月10日—30日
1944年	
德军	**苏军**
白俄罗斯—普里皮亚季沼泽方向防御作战，1月1日—4月19日	卡林科维奇—莫济里战役，1月8日—30日
静态防御，4月20日—6月21日	罗加乔夫—日洛宾战役，2月21日—26日
防御与后撤，6月22日—8月10日	白俄罗斯战役（"巴格拉季昂"行动），6月22日—8月29日
涅曼河—东普鲁士边境防御作战，7月13日—8月10日	戈乌达普战役，10月16日—30日
维斯瓦河与华沙周边作战，8月10日—10月15日	
东普鲁士边境静态防御作战，8月10日—10月15日	
希奥利艾—图库姆斯进攻作战，8月16日—28日	
立陶宛—库尔兰防御作战，8月19日—10月10日	
维斯瓦河—瓦尔卡桥头堡防御作战，9月17日—1945年1月12日	
纳雷夫河—普尔茨克桥头堡静态防御，9月17日—1945年1月13日	
东普鲁士方向作战（包括贡宾嫩，戈乌达普），10月16日—11月2日	
东普鲁士防御作战（包括梅默尔），11月3日—1945年1月21日	
1945年	
德军	**苏军**
维斯瓦河—奥得河一线撤退行动，1月13日—31日	维斯瓦河—奥得河战役，1月12日—2月3日
东普鲁士撤退行动，1月13日—2月8日	东普鲁士战役，1月13日—4月25日
奥得河一线静态防守，2月1日—4月16日	下西里西亚战役，2月8日—24日
东普鲁士防御作战（包括柯尼斯堡、萨姆兰等防御战斗），2月9日—5月8日	东波美拉尼亚战役，2月10日—4月4日
波美拉尼亚防御作战，2月22日—4月23日	上西里西亚战役，2月9日—3月31日
奥得河防御战、向柏林撤退，4月17日—5月1日	柏林战役，4月16日—5月8日
向波美拉尼亚西部与梅克伦堡方向撤退，4月24日—5月8日	

南 线

1941年

德军

加里西亚、沃尔希尼亚一线战斗，6月22日—7月12日

突破基辅—第聂伯河一线，7月2日—25日

攻占比萨拉比亚，7月2日—8日

突破"斯大林防线"，7月2日—7月25日

第聂伯河下游追击战（包括攻克乌曼），7月25日—10月5日

基辅攻城战，8月21日—9月27日

突破彼列科普地峡，8月31日—9月30日

亚速海沿岸战斗，9月26日—10月11日

顿涅茨河一线追击战，10月1日—11月21日

攻占克里米亚半岛，10月18日—11月16日

顿涅茨河上游与顿河一线作战，10月26日—1942年6月29日

顿巴斯防御作战，11月22日—1942年7月21日

刻赤半岛撤退行动，12月28日—1942年1月18日

苏军

乌克兰防御作战，6月22日—7月6日

摩尔达维亚防御作战，7月1日—26日

基辅防御战，7月7日—9月26日

敖德萨防御战，8月5日—10月16日

顿巴斯—罗斯托夫防御战，9月29日—11月16日

克里米亚防御战，10月18日—11月16日

罗斯托夫战役，11月17日—12月2日

塞瓦斯托波尔防御战斗，10月30日—1942年7月4日

刻赤—费奥多西亚战役，12月25日—1942年1月2日

1942年

德军

顿巴斯防御战斗，1月18日—4月7日

重新夺取刻赤半岛，5月8日—21日

哈尔科夫一带的春季攻势，5月12日—6月26日

巴尔文科沃口袋战役，5月17日—27日

攻占塞瓦斯托波尔，6月2日—7月4日

东部攻势（"蓝色"行动），6月28日—11月18日

库班追击战，7月27日—8月13日

攻占塔曼半岛（包括新罗西斯克），8月14日—9月10日

西高加索山脉战斗，8月18日—11月18日

冬季防御作战（包括斯大林格勒方向），11月19日—1943年5月31日

1942—1943年度冬季作战，11月19日—1943年5月31日

高加索山脉防御作战与撤退行动，11月19日—1943年2月11日

苏军

巴尔文科沃—洛佐瓦亚战役，1月18日—31日

刻赤半岛防御作战，5月8日—19日

第一次哈尔科夫战役，5月12日—29日

沃罗涅日防御作战，6月28日—7月24日

斯大林格勒防御作战，7月17日—11月18日

北高加索防御作战，7月25日—12月31日

斯大林格勒反攻作战，11月19日—1943年2月2日

1943年	
德军	**苏军**
哈尔科夫地带防御作战，2月9日—5月4日	北高加索战役，1月1日—2月4日
库班桥头堡防御作战，2月12日—9月14日	沃罗涅日—哈尔科夫战役（"星"行动，第二次哈尔科夫战役），1月13日—4月3日
哈尔科夫进攻作战，3月5日—31日	克拉斯诺达尔战役（"飞驰"行动），2月9日—5月24日
定点防御，4月1日—7月3日	
米乌斯河防御作战，7月4日—8月2日	哈尔科夫防御作战（第三次哈尔科夫战役），3月中旬—8月3日
防御作战、后撤至第聂伯河一线，7月13日—9月27日	别尔哥罗德—哈尔科夫战役（"鲁缅采夫"行动、第4次哈尔科夫战役），8月3日—23日
顿巴斯防御作战，8月18日—9月16日	
从库班滩头阵地撤离，9月15日—10月9日	顿巴斯战役，8月13日—9月22日
俄罗斯南部地区防御作战、后撤至第聂伯河一线，9月17日—11月3日	切尔尼戈夫—波尔塔瓦战役，8月26日—9月30日
	新罗西斯克—塔曼战役，9月10日—10月9日
第聂伯河一带防御作战，9月28日—12月31日	第聂伯河下游战役，9月26日—12月20日
克里米亚防御作战，11月1日—1944年5月12日	梅利托波尔战役，9月26日—11月5日
第聂伯河下游防御作战，11月4日—12月31日	扎波罗热战役，10月10日—14日
南乌克兰（包括基辅以西）防御作战，12月24日—1944年4月27日	刻赤—埃利季根战役，10月31日—12月11日
	基辅战役，9月中旬—11月13日
	基辅防御战斗，11月13日—12月22日
	右岸乌克兰战役，12月24日—1944年4月17日
	日托米尔—别尔季切夫战役，12月24日—1944年1月14日

1944年	
德军	**苏军**
南乌克兰防御战斗，1月1日—5月12日	科罗斯坚—舍甫琴柯夫斯基战役，1月24日—2月17日
克里米亚防御战斗，1月1日—5月12日	克里米亚战役，4月8日—5月12日
撤离塞瓦斯托波尔，4月17日—5月12日	利沃夫—桑多梅日战役，7月13日—8月29日
静态防御，5月13日—8月19日	雅西—基什尼奥夫战役，8月19日—30日
德涅斯特河与普鲁特河一带静态防御，6月7日—8月20日	东喀尔巴阡山战役，9月8日—10月28日
布罗德之战、撤退至喀尔巴阡山、布格河—桑河一线，	贝尔格莱德战役，9月28日—10月20日
7月14日—27日	德布勒森战役，10月6日—28日
加里西亚与桑河防御作战，7月26日—9月下旬	布达佩斯战役，10月29日—1945年2月13日
喀尔巴阡山山口作战，7月28日—10月初	
维斯瓦河一线（包括巴拉诺夫登陆场）防御作战，8月	
初—1945年1月11日	
比萨拉比亚地区作战，8月21日—24日	
特兰西瓦尼亚防御作战、撤退至喀尔巴阡山脉以西，8	
月25日—9月27日	
匈牙利东部作战，9月28日—10月29日	
维斯瓦河与喀尔巴阡山脉之间静态防御作战，10月初—	
1945年1月14日	
斯洛伐克静态防御，10月中—12月24日	
蒂萨河与多瑙河一线防御作战，10月29日—12月18日	
巴拉顿湖、多瑙河一线反攻作战，12月19日—1945年3月	
5日	
捷克斯洛伐克（包括贝斯基德山脉）作战，12月25日—	
1945年2月中	
郝龙河作战，12月25日—1945年4月初	

1945年	
德军	**苏军**
摩拉维亚防御作战，2月中—5月8日	西喀尔巴阡山战役，1月12日—2月18日
匈牙利平原装甲战，3月6日—23日	巴拉顿湖防御作战，3月6日—15日
东阿尔卑斯山防御与撤退作战，3月24日—5月8日	摩拉维亚—俄斯特拉发战役，3月10日—5月5日
	维也纳战役，3月16日—4月15日
	布拉迪斯拉发—布尔诺战役，3月25日—5月5日
	布拉格战役，5月6日—11日

图书在版编目（CIP）数据

地图上的第二次世界大战之东线战场/（英）罗伯特·
吉尔楚贝尔（Robert Kirchubel）著；徐玉辉，穆强译
. —上海：上海三联书店，2024.1
　ISBN 978-7-5426-8029-7

　Ⅰ. ①地⋯　Ⅱ. ①罗⋯　②徐⋯　③穆⋯　Ⅲ. ①第二次
世界大战战役—研究　Ⅳ. ①E195.2

　中国国家版本馆CIP数据核字（2023）第057907号

Atlas of the Eastern Front: 1941-45
Copyright © Osprey Publishing, 2016
Copyright of the Chinese translation © 2020 by Portico Inc.
Published by Shanghai Joint Publishing Company.
ALL RIGHTS RESERVED
版权登记号：09-2021-0319号
地图审图号：GS（2021）4095号

地图上的第二次世界大战之东线战场

著　　者 /　[英] 罗伯特·吉尔楚贝尔
译　　者 /　徐玉辉　穆　强
审　　校 /　董旻杰

责任编辑 /　李　英
装帧设计 /　千橡文化
监　　制 /　姚　军
责任校对 /　张大伟　王凌霄

出版发行 /　上海三联书店
　　　　　　（200030）中国上海市漕溪北路 331 号 A 座 6 楼
邮购电话 /　021-22895540
印　　刷 /　固安兰星球彩色印刷有限公司

版　　次 /　2024 年 1 月第 1 版
印　　次 /　2024 年 1 月第 1 次印刷
开　　本 /　787×1092　1/16
字　　数 /　607 千字
印　　张 /　25
书　　号 /　ISBN 978-7-5426-8029-7/E·23
定　　价 /　196.00 元

敬启读者，如发现本书有印装质量问题，请与印刷厂联系 0316-5925887

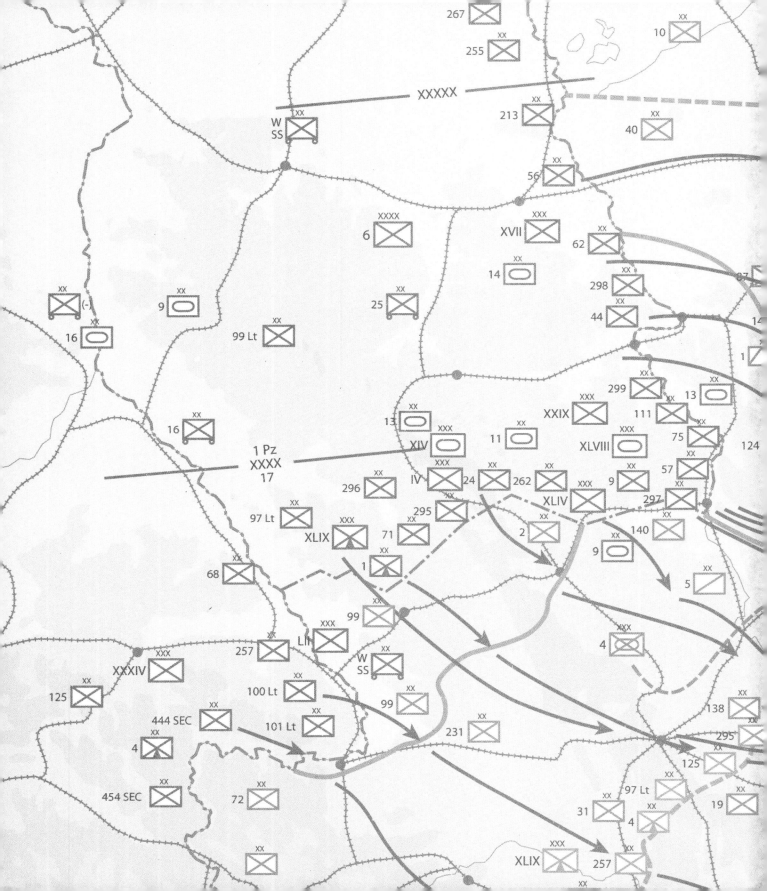